수급
단타왕

수급매매
절대비기

수급
단타왕

수급매매
절대비기

고명환 지음

메가스터디BOOKS

《수급단타왕 주식투자 실전전략》 책을 쓰고도 한편으로는 마음이 편치 않았습니다. 로얄로더 증권교육아카데미에서 수천 명의 제자를 양성했지만 핵심 내용인 외인 기관 체결창 패턴, 단주, 호가창에 대한 언급이 없어서 실전 매매하기에는 이전 책만으로는 부족합니다.

이번 책을 토대로 마침내 제가 생각하는 한 권의 책이 비로소 완성됩니다. 처음 책을 낸다고 했을 때 제자들의 반대도 컸지만 수급 매매를 더욱 활성화시키는 방법으로는 이것이 최선이라 생각합니다.

주식을 처음 시작하는 분들에게 당부합니다. 100만 원을 1억 원이라 생각하고 소액으로 1년 동안 수급 매매를 연습해야 합니다. 자신만의 매매 원칙을 먼저 정립하고 원칙이 기계적으로 익숙해질 때 투자금을 서서히 늘려야 합니다.

외인 기관들은 더욱 진화합니다. 우리는 시황, 거래량, 수급, 연속성, 라운드 피겨, 저항과 지지, 모멘텀 등 여러 가지 조건이 일치할 때 확실한 자리에서 베팅하면 됩

니다. 내가 생각했던 시나리오대로 움직이지 않으면 과감히 손절하는 전략도 취해
야 합니다.

주식 아니면 안 된다는 간절한 마인드가 최고의 무기입니다. 열정과 노력으로 끊
임없이 실패하고 성공을 반복해야 합니다. 개인 투자자도 주식으로 성공할 수 있습
니다. 이 책을 토대로 상위 1% 투자자가 되어주십시오. 감사합니다.

고명환

최근 수급 종목
패턴 분석

최근 수급 종목
패턴 분석

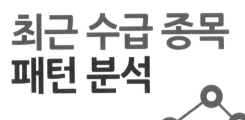

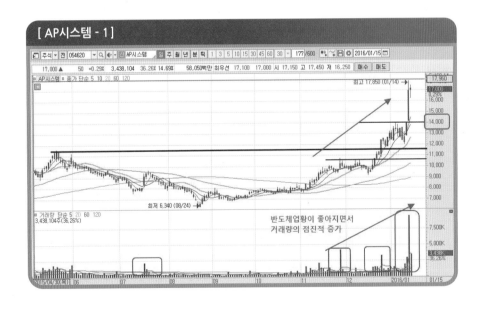

최근 시장의 관심을 받고 있는 OLED 관련주입니다. 애플사의 차세대 아이폰에 OLED를 탑재한다는 전망이 나오고, 삼성이 중저가 스마트폰에 OLED 탑재를 늘리는 등 실적과 관련된 호재가 지속되면서 대규모 수주 기대감과 수급의 유입으로 주가가 상승 중입니다.

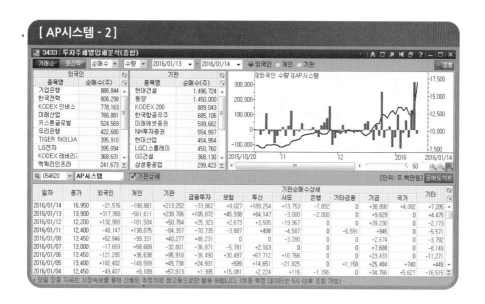

[AP시스템 - 2]

다음은 장 마감 후 매매 동향입니다. 외인은 소량 매도로 잡혔고 기관은 대량 매수가 들어왔습니다. 장중 수급이 들어오는 것을 실시간으로 먼저 파악할 수 있습니다.

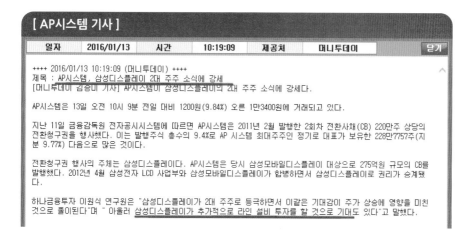

[AP시스템 기사]

일자	시간	제목
2015/11/03	17:44:19	AP시스템, 3분기 영업익 42억… 전년比 2393% ↑
2015/11/03	17:36:26	AP시스템, 3Q 영업익 46.1억원…전년比 2393% ↑
2015/11/03	17:24:37	AP시스템, 3분기 연결 영업익 46억원…2천393%↑
2015/11/03	17:21:35	에이피시스템(주) 영업(잠정)실적(공정공시)
2015/11/03	17:21:29	에이피시스템(주) 연결재무제표 기준 영업(잠정)실
2015/10/29	09:14:05	AP시스템(054620) 상승폭 소폭 확대 +3.13%
2015/10/26	10:47:37	AP시스템(054620) 상승폭 확대 +6.22%
2015/10/19	10:46:00	[광고] 불필요한 절차 이제그만! 연 2.7% 방문NO-
2015/10/08	17:47:05	에이피시스템(주) (정정)단일판매·공급계약체결(
2015/09/30	14:11:52	[즉시분석] AP시스템, ROE 상승 + PBR 하락
2015/09/27	09:30:22	[연휴에 보는 이 종목]AP시스템(디스플레이)
2015/09/24	10:22:10	AP시스템(054620) 상승폭 확대 +6.53%
2015/09/24	09:19:44	[특징주]AP시스템, 3Q 호실적 전망 강세 전환
2015/09/24	08:49:47	AP시스템, 플렉서블 디스플레이 대표 수혜주-유안
2015/09/22	12:49:57	AP시스템(054620) 상승폭 소폭 확대 +3.07%
2015/09/16	11:10:22	AP시스템, 중국 디스플레이 장비 공급 계약기간 연
2015/09/16	10:55:03	에이피시스템(주) (정정)단일판매·공급계약체결
2015/09/02	10:41:24	AP시스템(054620) 상승폭 소폭 확대 +5.46%
2015/08/28	10:21:50	AP시스템(054620) 상승폭 소폭 확대 +4.03%
2015/08/26	09:49:29	AP시스템(054620) 상승폭 소폭 확대 +3.38%
2015/08/13	15:49:43	에이피시스템(주) (정정)단일판매·공급계약체결(
2015/08/03	09:52:52	[특징주] AP시스템, 2분기 실적 개선 소식에 상승
2015/08/03	09:17:34	[특징주]AP시스템, 2분기 호실적에 '급등'
2015/08/03	09:14:24	AP시스템(054620) 상승폭 확대 +8.10%, 2분기
2015/07/31	16:22:15	AP시스템, 2분기 영업익 21억2900만원…전년비 2
2015/07/31	15:47:54	AP시스템, 2분기 영업이익 21.3억… 전년 비 220%
2015/07/31	15:43:30	<생생코스닥>AP시스템, 2분기 영업익 21.3억 전
2015/07/31	15:42:29	AP시스템, 2Q 영업익 21억…전년 대비 219%↑
2015/07/31	15:41:01	AP시스템, 2분기 영업익 21억…전년비 219%↑
2015/07/31	15:40:04	AP시스템 2Q 영업이익 21억원, 전년동기比 219.7

실적 개선과 최근 삼성디스플레이 2대 주주 등극이 주가 상승 모멘텀Momentum 으로 작용했습니다.

[AP시스템 - 3]

054620 ▼ AP시스템 | 체결 ▼ 상세
체결량 0 주 이상 ▼ 조회

시간	현재가	대비	체결량
09:28:38	15,500 ▲	1,600	1
09:28:38	15,500 ▲	1,600	12
09:28:38	15,500 ▲	1,600	286
09:28:37	15,550 ▲	1,650	208
09:28:37	15,500 ▲	1,600	15
09:28:37	15,550 ▲	1,650	7
09:28:37	15,550 ▲	1,650	7
09:28:37	15,550 ▲	1,650	220
09:28:37	15,450 ▲	1,550	123
09:28:37	15,550 ▲	1,650	50
09:28:37	15,550 ▲	1,650	174
09:28:37	15,550 ▲	1,650	165
09:28:37	15,550 ▲	1,650	433
09:28:37	15,550 ▲	1,650	128
09:28:37	15,550 ▲	1,650	42
09:28:37	15,550 ▲	1,650	381
09:28:37	15,500 ▲	1,600	31
09:28:37	15,550 ▲	1,650	239
09:28:36	15,550 ▲	1,650	3
09:28:36	15,550 ▲	1,650	6
09:28:35	15,550 ▲	1,650	84
09:28:35	15,500 ▲	1,600	96

054620 ▼ AP시스템 | 체결 ▼ 상세
체결량 0 주 이상 ▼ 조회

시간	현재가	대비	체결량
09:33:40	15,400 ▲	1,500	100
09:33:35	15,400 ▲	1,500	143
09:33:34	15,350 ▲	1,450	10
09:33:33	15,400 ▲	1,500	381
09:33:33	15,400 ▲	1,500	165
09:33:33	15,400 ▲	1,500	7
09:33:33	15,400 ▲	1,500	42
09:33:33	15,400 ▲	1,500	50
09:33:33	15,400 ▲	1,500	208
09:33:33	15,400 ▲	1,500	239
09:33:33	15,400 ▲	1,500	220
09:33:33	15,400 ▲	1,500	432
09:33:33	15,400 ▲	1,500	174
09:33:33	15,400 ▲	1,500	7
09:33:31	15,400 ▲	1,500	1
09:33:31	15,400 ▲	1,500	1
09:33:30	15,400 ▲	1,500	1
09:33:30	15,400 ▲	1,500	64
09:33:30	15,400 ▲	1,500	1
09:33:29	15,400 ▲	1,500	1
09:33:29	15,400 ▲	1,500	1
09:33:28	15,400 ▲	1,500	1

"주식은 실적의 반영이다"

당일 시장의 관심이 쏠렸던 OLED 관련주 중 주도주였던 AP시스템입니다. 장 초반 강한 파바박 매수세가 유입되면서 큰 상승폭을 보여주었습니다. 주식에 있어

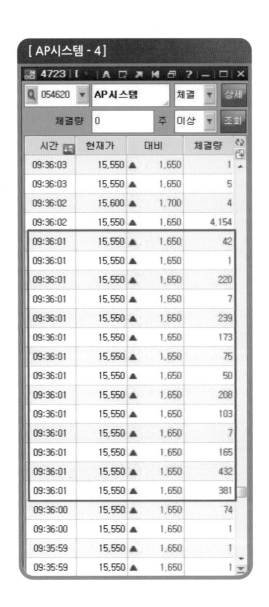

기관과 외인들도 업황이 호전되는 쪽으로 관심을 갖기 마련입니다.

　　15쪽의 체결창을 보면 점심시간 즈음부터 파바박 매도도 확인할 수 있습니다. 이를 보면서 기관 대량 매수가 잡히지만, 장 마감 후 일부 기관의 소량 매도가 잡힐 것을 파악할 수가 있습니다.

[AP시스템 - 5]

시간	현재가	대비	체결량
12:25:49	17,350 ▲	3,450	15
12:25:48	17,350 ▲	3,450	261
12:25:44	17,350 ▲	3,450	28
12:25:43	17,400 ▲	3,500	29
12:25:42	17,350 ▲	3,450	69
12:25:42	17,350 ▲	3,450	3
12:25:42	17,350 ▲	3,450	72
12:25:42	17,350 ▲	3,450	181
12:25:42	17,350 ▲	3,450	159
12:25:42	17,350 ▲	3,450	92
12:25:42	17,350 ▲	3,450	100
12:25:42	17,350 ▲	3,450	87
12:25:42	17,350 ▲	3,450	17
12:25:42	17,350 ▲	3,450	2
12:25:42	17,350 ▲	3,450	20
12:25:41	17,400 ▲	3,500	10
12:25:40	17,400 ▲	3,500	27
12:25:38	17,400 ▲	3,500	102
12:25:38	17,400 ▲	3,500	31
12:25:37	17,400 ▲	3,500	33
12:25:37	17,350 ▲	3,450	2
12:25:34	17,400 ▲	3,500	174

시간	현재가	대비	체결량
12:26:24	17,350 ▲	3,450	100
12:26:21	17,350 ▲	3,450	297
12:26:20	17,350 ▲	3,450	5
12:26:20	17,350 ▲	3,450	1
12:26:19	17,300 ▲	3,400	69
12:26:19	17,300 ▲	3,400	3
12:26:19	17,300 ▲	3,400	72
12:26:19	17,300 ▲	3,400	92
12:26:19	17,300 ▲	3,400	181
12:26:19	17,300 ▲	3,400	159
12:26:19	17,300 ▲	3,400	100
12:26:19	17,300 ▲	3,400	87
12:26:19	17,300 ▲	3,400	17
12:26:19	17,300 ▲	3,400	20
12:26:19	17,300 ▲	3,400	2
12:26:18	17,300 ▲	3,400	30
12:26:16	17,350 ▲	3,450	616
12:26:13	17,350 ▲	3,450	50
12:26:12	17,350 ▲	3,450	1
12:26:09	17,350 ▲	3,450	1,223
12:26:07	17,350 ▲	3,450	8
12:26:07	17,350 ▲	3,450	12

"기관도 수익이 나면 일부 고점 매도를 한다"

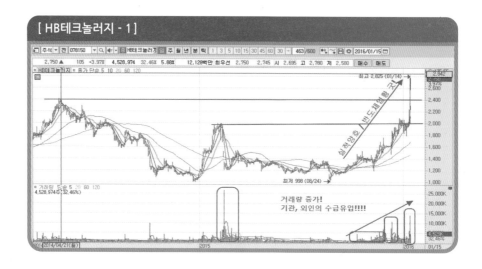

최근 394억 원 규모의 장비공급계약 체결 '찌라시'가 나오고 다시 한번 대량 수급이 들어온 HB테크놀러지입니다.

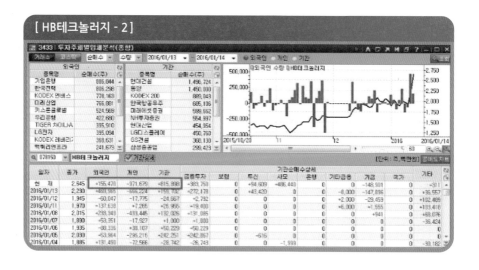

장 마감 후 외인/기관 양매수가 잡히는 것을 볼 수 있었습니다. 기관 중에서도 최근 금투(금융투자업계의 속칭)에서 지속적인 매수가 들어오고 기금은 매도하고 있다는 것을 알 수 있습니다.

[HB테크놀러지 기사]

일자	2016/01/13	시간	09:08:09	제공처	연합뉴스

++++ 2016/01/13 09:08:09 (연합뉴스) ++++
제목 : <특징주> HB테크놀러지, 394억원 장비공급계약에 `상`

<특징주> HB테크놀러지, 394억원 장비공급계약에 `상승`

(서울=연합뉴스) 홍지인 기자 = HB테크놀러지[078150]가 대규모 장비공급계약을 체결했다는 소식에 13일 상승세를 타고 있다.
이날 오전 9시5분 현재 HB테크놀러지는 코스닥 시장에서 전 거래일보다 5.91% 오른 2천60원에 거래됐다.
HB테크놀러지는 394억원 규모의 장비공급계약을 체결했다고 전날 장 마감 후 공시했다. 이는 2014년 매출액의 29.55%에 해당하는 규모다.

○ 전체 ● 종목 🔍 078150 ▼ HB테크놀러지 검색어 ☐

일자	시간	제목	
2014/04/07	10:37:07	HB테크놀러지(078150) 상승폭 확대 +6.25%, 52주	
2014/04/03	07:01:25	[터치!Peak&Bottom]HB테크놀러지, UHD TV 증가	
2014/04/02	09:03:08	특징 증권사 리포트(04/01)	
2014/04/02	08:06:42	HB테크놀러지, UHD TV 성장의 수혜주, `매수`-교	
2014/04/01	13:10:54	HB테크놀러지, 삼성전자 UHD TV 직접 수혜 가능	
2014/03/28	16:19:18	HB테크놀러지, 서혁진 상근감사·박장원 사외이사	
2014/03/28	15:42:54	(주)에이치비테크놀러지 감사·감사위원회위원중	
2014/03/28	15:31:17	(주)에이치비테크놀러지 정기주주총회결과	
2014/03/27	09:51:25	HB테크놀러지, UHD TV 증가는 도광판 실적 직접	
2014/03/21	09:25:26	HB테크놀러지(078150) 상승폭 소폭 확대 +3.58%	
2014/03/20	08:18:20	[퀀트분석]HB테크놀로지, UHD TV 증가로 도광판	
2014/03/19	15:50:56	(주)에이치비테크놀러지 감사보고서 제출	
2014/03/19	13:37:42	HB테크놀러지(078150) 상승폭 소폭 확대 +5.25%	
2014/03/19	11:03:54	HB테크놀러지, UHT TV 및 중국 LCD 시장 수혜 0	
2014/03/18	13:16:02	HB테크놀러지(078150) 상승폭 소폭 확대 +4.91%	
2014/03/18	09:52:42	HB테크놀러지, UHD TV 증가 및 중국 LCD시장 증	
2014/03/13	15:29:57	(주)에이치비테크놀러지 주주총회소집결의	
2014/03/10	10:40:23	HB테크놀러지, 지난해 영업익 164억…522.15%↑	
2014/03/10	10:38:22	HB테크놀러지, 작년 영업익 164억…전년비 522%	
2014/03/10	10:27:56	[특징주]HB테크, 강세..지난해 영업익 5배 증가	
2014/03/10	10:26:58	HB테크놀러지, 지난해 순이익 213억…흑자 전환	
2014/03/10	10:24:23	HB테크놀러지, 작년 영업익 165억… 전년비 522%	
2014/03/10	10:22:49	<생생코스닥> HB테크놀러지, 작년 영업익 164.7억	
2014/03/10	10:22:17	에이치비테크놀러지, 작년 영업익 164억…전년비	
2014/03/10	10:19:00	HB테크놀러지, 지난해 순이익 214억, 흑자전환	
2014/03/10	10:14:59	(주)에이치비테크놀러지 매출액 또는 손익구조 30%	
2014/03/10	10:01:16	[특징주]HB테크, 최대주주 자회사가 별그대 제작사	
2014/03/10	09:58:02	HB테크놀러지(078150) 상승폭 소폭 확대 +3.87%	
2014/03/04	07:52:36	[4일 증권사 추천종목]대우조선해양·메지온 등	
2014/03/03	13:22:09	HB테크놀러지, 작년 하반기부터 본격적인 성장 진입	

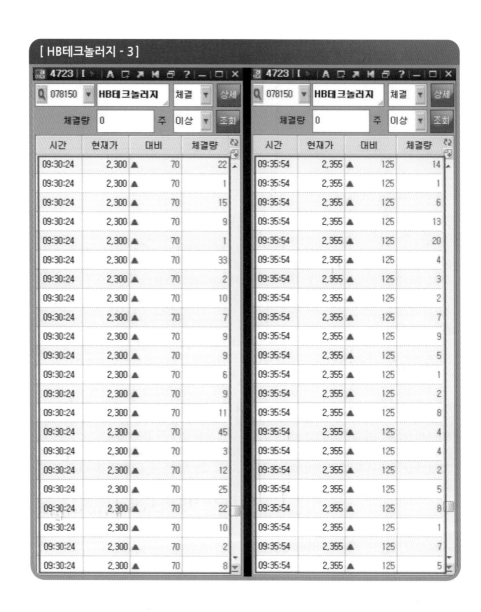

HB테크놀러지는 최근 대량 수주와 호실적과 업황 개선의 모멘텀을 바탕으로 기관, 외인의 지속적인 수급의 유입으로 주가 상승하였습니다.

최근 지속적인 양매수 수급이 들어온 종목으로 관심 종목이었습니다. 체결창을 보면 장 초반부터 외인 파바박 매수가 들어오는 것을 확인할 수 있습니다.

[HB테크놀러지 - 4]

시간	현재가	대비	체결량
09:39:05	2,365 ▲	135	14
09:39:05	2,365 ▲	135	1
09:39:05	2,365 ▲	135	4
09:39:05	2,365 ▲	135	122
09:39:05	2,365 ▲	135	25
09:39:05	2,365 ▲	135	6
09:39:05	2,365 ▲	135	6
09:39:05	2,365 ▲	135	22
09:39:05	2,365 ▲	135	97
09:39:05	2,365 ▲	135	23
09:39:05	2,365 ▲	135	9
09:39:05	2,365 ▲	135	11
09:39:05	2,365 ▲	135	4
09:39:05	2,365 ▲	135	27
09:39:05	2,365 ▲	135	2
09:39:05	2,365 ▲	135	7
09:39:05	2,365 ▲	135	3
09:39:05	2,365 ▲	135	6
09:39:05	2,365 ▲	135	13
09:39:05	2,365 ▲	135	9
09:39:05	2,365 ▲	135	8
09:39:05	2,365 ▲	135	5

시간	현재가	대비	체결량
09:52:56	2,315 ▲	85	100
09:52:55	2,315 ▲	85	1,856
09:52:52	2,315 ▲	85	589
09:52:47	2,320 ▲	90	1
09:52:39	2,320 ▲	90	358
09:52:39	2,315 ▲	85	84
09:52:37	2,315 ▲	85	7
09:52:32	2,315 ▲	85	50
09:52:30	2,315 ▲	85	1,000
09:52:27	2,315 ▲	85	75
09:52:12	2,315 ▲	85	11
09:52:10	2,315 ▲	85	223
09:52:08	2,315 ▲	85	133
09:52:07	2,315 ▲	85	1,000
09:52:06	2,315 ▲	85	1,000
09:52:04	2,315 ▲	85	126
09:51:58	2,315 ▲	85	293
09:51:57	2,315 ▲	85	1,120
09:51:55	2,315 ▲	85	995
09:51:36	2,310 ▲	80	390
09:51:35	2,310 ▲	80	1,000
09:51:27	2,310 ▲	80	589

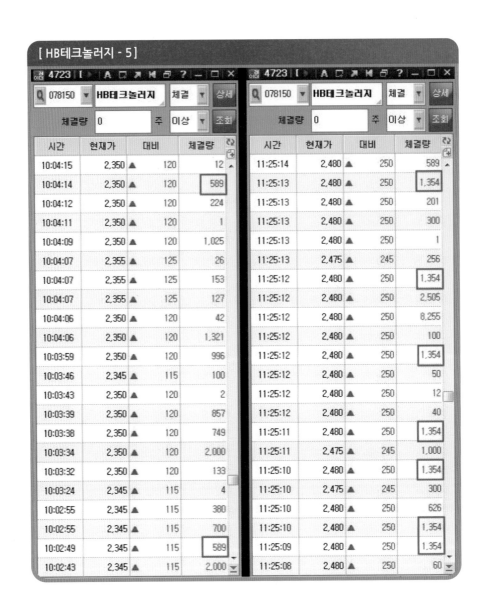

[HB테크놀러지 - 5]

시간	현재가	대비	체결량
10:04:15	2,350 ▲	120	12
10:04:14	2,350 ▲	120	589
10:04:12	2,350 ▲	120	224
10:04:11	2,350 ▲	120	1
10:04:09	2,350 ▲	120	1,025
10:04:07	2,355 ▲	125	26
10:04:07	2,355 ▲	125	153
10:04:07	2,355 ▲	125	127
10:04:06	2,350 ▲	120	42
10:04:06	2,350 ▲	120	1,321
10:03:59	2,350 ▲	120	996
10:03:46	2,345 ▲	115	100
10:03:43	2,350 ▲	120	2
10:03:39	2,350 ▲	120	857
10:03:38	2,350 ▲	120	749
10:03:34	2,350 ▲	120	2,000
10:03:32	2,350 ▲	120	133
10:03:24	2,345 ▲	115	4
10:02:55	2,345 ▲	115	380
10:02:55	2,345 ▲	115	700
10:02:49	2,345 ▲	115	589
10:02:43	2,345 ▲	115	2,000

시간	현재가	대비	체결량
11:25:14	2,480 ▲	250	589
11:25:13	2,480 ▲	250	1,354
11:25:13	2,480 ▲	250	201
11:25:13	2,480 ▲	250	300
11:25:13	2,480 ▲	250	1
11:25:13	2,475 ▲	245	256
11:25:12	2,480 ▲	250	1,354
11:25:12	2,480 ▲	250	2,505
11:25:12	2,480 ▲	250	8,255
11:25:12	2,480 ▲	250	100
11:25:12	2,480 ▲	250	1,354
11:25:12	2,480 ▲	250	50
11:25:12	2,480 ▲	250	12
11:25:12	2,480 ▲	250	40
11:25:11	2,480 ▲	250	1,354
11:25:11	2,475 ▲	245	1,000
11:25:10	2,480 ▲	250	1,354
11:25:10	2,475 ▲	245	300
11:25:10	2,480 ▲	250	626
11:25:10	2,480 ▲	250	1,354
11:25:09	2,480 ▲	250	1,354
11:25:08	2,480 ▲	250	60

이후 체결창을 보면 589, 1,000, 1,354 등 여러 단주가 유입되는 것을 보면서 외인/기관 양매수가 잡힐 것을 예상할 수가 있습니다.

[비아트론 - 1]

최근 시장의 관심을 받고 있는 OLED 장비 관련주입니다. 최근 국내외 주요 디스플레이 업체들의 OLED 투자가 본격화됐다는 기대감 모멘텀이 있습니다.

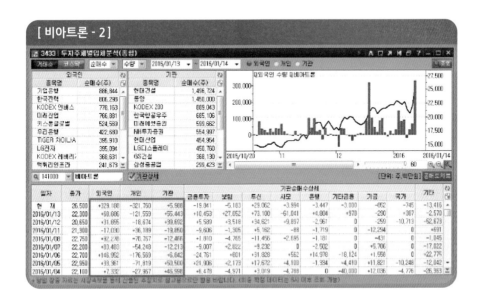

[비아트론 - 2]

[비아트론 - 3]

시간	현재가	대비	체결량
09:11:58	23,500 ▲	1,200	68
09:11:58	23,500 ▲	1,200	128
09:11:58	23,500 ▲	1,200	687
09:11:57	23,500 ▲	1,200	1,000
09:11:57	23,500 ▲	1,200	198
09:11:57	23,500 ▲	1,200	35
09:11:57	23,500 ▲	1,200	127
09:11:57	23,500 ▲	1,200	1,000
09:11:56	23,500 ▲	1,200	146
09:11:56	23,500 ▲	1,200	46
09:11:56	23,500 ▲	1,200	5
09:11:56	23,500 ▲	1,200	1,697
09:11:55	23,500 ▲	1,200	2,009
09:11:55	23,500 ▲	1,200	82
09:11:55	23,500 ▲	1,200	10
09:11:55	23,500 ▲	1,200	7
09:11:55	23,500 ▲	1,200	23
09:11:55	23,500 ▲	1,200	1,000
09:11:55	23,500 ▲	1,200	50
09:11:52	23,450 ▲	1,150	7
09:11:50	23,500 ▲	1,200	85
09:11:49	23,500 ▲	1,200	362

시간	현재가	대비	체결량
09:18:10	23,950 ▲	1,650	3
09:18:09	23,950 ▲	1,650	53
09:18:09	23,900 ▲	1,600	1
09:18:09	23,900 ▲	1,600	772
09:18:09	23,900 ▲	1,600	1,168
09:18:08	23,900 ▲	1,600	9
09:18:08	23,900 ▲	1,600	4
09:18:08	23,900 ▲	1,600	9
09:18:08	23,900 ▲	1,600	23
09:18:08	23,900 ▲	1,600	20
09:18:08	23,900 ▲	1,600	12
09:18:08	23,900 ▲	1,600	13
09:18:08	23,900 ▲	1,600	11
09:18:08	23,900 ▲	1,600	3
09:18:08	23,900 ▲	1,600	3
09:18:07	23,900 ▲	1,600	405
09:18:07	23,900 ▲	1,600	172
09:18:07	23,900 ▲	1,600	679
09:18:07	23,900 ▲	1,600	20
09:18:06	23,900 ▲	1,600	160
09:18:06	23,900 ▲	1,600	42
09:18:05	23,850 ▲	1,550	1,111

비아트론은 양매수로 수급의 연속성이 있으며, 주포는 외인입니다. 수급 이탈이 없을 시 꾸준히 공략 가능한 종목입니다.

장 초반 외국계 매수가 들어오면서 주가가 오름에 따라 매수세가 쏠리는 모습입니다. 외인 수급과 매수세가 쏠리게 되면 돌파가 가능합니다. 계속해서 외인 파바

[비아트론 - 4]

시간	현재가	대비	체결량	시간	현재가	대비	체결량
09:20:43	24,500 ▲	2,200	10	09:54:52	24,800 ▲	2,500	37
09:20:43	24,500 ▲	2,200	10	09:54:51	24,800 ▲	2,500	30
09:20:43	24,500 ▲	2,200	9,098	09:54:51	24,800 ▲	2,500	322
09:20:43	24,450 ▲	2,150	1,340	09:54:51	24,800 ▲	2,500	2,000
09:20:43	24,450 ▲	2,150	134	09:54:51	24,800 ▲	2,500	101
09:20:42	24,450 ▲	2,150	10	09:54:51	24,800 ▲	2,500	7
09:20:42	24,450 ▲	2,150	10	09:54:50	24,800 ▲	2,500	19
09:20:42	24,450 ▲	2,150	657	09:54:50	24,750 ▲	2,450	731
09:20:42	24,450 ▲	2,150	10	09:54:50	24,750 ▲	2,450	60
09:20:42	24,450 ▲	2,150	50	09:54:50	24,750 ▲	2,450	1,000
09:20:42	24,450 ▲	2,150	2	09:54:49	24,750 ▲	2,450	284
09:20:41	24,450 ▲	2,150	29	09:54:49	24,750 ▲	2,450	121
09:20:41	24,450 ▲	2,150	10	09:54:49	24,750 ▲	2,450	265
09:20:41	24,450 ▲	2,150	10	09:54:49	24,750 ▲	2,450	121
09:20:41	24,450 ▲	2,150	10	09:54:48	24,750 ▲	2,450	110
09:20:40	24,450 ▲	2,150	10	09:54:48	24,750 ▲	2,450	225
09:20:40	24,450 ▲	2,150	141	09:54:48	24,750 ▲	2,450	121
09:20:40	24,450 ▲	2,150	10	09:54:48	24,750 ▲	2,450	148
09:20:40	24,450 ▲	2,150	100	09:54:47	24,750 ▲	2,450	3,762
09:20:40	24,450 ▲	2,150	50	09:54:47	24,700 ▲	2,400	6,238
09:20:39	24,450 ▲	2,150	10	09:54:45	24,650 ▲	2,350	4
				09:54:45	24,700 ▲	2,400	101

박 매수와 함께 개인 매수세가 들어오는 모습을 볼 수 있습니다.

주식은 항상 의미 있는 가격대 돌파가 중요합니다. 아침부터 시작된 외국계의 지속적인 매수로 지속적인 매수세로 투심(투자 심리)을 자극하는 상태에서 24,500원이라는 큰돈이 들어오면서 가격대를 돌파하는 모습입니다.

[비아트론 - 5]

3447 | 외국계거래원매매수신

외국계거래동향 | 외국계매매수신

모건스탠리 ▼ 수량전체 ▼ 전체 ▼   ☑선택 비아트론 ▼ 등록 삭제 🔍 141000 ▼ 비아트론   미니

시간	거래원	종목코드	종목명	매도수량	매수수량	누적순매수	순매수금액	전일순매수
13:43	모건스탠리	141000	K비아트론	0	602	+132,199	+3,331,476	-4,166
13:41	모건스탠리	141000	K비아트론	0	1,699	+131,597	+3,315,635	-4,166
13:39	모건스탠리	141000	K비아트론	0	890	+129,898	+3,270,773	-4,166
13:37	모건스탠리	141000	K비아트론	0	1,181	+129,008	+3,247,282	-4,166
13:35	모건스탠리	141000	K비아트론	0	3,885	+127,827	+3,216,149	-4,166
13:33	모건스탠리	141000	K비아트론	0	2,882	+123,942	+3,113,307	-4,166
13:30	모건스탠리	141000	K비아트론	0	1,804	+121,060	+3,037,266	-4,166
13:28	모건스탠리	141000	K비아트론	0	14,869	+119,256	+2,989,974	-4,166
12:38	모건스탠리	141000	K비아트론	0	7	+104,387	+2,599,658	-4,166
12:34	모건스탠리	141000	K비아트론	0	836	+104,380	+2,599,471	-4,166
12:32	모건스탠리	141000	K비아트론	0	1,607	+103,544	+2,577,460	-4,166
12:30	모건스탠리	141000	K비아트론	0	308	+101,937	+2,535,258	-4,166
12:26	모건스탠리	141000	K비아트론	0	6	+101,629	+2,527,181	-4,166
12:25	모건스탠리	141000	K비아트론	0	5	+101,623	+2,527,020	-4,166
12:21	모건스탠리	141000	K비아트론	0	7	+101,618	+2,526,886	-4,166
12:19	모건스탠리	141000	K비아트론	0	395	+101,611	+2,526,698	-4,166
12:17	모건스탠리	141000	K비아트론	0	176	+101,216	+2,516,049	-4,166
12:15	모건스탠리	141000	K비아트론	0	2,063	+101,040	+2,511,274	-4,166
12:13	모건스탠리	141000	K비아트론	0	6	+98,977	+2,454,663	-4,166

"주포의 연속성 있는 매수는 주가를 상승시킨다"

거래원 분석을 통해서 모건스탠리가 외인 주포 창구임을 확인할 수 있습니다. 주포 창구 확인 시에는 창구 수량 증가 여부를 확인하면서 대응을 할 수 있으므로 좀 더 용이한 대응이 가능합니다.

[파트론 - 1]

스마트폰 카메라 모듈 고사양화 수혜, 플랫폼 전략 수혜주(주요 고객사의 중저가폰
물량 증가 관련) 삼성페이 관련주인 파트론입니다.

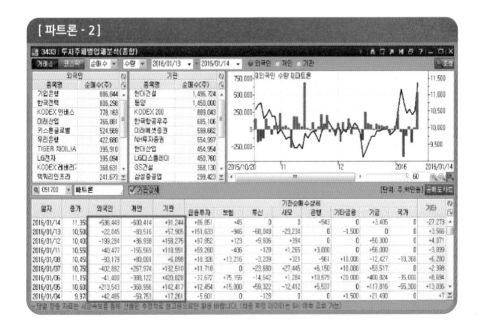

[파트론 - 2]

프로그램 대량 매수와 파바박 기관 매수로 외인 50만 주, 기관 9만 주 양매수 수급이 잡혔습니다. 수급의 이탈 없이 다시 수급이 들어온다면 계속해서 공략이 가능합니다.

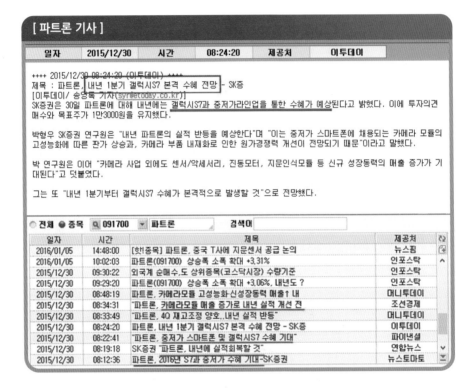

[파트론 - 3]

시간	현재가	대비	체결량
11:36:00	11,250 ▲	750	2
11:35:59	11,200 ▲	700	5
11:35:57	11,200 ▲	700	233
11:35:56	11,200 ▲	700	4
11:35:48	11,200 ▲	700	2,000
11:35:45	11,200 ▲	700	2,251
11:35:35	11,200 ▲	700	1
11:35:34	11,200 ▲	700	6
11:35:34	11,200 ▲	700	124
11:35:34	11,200 ▲	700	131
11:35:34	11,200 ▲	700	322
11:35:34	11,200 ▲	700	291
11:35:34	11,200 ▲	700	166
11:35:34	11,200 ▲	700	180
11:35:34	11,200 ▲	700	156
11:35:34	11,200 ▲	700	32
11:35:34	11,200 ▲	700	6
11:35:34	11,200 ▲	700	38
11:35:30	11,200 ▲	700	50
11:35:16	11,150 ▲	650	40
11:35:16	11,200 ▲	700	200
11:35:01	11,150 ▲	650	100

시간	현재가	대비	체결량
12:12:45	11,150 ▲	650	26
12:12:45	11,150 ▲	650	27
12:12:45	11,150 ▲	650	22
12:12:45	11,150 ▲	650	1
12:12:45	11,150 ▲	650	23
12:12:44	11,150 ▲	650	6
12:12:44	11,200 ▲	700	4
12:12:44	11,200 ▲	700	99
12:12:44	11,200 ▲	700	105
12:12:44	11,200 ▲	700	258
12:12:44	11,200 ▲	700	233
12:12:44	11,200 ▲	700	133
12:12:44	11,200 ▲	700	144
12:12:44	11,200 ▲	700	125
12:12:44	11,200 ▲	700	26
12:12:44	11,200 ▲	700	4
12:12:44	11,200 ▲	700	30
12:12:38	11,150 ▲	650	1
12:12:38	11,150 ▲	650	28
12:12:38	11,150 ▲	650	600
12:12:38	11,150 ▲	650	1
12:12:37	11,150 ▲	650	12

파바박 매수세가 유입되는 것을 볼 수 있습니다. 수량이 일정하다면 기관 수급으로 판단할 수 있습니다. 258이 포함된 붉은 선으로 길게 네모 친 부분에서 파바박 매수를 볼 수 있습니다. 보통 파바박 안의 제일 큰 수량을 기준으로 부르는 것이 연속성을 파악하기에 좋습니다.

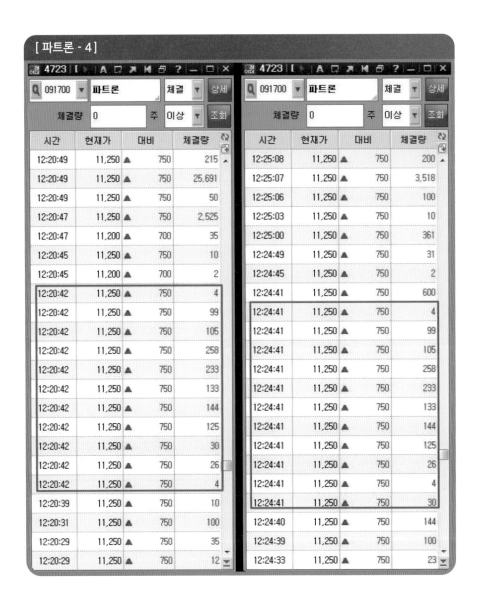

258 파바박이 지속적으로 들어오는 모습입니다. 수급이 연속성 있게 들어온다는 것은 긍정적인 신호입니다. 여기에서 본인의 원칙에 맞는 매수 타점에서 공략을 하면 됩니다.

[파트론 - 5]

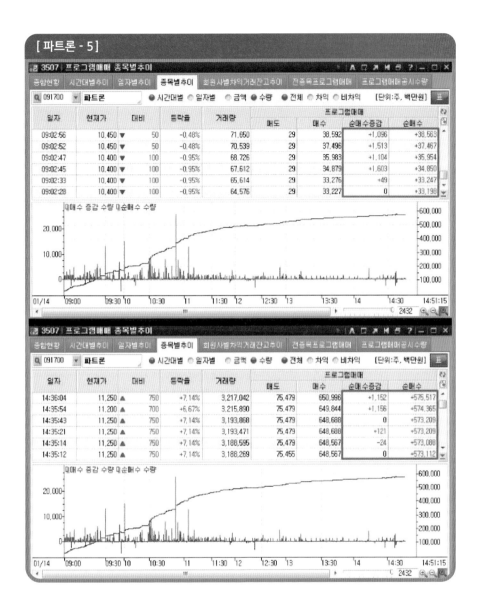

파트론 프로그램을 보면 장 초반부터 대량 외인 수급이 들어오는 것을 볼 수 있습니다. 이런 경우 장 초반 프로그램 매수가 강하게 들어올 때 공략해서 매도 물량이 나올 때까지 홀딩하는 전략을 선택할 수 있습니다.

[한국토지신탁 - 1]

4분기 실적 기대감과 정부의 재개발, 재건축 지원 기대감이 살아 있는 한국토지
신탁입니다. 최근 수급이 연속성 있게 들어오고 있습니다.

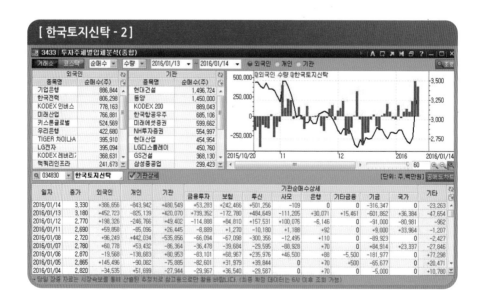

[한국토지신탁 - 2]

장 마감 후 외인/기관 양매수가 잡혔고 연기금은 매도가 잡혔습니다. 수급의 이탈이 없는 경우 지속적으로 공략이 가능한 종목입니다.

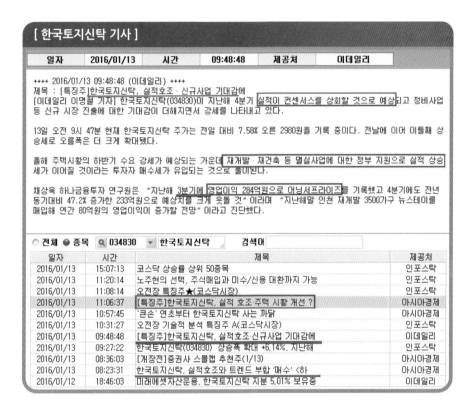

역시 실적 개선과 주택시황 개선 등과 같은 모멘텀을 자극시키는 기사가 지속적으로 나오면서 수급이 유입되고 있습니다.

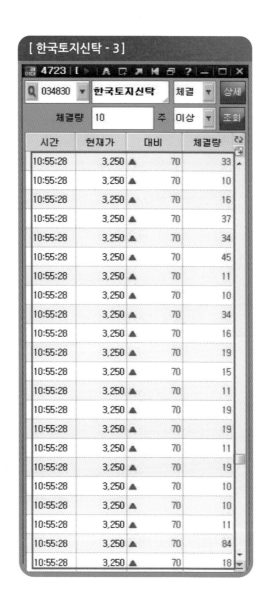

외인이 들어오는 패턴, 파바박 매수입니다. 이를 보고 외인 수급이 들어왔음을 판단할 수 있습니다. 연속적으로 들어오는지 확인하고 공략하면 됩니다.

[한국토지신탁 - 4]

시간	현재가	대비	체결량
11:18:08	3,280 ▲	100	275
11:18:07	3,280 ▲	100	1,047
11:18:03	3,280 ▲	100	1,000
11:17:58	3,280 ▲	100	305
11:17:33	3,275 ▲	95	967
11:17:32	3,280 ▲	100	326
11:17:31	3,275 ▲	95	495
11:17:19	3,280 ▲	100	239
11:17:17	3,280 ▲	100	201
11:17:13	3,275 ▲	95	446
11:17:13	3,280 ▲	100	500
11:17:10	3,280 ▲	100	1,000
11:17:05	3,280 ▲	100	404
11:17:00	3,280 ▲	100	700
11:16:48	3,285 ▲	105	508
11:16:46	3,280 ▲	100	2,788
11:16:44	3,280 ▲	100	605
11:16:38	3,280 ▲	100	701
11:16:38	3,280 ▲	100	1,000
11:16:21	3,280 ▲	100	339
11:16:14	3,280 ▲	100	1,047
11:16:13	3,280 ▲	100	1,858

체결량 150 주 이상 · 034830 한국토지신탁 체결 상세 · 4723

시간	현재가	대비	체결량
11:29:21	3,290 ▲	110	326
11:29:17	3,290 ▲	110	630
11:29:11	3,290 ▲	110	1,091
11:29:10	3,290 ▲	110	1,000
11:29:09	3,290 ▲	110	304
11:29:04	3,290 ▲	110	2,000
11:29:02	3,290 ▲	110	250
11:28:55	3,290 ▲	110	605
11:28:43	3,285 ▲	105	1,000
11:28:38	3,290 ▲	110	239
11:28:27	3,290 ▲	110	339
11:28:24	3,290 ▲	110	337
11:28:21	3,285 ▲	105	495
11:28:14	3,290 ▲	110	201
11:28:12	3,285 ▲	105	1,000
11:28:08	3,290 ▲	110	221
11:28:06	3,285 ▲	105	8,520
11:27:53	3,285 ▲	105	422
11:27:45	3,285 ▲	105	1,000
11:27:45	3,285 ▲	105	276
11:27:42	3,285 ▲	105	300
11:27:40	3,285 ▲	105	326

체결량 201 주 이상 · 034830 한국토지신탁 체결 상세 · 4723

305, 326, 239, 605, 339 등 많은 단주들이 들어오는 것을 확인할 수 있습니다. 이를 보면서 외인과 기관이 같이 들어온다는 것을 미리 파악할 수 있습니다.

연속성이 있게 들어오는지 계속 체크하면서 본인 매매 원칙에 맞게 공략하면 됩니다.

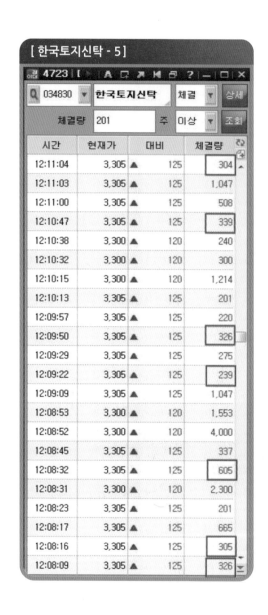

　계속해서 매수가 끊이지 않고 들어오는 모습입니다. 주가 상승에 긍정적인 흐름이라고 볼 수 있습니다. 이를 보면서 미리 기관 대량 매수가 잡힐 것이라고 예상할 수 있습니다.

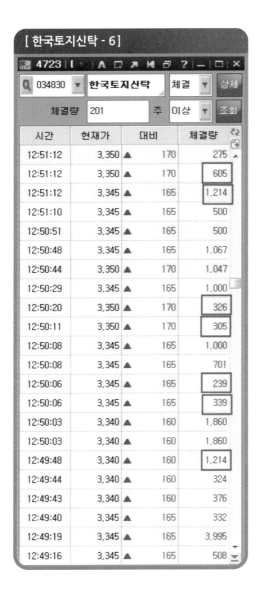

[한국토지신탁 - 6]

시간	현재가	대비	체결량
12:51:12	3,350 ▲	170	275
12:51:12	3,350 ▲	170	605
12:51:12	3,345 ▲	165	1,214
12:51:10	3,345 ▲	165	500
12:50:51	3,345 ▲	165	500
12:50:48	3,345 ▲	165	1,067
12:50:44	3,350 ▲	170	1,047
12:50:29	3,345 ▲	165	1,000
12:50:20	3,350 ▲	170	326
12:50:11	3,350 ▲	170	305
12:50:08	3,345 ▲	165	1,000
12:50:08	3,345 ▲	165	701
12:50:06	3,345 ▲	165	239
12:50:06	3,345 ▲	165	339
12:50:03	3,340 ▲	160	1,860
12:50:03	3,340 ▲	160	1,860
12:49:48	3,340 ▲	160	1,214
12:49:44	3,340 ▲	160	324
12:49:43	3,340 ▲	160	376
12:49:40	3,345 ▲	165	332
12:49:19	3,345 ▲	165	3,995
12:49:16	3,345 ▲	165	508

체결창을 보면 1,214 매도하는 단주도 보입니다. 한국토지신탁의 최근 특성을 봤을 때 연기금은 당일에도 지속적으로 매도하고 있음을 알 수 있습니다.

[한국토지신탁 - 7]

시간	거래원	종목코드	종목명	매도수량	매수수량	누적순매수	순매수금액	전일순매수
14:43	미래에셋	034830	K한국토지신탁	0	1,520	+12,239	+43,106	-199,462
14:43	미래에셋	034830	K한국토지신탁	2,738	0	+10,719	+38,063	-199,462
14:40	미래에셋	034830	K한국토지신탁	0	1,480	+13,457	+47,148	-199,462
14:40	미래에셋	034830	K한국토지신탁	232,960	0	+11,977	+42,255	-199,462
14:38	미래에셋	034830	K한국토지신탁	0	8,957	+244,937	+813,503	-199,462
14:36	미래에셋	034830	K한국토지신탁	0	4,304	+235,980	+783,847	-199,462
14:33	미래에셋	034830	K한국토지신탁	0	964	+231,676	+769,575	-199,462
14:31	미래에셋	034830	K한국토지신탁	0	770	+230,712	+766,376	-199,462
14:29	미래에셋	034830	K한국토지신탁	0	1,017	+229,942	+763,822	-199,462
14:27	미래에셋	034830	K한국토지신탁	0	804	+228,925	+760,446	-199,462
14:24	미래에셋	034830	K한국토지신탁	0	804	+228,121	+757,777	-199,462
14:22	미래에셋	034830	K한국토지신탁	0	200	+227,317	+755,111	-199,462
14:20	미래에셋	034830	K한국토지신탁	0	804	+227,117	+754,449	-199,462
14:18	미래에셋	034830	K한국토지신탁	0	1,255	+226,313	+751,784	-199,462
14:15	미래에셋	034830	K한국토지신탁	0	6,636	+225,058	+747,624	-199,462
14:13	미래에셋	034830	K한국토지신탁	0	804	+218,422	+725,626	-199,462
14:11	미래에셋	034830	K한국토지신탁	0	804	+217,618	+722,960	-199,462
14:09	미래에셋	034830	K한국토지신탁	0	805	+216,814	+720,291	-199,462
14:07	미래에셋	034830	K한국토지신탁	0	400	+216,009	+717,614	-199,462

거래원 분석을 해보면, 미래에셋 창구로 804주로 지속적인 매수 유입이 확인됩니다. 이것으로 미래에셋 창구를 기관 창구로 추정해볼 수 있습니다!

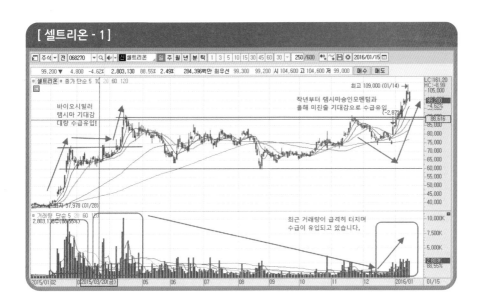

[셀트리온 - 1]

국내 항체 치료제 분야에서 타의 추종을 불허하는 대표적인 바이오 기업, 셀트리온입니다. 최근 미국 식품의약국^{FDA}으로부터 바이오시밀러인 '램시마' 판매 허가 가능성이 크다는 분석이 나오면서 외인 수급과 함께 지속적으로 상승하는 종목입니다.

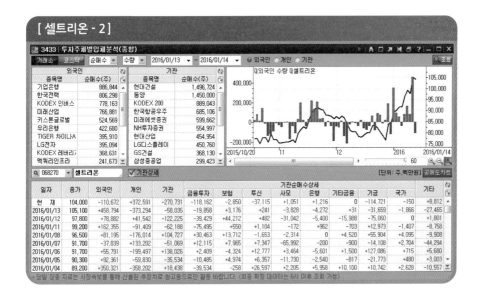

[셀트리온 - 2]

장 마감 후 외인 기관 양매도가 잡혔습니다.

[셀트리온 기사]

전체 ● 종목 🔍 068270 ▼ 셀트리온 | 검색어

일자	시간	제목
2015/12/21	15:36:58	셀트리온, 1주당 0.03주 주식배당 결정
2015/12/21	15:30:16	<생생코스닥>셀트리온, 주당 0.03주 주식배당 결정
2015/12/21	15:28:59	셀트리온, 주당 0.03주 주식배당 결정
2015/12/21	15:27:48	셀트리온, 주당 0.03주 배당 결정
2015/12/21	15:25:02	(주)셀트리온 주식배당결정
2015/12/21	15:20:15	코스닥 기관 순매수·도 상위20종목
2015/12/21	15:11:34	[마감]코스닥, 닷새째 상승…안철수 테마株 강세
2015/12/21	12:00:25	반도체처럼..한국 기업들, 바이오의약품 세계 1위!
2015/12/21	12:00:00	송도밸리, '바이오산업 메카'…지리적 이점과 우수
2015/12/21	09:27:28	[Hot-Line] "셀트리온, 내년 美 FDA 허가 및 판매
2015/12/21	09:25:11	코스닥 5거래일만에 약세…개미 '팔자' 나서
2015/12/21	08:11:21	셀트리온, 내년 1분기 램시마의 美 FDA 허가에 따
2015/12/21	08:06:00	"셀트리온, 내년 美 시장 진출로 희망만 가득"
2015/12/21	07:43:29	셀트리온, 램시마 美 FDA 허가 임박
2015/12/21	07:41:55	셀트리온, 늦어도 내년 하반기 미국 진출-유진
2015/12/21	07:28:15	전일사 수식내자거래 제결 상위종목(코스닥시상)
2015/12/18	18:08:06	코스닥 기관 순매수 상위종목(확정)
2015/12/18	17:34:14	[코스닥 외국인 순매수 상위 10개 종목]
2015/12/18	17:26:12	[코스닥 기관 순매수 상위 10개 종목]
2015/12/18	15:44:06	코스닥 기관 순매수 상위종목(잠정)
2015/12/18	15:26:18	코스닥지수 상승 마감…외국인·기관 순매수

일자	2016/01/14	시간	09:36:33	제공처	머니투데이

++++ 2016/01/14 09:36:33 (머니투데이) ++++
제목 : [특징주]셀트리온, 램시마 기대감에 연일 '신고가'
[머니투데이 김평화 기자] 전날 10만원선을 뚫어내며 역대 최고가 기록을 세운 셀트리온이 상승세를 이어가고 있다.

14일 오전 9시34분 현재 셀트리온은 전 거래일 대비 2700원 오른 10만7800원에 거래되고 있다. 전날 셀트리온의 종가 10만5100원은 종가 기준 상장 이후 최고치다.

미국 식품의약국(FDA)로부터 바이오시밀러인 '램시마' 판매 허가 가능성이 크다는 분석이 나오면서 상승세를 유지하고 있다는 분석이다.

증권가에서는 다음달 9일 미 FDA가 개최할 예정인 관절염 관련 자문위원회에서 램시마 허가 여부에 대한 안건이 다뤄질 것으로 예상하고 있다.

이찬휘 하나금융투자 연구원은 "이미 유럽에서 긴 기간 동안 처방이 이뤄졌다는 것을 미뤄 볼 때 높은 확률로 긍정적인 의견이 제기될 수 있을 것"이라며 "자문위원회의 긍정적 의견을 바탕으로 오는 4월경 FDA 허가가 이루어질 수 있다면 램시마는 미 FDA가 허가한 첫 항체 바이오시밀러로서 상당기간 독점적 수혜가 예상된다"고 말했다.

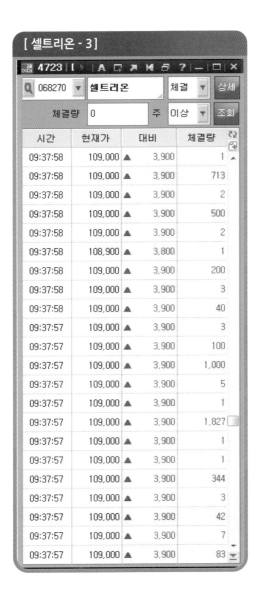

전일 외인 대량 매수가 들어온 상황에서 시황의 영향으로 갭하락했다가 강하게
반등이 나왔습니다. 110,000원 물량 아래에서 강력하게 돌파를 하지 못하는 모습
입니다.

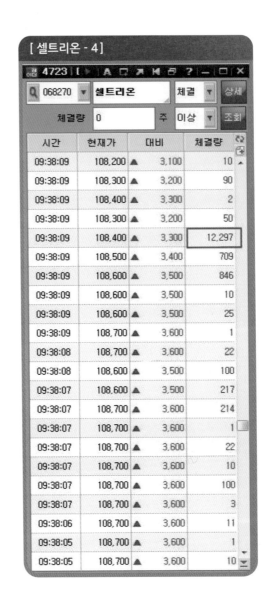

돌파를 못 하자 한 번에 12억 원 물량이 매도가 나왔습니다. 투심이 꺾일 수 있는 큰 물량입니다.

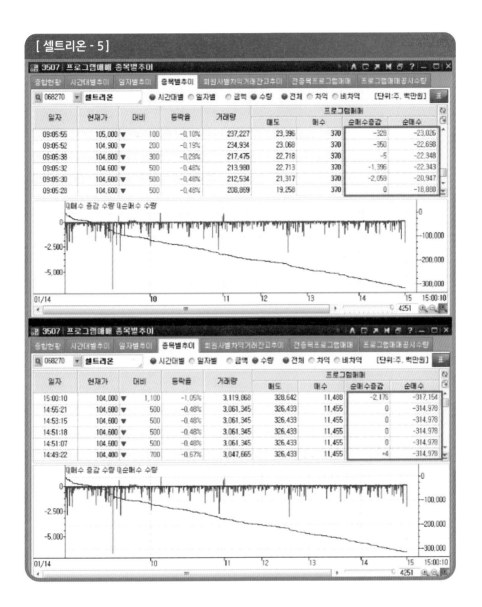

[셀트리온 - 5]

프로그램을 보면 장 초반부터 지속적으로 매도가 나오는 것을 볼 수 있습니다. 그렇기 때문에 의미 있는 가격(라운드 피겨)대에서는 보수적으로 대응하는 것이 좋습니다.

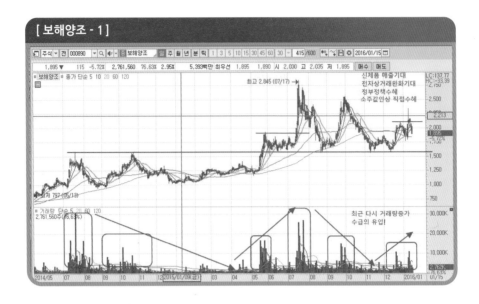

최근 저도주 및 과일주 수혜를 받고 있는 보해양조입니다. 2015년 9월 수도권에
출시한 '부라더소다'가 젊은 층에게 좋은 반응을 얻으면서 신제품 매출액이 크게
증가했습니다.

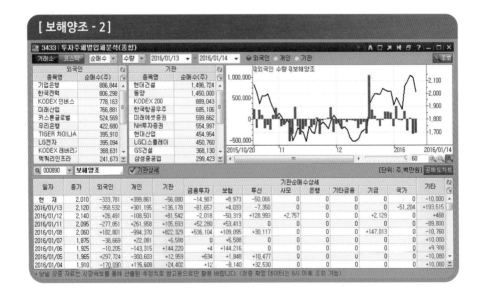

장 마감 후 외인 기관 양매도가 잡혔습니다. 체결창과 프로그램이 같이 실시간으로 수급의 이탈이 보일 때 주식을 보유하고 있을 시에는 바로 대응을 하고, 관심을 가지고 있었다면 당일에는 접근하지 않는 전략으로 대응하는 것이 좋습니다.

[보해양조 기사 - 1]

일자	2015/11/03	시간	07:42:24	제공처	이데일리

++++ 2015/11/03 07:42:24 (이데일리) ++++
제목 : 보해양조, '부라더소다' 시장 선점이 관건-한국
[이데일리 박기주 기자] 한국투자증권이 3일 보해양조(000890)에 대해 '부라더소다'의 소다소주 시장 선점이 관건이라고 평가했다. 투자의견과 목표주가는 제시하지 않았다.

이경주 한국투자증권 연구원은 "지난 9월2일 출시한 3도의 탄산소주 '부라더소다'가 생산능력 보강으로 11월부터 본격적으로 판매돼 공급 부족 문제가 해결될 것"이라며 "현 추세면 연말까지 누적 판매액은 지난해 매출액의 5~7% 수준인 60-90억원을 기록할 것"이라고 전망했다.

그는 이어 "부라더소다는 기존 살균막걸리 생산시설을 활용해 생산하기 때문에 설비투자비가 미미해 현대도 이익이 발행하고 있다"며 "일본 등 해외 사례에 비춰볼 때 소주나 맥주가 아닌 탄산소주와 과일소주 등 기타 주종에 대한 수요는 앞으로도 꾸준히 늘 것"이라고 덧붙였다.

다만 마케팅비와 주력 주종의 부진은 부담으로 작용할 것으로 전망했다.

이 연구원은 "경쟁사의 소다소주 출시 이전 시장 선점을 위해 앞으로 마케팅비는 증가할 전망"이라며 "다만 소다소주의 수익성이 우수해 마케팅비 증분을 매출총이익 증가로 어느정도 상쇄할 것"이라고 말했다.

그는 또 "보해양조의 일반 소주 점유율은 주력인 광주·전남지역에서 전년동기대비 1~2% 포인트 하락하며 성장이 정체됐다"며 "보해복분자 매출액도 과일소주 등으로 소비가 이전돼 5-10% 감소한 것으로 추정된다"고 설명했다.

[보해양조 기사 - 2]

일자	2016/01/11	시간	09:26:44	제공처	아시아경제

++++ 2016/01/11 09:26:44 (아시아경제) ++++
제목 : [특징주] 보해양조, 안철수 신당 창당발기인에 장학회
[아시아경제 김원규 기자] 보해양조가 안철수 의원의 신당 창당발기인에 자사 장학회 이사가 참여했다는 소식에 강세다.

보해양조는 11일 오전 9시20분 현재 3.88% 오른 2140원에 거래되고 있다.

안철수 의원이 주도하는 신당 '국민의당'(가칭)은 전날 오후 서울 세종문화회관에서 창당 발기인대회를 열어 창당준비위원회를 정식 발족했다.

창당 발기인으로는 모두 1978명이 참여했으며, 현역 의원 중에서는 안 의원과 김한길 의원을 비롯해 김동철·문병호·유성엽·임내현·황주홍 의원 등 7명이 참석했다.

보해양조는 우명승 보해양조 장학회 이사가 국민의당 창당발기인에 포함돼 있다.

보해양조는 신제품 기대감에 안철수 창당 테마까지 엮어 강력한 상승 모멘텀을 보이면서 기관의 수급이 들어왔습니다.

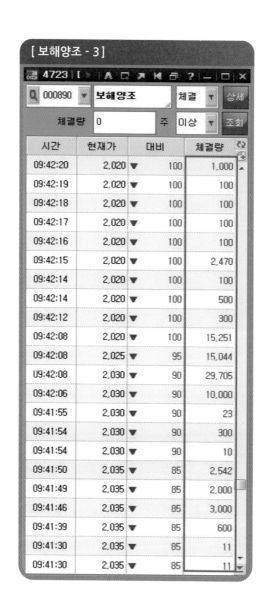

전일 외인/기관 수급 양매도로 당일에도 매도 물량이 나오는 모습입니다. 체결
창을 통해 시장가로 매도 물량이 쏟아져나올 때는 공략을 하면 안 됩니다.

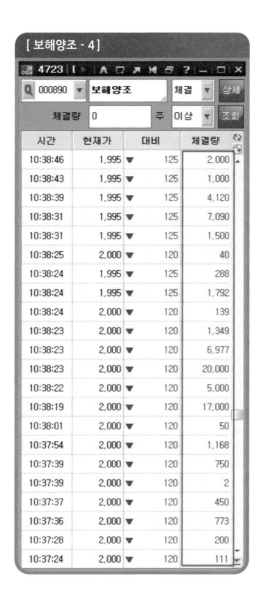

지속적으로 투매가 나오면서 강력한 지지 가격대인 2,000원을 깨고 내려가는 모습입니다.

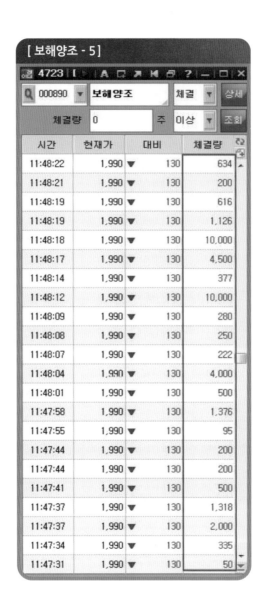

이후에도 지속적으로 매도가 나오고 있습니다. 이렇게 시장가로 매도가 지속적으로 나올 때는 해당 종목에 접근하지 않는 것이 좋습니다.

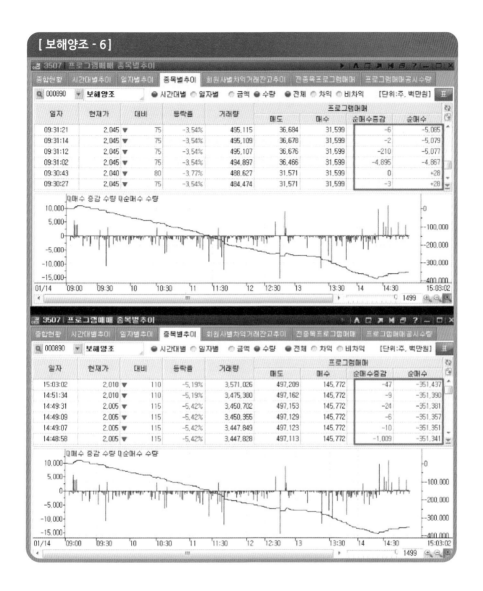

[보해양조 - 6]

프로그램도 장 초반에 매도 전환하면서 장 막판까지 지속적으로 매도하는 모습입니다. 체결창과 프로그램을 통해 매도세가 강했다는 것을 알 수 있습니다.

외인, 기관
수급 포착

외인, 기관
수급 포착

외인의 매매 패턴

1. 외국계 증권사 거래원을 이용한다.

 - CS증권, 메릴린치, 도이치, 골드만, CLSA, 모건 스탠리 등.

2. 신한투자 외 국내 계좌 이용.

 - 신한투자 이외 미래에셋, 대우, 우리투자, 삼성 등.

 - 관심 종목당 거래원 분석을 통해 파악한다.

3. 체결량을 통해 알 수 있다.

 - 89, 89, 89, 12, 12, 12, 33, 33, 33, 33 이런 식의 패턴.

 - 일정하게 '파파파파파파파팍' 매수와 매도를 반복한다. 외인과 함께 기관도 들어온다.

 단, 그 수가 적기 때문에 외인으로 말한다. 중요한 것은 매수 패턴이 상대적으로 많은 외인 기관 쪽에서 매수가 들어오는 것이다.

4. 프로그램을 통해 알 수 있다.

- 코스피 대형주와 코스닥 시총(시가 총액) 높은 종목에 들어온다.

- 중소형주는 프로그램 매매보다 거래원과 체결량을 봐야 한다.

5. 검은머리외인 패턴을 이용한다.

- 위 호가 아래 받치기 매도 호가 3,452 매수 호가 3,452.

- 위 호가 매도 4,523 돌파로 4,523 매수.

- 위 호가 매도 10,000 돌파로 7,500 매수 후 2,500 외인 거둬감.

- 시간 분초 단위 체크 필요성, 익숙해질 때까지 프로그램 비교.

🔑 키포인트

- 외인의 선물 매수세가 양호하며 하루 종일 프로그램 매수 종목은 강함.
- 장 초반 매도에서 매수로 변환하는 종목을 찾아야 함.
- 장 초반 매수에서 매도로 변환하는 종목을 찾아야 함.

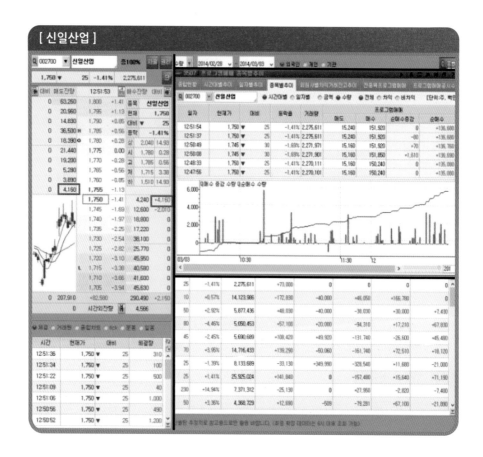

[신일산업]

　　다음은 호가창에서 외인 매수 패턴입니다. 매도 1호가의 물량 수량만큼 매수 1호가에 매수(받치기 패턴)를 하면서 주가 하락을 방어하는 패턴입니다.

　　1,750원에 받치기 물량(4,160)이 체결되면서 프로그램이나 특정 거래원에 매수가 잡히는지 확인하는 것이 좋습니다.

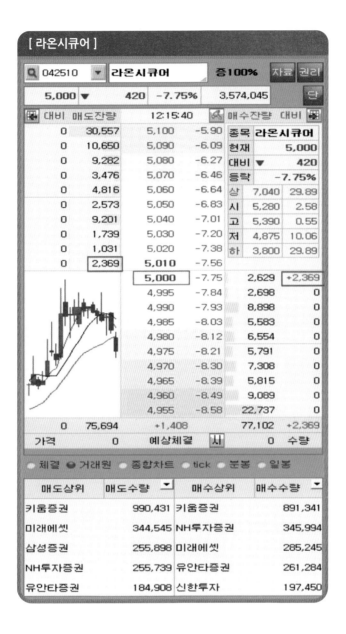

[라온시큐어]

| 042510 | 라온시큐어 | 증100% | 자료 | 권리 |

| 5,000 ▼ | 420 | -7.75% | 3,574,045 | 단 |

대비	매도잔량	12:15:40	매수잔량	대비
0	30,557	5,100	-5.90	
0	10,650	5,090	-6.09	
0	9,282	5,080	-6.27	
0	3,476	5,070	-6.46	
0	4,816	5,060	-6.64	
0	2,573	5,050	-6.83	
0	9,201	5,040	-7.01	
0	1,739	5,030	-7.20	
0	1,031	5,020	-7.38	
0	2,369	5,010	-7.56	

종목	라온시큐어
현재	5,000
대비 ▼	420
등락	-7.75%

상	7,040	29.89
시	5,280	2.58
고	5,390	0.55
저	4,875	10.06
하	3,800	29.89

5,000	-7.75	2,629	+2,369
4,995	-7.84	2,698	0
4,990	-7.93	8,898	0
4,985	-8.03	5,583	0
4,980	-8.12	6,554	0
4,975	-8.21	5,791	0
4,970	-8.30	7,308	0
4,965	-8.39	5,815	0
4,960	-8.49	9,089	0
4,955	-8.58	22,737	0

| 0 | 75,694 | +1,408 | 77,102 | +2,369 |
| 가격 | 0 | 예상체결 시 | 0 | 수량 |

● 체결 ● 거래원 ● 종합차트 ● tick ● 분봉 ● 일봉

매도상위	매도수량 ▼	매수상위	매수수량 ▼
키움증권	990,431	키움증권	891,341
미래에셋	344,545	NH투자증권	345,994
삼성증권	255,898	미래에셋	285,245
NH투자증권	255,739	유안타증권	261,284
유안타증권	184,908	신한투자	197,450

외인 매수 패턴인 매수 받치기가 5,000원에 2,396주 보입니다.

기관의 매매 패턴

1. 국내 계좌 증권사 거래원을 이용한다.

   - 신영증권, 삼성증권, 바로증권, 부국증권, 대우증권, 미래에셋 등.

2. 바클레이즈 외 외국계 증권 이용.

   - 바클레이즈, 골드만, 메릴린치, 모건 스탠리 등.

   - 관심 종목당 거래원 분석을 통해 파악한다.

3. 체결량을 통해 알 수 있다.

   - 260, 260, 260, 1,210, 1,210, 1,210, 586, 586, 586.

   - 일정하게 1분, 2분, 3분, 4분, 5분 단위로 들어온다.

🔑 키포인트

- 매수 체결량을 찾지 말고 매수할 시 매도 체결량도 파악한다.

  ex 222 매도하며 356 매수한다. 거래원 분석과 계산기 두드림.

- 10시, 11시, 1시 매매 동향을 확인하며 늘어나는지 체크한다.

[서울반도체]

046890 ▼ 서울반도체 ✓기관상세 [단위: 주, 백만원] 공매도

일자	종가	외국인	개인	기관	기관순매수상세								기타
					금융투자	보험	투신	사모	은행	기타금융	기금	국가	
2015/11/06	20,700	-13,038	-126,938	+149,466	+123,466	0	0	+26,000	0	0	0	0	-7,490
2015/11/05	20,600	+133,730	-163,216	+32,325	+18,571	0	0	+14,000	-246	0	0	0	-2,839
2015/11/04	20,050	+119,152	-201,557	+83,445	+75,125	+1,432	+23,982	-2,410	-2,772	0	-11,912	0	-1,040
2015/11/03	19,900	+42,020	-214,933	+169,096	+148,040	0	+524	+20,532	0	0	0	0	+3,817
2015/11/02	19,700	+404,743	-458,921	+53,234	+45,668	0	+7,998	+68	-500	0	0	0	+944
2015/10/30	19,000	+29,087	+121,596	-150,684	-21,072	0	-4,958	+7	0	0	-124,661	0	+1
2015/10/29	19,700	+712,790	-716,060	+7,708	+57,448	0	-24,403	-500	0	0	-24,837	0	-4,438
2015/10/28	19,050	+634,434	-622,830	-6,057	-6,037	0	0	0	-20	0	0	0	-5,547
2015/10/27	18,950	+1,159,469	-1,171,163	+123,543	+175,704	0	-12,474	-27,597	-90	0	-12,000	0	-111,829

· 금융투자 – 단타. 그냥 개인으로 봐도 무방, 가끔 연속적으로 매수도 함.

　장 마감 후 매매 동향 잡힘.

· 보험 – 중장기 투자로 연속성이 있음.

· 투신 – 자금력이 세며 한 번 매수할 때 강하게 매수한다.

· 사모 – 단타, 완전 단타, 상따(상한가 따라잡기) 잘함.

　장 마감 후 매매 동향 잡힘.

· 은행 – 느긋하게 매수한다.

· 기타 금융 – 의미 없다.

· 연기금 – 한 번 매수하면 계속 매수한다. 우직하다.

· 국가 – 투신, 연기금 눈치보며 매수한다.

· 기타 – 지분 싸움 날 때 유심히 봐야 한다.

투신, 연기금이 가장 자금력이 세고 매수세가 강함.

투자자문사나 랩자금도 수급 주체로 볼 수 있다(개인 계좌).

단, 신한투자든 삼성증권이든 매도 없이 매수만 있을 시에 해당.

🔑 실전 매매

검은머리외인은 매도하나 기관은 체결량으로 매수한다.

최근 주포가 기관이면 홀딩 전략 상황에 맞게 유연한 대응.

기관 외인은 매매 동향을 숨길수 있다. 체결량만 믿자.

외인 선물 영향에 따라 포지션을 변경합시다.

전약후강 – 시가 베팅, 장중 베팅. 전강후약 – 종가 베팅.

사모, 금투는 매동 장 마감 후 집계됩니다.

[이니텍 - 1]

| 체결량 | 주가차트 | 종목뉴스 | 일별주가 | 종목상세 | 거래원 | 종목투자자 |

053350 ▼ ▶ ? 관 이니텍 ☑ 실시간 조회 다음 챠트

시간	현재가	등락폭	등락률	변동거래량	매수비중	매도호가
10:18:43	11,500 ▲	250	2.22%	17	41.25%	11,550
10:18:39	11,500 ▲	250	2.22%	3	41.25%	11,500
10:18:33	11,500 ▲	250	2.22%	1,754	41.25%	11,550
10:18:33	11,500 ▲	250	2.22%	4,019	40.73%	11,500
10:18:26	11,500 ▲	250	2.22%	9	39.51%	11,500
10:18:09	11,450 ▲	200	1.78%	2	39.51%	11,500
10:17:40	11,500 ▲	250	2.22%	1	39.51%	11,500
10:17:35	11,450 ▲	200	1.78%	99	39.51%	11,500
10:17:35	11,450 ▲	200	1.78%	421	39.53%	11,500
10:17:30	11,450 ▲	200	1.78%	10	39.40%	11,450
10:17:30	11,400 ▲	150	1.33%	1	39.39%	11,450
10:17:22	11,400 ▲	150	1.33%	15	39.39%	11,500
10:17:17	11,450 ▲	200	1.78%	1,200	39.40%	11,500
10:17:16	11,450 ▲	200	1.78%	500	39.02%	11,450
10:17:03	11,450 ▲	200	1.78%	11	38.86%	11,450
10:17:01	11,400 ▲	150	1.33%	41	38.86%	11,450
10:16:44	11,450 ▲	200	1.78%	485	38.87%	11,450
10:16:30	11,450 ▲	200	1.78%	9	38.71%	11,450
10:16:22	11,400 ▲	150	1.33%	200	38.71%	11,450
10:16:22	11,400 ▲	150	1.33%	50	38.75%	11,450
10:15:50	11,400 ▲	150	1.33%	31	38.76%	11,450
10:14:55	11,400 ▲	150	1.33%	32	38.77%	11,450
10:14:44	11,400 ▲	150	1.33%	90	38.77%	11,450
10:14:40	11,450 ▲	200	1.78%	9	38.79%	11,450
10:13:58	11,400 ▲	150	1.33%	35	38.79%	11,450
10:13:55	11,450 ▲	200	1.78%	319	38.80%	11,450
10:13:35	11,450 ▲	200	1.78%	102	38.86%	11,500

11,500원에 4,019주 매수가 들어왔을 때 동시에 나머지 1,754주를 매수하면서 걸어가는 외인 매수 패턴입니다. 한 호가를 동시에 체결함으로써 매수 심리를 올려주기 때문에 동일 패턴으로 지속 매수 시 주가는 상승할 확률이 높아집니다.

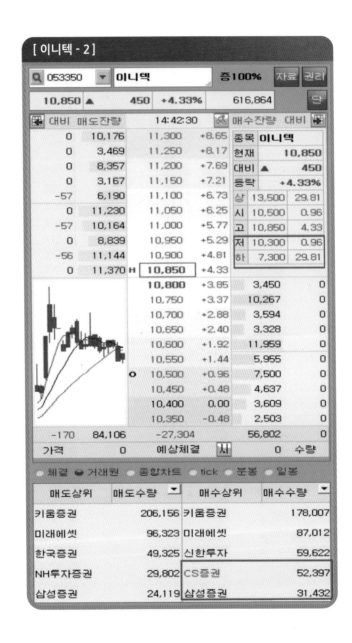

외인 창구로는 CS증권, 국내 창구로는 신한투자를 이용해서 매수가 들어오면서 주가가 상승하는 모습입니다. 특히 외국계 창구 매수가 뜨게 되면 개인 투심을 자극하기 때문에 주가는 상승하는 경우가 많습니다.

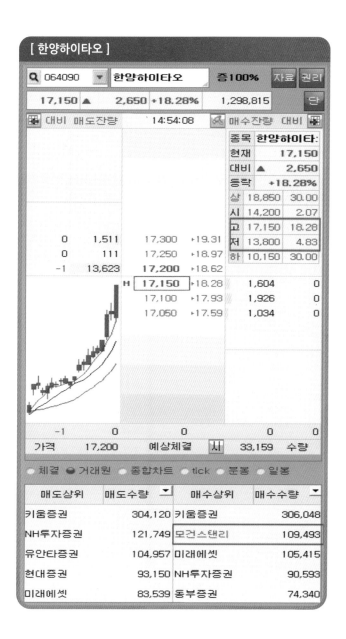

[한양하이타오]

| Q 064090 ▼ | 한양하이타오 | 증100% | 자료 | 권리 |

| 17,150 ▲ | 2,650 | +18.28% | 1,298,815 | 단 |

| 대비 매도잔량 | '14:54:08 | 매수잔량 대비 |

종목	한양하이타:
현재	17,150
대비 ▲	2,650
등락	+18.28%
상	18,850	30.00
시	14,200	2.07
고	17,150	18.28
저	13,800	4.83
하	10,150	30.00

0	1,511	17,300	▸19.31
0	111	17,250	▸18.97
-1	13,623	17,200	▸18.62

H	17,150	▸18.28	1,604	0
	17,100	▸17.93	1,926	0
	17,050	▸17.59	1,034	0

| -1 | 0 | 0 | 0 | 0 |
| 가격 | 17,200 | 예상체결 시 | 33,159 | 수량 |

○ 체결 ● 거래원 ○ 종합차트 ○ tick ○ 분봉 ○ 일봉

매도상위	매도수량 ▼	매수상위	매수수량 ▼
키움증권	304,120	키움증권	306,048
NH투자증권	121,749	모건스탠리	109,493
유안타증권	104,957	미래에셋	105,415
현대증권	93,150	NH투자증권	90,593
미래에셋	83,539	동부증권	74,340

주가가 -4%까지 빠졌지만 모건 스탠리 창구를 통해 외인 매수가 지속적으로 들어오면서 (15억 원 이상) +18% 이상 반등하는 모습입니다. 주가가 하락하더라도 특정 가격대에 주가를 방어하고 올려주는 매수세가 포착이 될 경우 매수 타점으로 볼 수 있습니다.

-8%까지 주가가 밀렸다가 외인의 매수세가 들어오면서 메릴린치 창구가 매수 상위 거래원으로 올라왔다는 것을 알 수가 있습니다. 외인의 패턴을 알게 되면, 체결창을 통해 거래원이 올라오기 전 선취매를 통해서 보다 안정적인 수익을 낼 수가 있습니다.

[솔고바이오 - 2]

시간	거래원	종목코드	종목명	매도수량	매수수량	누적순매수	순매수금액	전일순매수
10:27	메릴린치	043100	K 솔고바이오	0	14,803	+343,676	+655,658	-2,130
10:25	메릴린치	043100	K 솔고바이오	0	6,310	+328,873	+627,237	-2,130
10:20	메릴린치	043100	K 솔고바이오	0	11,980	+322,563	+615,153	-2,130
10:12	메릴린치	043100	K 솔고바이오	0	1,221	+310,583	+592,396	-2,130
10:10	메릴린치	043100	K 솔고바이오	0	3,529	+309,362	+590,076	-2,130
10:04	메릴린치	043100	K 솔고바이오	0	7,660	+305,833	+583,318	-2,130
10:01	메릴린치	043100	K 솔고바이오	0	4,155	+298,173	+568,554	-2,130
09:50	메릴린치	043100	K 솔고바이오	0	858	+294,018	+560,571	-2,130
09:45	메릴린치	043100	K 솔고바이오	0	71,635	+293,160	+558,941	-2,130
09:31	메릴린치	043100	K 솔고바이오	0	48,538	+221,525	+424,984	-2,130
09:29	메릴린치	043100	K 솔고바이오	0	172,987	+172,987	+332,519	-2,130

장 초반 주가가 밀렸을 때 상위 5개 거래원 아래서 외인이 지속 매수를 하다가 9시 29분에 매수 상위 5개 거래원에 올라오면서 투심을 자극, 주가를 반등시키는 패턴임을 알 수 있습니다.

:: HTS팁

X-ray 기능을 이용하면 외인 매매 패턴을 좀 더 쉽게 파악할 수 있습니다.

[월비스]

🔍 008600 ▼	월비스	증50%	자료 권리

2,250 ▼	30	-1.32%	3,423,663	단

🔍 008600 ▼	월비스	체결 ▼	상세
	체결량 0	주 이상 ▼	조회

💠 대비	매도잔량	14:07:32	💠 매수잔량	대비 💠
0	41,231	2,295	+0.66	종목 **월비스**
0	22,812	2,290	+0.44	현재 2,250
0	11,605	2,285	+0.22	대비 ▼ 30
0	20,028	2,280	0.00	등락 -1.32%
0	12,221	2,275	-0.22	상 2,960 29.82
0	15,009 ○	2,270	-0.44	시 2,270 0.44
0	10,300	2,265	-0.66	고 2,315 1.54
0	10,198	2,260	-0.88	저 2,170 4.82
0	8,922	2,255	-1.10	하 1,600 29.82
0	5,849	**2,250**	-1.32	
		2,245	-1.54	950 0
		2,240	-1.75	12,385 0
		2,235	-1.97	11,235 0
		2,230	-2.19	14,532 0
		2,225	-2.41	26,451 0
		2,220	-2.63	6,556 0
		2,215	-2.85	11,173 0
		2,210	-3.07	12,683 0
		2,205	-3.29	10,947 0
		2,200	-3.51	20,034 0
0	158,175	-31,229	126,946	0
가격	0	예상체결 시	0 수량	

⚪체결 ⚫거래원 ⚪종합차트 ⚪tick ⚪분봉 ⚪일봉

매도상위	매도수량 ▼	매수상위	매수수량 ▼
키움증권	634,140	키움증권	639,938
현대증권	324,458	미래에셋	358,060
대신증권	301,247	NH투자증권	229,103
NH투자증권	285,792	유안타증권	213,887
미래에셋	279,049	도이치증권	177,020

시간	현재가	대비	체결량
14:07:23	2,250 ▼	30	3,765
14:07:21	2,250 ▼	30	2,947
14:07:21	2,245 ▼	35	1,115
14:07:19	2,245 ▼	35	200
14:07:19	2,245 ▼	35	600
14:07:19	2,245 ▼	35	500
14:07:17	2,245 ▼	35	10
14:07:16	2,245 ▼	35	1,000
14:07:13	2,245 ▼	35	10
14:07:11	2,245 ▼	35	414
14:06:53	2,245 ▼	35	2,000
14:06:49	2,245 ▼	35	1
14:06:45	2,245 ▼	35	700
14:06:36	2,250 ▼	30	1
14:06:32	2,245 ▼	35	16,779
14:06:32	2,245 ▼	35	2,487
14:06:16	2,245 ▼	35	2
14:06:16	2,240 ▼	40	1
14:06:10	2,240 ▼	40	30
14:06:06	2,240 ▼	40	1
14:06:06	2,240 ▼	40	1

-4% 빠진 상황에서 걷어가기 패턴으로 매수가 들어오면서 주가가 반등 나오는 모습입니다. 걷어가기 패턴이 지속적으로 나오면서 도이치증권이 매수 상위로 올라왔다는 것을 알 수가 있습니다. 14:06:32에 체결창을 통해 외인의 걷어가기 패턴을 확인할 수가 있습니다.

[서울반도체]

				종목	서울반도체	
Q 046890 ▼ 서울반도체			증40%	자료	권리	
20,400 ▲	500	+2.51%	1,882,595		단	

대비	매도잔량	14:08:46	매수잔량	대비
0	21,909	20,850	+4.77	종목 서울반도체
0	26,507	20,800	+4.52	현재 20,400
0	16,378	20,750	+4.27	대비 ▲ 500
0	23,642	20,700	+4.02	등락 +2.51%
0	12,351	20,650	+3.77	상 25,850 29.90
0	16,839	20,600	+3.52	시 20,050 0.75
0	16,221	20,550	+3.27	고 21,000 5.53
0	25,649	20,500	+3.02	저 19,750 0.75
0	15,833	20,450	+2.76	하 13,950 29.90
0	15,190	**20,400**	+2.51	
		20,350	+2.26	1,010 0
		20,300	+2.01	18,983 0
		20,250	+1.76	9,959 0
		20,200	+1.51	23,321 0
		20,150	+1.26	7,033 0
		20,100	+1.01	10,068 0
		20,050	+0.75	8,622 0
		20,000	+0.50	22,516 0
		19,950	+0.25	7,547 0
		19,900	0.00	7,028 0

0	190,519	-74,432	116,087	0
가격	0	예상체결 시	0	수량

● 체결 ● 거래원 ● 종합차트 ● tick ● 분봉 ● 일봉

매도상위	매도수량 ▼	매수상위	매수수량 ▼
키움증권	390,615	키움증권	393,957
NH투자증권	192,339	제이피모간	183,572
미래에셋	130,892	NH투자증권	162,490
제이피모간	130,015	한국증권	108,153
대우증권	101,980	미래에셋	103,737

외인이 제이피모간 창구를 통해서 투심을 자극, 주가를 끌어올린 다음 +5%를 기준으로 지속해서 수익 실현(매도) 하는 패턴입니다. 외인도 수익이 나면 매도를 하기 때문에 그들의 패턴을 실시간으로 파악할 수 있어야 합니다.

　-3% 대에서 주가가 더 밀리지 않고 외인 매수가 들어옴으로써 모건 스탠리가 매수 상위 거래원에 올라왔음을 알 수 있습니다. 국내 창구로는 신한투자로 매수가 들어왔습니다. 호가창으로 1,410원에 10만 주를 받치면서 주가 방어를 하겠다는 외인의 심리를 파악할 수 있습니다. 체결창을 통해 수급 유입이 보인다면 매수 관점으로 접근 가능합니다.

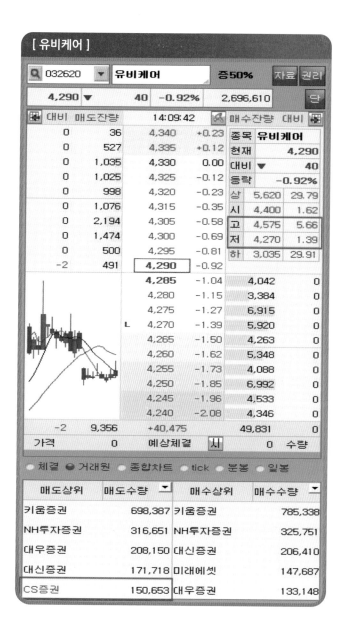

[유비케어]

| 032620 | 유비케어 | 증50% | 자료 | 권리 |

| 4,290 ▼ | 40 | -0.92% | 2,696,610 | 단 |

대비	매도잔량	14:09:42	매수잔량	대비

대비	매도잔량	가격	등락	매수잔량	대비
0	36	4,340	+0.23		
0	527	4,335	+0.12		
0	1,035	4,330	0.00		
0	1,025	4,325	-0.12		
0	998	4,320	-0.23		
0	1,076	4,315	-0.35		
0	2,194	4,305	-0.58		
0	1,474	4,300	-0.69		
0	500	4,295	-0.81		
-2	491	4,290	-0.92		
		4,285	-1.04	4,042	0
		4,280	-1.15	3,384	0
		4,275	-1.27	6,915	0
		4,270	-1.39	5,920	0
		4,265	-1.50	4,263	0
		4,260	-1.62	5,348	0
		4,255	-1.73	4,088	0
		4,250	-1.85	6,992	0
		4,245	-1.96	4,533	0
		4,240	-2.08	4,346	0
-2	9,356	+40,475		49,831	0

종목	유비케어
현재	4,290
대비 ▼	40
등락	-0.92%
상	5,620	29.79
시	4,400	1.62
고	4,575	5.66
저	4,270	1.39
하	3,035	29.91

| 가격 | 0 | 예상체결 | 0 | 수량 |

● 체결 ● 거래원 ● 종합차트 ● tick ● 분봉 ● 일봉

매도상위	매도수량 ▼	매수상위	매수수량 ▼
키움증권	698,387	키움증권	785,338
NH투자증권	316,651	NH투자증권	325,751
대우증권	208,150	대신증권	206,410
대신증권	171,718	미래에셋	147,687
CS증권	150,653	대우증권	133,148

+5%까지 올라간 상황에서 외인 매도로 주가가 하락하는 패턴입니다. CS증권 창구로 외인의 지속 매도를 했음을 알 수 있습니다. 수급 매매에서는 체결창을 통해서 매도 패턴을 미리 파악 후 선대응이 가능합니다.

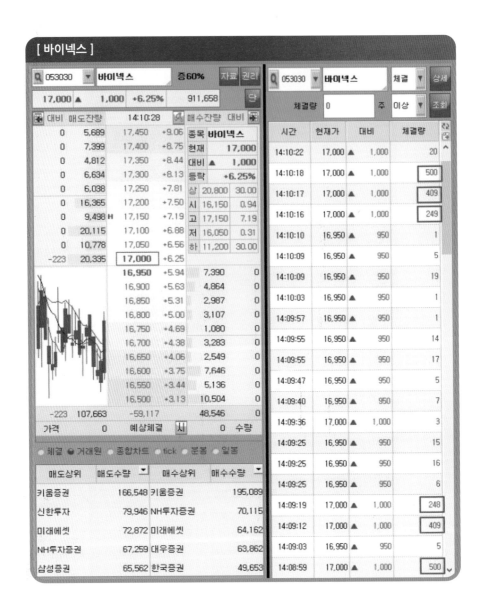

248, 409, 500 일정한 수량의 기관 매수가 반복해서 들어옴으로써 투심을 자극하는 패턴입니다(1주 차이는 보통 같은 수량으로 봅니다). 연속적으로 들어오는지 확인하는 것이 중요합니다.

[이니텍]

🔍 053350 ▼ 이니텍   증100%   자료 권리

| 10,600 ▲ | 200 | +1.92% | 425,945 | 단 |

| 📲 대비 매도잔량 | | 12:06:11 | 🔍 매수잔량 대비 📲 | |

대비	매도잔량	가격	%			
0	6,976	11,100	+6.73	종목	이니텍	
0	3,665	11,050	+6.25	현재	10,600	
0	10,239	11,000	+5.77	대비 ▲	200	
0	5,051	10,950	+5.29	등락	+1.92%	
0	11,692	10,900	+4.81	상	13,500	29.81
0	9,850	10,850	+4.33	시	10,500	0.96
0	9,495 H	10,800	+3.85	고	10,800	3.85
0	9,252	10,750	+3.37	저	10,300	0.96
0	9,366	10,700	+2.88	하	7,300	29.81
0	3,015	10,650	+2.40			
		10,600	+1.92	4,097	+3,015	
		10,550	+1.44	2,447	0	
O		10,500	+0.96	3,499	0	
		10,450	+0.48	10,191	0	
		10,400	0.00	14,154	0	
		10,350	-0.48	10,176	0	
L		10,300	-0.96	8,621	0	
		10,250	-1.44	7,118	0	
		10,200	-1.92	6,173	0	
		10,150	-2.40	4,164	0	
0	78,601	-7,961		70,640	+3,015	

| 가격 | 0 | 예상체결 시 | 0 | 수량 |

● 체결 ● 거래원 ● 종합차트 ● tick ● 분봉 ● 일봉

매도상위	매도수량 ▼	매수상위	매수수량 ▼
키움증권	148,944	키움증권	115,582
미래에셋	70,690	미래에셋	77,903
한국증권	38,150	CS증권	41,332
NH투자증권	21,209	신한투자	33,436
삼성증권	17,441	삼성증권	24,550

외인 매수 받치기 패턴으로 주가 하락을 방어하려는 모습입니다. 이후 CS증권이 매수 상위로 올라오면서 투심을 자극하게 되면 주가는 상승할 확률이 높아집니다. 국내 창구는 역시 신한투자입니다.

[서울반도체 - 1]

| 체결량 | 주가차트 | 종목뉴스 | 일별주가 | 종목상세 | 거래원 | 종목투자자 |

046890 ▼ ▶ ? 관 #서울반도체 □ 실시간 조회 다음 챠트

시간	현재가		등락폭	등락률	변동거래량	매수비중	매도호가	^
09:41:58	16,700	▲	750	4.70%	33	63.92%	16,700	
09:41:58	16,700	▲	750	4.70%	46	63.91%	16,700	
09:41:58	16,700	▲	750	4.70%	34	63.91%	16,700	
09:41:58	16,700	▲	750	4.70%	66	63.91%	16,700	
09:41:58	16,700	▲	750	4.70%	45	63.90%	16,700	
09:41:58	16,700	▲	750	4.70%	43	63.90%	16,700	
09:41:58	16,700	▲	750	4.70%	379	63.89%	16,700	
09:41:58	16,700	▲	750	4.70%	64	63.85%	16,700	
09:41:58	16,700	▲	750	4.70%	79	63.85%	16,700	
09:41:58	16,700	▲	750	4.70%	40	63.84%	16,700	
09:41:58	16,700	▲	750	4.70%	33	63.83%	16,700	
09:41:58	16,700	▲	750	4.70%	40	63.83%	16,700	
09:41:58	16,700	▲	750	4.70%	30	63.83%	16,700	
09:41:58	16,700	▲	750	4.70%	32	63.82%	16,700	
09:41:58	16,700	▲	750	4.70%	53	63.82%	16,700	
09:41:58	16,700	▲	750	4.70%	33	63.81%	16,700	
09:41:58	16,700	▲	750	4.70%	33	63.81%	16,700	
09:41:58	16,700	▲	750	4.70%	32	63.81%	16,700	
09:41:58	16,700	▲	750	4.70%	31	63.80%	16,700	
09:41:58	16,700	▲	750	4.70%	42	63.80%	16,700	
09:41:58	16,700	▲	750	4.70%	32	63.80%	16,700	
09:41:58	16,700	▲	750	4.70%	31	63.79%	16,700	
09:41:58	16,700	▲	750	4.70%	31	63.79%	16,700	
09:41:58	16,700	▲	750	4.70%	32	63.79%	16,700	
09:41:55	16,700	▲	750	4.70%	155	63.78%	16,700	
09:41:52	16,650	▲	700	4.39%	146	63.77%	16,700	
09:41:52	16,700	▲	750	4.70%	150	63.79%	16,700	v
09:41:51	16,700	▲	750	4.70%	46	63.79%	16,700	

[서울반도체 - 2]

체결량 | 주가차트 | 종목뉴스 | 일별주가 | 종목상세 | 거래원 | 종목투자자

046890 ▼ ▶ ? 관 #서울반도체 □ 실시간 조회 다음 챠트

시간	현재가	등락폭	등락률	변동거래량	매수비중	매도호가
09:41:58	16,700 ▲	750	4.70%	80	64.36%	16,700
09:41:58	16,700 ▲	750	4.70%	227	64.35%	16,700
09:41:58	16,700 ▲	750	4.70%	63	64.33%	16,700
09:41:58	16,700 ▲	750	4.70%	114	64.32%	16,700
09:41:58	16,700 ▲	750	4.70%	92	64.31%	16,700
09:41:58	16,700 ▲	750	4.70%	54	64.30%	16,700
09:41:58	16,700 ▲	750	4.70%	127	64.29%	16,700
09:41:58	16,700 ▲	750	4.70%	94	64.28%	16,700
09:41:58	16,700 ▲	750	4.70%	37	64.27%	16,700
09:41:58	16,700 ▲	750	4.70%	93	64.27%	16,700
09:41:58	16,700 ▲	750	4.70%	51	64.26%	16,700
09:41:58	16,700 ▲	750	4.70%	157	64.25%	16,700
09:41:58	16,700 ▲	750	4.70%	372	64.24%	16,700
09:41:58	16,700 ▲	750	4.70%	151	64.20%	16,700
09:41:58	16,700 ▲	750	4.70%	37	64.19%	16,700
09:41:58	16,700 ▲	750	4.70%	36	64.18%	16,700
09:41:58	16,700 ▲	750	4.70%	50	64.18%	16,700
09:41:58	16,700 ▲	750	4.70%	58	64.17%	16,700
09:41:58	16,700 ▲	750	4.70%	41	64.17%	16,700
09:41:58	16,700 ▲	750	4.70%	59	64.16%	16,700
09:41:58	16,700 ▲	750	4.70%	101	64.16%	16,700
09:41:58	16,700 ▲	750	4.70%	112	64.15%	16,700
09:41:58	16,700 ▲	750	4.70%	121	64.14%	16,700
09:41:58	16,700 ▲	750	4.70%	49	64.12%	16,700
09:41:58	16,700 ▲	750	4.70%	57	64.12%	16,700
09:41:58	16,700 ▲	750	4.70%	56	64.11%	16,700
09:41:58	16,700 ▲	750	4.70%	211	64.11%	16,700
09:41:58	16,700 ▲	750	4.70%		64.09%	16,700

[서울반도체 - 3]

| 체결량 | 주가차트 | 종목뉴스 | 일별주가 | 종목상세 | 거래원 | 종목투자자 |

046890 ▼ ▶ ? 관 #서울반도체   ☐ 실시간   조회 다음 챠트

시간	현재가	등락폭	등락률	변동거래량	매수비중	매도호가	∧
09:41:59	16,700 ▲	750	4.70%	42	64.98%	16,700	
09:41:59	16,700 ▲	750	4.70%	4	64.98%	16,700	
09:41:59	16,700 ▲	750	4.70%	81	64.98%	16,700	
09:41:59	16,700 ▲	750	4.70%	44	64.97%	16,700	
09:41:59	16,700 ▲	750	4.70%	33	64.97%	16,700	
09:41:59	16,700 ▲	750	4.70%	99	64.96%	16,700	
09:41:59	16,700 ▲	750	4.70%	37	64.95%	16,700	
09:41:59	16,700 ▲	750	4.70%	40	64.95%	16,700	
09:41:59	16,700 ▲	750	4.70%	53	64.95%	16,700	
09:41:59	16,700 ▲	750	4.70%	5	64.94%	16,700	
09:41:59	16,700 ▲	750	4.70%	45	64.94%	16,700	
09:41:59	16,700 ▲	750	4.70%	58	64.94%	16,700	
09:41:59	16,700 ▲	750	4.70%	48	64.93%	16,700	
09:41:59	16,700 ▲	750	4.70%	153	64.93%	16,700	
09:41:59	16,700 ▲	750	4.70%	54	64.91%	16,700	
09:41:59	16,700 ▲	750	4.70%	54	64.91%	16,700	
09:41:59	16,700 ▲	750	4.70%	177	64.90%	16,700	
09:41:59	16,700 ▲	750	4.70%	112	64.89%	16,700	
09:41:59	16,700 ▲	750	4.70%	183	64.87%	16,700	
09:41:59	16,700 ▲	750	4.70%	54	64.86%	16,700	
09:41:59	16,700 ▲	750	4.70%	280	64.85%	16,700	
09:41:59	16,700 ▲	750	4.70%	49	64.82%	16,700	
09:41:59	16,700 ▲	750	4.70%	71	64.82%	16,700	
09:41:59	16,700 ▲	750	4.70%	114	64.81%	16,700	
09:41:59	16,700 ▲	750	4.70%	55	64.80%	16,700	
09:41:59	16,700 ▲	750	4.70%	48	64.80%	16,700	
09:41:59	16,700 ▲	750	4.70%	52	64.79%	16,700	
09:41:59	16,700	750	4.70%		64.79%	16,700	∨

같은 초 단위로 파바박 매수가 들어오는 패턴입니다. 위와 같은 매수 패턴은 개인이 할 수가 없습니다. 이와 같은 패턴이 연속적으로 들어오면서 큰 매물대를 뚫어주기 때문에 수가는 상승할 확률이 높습니다.

[한국정보인증]

시간	현재가	대비	체결량
14:03:44	16,000 ▼	900	1
14:03:43	15,950 ▼	950	2,943
14:03:43	15,950 ▼	950	626
14:03:42	15,950 ▼	950	695
14:03:41	15,950 ▼	950	2
14:03:40	15,950 ▼	950	50
14:03:37	15,950 ▼	950	1
14:03:35	15,950 ▼	950	197
14:03:34	15,950 ▼	950	10
14:03:33	15,950 ▼	950	1
14:03:33	15,950 ▼	950	20
14:03:32	15,950 ▼	950	3
14:03:28	15,950 ▼	950	721
14:03:26	15,900 ▼	1,000	500
14:02:58	15,950 ▼	950	1
14:02:53	15,950 ▼	950	1
14:02:50	15,950 ▼	950	1
14:02:50	15,950 ▼	950	50
14:02:47	15,950 ▼	950	1
14:02:44	15,950 ▼	950	1
14:02:43	15,950 ▼	950	1,000

외인 걷어가기 패턴입니다! 14:03:43 626주를 매수했을 때 동시에 2,943주를 매수함으로써 한 호가를 걷어가는 패턴이므로 지속적으로 매수가 들어온다면 투심을 자극해서 주가가 상승할 확률이 높습니다.

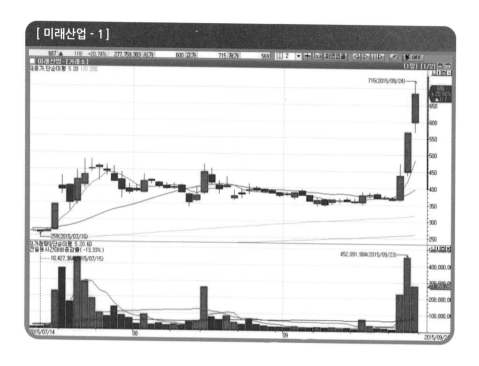

[미래산업 - 1]

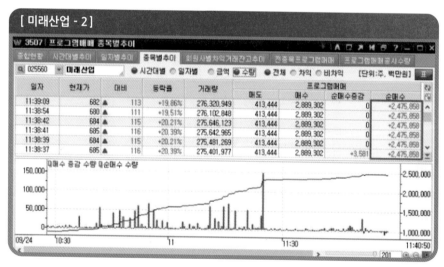

[미래산업 - 2]

아침부터 프로그램 대량 매수 유입으로 주가 상승을 이끌고 있습니다. 예전에 대주주가 대량 매도하고 주가가 급락했던 추억의 종목입니다.

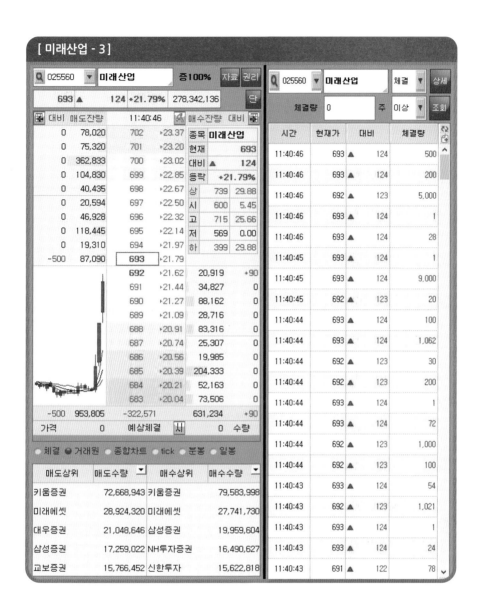

[미래산업 - 3]

미래산업은 프로그램으로 수급이 대량 매수가 들어오면서 주가가 크게 상승한 모습입니다. 개별 중소형주 종목은 수급이 들어오면서 크게 상승하는 경우가 많이 있으므로 관심 있게 지켜보는 것이 좋습니다. 이처럼 프로그램이 있는 종목들은 프로그램 매매를 기준으로 매수·매도를 판단할 수 있습니다.

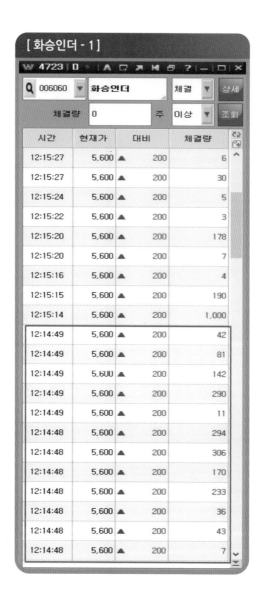

[화승인더 - 2]

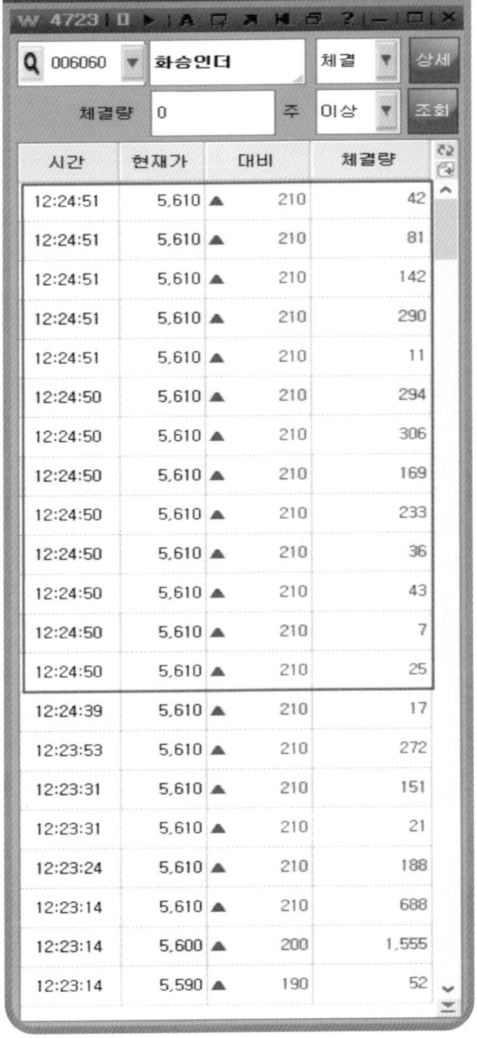

W 4723 | 0 ▶ | A ☐ ⤢ | ◄◄ ☐ ? | — | ☐ | ✕

🔍 006060 ▼ | 화승인더 | 체결 ▼ | 상세

체결량 | 0 | 주 이상 ▼ | 조회

시간	현재가	대비	체결량
12:24:51	5,610 ▲	210	42
12:24:51	5,610 ▲	210	81
12:24:51	5,610 ▲	210	142
12:24:51	5,610 ▲	210	290
12:24:51	5,610 ▲	210	11
12:24:50	5,610 ▲	210	294
12:24:50	5,610 ▲	210	306
12:24:50	5,610 ▲	210	169
12:24:50	5,610 ▲	210	233
12:24:50	5,610 ▲	210	36
12:24:50	5,610 ▲	210	43
12:24:50	5,610 ▲	210	7
12:24:50	5,610 ▲	210	25
12:24:39	5,610 ▲	210	17
12:23:53	5,610 ▲	210	272
12:23:31	5,610 ▲	210	151
12:23:31	5,610 ▲	210	21
12:23:24	5,610 ▲	210	188
12:23:14	5,610 ▲	210	688
12:23:14	5,600 ▲	200	1,555
12:23:14	5,590 ▲	190	52

체결창을 통해서 파바박 매수로 수급이 연속적으로 들어온다는 것을 알 수가 있습니다. 수급 매매는 매수·매도의 선대응에 용이합니다.

[인터파크 홀딩스]

대비 매도잔량		15:23:53		매수잔량	대비
0	14,155	13,150	+12.88	종목	인터파크홀!
0	4,468	13,100	+12.45	현재	12,650
0	6,888	13,050	+12.02	대비 ▲	1,000
0	24,825	13,000	+11.59	등락	+8.58%
0	13,977	12,950	+11.16	상 15,100	29.61
0	7,217	12,900	+10.73	시 11,650	0.00
0	7,114	12,850	+10.30	고 12,750	9.44
0	19,935	12,800	+9.87	저 11,650	0.00
0	18,379 H	12,750	+9.44	하 8,200	29.61
0	14,128	12,700	+9.01		

	12,650	+8.58	10,567	0
	12,600	+8.15	3,497	0
	12,550	+7.73	5,408	0
	12,500	+7.30	642	0
	12,450	+6.87	2,405	0
	12,400	+6.44	21,647	0
	12,350	+6.01	6,116	0
	12,300	+5.58	8,724	0
	12,250	+5.15	4,199	0
	12,200	+4.72	11,420	0

0	131,086	-56,461	74,625	0
	11,460	시간외잔량 예	0	

● 체결 ● 거래원 ● 종합차트 ● tick ● 분봉 ● 일봉

매도상위	매도수량 ▼	매수상위	매수수량 ▼
키움증권	536,732	키움증권	423,402
대신증권	174,444	대신증권	207,121
NH투자증권	173,970	미래에셋	140,210
미래에셋	143,174	NH투자증권	118,369
유안타증권	104,189	모건스탠리	117,867

　　모건 스탠리와 같은 외국계 창구가 매수 상위 거래원에 올라오게 되면 투심이 자극되기 때문에 주가는 상승할 확률이 높습니다(외국계 창구는 매수는 빨간색, 매도는 파란색으로 표시되므로 매매 심리에 많은 영향을 끼칩니다).

[신성통상 - 1]

005390 신성통상 증50% 자료 권리

2,015 ▲ 440 +27.94% 16,389,118

대비 매도잔량 12:32:06 매수잔량 대비

종목	신성통상	
현재		2,015
대비	▲	440
등락		+27.94%
상	2,045	29.84
시	1,655	5.08
고	2,035	29.21
저	1,615	2.54
하	1,105	29.84

0	864,958	2,045	+29.84		
0	503,732	2,040	+29.52		
0	178,853 H	2,035	+29.21		
0	42,104	2,030	+28.89		
0	13,325	2,025	+28.57		
0	7,908	2,020	+28.25		
0	634	2,015	+27.94		
		2,010	+27.62	3,109	0
		2,005	+27.30	10,528	+20
		2,000	+26.98	26,153	0
		1,995	+26.67	2,380	0
		1,990	+26.35	34,281	0
		1,985	+26.03	6,175	0
		1,980	+25.71	16,794	0
		1,975	+25.40	20,263	0
		1,970	+25.08	37,407	0
		1,965	+24.76	8,697	0

0 1,611,514 -1,445,727 165,787 +20

가격 0 예상체결 시 0 수량

● 체결 ● 거래원 ● 종합차트 ● tick ● 분봉 ● 일봉

매도상위	매도수량 ▼	매수상위	매수수량 ▼
키움증권	3,124,948	키움증권	3,347,347
NH투자증권	1,816,722	미래에셋	2,016,428
미래에셋	1,619,316	NH투자증권	1,750,915
삼성증권	1,393,000	유안타증권	1,077,244
하나대투	1,166,961	삼성증권	955,814

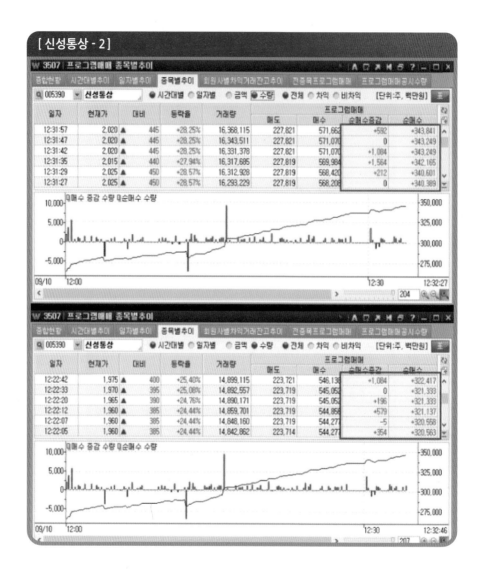

[신성통상 - 2]

신성통상은 프로그램으로 지속 매수가 들어오면서 상한가까지 상승하는 모습입니다. 의외로 수급이 쏠리는 중소형주에 상한가가 많이 등장합니다. 프로그램 안에 +1,084로 지속 매수하는 것을 알 수 있습니다. 매수 주체가 지속적으로 매수하는 모습을 보일 때는 상한가 부근이라도 매수 타점으로 볼 수 있기 때문에 원칙 대응만 한다면 고점 매수도 안정적으로 할 수가 있습니다.

[아스트]

| 🔍 067390 ▼ | 아스트 | | 증40% | 자료 | 권리 |

| 30,600 ▼ | 1,800 | -5.56% | 399,004 | 단 |

| ⊞ 대비 | 매도잔량 | 15:23:15 | 🔒 매수잔량 대비 ⊞ |

0	597	31,200	-3.70	종목	**아스트**
0	31	31,150	-3.86	현재	30,600
0	237	31,100	-4.01	대비 ▼	1,800
0	222	31,050	-4.17	등락	-5.56%
0	1,067	31,000	-4.32	상 42,100	29.94
0	105	30,950	-4.48	시 32,300	0.31
0	247	30,900	-4.63	고 32,300	0.31
0	34	30,850	-4.78	저 30,250	6.64
0	20	30,800	-4.94	하 22,700	29.94
0	261	30,700	-5.25		
		30,600	-5.56	471	0
		30,550	-5.71	2,153	0
		30,500	-5.86	1,267	0
		30,450	-6.02	369	0
		30,400	-6.17	952	0
		30,350	-6.33	581	0
		30,300	-6.48	1,696	0
	L	30,250	-6.64	962	0
		30,200	-6.79	957	0
		30,150	-6.94	241	0
0	2,821	+6,828		9,649	0
	1,280	시간외잔량 예		0	

○ 체결 ● 거래원 ○ 종합차트 ○ tick ○ 분봉 ○ 일봉

매도상위	매도수량 ▼	매수상위	매수수량 ▼
키움증권	62,058	키움증권	72,897
제이피모간	53,500	NH투자증권	45,985
홍콩상하이	39,100	미래에셋	39,171
신한투자	30,362	신한투자	37,294
미래에셋	22,781	한국증권	23,924

　　매도 거래원에 외국계 매도 창구가 뜨게 되면 개인 투매 심리가 자극되면서 주가가 하락하는 경우가 많기 때문에 매도 수량이 지속 증가한다면 원칙 대응하는 것이 좋습니다.

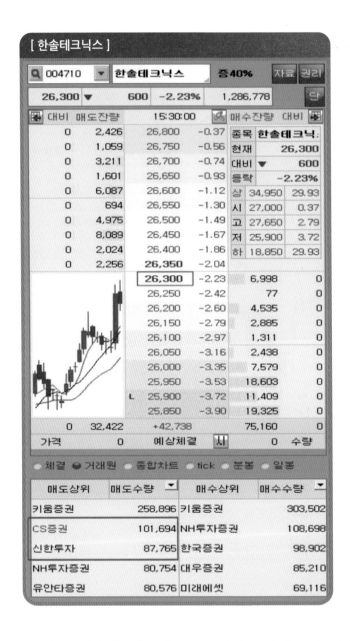

외인이 CS증권을 통해서 매도하고 있는 모습입니다. 국내 창구로는 신한투자 창구의 대량 매도가 보일 시 외인 매도를 의심할 수 있습니다. 매도 창구가 보이고 수량 증가 시 바로 대응하는 것이 좋습니다.

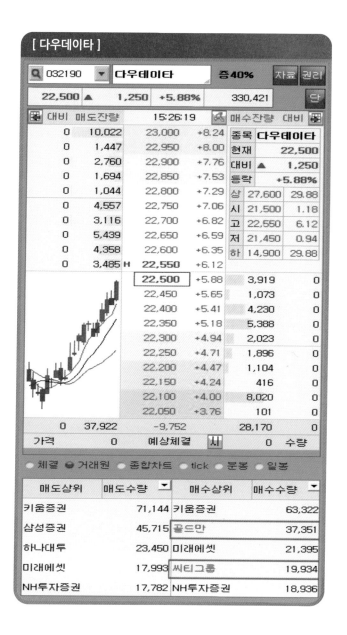

[다우데이타]

| 🔍 032190 ▾ | 다우데이타 | 증40% | 자료 | 권리 |

| 22,500 ▲ | 1,250 | +5.88% | 330,421 | 단 |

대비 매도잔량		15:26:19		매수잔량 대비
0	10,022	23,000	+8.24	종목 **다우데이타**
0	1,447	22,950	+8.00	현재 22,500
0	2,760	22,900	+7.76	대비 ▲ 1,250
0	1,694	22,850	+7.53	등락 +5.88%
0	1,044	22,800	+7.29	상 27,600 29.88
0	4,557	22,750	+7.06	시 21,500 1.18
0	3,116	22,700	+6.82	고 22,550 6.12
0	5,439	22,650	+6.59	저 21,450 0.94
0	4,358	22,600	+6.35	하 14,900 29.88
0	3,485 H	22,550	+6.12	
		22,500	+5.88	3,919 0
		22,450	+5.65	1,073 0
		22,400	+5.41	4,230 0
		22,350	+5.18	5,388 0
		22,300	+4.94	2,023 0
		22,250	+4.71	1,896 0
		22,200	+4.47	1,104 0
		22,150	+4.24	416 0
		22,100	+4.00	8,020 0
		22,050	+3.76	101 0
0	37,922	-9,752		28,170 0

| 가격 | 0 | 예상체결 시 | 0 | 수량 |

○ 체결 ● 거래원 ○ 종합차트 ○ tick ○ 분봉 ○ 일봉

매도상위	매도수량 ▾	매수상위	매수수량 ▾
키움증권	71,144	키움증권	63,322
삼성증권	45,715	골드만	37,351
하나대투	23,450	미래에셋	21,395
미래에셋	17,993	씨티그룹	19,934
NH투자증권	17,782	NH투자증권	18,936

골드만, 씨티그룹 창구로 지속 매수가 들어오면서 주가가 상승하는 모습입니다.
체결창을 통해 특별한 매도 패턴이 발견되지 않으면 수량 증가를 체크하면서 홀딩
하는 것도 좋은 전략입니다.

[제이콘텐트리]

036420 ▼ 제이콘텐트리 증40% 자료 권리

4,710 ▼ 245 -4.94% 2,490,385 단

| 대비 | 매도잔량 | 15:30:00 | 매수잔량 대비 |

대비	매도잔량		
0	2,003	4,760	-3.94
0	450	4,755	-4.04
0	395	4,750	-4.14
0	712	4,745	-4.24
0	20,662	4,740	-4.34
0	311	4,735	-4.44
0	250	4,730	-4.54
0	2,070	4,725	-4.64
0	1,825	4,720	-4.74
0	17,115	4,715	-4.84

종목	제이콘텐트(
현재	4,710
대비 ▼	245
등락	-4.94%
상	6,440	29.97
시	4,965	0.20
고	4,965	0.20
저	4,690	5.35
하	3,470	29.97

	4,710	-4.94	1,445	0
	4,705	-5.05	5,306	0
	4,700	-5.15	5,544	0
	4,695	-5.25	8,505	0
L	4,690	-5.35	9,668	0
	4,685	-5.45	15,016	0
	4,680	-5.55	8,505	0
	4,675	-5.65	1,878	0
	4,670	-5.75	4,277	0
	4,665	-5.85	3,209	0

0	45,793	+17,560	63,353	0
가격	0	예상체결 사	0	수량

● 체결 ● 거래원 ● 종합차트 ● tick ● 분봉 ● 일봉

매도상위	매도수량 ▼	매수상위	매수수량 ▼
유안타증권	717,123	키움증권	452,589
모건스탠리	298,043	삼성증권	234,177
키움증권	197,768	미래에셋	207,888
하나대투	174,120	대우증권	165,314
대우증권	166,010	NH투자증권	164,220

차트상 쌍바닥이라고 하더라도 외국계 창구에서 지속 매도가 나온다면 반등이 나오지 않습니다. 결국 차트도 수급이 들어와야 만들어지는 것입니다.

[LG화학]

🔍 051910 ▼	LG화학		증30%	자료	권리
276,500 ▼	11,500	-3.99%	284,453		단

⊞ 대비	매도잔량	15:29:52	⚙ 매수잔량	대비 ⊞
0	2,213	281,500	-2.26	종목 **LG화학**
0	5,352	281,000	-2.43	현재 **276,500**
0	4,957	280,500	-2.60	대비 ▼ **11,500**
0	5,542	280,000	-2.78	등락 **-3.99%**
0	1,694	279,500	-2.95	상 374,000 29.86
0	208	279,000	-3.13	시 282,500 1.91
0	149	278,500	-3.30	고 285,000 1.04
0	1,356	278,000	-3.47	저 276,500 3.99
0	242	277,500	-3.65	하 202,000 29.86
0	88	**277,000**	-3.82	

	L	**276,500**	-3.99	332	0
		276,000	-4.17	8,892	0
		275,500	-4.34	7,487	0
		275,000	-4.51	10,087	0
		274,500	-4.69	8,162	0
		274,000	-4.86	11,164	0
		273,500	-5.03	9,999	0
		273,000	-5.21	1,803	0
		272,500	-5.38	1,551	0
		272,000	-5.56	320	0

0	21,801	+37,996	59,797	0
가격	0	예상체결 시	0	수량

● 체결 ● 거래원 ● 종합차트 ● tick ● 분봉 ● 일봉

매도상위	매도수량 ▼	매수상위	매수수량 ▼
골드만	50,474	키움증권	30,865
씨티그룹	36,905	미래에셋	22,754
대우증권	18,460	삼성증권	17,432
키움증권	14,945	신한투자	17,039
모건스탠리	14,810	NH투자증권	15,937

2차 전지 전기차 시장의 확대 기대감과 중국 전기차 정책 수혜를 급등했던 LG 화학입니다. 당일 외국계 3개 창구에서 매도가 나오고 있습니다.

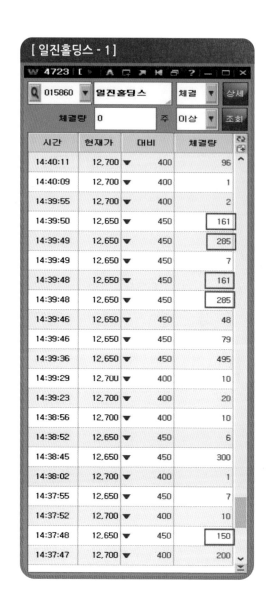

같은 수량이 지속적인 매도는 당연히 기관 매도를 의심해볼 수 있습니다.

[일진홀딩스 - 2]

시간	현재가	대비	체결량
14:29:08	12,600 ▼	500	1
14:29:04	12,650 ▼	450	361
14:29:04	12,650 ▼	450	361
14:29:03	12,650 ▼	450	285
14:29:03	12,650 ▼	450	161
14:29:00	12,650 ▼	450	500
14:28:54	12,650 ▼	450	2
14:28:48	12,650 ▼	450	79
14:28:48	12,650 ▼	450	48
14:28:45	12,650 ▼	450	10
14:28:38	12,650 ▼	450	6
14:28:38	12,650 ▼	450	335
14:28:36	12,650 ▼	450	1,000
14:28:36	12,650 ▼	450	10
14:28:35	12,600 ▼	500	1
14:28:35	12,600 ▼	500	150
14:28:32	12,650 ▼	450	1
14:28:32	12,600 ▼	500	1
14:28:31	12,600 ▼	500	6
14:28:30	12,600 ▼	500	1
14:28:27	12,600 ▼	500	1

285, 161, 150 등 특정 수량을 지속적으로 매도하는 기관의 패턴입니다. 체결창을 통해 실시간으로 파악이 가능하므로 바로 대응이 가능합니다.

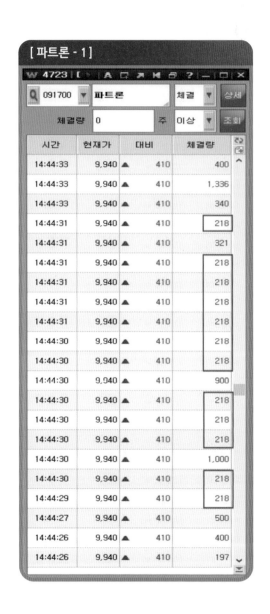

불규칙하게 218 파바박 매도가 나오는 모습입니다. 매도하는 패턴이 보일 때는
매매하지 않는 것이 좋습니다

시간	현재가	등락폭	등락률	변동거래량	매수비중	매도호가
11:26:49	9,260 ▲	660	7.67%	1	56.46%	9,260
11:26:49	9,260 ▲	660	7.67%	51	56.46%	9,260
11:26:48	9,260 ▲	660	7.67%	35	56.46%	9,260
11:26:44	9,250 ▲	650	7.56%	50	56.46%	9,260
11:26:36	9,250 ▲	650	7.56%	20	56.46%	9,260
11:26:32	9,250 ▲	650	7.56%	10	56.46%	9,260
11:26:31	9,260 ▲	660	7.67%	738	56.46%	9,260
11:26:28	9,250 ▲	650	7.56%	52	56.46%	9,260
11:26:25	9,230 ▲	630	7.33%	2	56.45%	9,250
11:26:25	9,250 ▲	650	7.56%	40	56.45%	9,250
11:26:24	9,250 ▲	650	7.56%	40	56.45%	9,250
11:26:19	9,250 ▲	650	7.56%	10	56.45%	9,250
11:26:18	9,250 ▲	650	7.56%	23	56.45%	9,250
11:26:18	9,250 ▲	650	7.56%	453	56.45%	9,250
11:26:18	9,250 ▲	650	7.56%	100	56.45%	9,250
11:26:17	9,250 ▲	650	7.56%	4	56.45%	9,250
11:26:13	9,250 ▲	650	7.56%	10	56.45%	9,250
11:26:13	9,250 ▲	650	7.56%	166	56.45%	9,250
11:26:11	9,250 ▲	650	7.56%	100	56.45%	9,250
11:26:09	9,250 ▲	650	7.56%	10	56.44%	9,250
11:26:08	9,250 ▲	650	7.56%	821	56.44%	9,250
11:26:01	9,250 ▲	650	7.56%	903	56.44%	9,250
11:26:01	9,240 ▲	640	7.44%	197	56.43%	9,240
11:26:00	9,240 ▲	640	7.44%	300	56.42%	9,240
11:25:59	9,240 ▲	640	7.44%	503	56.42%	9,240
11:25:57	9,240 ▲	640	7.44%	10	56.43%	9,250
11:25:57	9,240 ▲	640	7.44%	12	56.43%	9,250

166, 453, 738 반복되는 매수 유입이 있을시에는 항상 수급 유입을 의심하는 버릇을 들이는 게 좋습니다.

[파트론 - 3]

| 체결량 | 주가차트 | 종목뉴스 | 일별주가 | 종목상세 | 거래원 | 종목투자자 |

091700 ▼ ▶ ? 관 #파트론 ☑ 실시간 조회 다음 챠트

시간	현재가		등락폭	등락률	변동거래량	매수비중	매도호가
11:30:25	9,230	▲	630	7.33%	100	56.45%	9,230
11:30:14	9,230	▲	630	7.33%	47	56.45%	9,230
11:30:04	9,240	▲	640	7.44%	700	56.45%	9,240
11:30:04	9,230	▲	630	7.33%	41	56.44%	9,240
11:30:01	9,240	▲	640	7.44%	53	56.44%	9,240
11:30:01	9,240	▲	640	7.44%	20	56.44%	9,240
11:30:00	9,230	▲	630	7.33%	11	56.44%	9,240
11:30:00	9,230	▲	630	7.33%	189	56.44%	9,230
11:30:00	9,230	▲	630	7.33%	8	56.44%	9,230
11:30:00	9,230	▲	630	7.33%	225	56.44%	9,230
11:30:00	9,230	▲	630	7.33%	200	56.44%	9,230
11:30:00	9,230	▲	630	7.33%	112	56.44%	9,230
11:30:00	9,230	▲	630	7.33%	151	56.43%	9,230
11:30:00	9,230	▲	630	7.33%	24	56.43%	9,230
11:30:00	9,230	▲	630	7.33%	28	56.43%	9,230
11:30:00	9,230	▲	630	7.33%	17	56.43%	9,230
11:30:00	9,230	▲	630	7.33%	7	56.43%	9,230
11:29:58	9,230	▲	630	7.33%	10	56.43%	9,230
11:29:58	9,230	▲	630	7.33%	166	56.43%	9,230
11:29:55	9,230	▲	630	7.33%	20	56.43%	9,230
11:29:54	9,220	▲	620	7.21%	100	56.43%	9,230
11:29:53	9,230	▲	630	7.33%	20	56.43%	9,230
11:29:51	9,230	▲	630	7.33%	738	56.43%	9,230
11:29:51	9,220	▲	620	7.21%	311	56.42%	9,230
11:29:46	9,220	▲	620	7.21%	261	56.42%	9,220
11:29:45	9,220	▲	620	7.21%	51	56.42%	9,220
11:29:44	9,210	▲	610	7.09%	110	56.42%	9,220

길게 들어오는 매수 패턴도 같이 보입니다.

[파트론 - 4]

| 체결량 | 주가차트 | 종목뉴스 | 일별주가 | 종목상세 | 거래원 | 종목투자자 |

091700 ▼ ▶ ? 관 #파트론   ☑ 실시간 조회 다음 챠트

시간	현재가		등락폭	등락률	변동거래량	매수비중	매도호가	∧
11:29:20	9,220	▲	620	7.21%	4	56.44%	9,220	
11:29:20	9,220	▲	620	7.21%	13	56.44%	9,220	
11:29:18	9,220	▲	620	7.21%	354	56.44%	9,220	
11:29:16	9,220	▲	620	7.21%	93	56.44%	9,230	
11:29:16	9,230	▲	630	7.33%	451	56.44%	9,230	
11:29:16	9,230	▲	630	7.33%	1	56.44%	9,230	
11:29:13	9,220	▲	620	7.21%	10	56.44%	9,230	
11:29:06	9,230	▲	630	7.33%	3	56.44%	9,230	
11:29:05	9,220	▲	620	7.21%	101	56.44%	9,230	
11:29:02	9,230	▲	630	7.33%	36	56.44%	9,230	
11:28:57	9,220	▲	620	7.21%	500	56.44%	9,230	
11:28:47	9,230	▲	630	7.33%	100	56.45%	9,230	
11:28:46	9,230	▲	630	7.33%	51	56.44%	9,230	
11:28:45	9,230	▲	630	7.33%	10	56.44%	9,230	
11:28:43	9,230	▲	630	7.33%	10	56.44%	9,230	
11:28:43	9,230	▲	630	7.33%	166	56.44%	9,230	
11:28:38	9,230	▲	630	7.33%	30	56.44%	9,230	
11:28:36	9,230	▲	630	7.33%	24	56.44%	9,230	
11:28:36	9,230	▲	630	7.33%	452	56.44%	9,230	
11:28:32	9,230	▲	630	7.33%	54	56.44%	9,230	
11:28:32	9,240	▲	640	7.44%	5	56.44%	9,240	
11:28:31	9,230	▲	630	7.33%	47	56.44%	9,240	
11:28:24	9,230	▲	630	7.33%	30	56.44%	9,230	
11:28:21	9,230	▲	630	7.33%	1	56.44%	9,230	
11:28:18	9,230	▲	630	7.33%	122	56.44%	9,230	
11:28:14	9,240	▲	640	7.44%	60	56.44%	9,240	
11:28:06	9,240	▲	640	7.44%	489	56.43%	9,240	∨

같은 초 단위 파바박 및 특정 수량 단주로 매수가 들어오는 패턴입니다. 연속적으로 수급이 들어오고 수량이 증가한다면 매수 타점으로 긍정적입니다.

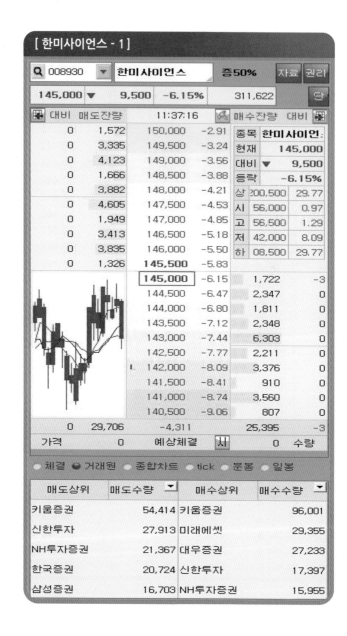

[한미사이언스 - 1]					

🔍 008930 ▼	한미사이언스	증50%	자료 권리

145,000 ▼	9,500	-6.15%	311,622	단

🔳 대비	매도잔량	11:37:16	🔍 매수잔량	대비 🔳

0	1,572	150,000	-2.91
0	3,335	149,500	-3.24
0	4,123	149,000	-3.56
0	1,666	148,500	-3.88
0	3,882	148,000	-4.21
0	4,605	147,500	-4.53
0	1,949	147,000	-4.85
0	3,413	146,500	-5.18
0	3,835	146,000	-5.50
0	1,326	**145,500**	-5.83

종목	한미사이언
현재	**145,000**
대비 ▼	**9,500**
등락	**-6.15%**
상	200,500	29.77
시	56,000	0.97
고	56,500	1.29
저	42,000	8.09
하	108,500	29.77

145,000	-6.15	1,722	-3
144,500	-6.47	2,347	0
144,000	-6.80	1,811	0
143,500	-7.12	2,348	0
143,000	-7.44	6,303	0
142,500	-7.77	2,211	0
142,000	-8.09	3,376	0
141,500	-8.41	910	0
141,000	-8.74	3,560	0
140,500	-9.06	807	0

0	29,706	-4,311	25,395	-3
가격	0	예상체결 🔍	0	수량

● 체결 ● 거래원 ● 종합차트 ● tick ● 분봉 ● 일봉

매도상위	매도수량 ▼	매수상위	매수수량 ▼
키움증권	54,414	키움증권	96,001
신한투자	27,913	미래에셋	29,355
NH투자증권	21,367	대우증권	27,233
한국증권	20,724	신한투자	17,397
삼성증권	16,703	NH투자증권	15,955

한미사이언스는 이날 외인의 수급의 이탈로 급락 패턴을 보였습니다.

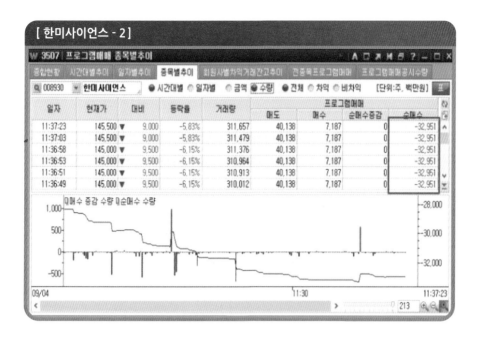

[한미사이언스 - 2]

일자	현재가	대비	등락율	거래량	프로그램매매			
					매도	매수	순매수증감	순매수
11:37:23	145,500 ▼	9,000	-5.83%	311,657	40,138	7,187	0	-32,951
11:37:03	145,500 ▼	9,000	-5.83%	311,479	40,138	7,187	0	-32,951
11:36:58	145,000 ▼	9,500	-6.15%	311,376	40,138	7,187	0	-32,951
11:36:53	145,000 ▼	9,500	-6.15%	310,964	40,138	7,187	0	-32,951
11:36:51	145,000 ▼	9,500	-6.15%	310,913	40,138	7,187	0	-32,951
11:36:49	145,000 ▼	9,500	-6.15%	310,012	40,138	7,187	0	-32,951

프로그램 매도가 나오면서 주가가 하락하는 패턴입니다. 수량이 적어 보이더라도 주가가 높은 종목일 경우에는 금액으로 계산을 해서 대응하는 것이 좋습니다(프로그램상 40억 원 이상 매도).

1980 거래원　　　　　　　　　　　　　　　　　　　　　　1 ⊞ X

시간별 | 일별 | 매물대　　　　　　　　　　　　　　　　　　　　　　편집

종목 115390 +락앤락　　거래원 코리아에셋투자증권　　　　　　조회 다음

시간	거래원명	매도량	매수량	매도합	매수합	순매수량	현재가	등락폭
14:42:12	코리아에셋투자증권		1,000		118,000	118,000	16,800 ▲	450
14:39:51	코리아에셋투자증권		600		117,000	117,000	16,850 ▲	500
14:38:42	코리아에셋투자증권		400		116,400	116,400	16,900 ▲	550
14:36:22	코리아에셋투자증권		1,000		116,000	116,000	16,850 ▲	500
14:34:06	코리아에셋투자증권		1,000		115,000	115,000	16,800 ▲	450
14:31:47	코리아에셋투자증권		809		114,000	114,000	16,800 ▲	450
14:30:39	코리아에셋투자증권		191		113,191	113,191	16,800 ▲	450
14:28:25	코리아에셋투자증권		1,000		113,000	113,000	16,800 ▲	450
14:25:02	코리아에셋투자증권		1,000		112,000	112,000	16,850 ▲	500
14:22:47	코리아에셋투자증권		1,000		111,000	111,000	16,950 ▲	600
14:20:31	코리아에셋투자증권		1,000		110,000	110,000	16,950 ▲	600
14:17:15	코리아에셋투자증권		1,000		109,000	109,000	16,900 ▲	550
14:15:06	코리아에셋투자증권		1,000		108,000	108,000	16,800 ▲	450
14:11:45	코리아에셋투자증권		1,000		107,000	107,000	16,750 ▲	400
14:09:33	코리아에셋투자증권		1,000		106,000	106,000	16,800 ▲	450
14:06:17	코리아에셋투자증권		1,000		105,000	105,000	16,800 ▲	450
14:04:07	코리아에셋투자증권		1,000		104,000	104,000	16,800 ▲	450
14:00:50	코리아에셋투자증권		1,000		103,000	103,000	16,800 ▲	450
13:58:43	코리아에셋투자증권		1,000		102,000	102,000	16,800 ▲	450
13:55:29	코리아에셋투자증권		1,000		101,000	101,000	16,800 ▲	450
13:53:18	코리아에셋투자증권		1,000		100,000	100,000	16,800 ▲	450
13:50:00	코리아에셋투자증권		1,000		99,000	99,000	16,750 ▲	400
13:47:42	코리아에셋투자증권		1,000		98,000	98,000	16,700 ▲	350
13:44:22	코리아에셋투자증권		1,000		97,000	97,000	16,700 ▲	350
13:42:04	코리아에셋투자증권		1,000		96,000	96,000	16,700 ▲	350
13:39:49	코리아에셋투자증권		1,000		95,000	95,000	16,650 ▲	300
13:36:27	코리아에셋투자증권		1,000		94,000	94,000	16,700 ▲	350
13:34:19	코리아에셋투자증권		1,000		93,000	93,000	16,750 ▲	400

(당일자료는 매매상위 5개사 자료에 의한 추정치임)

◀) 조회 완료　　　　　　　　　　　　　　　　　　　　　　메뉴▼

　특정 창구를 통해서 1,000주 수량이 지속적으로 일정한 매수가 들어오는 패턴입니다. 매수가 들어오는 창구 발견 시 수급이 지속적으로 들어오는지 파악하기가 용이합니다.

시간	거래원명	매도량	매수량	매도합	매수합	순매수량	현재가	등락폭
12:35:14	신한금융투자		989		150,762	150,762	12,150 ▲	850
12:33:18	신한금융투자		1,745		149,773	149,773	12,150 ▲	850
12:31:21	신한금융투자		993		148,028	148,028	12,150 ▲	850
12:29:24	신한금융투자		989		147,035	147,035	12,150 ▲	850
12:27:24	신한금융투자		1,455		146,046	146,046	12,150 ▲	850
12:25:28	신한금융투자		544		144,591	144,591	12,200 ▲	900
12:23:31	신한금융투자		2		144,047	144,047	12,150 ▲	850
12:19:32	신한금융투자		2,920		144,045	144,045	12,100 ▲	800
12:17:39	신한금융투자		671		141,125	141,125	12,200 ▲	900
12:15:48	신한금융투자		14		140,454	140,454	12,150 ▲	850
12:13:57	신한금융투자		2,087		140,440	140,440	12,150 ▲	850
12:12:07	신한금융투자		1,066		138,353	138,353	12,100 ▲	800
12:10:22	신한금융투자		4,208		137,287	137,287	12,150 ▲	850
12:08:33	신한금융투자		989		133,079	133,079	12,200 ▲	900
12:06:43	신한금융투자		906		132,090	132,090	12,200 ▲	900
12:04:53	신한금융투자		716		131,184	131,184	12,200 ▲	900
12:03:06	신한금융투자		1,460		130,468	130,468	12,250 ▲	950
12:01:20	신한금융투자		989		129,008	129,008	12,200 ▲	900
11:59:28	신한금융투자		991		128,019	128,019	12,250 ▲	950
11:57:37	신한금융투자		989		127,028	127,028	12,250 ▲	950
11:55:45	신한금융투자		991		126,039	126,039	12,200 ▲	900
11:53:50	신한금융투자		942		125,048	125,048	12,250 ▲	950
11:51:56	신한금융투자		804		124,106	124,106	12,250 ▲	950
11:50:01	신한금융투자		419		123,302	123,302	12,200 ▲	900
11:48:05	신한금융투자		832		122,883	122,883	12,200 ▲	900
11:46:11	신한금융투자		1,002		122,051	122,051	12,200 ▲	900
11:40:31	신한금융투자		2,388		121,049	121,049	12,100 ▲	800
11:38:30	신한금융투자		2,600		118,661	118,661	12,100 ▲	800

(당일자료는 매매상위 5개사 자료에 의한 추정치임)

신한금융투자 창구를 통해 반복적인 수량의 매수가 들어오는 것을 보고 수급이 들어오고 있음을 파악할 수가 있습니다. 거래원은 누적 수량이기 때문에 체결창의 실시간 수급 수량과 차이가 있을 수 있습니다.

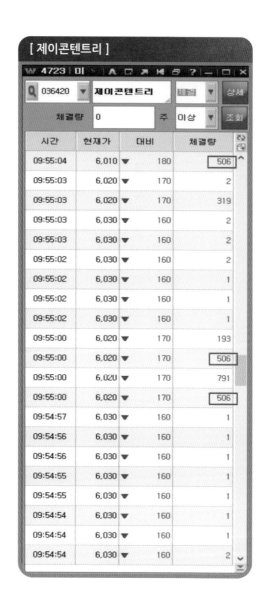

特定 수량을 지속적으로 매도하는 패턴이 있는 종목에서는 다른 강한 매수 수급
이 있지 않는 한 매매를 하지 않는 것이 좋습니다.

[화승인더]

시간	현재가	대비	체결량
14:06:43	6,460 ▲	280	408
14:06:38	6,460 ▲	280	500
14:06:38	6,460 ▲	280	1
14:06:30	6,460 ▲	280	159
14:06:30	6,460 ▲	280	794
14:06:17	6,460 ▲	280	200
14:06:14	6,460 ▲	280	278
14:06:10	6,460 ▲	280	464
14:06:10	6,450 ▲	270	600
14:06:08	6,450 ▲	270	758
14:06:08	6,460 ▲	280	1
14:06:04	6,450 ▲	270	22
14:06:03	6,460 ▲	280	30
14:06:01	6,460 ▲	280	25
14:05:54	6,460 ▲	280	1
14:05:49	6,450 ▲	270	365
14:05:48	6,450 ▲	270	500
14:05:41	6,450 ▲	270	400
14:05:40	6,450 ▲	270	794
14:05:36	6,440 ▲	260	90
14:05:29	6,450 ▲	270	1

794 기관 매수 패턴입니다. 수급은 얼마나 연속성 있게 매수가 들어오는지 파악하는 것이 중요합니다. 시간 또한 일정하게 들어오는 경우가 많기 때문에 장 마감후 매매 동향 수량을 미리 파악하고 선취매 할 수가 있습니다.

[현대상선]

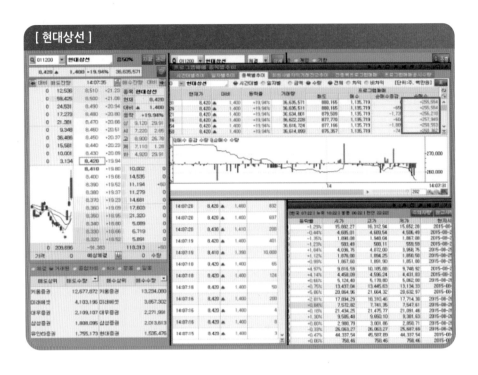

[한미사이언스]

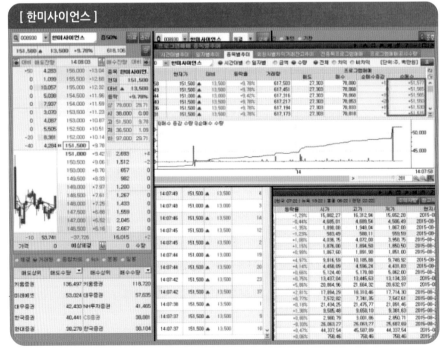

[일진홀딩스]

시간	현재가	대비	체결량
11:10:46	17,450 ▲	1,400	8
11:10:42	17,450 ▲	1,400	10
11:10:39	17,500 ▲	1,450	68
11:10:31	17,500 ▲	1,450	25
11:10:31	17,500 ▲	1,450	50
11:10:31	17,500 ▲	1,450	109
11:10:31	17,500 ▲	1,450	187
11:10:31	17,500 ▲	1,450	7
11:10:31	17,500 ▲	1,450	261
11:10:31	17,500 ▲	1,450	220
11:10:31	17,500 ▲	1,450	113
11:10:31	17,500 ▲	1,450	166
11:10:31	17,500 ▲	1,450	22
11:10:31	17,500 ▲	1,450	26
11:10:31	17,500 ▲	1,450	6
11:10:31	17,500 ▲	1,450	15
11:10:25	17,500 ▲	1,450	1
11:10:24	17,450 ▲	1,400	32
11:10:22	17,450 ▲	1,400	22
11:10:22	17,450 ▲	1,400	11
11:10:22	17,450 ▲	1,400	11

같은 초 단위로 들어오는 파바박 매수 형태입니다.

[셀트리온]

| 🔍 068270 ▼ | 셀트리온 | | 증50% | 자료 | 권리 |

| 80,400 ▼ | 900 | -1.11% | 411,109 | 단 |

| 🔲 대비 매도잔량 | | 11:35:31 | | 📈 매수잔량 대비 🔲 |

대비	매도잔량		호가	등락	매수잔량	대비
0	2,626		81,300	0.00	종목	셀트리온
0	1,998		81,200	-0.12	현재	80,400
0	1,782		81,100	-0.25	대비 ▼	900
0	3,538	H	81,000	-0.37	등락	-1.11%
0	2,036		80,900	-0.49	상 05,600	29.89
0	1,230		80,800	-0.62	시 79,700	1.97
0	1,973		80,700	-0.74	고 81,000	0.37
0	1,672		80,600	-0.86	저 79,400	2.34
0	1,640		80,500	-0.98	하 57,000	29.89
+4	710		80,400	-1.11		
			80,300	-1.23	1,118	0
			80,200	-1.35	233	0
			80,100	-1.48	63	0
			80,000	-1.60	1,113	0
			79,900	-1.72	2,070	0
			79,800	-1.85	3,138	0
		O	79,700	-1.97	6,521	0
			79,600	-2.09	7,903	0
			79,500	-2.21	12,724	0
		L	79,400	-2.34	5,397	0

| +4 | 19,205 | +21,075 | | 40,280 | 0 |
| 가격 | 0 | 예상체결 | 🔳 | 0 | 수량 |

● 체결 ● 거래원 ● 종합차트 ● tick ● 분봉 ● 일봉

매도상위	매도수량 ▼	매수상위	매수수량 ▼
메릴린치	120,131	키움증권	61,342
미래에셋	85,191	미래에셋	49,275
키움증권	38,309	삼성증권	38,233
대우증권	29,798	CS증권	30,770
NH투자증권	18,296	대우증권	26,817

　　셀트리온과 같이 외인 매도가 매수세보다 강할 때에는 주가가 하락하는 경우가 많습니다. 단, 외국계 매도만 나오다가 특정 가격대에서 매도가 멈추고 매수세가 들어올 경우에는 그 가격대를 지켜주려는 의도로 볼 수도 있습니다. 이처럼 상황에 따라 관점이 달라질 수도 있습니다.

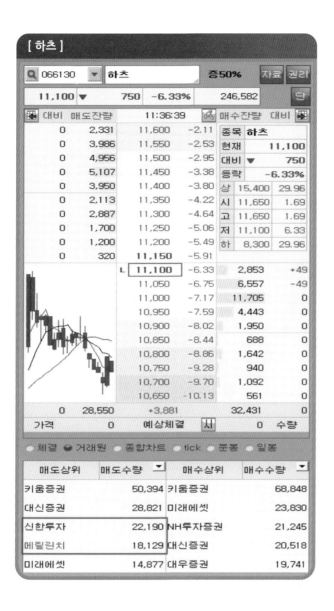

[하츠]

🔍 066130 ▼	하츠		증50%	자료 권리

11,100 ▼	750	-6.33%	246,582	단

| ✛ 대비 | 매도잔량 | 11:36:39 | 🔍 매수잔량 | 대비 ✛ |

0	2,331	11,600	-2.11	종목	**하츠**	
0	3,986	11,550	-2.53	현재		11,100
0	4,956	11,500	-2.95	대비 ▼		750
0	5,107	11,450	-3.38	등락		-6.33%
0	3,950	11,400	-3.80	상	15,400	29.96
0	2,113	11,350	-4.22	시	11,650	1.69
0	2,887	11,300	-4.64	고	11,650	1.69
0	1,700	11,250	-5.06	저	11,100	6.33
0	1,200	11,200	-5.49	하	8,300	29.96
0	320	11,150	-5.91			

ㄴ	11,100	-6.33	▨	2,853	+49
	11,050	-6.75	▨	6,557	-49
	11,000	-7.17		11,705	0
	10,950	-7.59		4,443	0
	10,900	-8.02		1,950	0
	10,850	-8.44		688	0
	10,800	-8.86		1,642	0
	10,750	-9.28		940	0
	10,700	-9.70		1,092	0
	10,650	-10.13		561	0

0	28,550	+3,881	32,431	0
가격	0	예상체결 시	0	수량

○ 체결 ● 거래원 ○ 종합차트 ○ tick ○ 분봉 ○ 일봉

매도상위	매도수량 ▼	매수상위	매수수량 ▼
키움증권	50,394	키움증권	68,848
대신증권	28,821	미래에셋	23,830
신한투자	22,190	NH투자증권	21,245
메릴린치	18,129	대신증권	20,518
미래에셋	14,877	대우증권	19,741

  하츠와 같이 국내 창구(신한투자)와 외국계 창구(메릴린치)로 동시에 팔 때에도 접근을 하지 않는 것이 좋습니다.

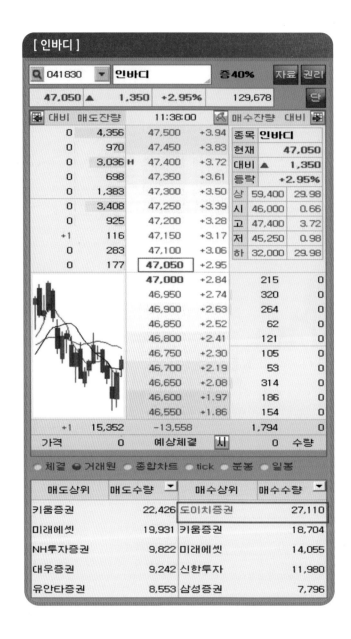

장 시작하자마자 도이치증권에서 매수가 시작되었습니다. 지속적으로 매수하는 것을 보면서 매수 타점을 찾을 수 있습니다.

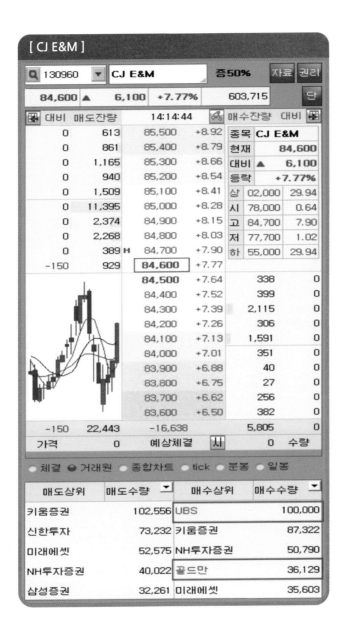

[CJ E&M]

| 🔍 130960 ▼ | CJ E&M | 증50% | 자료 | 권리 |

| 84,600 ▲ | 6,100 | +7.77% | 603,715 | 단 |

🔲 대비	매도잔량		14:14:44	🔍 매수잔량 대비 🔲

대비	매도잔량	호가	등락률	매수잔량	대비
0	613	85,500	+8.92		
0	861	85,400	+8.79		
0	1,165	85,300	+8.66		
0	940	85,200	+8.54		
0	1,509	85,100	+8.41		
0	11,395	85,000	+8.28		
0	2,374	84,900	+8.15		
0	2,268	84,800	+8.03		
0	389 H	84,700	+7.90		
-150	929	84,600	+7.77		

종목	CJ E&M
현재	84,600
대비 ▲	6,100
등락	+7.77%

상	02,000	29.94
시	78,000	0.64
고	84,700	7.90
저	77,700	1.02
하	55,000	29.94

호가	등락률	매수잔량	대비
84,500	+7.64	338	0
84,400	+7.52	399	0
84,300	+7.39	2,115	0
84,200	+7.26	306	0
84,100	+7.13	1,591	0
84,000	+7.01	351	0
83,900	+6.88	40	0
83,800	+6.75	27	0
83,700	+6.62	256	0
83,600	+6.50	382	0

-150	22,443	-16,638	5,805	0
가격	0	예상체결 시	0	수량

● 체결　● 거래원　● 종합차트　● tick　● 분봉　● 일봉

매도상위	매도수량 ▼	매수상위	매수수량 ▼
키움증권	102,556	UBS	100,000
신한투자	73,232	키움증권	87,322
미래에셋	52,575	NH투자증권	50,790
NH투자증권	40,022	골드만	36,129
삼성증권	32,261	미래에셋	35,603

UBS, 골드만을 통해 외인 지속 매수가 들어오면서 주가가 상승하는 모습입니다.
체결창에 특별한 매도세가 없는 경우에는 지속 상승하는 경우가 많습니다.

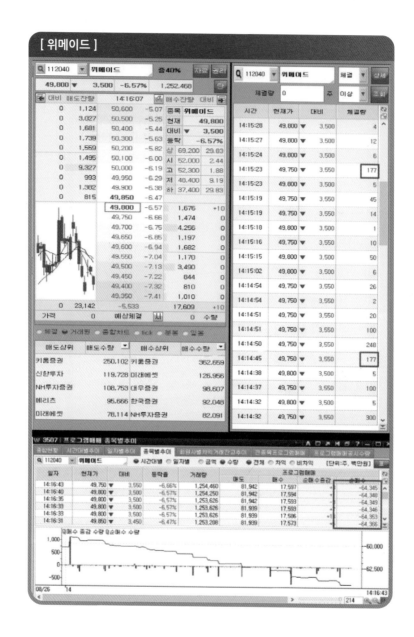

프로그램으로 약 30억 원 매도세가 나오면서 주가가 하락하는 모습입니다. 매도세가 강할 경우에는 주가는 하락할 가능성이 큽니다.

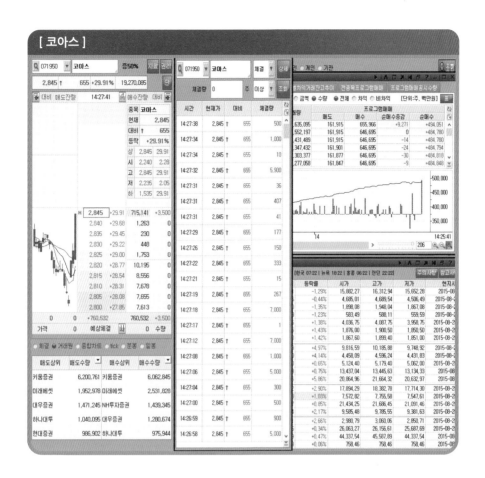

[코아스]

코아스는 프로그램으로 10억 원 이상 매수가 들어오면서 상한가에 안착하는 모습입니다. 매수량이 강하고 연속성이 지속될 경우나, 이처럼 수급 주체가 상한가에서도 매수를 하는 것이 보인다면 매수 타점으로 볼 수 있습니다.

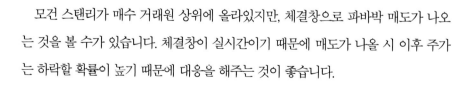

041510 ▼ 에스엠	증40%	자료	권리

43,900 ▲	1,700	+4.03%	708,788	단

대비 매도잔량 10:06:27 **매수잔량 대비**

대비	매도잔량		
0	2,644	44,400	+5.21
0	3,432	44,350	+5.09
0	2,406	44,300	+4.98
0	1,529	44,250	+4.86
0	1,536	44,200	+4.74
0	1,256	44,150	+4.62
0	2,853	44,100	+4.50
0	2,257	44,050	+4.38
0	1,497	44,000	+4.27
0	1,349	**43,950**	+4.15

종목	에스엠
현재	43,900
대비	▲ 1,700
등락	+4.03%
상	54,800	29.86
시	42,750	1.30
고	44,750	6.04
저	42,300	0.24
하	29,550	29.98

가격	대비	매수잔량	대비
43,900	+4.03	474	0
43,850	+3.91	246	0
43,800	+3.79	759	0
43,750	+3.67	790	0
43,700	+3.55	1,753	0
43,650	+3.44	2,292	0
43,600	+3.32	6,242	0
43,550	+3.20	1,173	0
43,500	+3.08	3,056	-50
43,450	+2.96	497	0

0	20,759	-3,477	17,282	-50
가격	0	예상체결 시	0	수량

● 체결 ● 거래원 ● 종합차트 ● tick ● 분봉 ● 일봉

매도상위	매도수량 ▼	매수상위	매수수량 ▼
키움증권	175,283	키움증권	203,242
대우증권	63,027	신한투자	53,300
하나대투	46,781	NH투자증권	46,413
NH투자증권	41,519	하나대투	43,796
한국증권	40,125	모건스탠리	39,140

041510 ▼ 에스엠	체결 ▼	상세

체결량	0	주	이상 ▼	조회

시간	현재가	대비	체결량
10:06:21	43,900 ▲	1,700	15
10:06:21	43,900 ▲	1,700	2
10:06:21	43,900 ▲	1,700	2
10:06:21	43,900 ▲	1,700	5
10:06:21	43,900 ▲	1,700	1
10:06:21	43,900 ▲	1,700	3
10:06:21	43,900 ▲	1,700	2
10:06:21	43,900 ▲	1,700	2
10:06:21	43,900 ▲	1,700	4
10:06:21	43,900 ▲	1,700	2
10:06:21	43,900 ▲	1,700	9
10:06:21	43,900 ▲	1,700	5
10:06:21	43,900 ▲	1,700	5
10:06:21	43,900 ▲	1,700	5
10:06:21	43,900 ▲	1,700	5
10:06:21	43,900 ▲	1,700	4
10:06:21	43,900 ▲	1,700	5
10:06:21	43,900 ▲	1,700	5
10:06:21	43,900 ▲	1,700	4
10:06:21	43,900 ▲	1,700	5
10:06:21	43,900 ▲	1,700	4

　　모건 스탠리가 매수 거래원 상위에 올라있지만, 체결창으로 파바박 매도가 나오는 것을 볼 수가 있습니다. 체결창이 실시간이기 때문에 매도가 나올 시 이후 주가는 하락할 확률이 높기 때문에 대응을 해주는 것이 좋습니다.

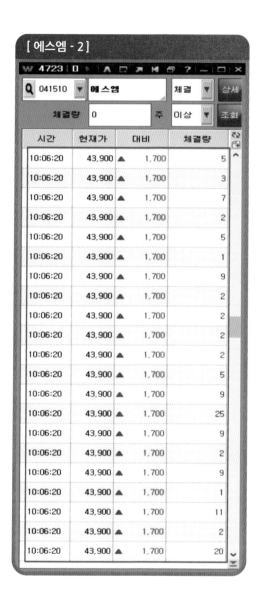

[한국정보인증 - 1]

매도잔량			종목	한국정보인
0	30,882	11,800 +8.76	현재	11,350
0	27,240 H	11,750 +8.29	대비 ▲	500
0	39,554	11,700 +7.83	등락	+4.61%
0	22,343	11,650 +7.37	상	14,100 29.95
0	26,761	11,600 +6.91	시	11,150 2.76
0	28,876	11,550 +6.45	고	11,750 8.29
0	35,761	11,500 +5.99	저	11,000 1.38
0	30,858	11,450 +5.53	하	7,600 29.95
0	17,721	11,400 +5.07		
+4	7,161	11,350 +4.61		

053300 ▼ 한국정보인증 증100% 자료 권리

11,350 ▲ 500 +4.61% 1,826,727

대비 매도잔량 12:55:12 매수잔량 대비

	11,300 +4.15	6,912	0
	11,250 +3.69	13,330	0
	11,200 +3.23	23,465	0
o	11,150 +2.76	18,087	0
	11,100 +2.30	13,062	0
	11,050 +1.84	11,102	0
L	11,000 +1.38	20,069	0
	10,950 +0.92	8,917	0
	10,900 +0.46	11,417	0
	10,850 0.00	9,959	0

+4	267,157	-130,837	136,320	0
가격	0	예상체결 시	0	수량

● 체결 ● 거래원 ● 종합차트 ● tick ● 분봉 ● 일봉

매도상위	매도수량 ▼	매수상위	매수수량 ▼
키움증권	472,075	키움증권	491,370
NH투자증권	167,660	대우증권	163,540
대신증권	141,718	NH투자증권	138,037
대우증권	109,500	대신증권	132,496
미래에셋	109,227	신한투자	109,797

053300 ▼ 한국정보인증 체결 ▼ 상세

체결량 0 주 이상 ▼ 조회

시간	현재가	대비	체결량
12:54:25	11,350 ▲	500	10
12:54:21	11,350 ▲	500	10
12:54:21	11,350 ▲	500	13
12:54:21	11,350 ▲	500	36
12:54:21	11,350 ▲	500	67
12:54:21	11,350 ▲	500	128
12:54:21	11,350 ▲	500	5
12:54:21	11,350 ▲	500	155
12:54:21	11,350 ▲	500	139
12:54:21	11,350 ▲	500	77
12:54:21	11,350 ▲	500	104
12:54:21	11,350 ▲	500	16
12:54:21	11,350 ▲	500	19
12:54:21	11,350 ▲	500	5
12:54:21	11,350 ▲	500	11
12:54:16	11,350 ▲	500	1,190
12:54:15	11,350 ▲	500	19
12:54:15	11,350 ▲	500	10
12:54:10	11,350 ▲	500	34
12:53:55	11,350 ▲	500	200
12:53:55	11,350 ▲	500	18

[한국정보인증 - 2]

W 3447 | 외국계거래원매매수신

외국계거래동향 | 외국계매매수신

신한투자 ▼ | 수량전체 ▼ | 전체 ▼ ☑ 선택 한국정보▼ 등록 삭제 Q 053300 ▼ **한국정보연증** 미니

시간	거래원	종목코드	종목명	매도수량	매수수량	누적순매수	순매수금액	전일순매수
12:42	신한투자	053300	K 한국정보인증	0	283	+50,069	+568,854	+14,004
12:40	신한투자	053300	K 한국정보인증	0	910	+49,786	+565,636	+14,004
12:38	신한투자	053300	K 한국정보인증	0	19	+48,876	+555,307	+14,004
12:36	신한투자	053300	K 한국정보인증	0	310	+48,857	+555,092	+14,004
12:34	신한투자	053300	K 한국정보인증	0	779	+48,547	+551,589	+14,004
12:32	신한투자	053300	K 한국정보인증	0	139	+47,768	+542,786	+14,004
12:30	신한투자	053300	K 한국정보인증	0	108	+47,629	+541,215	+14,004
12:29	신한투자	053300	K 한국정보인증	0	950	+47,521	+539,995	+14,004
12:27	신한투자	053300	K 한국정보인증	0	193	+46,571	+529,260	+14,004
12:25	신한투자	053300	K 한국정보인증	0	245	+46,378	+527,079	+14,004
12:23	신한투자	053300	K 한국정보인증	0	779	+46,133	+524,298	+14,004
12:21	신한투자	053300	K 한국정보인증	0	178	+45,354	+515,457	+14,004
12:19	신한투자	053300	K 한국정보인증	0	89	+45,176	+513,436	+14,004
12:18	신한투자	053300	K 한국정보인증	0	779	+45,087	+512,426	+14,004
12:16	신한투자	053300	K 한국정보인증	0	241	+44,308	+503,621	+14,004
12:14	신한투자	053300	K 한국정보인증	0	514	+44,067	+500,896	+14,004
12:12	신한투자	053300	K 한국정보인증	0	779	+43,553	+495,077	+14,004
12:11	신한투자	053300	K 한국정보인증	0	176	+42,774	+486,235	+14,004
12:09	신한투자	053300	K 한국정보인증	0	2,773	+42,598	+484,246	+14,004

한국정보인증은 신한투자 창구를 이용해서 외인 매수가 들어오는 종목입니다. 체결창을 통해 외인 파바박 매수 패턴을 파악할 수 있습니다. 아울러 창구 분석을 통해 신한투자 창구를 통해서 수급이 들어오는 것 또한 파악이 가능합니다.

창구 분석으로 수급이 확인된 종목의 경우 창구 수량의 증가 여부만 보면서 대응할 수 있기 때문에 대응이 용이합니다.

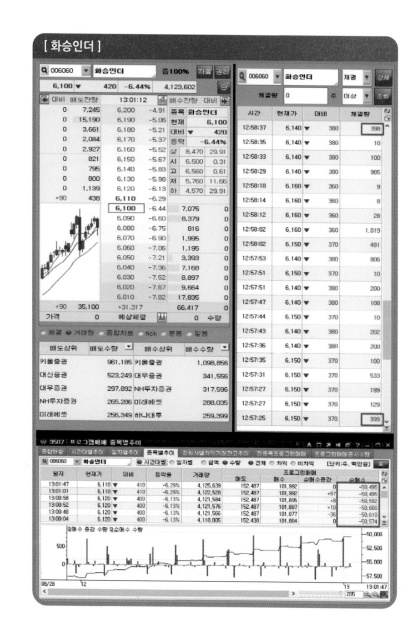

프로그램으로 지속 매도하는 모습입니다. 지속 매도가 나올 시에는 당일 매매를
하지 않는 것이 좋습니다.

[로보스타 - 1]

	매도상위	매도수량	매수상위	매수수량
	키움증권	95,882	키움증권	95,847
	하나대투	32,695	NH투자증권	39,035
	NH투자증권	31,794	대우증권	28,505
	삼성증권	24,093	메리츠	22,971
	미래에셋	21,227	현대증권	20,193

로봇 산업이 발전함에 따라 실질 수혜를 받는 회사들의 수급이 유입되고 있습니다. 아침부터 수급이 유입되고 있습니다!

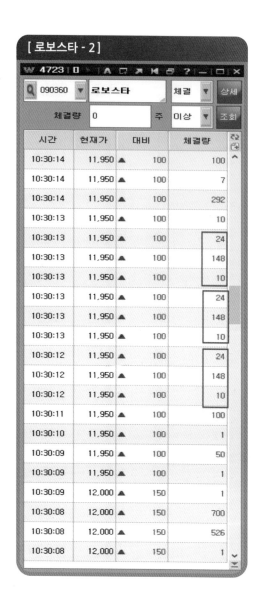

[로보스타 - 3]

W 4723 | □ ▶ | A □ ↗ ◀ 🔒 ? | — □ × |

| Q 090360 ▼ | 로보스타 | | 체결 ▼ | 상세 |

| 체결량 | 0 | 주 | 이상 ▼ | 조회 |

시간	현재가	대비		체결량
10:56:41	11,900	▲	50	100
10:56:17	11,950	▲	100	263
10:56:12	11,900	▲	50	100
10:56:06	11,900	▲	50	300
10:55:42	11,950	▲	100	5
10:55:41	11,950	▲	100	300
10:55:37	11,950	▲	100	85
10:55:32	11,950	▲	100	5
10:55:20	11,900	▲	50	2,994
10:55:19	11,900	▲	50	297
10:55:15	11,900	▲	50	263
10:55:13	11,900	▲	50	167
10:55:06	11,850		0	20
10:54:40	11,850		0	25
10:54:14	11,900	▲	50	263
10:54:03	11,850		0	1
10:53:51	11,850		0	10
10:53:39	11,850		0	150
10:53:12	11,900	▲	50	263
10:52:48	11,850		0	416
10:52:44	11,850		0	500

[로보스타 - 4]

시간	거래원명	매도량	매수량	매도합	매수합	순매수량	현재가	등락폭	
10:56:38	리딩투자증권		526		35,458	35,458	11,950 ▲	100	
10:54:49	리딩투자증권		526		34,932	34,932	11,850		
10:52:58	리딩투자증권		526		34,406	34,406	11,850		
10:51:06	리딩투자증권		2,263		33,880	33,880	11,850		
10:49:13	리딩투자증권		526		31,617	31,617	11,900 ▲	50	
10:47:17	리딩투자증권		526		31,091	31,091	11,900 ▲	50	
10:45:22	리딩투자증권		1,410		30,565	30,565	11,900 ▲	50	
10:43:22	리딩투자증권		1,642		29,155	29,155	11,950 ▲	100	
10:41:21	리딩투자증권		1,634		27,513	27,513	11,850		
10:39:25	리딩투자증권		1,647		25,879	25,879	12,000 ▲	150	
10:37:31	리딩투자증권		660		24,232	24,232	11,950 ▲	100	
10:35:36	리딩투자증권		2,696		23,572	23,572	12,050 ▲	200	
10:33:39	리딩투자증권		20,876		20,876	20,876	11,950 ▲	100	

(당일자료는 매매상위 5개사 자료에 의한 추정치임)

특정 수량 매수가 지속적으로 들어오는 패턴입니다. 연속성 있게 지속적으로 들어온다면 매수 타점으로 볼 수 있습니다. 창구 분석을 통해 리딩 투자 창구에서 수급이 지속적으로 들어오는 것을 알 수 있습니다. 수량을 바꿔가면서 들어오는 경우도 있으므로 참고하는 것이 좋습니다.

중요한 것은 수급이 들어오면서 주가를 관리하고 있다는 것입니다.

[브리지텍 - 1]

체결량 | 주가차트 | 종목뉴스 | 일별주가 | 종목상세 | 거래원 | 종목투자자

064480 ▼ ▶ ? 관 | 브리지텍 | ☑ 실시간 | 조회 | 다음 | 챠트

시간	현재가	등락폭	등락률	변동거래량	매수비중	매도호가
14:03:44	6,720 ▲	1,150	20.65%	318	57.35%	6,730
14:03:44	6,730 ▲	1,160	20.83%	20	57.35%	6,730
14:03:44	6,730 ▲	1,160	20.83%	74	57.35%	6,730
14:03:43	6,720 ▲	1,150	20.65%	50	57.35%	6,730
14:03:43	6,730 ▲	1,160	20.83%	78	57.35%	6,730
14:03:43	6,720 ▲	1,150	20.65%	1,000	57.35%	6,730
14:03:43	6,730 ▲	1,160	20.83%	120	57.36%	6,730
14:03:43	6,730 ▲	1,160	20.83%	10	57.36%	6,730
14:03:41	6,720 ▲	1,150	20.65%	81	57.36%	6,730
14:03:40	6,730 ▲	1,160	20.83%	1	57.36%	6,730
14:03:40	6,720 ▲	1,150	20.65%	3,000	57.36%	6,730
14:03:40	6,720 ▲	1,150	20.65%	300	57.39%	6,730
14:03:39	6,730 ▲	1,160	20.83%	30	57.39%	6,730
14:03:39	6,730 ▲	1,160	20.83%	198	57.39%	6,750
14:03:39	6,740 ▲	1,170	21.01%	98	57.39%	6,750
14:03:39	6,740 ▲	1,170	21.01%	139	57.39%	6,750
14:03:39	6,740 ▲	1,170	21.01%	22	57.39%	6,750
14:03:39	6,740 ▲	1,170	21.01%	204	57.39%	6,750
14:03:39	6,740 ▲	1,170	21.01%	163	57.40%	6,750
14:03:39	6,740 ▲	1,170	21.01%	61	57.40%	6,750
14:03:39	6,740 ▲	1,170	21.01%	388	57.40%	6,750
14:03:37	6,750 ▲	1,180	21.18%	20	57.40%	6,750
14:03:35	6,730 ▲	1,160	20.83%	70	57.40%	6,750
14:03:35	6,720 ▲	1,150	20.65%	10	57.40%	6,730
14:03:34	6,720 ▲	1,150	20.65%	3	57.40%	6,730
14:03:34	6,730 ▲	1,160	20.83%	191	57.40%	6,730
14:03:33	6,750 ▲	1,180	21.18%	10	57.40%	6,750

[브리지텍 - 2]

| 체결량 | 주가차트 | 종목뉴스 | 일별주가 | 종목상세 | 거래원 | 종목투자자 |

064480 ▼ ▶ ? 관 브리지텍 ☑ 실시간 조회 다음 챠트

시간	현재가		등락폭	등락률	변동거래량	매수비중	매도호가	^
14:03:52	6,740	▲	1,170	21.01%	2	57.33%	6,740	
14:03:51	6,740	▲	1,170	21.01%	2	57.33%	6,740	
14:03:51	6,740	▲	1,170	21.01%	20	57.33%	6,740	
14:03:51	6,740	▲	1,170	21.01%	2	57.33%	6,740	
14:03:51	6,730	▲	1,160	20.83%	1	57.33%	6,740	
14:03:51	6,730	▲	1,160	20.83%	225	57.33%	6,740	
14:03:49	6,750	▲	1,180	21.18%	20	57.33%	6,750	
14:03:48	6,730	▲	1,160	20.83%	61	57.33%	6,750	
14:03:48	6,750	▲	1,180	21.18%	20	57.33%	6,750	
14:03:48	6,730	▲	1,160	20.83%	6	57.33%	6,750	
14:03:48	6,740	▲	1,170	21.01%	75	57.33%	6,750	
14:03:48	6,730	▲	1,160	20.83%	102	57.33%	6,750	
14:03:48	6,730	▲	1,160	20.83%	118	57.33%	6,750	
14:03:48	6,730	▲	1,160	20.83%	88	57.33%	6,750	
14:03:48	6,730	▲	1,160	20.83%	122	57.33%	6,750	
14:03:48	6,730	▲	1,160	20.83%	32	57.34%	6,750	
14:03:48	6,730	▲	1,160	20.83%	34	57.34%	6,750	
14:03:48	6,730	▲	1,160	20.83%	32	57.34%	6,750	
14:03:48	6,730	▲	1,160	20.83%	34	57.34%	6,750	
14:03:48	6,730	▲	1,160	20.83%	71	57.34%	6,750	
14:03:48	6,730	▲	1,160	20.83%	61	57.34%	6,750	
14:03:48	6,750	▲	1,180	21.18%	20	57.34%	6,750	
14:03:47	6,750	▲	1,180	21.18%	1	57.34%	6,750	
14:03:47	6,730	▲	1,160	20.83%	270	57.34%	6,750	
14:03:47	6,730	▲	1,160	20.83%	492	57.34%	6,750	
14:03:46	6,730	▲	1,160	20.83%	203	57.35%	6,750	
14:03:46	6,730	▲	1,160	20.83%	30	57.34%	6,730	v

브리지텍과 같이 단기간 급등한 경우에는 수급 주체도 매도를 하면서 수익 실현을 하는 경우가 많습니다. 그렇기 때문에 매도 패턴이 있는지 주의 깊게 지켜봐야 합니다.

[웹젠 - 1]

종목 웹젠	
현재	29,200
대비 ▲	2,200
등락	+8.15%
상	35,100 30.00
시	27,900 3.33
고	29,550 9.44
저	27,650 2.41
하	18,900 30.00

대비	매도잔량	12:52:56		매수잔량	대비
0	2,045	29,650	+9.81		
0	7,123	29,600	+9.63		
0	2,499 H	29,550	+9.44		
0	7,562	29,500	+9.26		
0	3,788	29,450	+9.07		
0	2,510	29,400	+8.89		
0	1,660	29,350	+8.70		
0	1,425	29,300	+8.52		
0	915	29,250	+8.33		
+23	539	29,200	+8.15		
		29,150	+7.96	809	0
		29,100	+7.78	2,957	0
		29,050	+7.59	349	0
		29,000	+7.41	3,504	0
		28,950	+7.22	2,070	0
		28,900	+7.04	4,112	0
		28,850	+6.85	3,573	0
		28,800	+6.67	3,458	0
		28,750	+6.48	699	0
		28,700	+6.30	664	0
+23	30,066		-7,871	22,195	0
가격	0	예상체결	시	0	수량

● 체결 ● 거래원 ● 종합차트 ● tick ● 분봉 ● 일봉

매도상위	매도수량	매수상위	매수수량
키움증권	167,676	키움증권	111,111
미래에셋	56,328	NH투자증권	64,554
NH투자증권	47,387	미래에셋	40,586
삼성증권	26,200	CS증권	37,317
대우증권	20,137	신한투자	35,548

069080 ▼ 웹젠 체결 상세
체결량 0 주 이상 ▼ 조회

시간	현재가		대비	체결량
12:52:55	29,200 ▲	2,200		5
12:52:54	29,200 ▲	2,200		79
12:52:47	29,200 ▲	2,200		30
12:52:45	29,200 ▲	2,200		100
12:52:29	29,200 ▲	2,200		68
12:52:15	29,200 ▲	2,200		1
12:52:12	29,200 ▲	2,200		500
12:52:04	29,200 ▲	2,200		51
12:51:55	29,200 ▲	2,200		4
12:51:54	29,200 ▲	2,200		123
12:51:54	29,200 ▲	2,200		37
12:51:53	29,200 ▲	2,200		266
12:51:53	29,200 ▲	2,200		136
12:51:53	29,200 ▲	2,200		50
12:51:52	29,200 ▲	2,200		141
12:51:52	29,200 ▲	2,200		39
12:51:35	29,200 ▲	2,200		10
12:51:28	29,200 ▲	2,200		20
12:51:07	29,150 ▲	2,150		35
12:49:46	29,200 ▲	2,200		4
12:49:44	29,200 ▲	2,200		11

대표적인 게임 주도주 웹젠입니다. 중국을 비롯한 해외 진출로 대표작 〈전민기적〉, 〈뮤 오리진〉의 실적 모멘텀을 보유하고 있습니다. CS증권으로 외인 수급이 유입이 되고 있습니다.

[웹젠 - 2]

일자	현재가		대비	등락율	거래량	프로그램매매			
						매도	매수	순매수증감	순매수
12:51:55	29,200	▲	2,200	+8.15%	494,735	12,302	95,837	+4	+83,535
12:51:54	29,200	▲	2,200	+8.15%	494,731	12,302	95,833	+123	+83,531
12:51:54	29,200	▲	2,200	+8.15%	494,608	12,302	95,710	+37	+83,408
12:51:53	29,200	▲	2,200	+8.15%	494,571	12,302	95,673	+380	+83,371
12:51:53	29,200	▲	2,200	+8.15%	494,169	12,280	95,271	+191	+82,991
12:51:52	29,200	▲	2,200	+8.15%	493,978	12,280	95,080	+39	+82,800

프로그램이 20억 원 이상 지속 매수가 들어오면서 주가를 상승시키는 모습입니다. 매수세가 지속적으로 증가한다면 매수 타점으로 볼 수 있습니다.

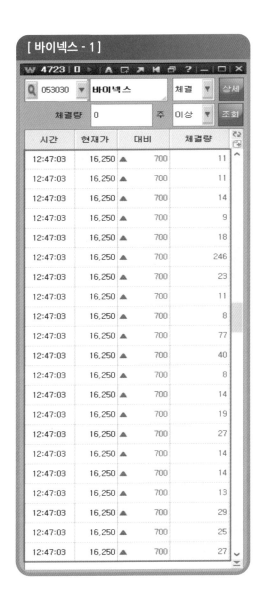

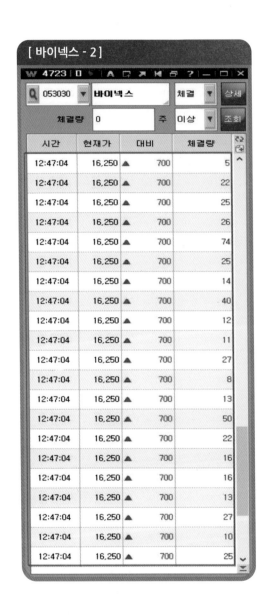

파바박 매도가 지속적으로 보일 시에는 매수하지 않습니다.

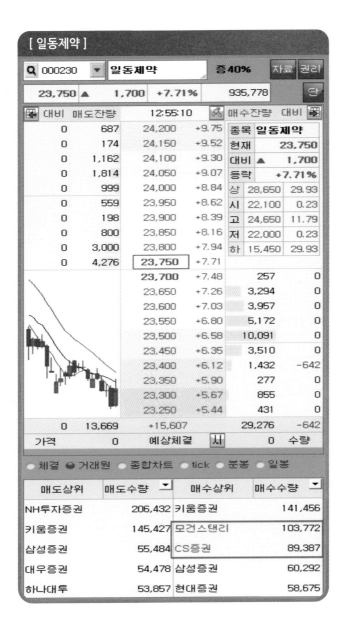

[일동제약]

외국계 창구를 통해서 수급이 지속적으로 들어온다면 주가는 올라갈 확률이 높습니다. 지속성 여부를 지켜봐야 합니다!

[대창]

1980 거래원

| 시간별 | 일별 | 매물대 | | | | | | | 편집 |

종목 012800 대창   거래원 대 신 증 권   조회 | 다음

시간	거래원명	매도량	매수량	매도합	매수합	순매수량	현재가	등락폭
09:43:06	대 신 증 권	15,500	15,315	792,313	1,851,831	1,059,518	1,125 ▲	241
09:42:04	대 신 증 권	36,110	12,028	776,813	1,836,516	1,059,703	1,130 ▲	246
09:41:02	대 신 증 권	14,338	55,736	740,703	1,824,488	1,083,785	1,130 ▲	246
09:40:00	대 신 증 권	608,293	157,753	726,365	1,768,752	1,042,387	1,130 ▲	246
09:37:51	대 신 증 권		81,498	118,072	1,610,999	1,492,927	1,145 ↑	261
09:36:46	대 신 증 권		362,663	118,072	1,529,501	1,411,429	1,145 ↑	261
09:35:41	대 신 증 권		485,525	118,072	1,166,838	1,048,766	1,145 ↑	261
09:34:38	대 신 증 권		633,940	118,072	681,313	563,241	1,145 ↑	261
09:31:25	대 신 증 권	110,496		118,072	47,373	-70,699	1,055 ▲	171
09:29:17	대 신 증 권		28,246	7,576	47,373	39,797	997 ▲	113
09:28:11	대 신 증 권		2,580	7,576	19,127	11,551	956 ▲	72
09:27:06	대 신 증 권		1,435	7,576	16,547	8,971	965 ▲	81
09:24:57	대 신 증 권		4,595	7,576	15,112	7,536	970 ▲	86
09:23:50	대 신 증 권		10,517	7,576	10,517	2,941	928 ▲	44
09:14:08	대 신 증 권	128		7,576		-7,576	890 ▲	6

(당일자료는 매매상위 5개사 자료에 의한 추정치임)

대신증권이 9시 34분부터 상한가 부근에서 대량 매수가 들어온 다음 9시 40분쯤 물량을 떠넘기는 패턴입니다.

특히 이런 패턴은 조심해야 합니다!

[HB테크놀러지 - 1]

	078150 ▼	HB테크놀러지	증50%	자료 권리

| 1,575 ▲ | 65 | +4.30% | 1,994,503 | 단 |

대비	매도잔량	11:10:30		매수잔량	대비
0	26,908	1,620	+7.28	종목	HB테크놀러
0	25,692	1,615	+6.95	현재	1,575
0	30,915	1,610	+6.62	대비 ▲	65
0	36,359	1,605	+6.29	등락	+4.30%
0	68,959	1,600	+5.96	상 1,960	29.80
0	91,557	1,595	+5.63	시 1,515	0.33
0	29,357	1,590	+5.30	고 1,580	4.64
0	82,925	1,585	+4.97	저 1,495	0.99
0	177,816 H	1,580	+4.64	하 1,060	29.80
-100	6,711	1,575	+4.30		
		1,570	+3.97	12,949	0
		1,565	+3.64	13,826	0
		1,560	+3.31	15,539	0
		1,555	+2.98	29,002	0
		1,550	+2.65	13,874	0
		1,545	+2.32	19,321	0
		1,540	+1.99	18,075	0
		1,535	+1.66	14,477	0
		1,530	+1.32	20,955	0
		1,525	+0.99	8,567	0
-100	577,199	-410,614		166,585	0
가격	0	예상체결 시		0	수량

● 체결 ● 거래원 ● 종합차트 ● tick ● 분봉 ● 일봉

매도상위	매도수량 ▼	매수상위	매수수량 ▼
키움증권	520,578	키움증권	277,032
NH투자증권	203,494	유안타증권	265,844
대신증권	167,380	NH투자증권	237,284
유안타증권	145,492	하나대투	197,170
미래에셋	117,306	미래에셋	131,033

	078150 ▼	HB테크놀러지	체결 ▼	상세

| 체결량 | 0 | 주 이상 ▼ | 조회 |

시간	현재가	대비	체결량
11:10:24	1,575 ▲	65	1
11:10:16	1,575 ▲	65	100
11:10:16	1,575 ▲	65	223
11:10:16	1,575 ▲	65	149
11:10:16	1,575 ▲	65	709
11:10:16	1,575 ▲	65	149
11:10:16	1,575 ▲	65	221
11:10:16	1,575 ▲	65	369
11:10:16	1,575 ▲	65	428
11:10:16	1,575 ▲	65	781
11:10:16	1,575 ▲	65	233
11:10:16	1,575 ▲	65	435
11:10:16	1,575 ▲	65	732
11:10:16	1,575 ▲	65	133
11:10:16	1,575 ▲	65	206
11:10:16	1,575 ▲	65	119
11:10:16	1,575 ▲	65	359
11:10:16	1,575 ▲	65	258
11:10:13	1,575 ▲	65	7
11:10:04	1,575 ▲	65	34
11:09:56	1,575 ▲	65	174

아침부터 대량의 수급 유입이 포착되고 있습니다!

| 체결량 | 주가차트 | 종목뉴스 | 일별주가 | 종목상세 | 거래원 | 종목투자자 |

078150 ▼▶?판 HB테크놀러지 □실시간 조회 다음 챠트

시간	현재가		등락폭	등락률	변동거래량	매수비중	매도호가	∧
10:39:40	1,550	▲	40	2.65%	1	58.47%	1,550	
10:39:40	1,550	▲	40	2.65%	1	58.47%	1,550	
10:39:39	1,550	▲	40	2.65%	1	58.47%	1,550	
10:39:38	1,550	▲	40	2.65%	1	58.47%	1,550	
10:39:34	1,550	▲	40	2.65%	40	58.47%	1,550	
10:39:27	1,550	▲	40	2.65%	5,000	58.47%	1,550	
10:39:22	1,550	▲	40	2.65%	100	58.33%	1,550	
10:39:22	1,550	▲	40	2.65%	150	58.32%	1,550	
10:39:22	1,550	▲	40	2.65%	149	58.32%	1,550	
10:39:22	1,550	▲	40	2.65%	223	58.32%	1,550	
10:39:22	1,550	▲	40	2.65%	709	58.31%	1,550	
10:39:22	1,550	▲	40	2.65%	428	58.29%	1,550	
10:39:22	1,550	▲	40	2.65%	360	58.28%	1,550	
10:39:22	1,550	▲	40	2.65%	369	58.26%	1,550	
10:39:22	1,550	▲	40	2.65%	435	58.25%	1,550	
10:39:22	1,550	▲	40	2.65%	732	58.24%	1,550	
10:39:22	1,550	▲	40	2.65%	206	58.22%	1,550	
10:39:22	1,550	▲	40	2.65%	134	58.21%	1,550	
10:39:22	1,550	▲	40	2.65%	221	58.21%	1,550	
10:39:22	1,550	▲	40	2.65%	119	58.20%	1,550	
10:39:22	1,550	▲	40	2.65%	781	58.20%	1,550	
10:39:22	1,550	▲	40	2.65%	233	58.18%	1,550	
10:39:22	1,550	▲	40	2.65%	258	58.17%	1,550	
10:39:18	1,545	▲	35	2.32%	2	58.16%	1,550	
10:39:14	1,545	▲	35	2.32%	1	58.16%	1,550	
10:39:14	1,545	▲	35	2.32%	1	58.16%	1,550	
10:39:14	1,545	▲	35	2.32%	192	58.16%	1,550	∨

파바박 매수가 들어오는 기관 패턴입니다. 연속성 있게 들어오면서 투심을 자극시키는 케이스입니다.

[HB테크놀러지 - 3]

체결량 | 주가차트 | 종목뉴스 | 일별주가 | 종목상세 | 거래원 | 종목투자자

078150 ▼ ▶ ? 관 HB테크놀러지 ☑ 실시간 조회 다음 챠트

시간	현재가		등락폭	등락률	변동거래량	매수비중	매도호가
12:01:21	1,620	▲	110	7.28%	4,590	64.60%	1,620
12:01:21	1,620	▲	110	7.28%	1	64.69%	1,625
12:01:21	1,620	▲	110	7.28%	42,602	64.69%	1,625
12:01:21	1,615	▲	105	6.95%	34,087	64.21%	1,610
12:01:21	1,610	▲	100	6.62%	46,943	63.82%	1,610
12:01:21	1,610	▲	100	6.62%	30	63.27%	1,610
12:01:20	1,610	▲	100	6.62%	5	63.27%	1,610
12:01:17	1,610	▲	100	6.62%	5	63.27%	1,610
12:01:16	1,610	▲	100	6.62%	12	63.27%	1,610
12:01:15	1,610	▲	100	6.62%	623	63.27%	1,610
12:01:15	1,610	▲	100	6.62%	5	63.26%	1,610
12:01:14	1,610	▲	100	6.62%	8	63.26%	1,610
12:01:12	1,610	▲	100	6.62%	5	63.26%	1,610
12:01:12	1,605	▲	95	6.29%	2,557	63.26%	1,610
12:01:11	1,605	▲	95	6.29%	1,655	63.23%	1,605
12:01:11	1,605	▲	95	6.29%	10,000	63.21%	1,605
12:01:10	1,605	▲	95	6.29%	5	63.09%	1,605
12:01:09	1,605	▲	95	6.29%	7,000	63.09%	1,605
12:01:07	1,605	▲	95	6.29%	5	63.00%	1,605
12:01:04	1,605	▲	95	6.29%	5	63.00%	1,605
12:01:02	1,605	▲	95	6.29%	5	63.00%	1,605
12:01:00	1,605	▲	95	6.29%	70	63.00%	1,605
12:00:59	1,605	▲	95	6.29%	5	63.00%	1,605
12:00:58	1,600	▲	90	5.96%	5,544	63.00%	1,605
12:00:57	1,600	▲	90	5.96%	35,092	62.93%	1,600
12:00:52	1,600	▲	90	5.96%	5	62.50%	1,600
12:00:51	1,595	▲	85	5.63%	2,000	62.50%	1,600

파바박 매수가 지속적으로 들어오면서 개인 '큰손'들도 시장가 매수로 같이 돌파하는 모습입니다. 주가 상승에 긍정적인 모습들입니다.

1980 거래원

| 시간별 | 일별 | 매물대 |

종목 078150 HB테크놀러지   거래원 키 움 증 권

시간	거래원명	매도량	매수량	매도합	매수합	순매수량	현재가	등락폭
12:04:25	키 움 증 권	14,840	9,556	759,511	668,669	-90,842	1,615 ▲	105
12:02:36	키 움 증 권	40,621	135,026	744,671	659,113	-85,558	1,610 ▲	100
12:00:42	키 움 증 권	9,000	9,811	704,050	524,087	-179,963	1,600 ▲	90
11:58:47	키 움 증 권	42,107	29,577	695,050	514,276	-180,774	1,605 ▲	95
11:56:54	키 움 증 권	821	6,642	652,943	484,699	-168,244	1,595 ▲	85
11:55:01	키 움 증 권	1,510	4,421	652,122	478,057	-174,065	1,590 ▲	80
11:53:09	키 움 증 권	1,706	112	650,612	473,636	-176,976	1,595 ▲	85
11:51:14	키 움 증 권	497	31	648,906	473,524	-175,382	1,590 ▲	80
11:49:21	키 움 증 권	1,210	27	648,409	473,493	-174,916	1,590 ▲	80
11:47:30	키 움 증 권	1,035	7,280	647,199	473,466	-173,733	1,585 ▲	75
11:45:33	키 움 증 권	3,957	1,574	646,164	466,186	-179,978	1,575 ▲	65
11:43:42	키 움 증 권	398	1,521	642,207	464,612	-177,595	1,580 ▲	70
11:41:45	키 움 증 권	11,676	1,899	641,809	463,091	-178,718	1,585 ▲	75
11:39:52	키 움 증 권	256	1,475	630,131	461,192	-168,939	1,585 ▲	75
11:37:57	키 움 증 권	1,217	3,894	629,875	459,717	-170,158	1,585 ▲	75

(당일자료는 매매상위 5개사 자료에 의한 추정치임)

[영진약품 - 1]

🔍 003520 ▼	**영진약품**	증50%	자료	권리

| 2,300 | ▲ | 60 | +2.68% | 1,288,010 | 단 |

| 🔲 대비 매도잔량 | 11:59:12 | 🔲 매수잔량 대비 🔲 |

대비	매도잔량	호가	등락률	종목	영진약품	
0	11,936	2,345	+4.69	현재	2,300	
0	12,225	2,340	+4.46	대비 ▲	60	
0	29,491	2,335	+4.24	등락	+2.68%	
0	19,898	2,330	+4.02	상	2,910	29.91
0	18,938	2,325	+3.79	시	2,285	2.01
0	12,710	2,320	+3.57	고	2,315	3.35
0	16,870 H	2,315	+3.35	저	2,255	0.67
0	26,958	2,310	+3.13	하	1,570	29.91
0	21,350	2,305	+2.90			
0	52,957	**2,300**	+2.68			
		2,295	+2.46	5,654		0
		2,290	+2.23	12,196		0
		2,285	+2.01	2,290		0
		2,280	+1.79	6,760		0
		2,275	+1.56	12,668		0
		2,270	+1.34	15,486		0
		2,265	+1.12	18,872		0
		2,260	+0.89	37,315		0
		2,255	+0.67	17,114		0
		2,250	+0.45	25,039		0

| 0 | 223,333 | -69,939 | 153,394 | 0 |
| 가격 | 0 | 예상체결 시 | 0 | 수량 |

● 체결 ◉ 거래원 ● 종합차트 ● tick ● 분봉 ● 일봉

매도상위	매도수량 ▼	매수상위	매수수량 ▼
키움증권	408,420	키움증권	291,524
현대증권	108,661	NH투자증권	129,916
미래에셋	93,357	미래에셋	122,260
신한투자	91,009	모건스탠리	87,133
NH투자증권	73,293	CS증권	74,393

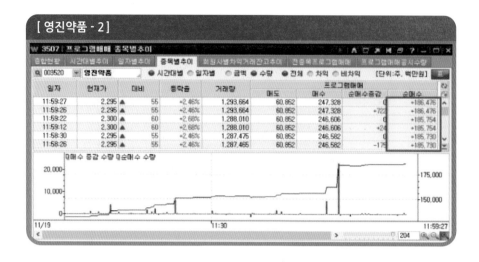

[영진약품 - 2]

외국계 창구 매수와 프로그램 지속 매수는 주가 상승에 긍정적입니다.

수급 찌라시 신기법

수급 찌라시
신기법

수급 찌라시

수급의 연속성이 있는 종목에서 장중 호재 기사, IR^{Investor Relations, 기업설명활동}, 임상, 실적, 신사업 투자 등 돌발적인 호재 발생 시 급등하는 현상을 말한다. 상승 모멘텀이 있는 한 종목에 쏠리는 시장 상황을 반영했다.

키포인트

수급이 없어도 개인 대량 매수세로 단기간에 수익을 챙긴다. 프로그램 매수세가 있는 종목은 고점 부근에서 대량 매도가 나올 때 매도 타이밍을 잡는다.

🔑 매수 타점

❶ 프로그램 매도에서 매수로 전환할 때 매수.

❷ 당일 시가나 의미 있는 가격대 돌파.

  – 라운드 피겨, 저항과 지지 확인.

❸ 개인 대량 매수세 확인 후 베팅.

❹ 전일 고점을 거래량 동반해 돌파 시 매수.

❺ 글로벌 시황, 장중 아시아 증시 체크.

🔑 매도 타점

❶ 후속 매수세가 멈출 때 분할 대응.

❷ 오버슈팅 시 적절히 매도.

❸ 라운드 피겨나 저항선 매도.

🔑 키포인트

3·3·4 법칙 적용

찌라시와 전고점, 신고가 돌파 기다림.

[코미팜 기사]

| 일자 | 2015/11/13 | 시간 | 14:27:33 | 제공처 | 이투데이 |

++++ 2015/11/13 14:27:33 (이투데이) ++++
제목 : 코미팜 "암성통증치료제, 이달 중 호주 판매허가 기
[이투데이/ 권태성 기자(tskwon@etoday.co.kr)]

코미팜의 암성통증치료제 신약(PAX-1)이 이르면 이달 안에 호주정부로부터 판매허가 승인이 날 것으로 기대된다.

코미팜은 지난 12일 경기도 시흥시 본사에서 기업설명회를 열고 회사의 사업현황과 향후 계획 등을 밝혔다. 이날 코미팜 양용진<사진> 회장은 "암성통증치료제는 현재 호주정부의 특별공급정책 규정에 의해 공급중으로, 이르면 이달 안이나 올 4분기에는 판매허가 승인이 기대된다" 고 밝혔다.

동물용의약품 제조ㆍ판매를 목적으로 설립된 코미팜은 2001년 인체용 의약품 개발사업을 시작, 항암작용을 하면서 암성통증을 치료하는 신약을 개발했다. 이는 마약성 진통제를 대체할 수 있는 비마약성 신약으로 호주 10여개 병원에서 암성통증환자를 대상으로 임상을 진행하고 있다. 현재 영국의 2개 병원에서도 임상이 진행되고 있다.

이 약은 현재 호주정부의 특별공급정책 규정에 따라 호주 내 병원에 공급되고 있다. 호주는 안전성과 효능이 입증된 임상 중인 신약을 의사 처방 아래 환자에게 공급하는 '특별공급 정책' 을 시행하고 있다. 코미팜은 약을 무상으로 제공하는 대신 결과 보고서를 받는다.

양 회장은 "호주식약처의 판매허가 승인신청이 나게 되면 내년 3월 유럽에 이어 미국, 국내에도 신청할 계획" 이라고 말했다.

코미팜이 암성통증치료제의 글로벌 진출을 위해 호주를 먼저 공략하는 이유는 호주가 신약진출의 교두부 역할이 기대돼서다. 양 회장은 "호주는 영연방 국가로, 유럽의 영향을 받았기 때문에 호주 임상을 유럽에서 인정하기 때문" 이라며 "또 유럽의 임상결과는 미국에서 거절할 수 있지만, 호주와 미국의 FTA 체결로 호주 임상 결과는 미국서 거절하지 못한다" 고 말했다.

신약 판매를 위해 충북 오송생명과학단지 내에 부지 3만743㎡, 건물 9256㎡ 규모의 항암제와 암성통증 치료제 신약생산공장도 신축했다. 이는 20만명의 암환자가 매일 복용할 수 있는 생산규모다. 양 회장은 "개발과정에서의 확신 후 공자설립은 늦다" 며 "호주 식약처에서 판매허가를 내고 생산설비가 없어 외주를 주면 곤란하기 때문" 이라고 말했다.

이날 코미팜은 암성통증치료제의 호주 임상을 통해 최근 확인된 사실도 공개했다. 먼저 방광암, 식도암, 대장암, 간암, 폐암, 뇌암, 신장암 등의 암과 전이암 환자들로서 최악의 상태에 있는 환자들의 복용사례 결과를 유추해 보면 거의 모든 암의 통증을 제어할 수 있다는 추정이 가능하다는 것이다.

신약 임상 관련 찌라시가 나왔습니다. 최근 한미약품의 급등한 찌라시와 비슷한 내용으로 시장의 관심을 받기에 충분합니다.

[코미팜]

일자	종가	대비	등락율	거래량	외국인	기관	개인	기타	외국계증권
현 재	51,200 ▲	7,150	+16.23%	1,056,237	-8,000	+2,000	0	-4,000	0
15/11/18	44,050 ▲	450	+1.03%	766,052	+100,940	-6,000	-92,060	-2,280	+81,017
15/11/17	43,600 ▲	3,500	+8.73%	2,838,632	-8,733	+7,981	-34,461	+35,213	-38,981
15/11/16	40,100 ↑	9,250	+29.98%	2,105,652	+99,606	+51,495	-185,572	+34,471	+100,566
15/11/13	30,850 ▲	1,600	+5.47%	750,276	+5,258	+30	+14,901	-20,189	+6,783
15/11/12	29,250 ▼	450	-1.52%	258,398	-6,262	+46	+20,320	-14,104	-8,590
15/11/11	29,700 ▲	2,000	+7.22%	381,336	+36,343	-10,608	-14,079	-11,656	+37,579
15/11/10	27,700 ▼	1,350	-4.65%	426,208	+48,012	-10,674	-36,913	-425	+47,385
15/11/09	29,050 ▼	900	-3.01%	445,976	+9,536	-3,304	+1,221	-7,453	+4,020
15/11/06	29,950 ▲	450	+1.53%	410,754	+14,296	+851	+10,780	-25,927	+16,661

코미팜은 정배열, 신고가 종목이기에 전고점 돌파 후 매물대 없이 급등하는 모습을 보였습니다. 이전부터 검은머리외인이 연속적으로 매수 들어옴에 따라(40억 원 이상) 찌라시 이후 수급이 강하게 들어오면서 상한가에 들어간 모습입니다.

찌라시가 나오고 주가 반영이 다음 날 될 수도 있습니다. 수급이 들어올 때 실시간으로 공략하면 됩니다.

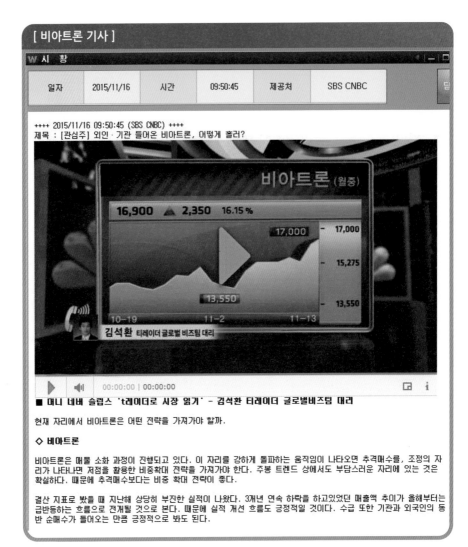

[비아트론 기사]

W 시 황

| 일자 | 2015/11/16 | 시간 | 09:50:45 | 제공처 | SBS CNBC |

++++ 2015/11/16 09:50:45 (SBS CNBC) ++++
제목 : [관심주] 외인·기관 들어온 비아트론, 어떻게 흘러?

비아트론 (월중)

16,900 ▲ 2,350 16.15 %

17,000 - 17,000
- 15,275
13,550 - 13,550

10-19   11-2   11-13

김석환 티레이더 글로벌 비즈팀 대리

00:00:00 | 00:00:00

■ 머니 네버 슬립스 't레이더로 시장 읽기' - 김석환 티레이더 글로벌비즈팀 대리

현재 자리에서 비아트론은 어떤 전략을 가져가야 할까.

◇ 비아트론

비아트론은 매물 소화 과정이 진행되고 있다. 이 자리를 강하게 돌파하는 움직임이 나타오면 추격매수를, 조정의 자리가 나타나면 저점을 활용한 비중확대 전략을 가져가야 한다. 주봉 트렌드 상에서도 부담스러운 자리에 있는 것은 확실하다. 때문에 추격매수보다는 비중 확대 전략이 좋다.

결산 지표로 봤을 때 지난해 상당히 부진한 실적이 나왔다. 3개년 연속 하락을 하고있었던 매출액 추이가 올해부터는 급반등하는 흐름으로 전개될 것으로 본다. 때문에 실적 개선 흐름도 긍정적일 것이다. 수급 또한 기관과 외국인의 동반 순매수가 들어오는 만큼 긍정적으로 봐도 된다.

[비아트론]

비아트론처럼 방송에 나오게 되면 시장의 관심을 받을 수 있습니다. 반도체 장비주가 전체적으로 강한 모습을 보이고 있을 때 시장의 관심을 받고 수급이 들어오는 종목을 공략하면 됩니다.

정배열, 전고점 돌파 신고가, 수급의 연속성이 있고 거래량이 증가하면서 수급이 들어오면 공략 가능합니다.

[에스텍파마]

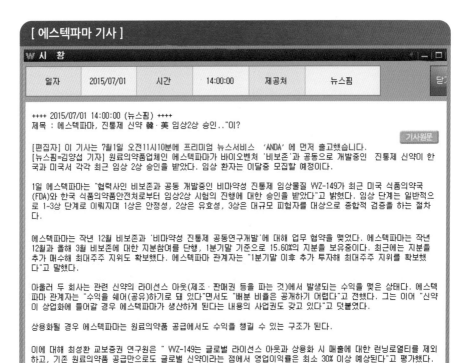

[에스텍파마 기사]

W 시 황

일자	2015/07/01	시간	14:00:00	제공처	뉴스핌

++++ 2015/07/01 14:00:00 (뉴스핌) ++++
제목 : 에스텍파마, 진통제 신약 韓·美 임상2상 승인.."이?

기사원문

[편집자] 이 기사는 7월1일 오전11시10분에 프리미엄 뉴스서비스 'ANDA'에 먼저 출고했습니다.
[뉴스핌=김양섭 기자] 원료의약품업체인 에스텍파마가 바이오벤처 '비보존'과 공동으로 개발중인 진통제 신약이 한
국과 미국서 각각 최근 임상 2상 승인을 받았다. 임상 환자는 이달중 모집할 예정이다.

1일 에스텍파마는 "협력사인 비보존과 공동 개발중인 비마약성 진통제 임상물질 WZ-149가 최근 미국 식품의약국
(FDA)와 한국 식품의약품안전처로부터 임상2상 시험의 진행에 대한 승인을 받았다"고 밝혔다. 임상 단계는 일반적으
로 1-3상 단계로 이뤄지며 1상은 안정성, 2상은 유효성, 3상은 대규모 피험자를 대상으로 종합적 검증을 하는 절차
다.

에스텍파마는 작년 12월 비보존과 '비마약성 진통제 공동연구개발'에 대해 업무 협약을 맺었다. 에스텍파마는 작년
12월과 올해 3월 비보존에 대한 지분참여를 단행, 1분기말 기준으로 15.60%의 지분을 보유중이다. 최근에는 지분을
추가 매수해 최대주주 지위도 확보했다. 에스텍파마 관계자는 "1분기말 이후 추가 투자해 최대주주 지위를 확보했
다"고 말했다.

아울러 두 회사는 관련 신약의 라이선스 아웃(제조·판매권 등을 파는 것)에서 발생되는 수익을 맺은 상태다. 에스텍
파마 관계자는 "수익을 쉐어(공유)하기로 돼 있다"면서도 "배분 비율은 공개하기 어렵다"고 전했다. 그는 이어 "신약
이 상업화에 들어갈 경우 에스텍파마가 생산하게 된다는 내용의 사업권도 갖고 있다"고 덧붙였다.

상용화될 경우 에스텍파마는 원료의약품 공급에서도 수익을 챙길 수 있는 구조가 된다.

이에 대해 최성환 교보증권 연구원은 " WZ-149는 글로벌 라이선스 아웃과 상화화 시 매출에 대한 런닝로열티를 제외
하고, 기존 원료의약품 공급만으로도 글로벌 신약이라는 점에서 영업이익률은 최소 30% 이상 예상된다"고 평가했다.

해당 기사 이후 3연속 상한가 들어간 에스텍파마입니다. 수급 매매하는 필자의 지인이 이 종목으로 큰 수익을 거둬 BMW 신차를 뽑았습니다. 수급이 들어온 종목 중에서는 기사를 읽어 보고 선별할 수 있는 연습을 하는 것이 좋습니다.

[제주반도체 - 1]

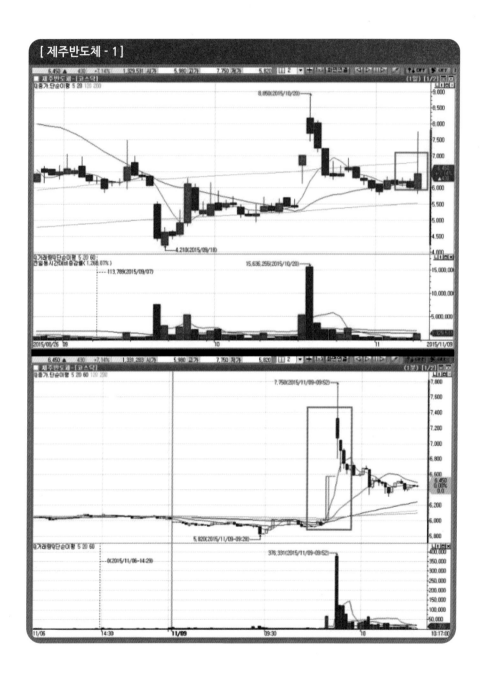

[제주반도체 기사]

W 시 황

일자	2015/11/09	시간	09:48:43	제공처	아시아경제

++++ 2015/11/09 09:48:43 (아시아경제) ++++
제목 : 제주반도체 "램스웨이 3400만 달러 美 투자유치 실?
[아시아경제 팍스넷 신송희 기자] 제주반도체가 진행 중인 종속회사 램스웨이의 3400만 달러 투자 유치가 실사 작업을 마무리한 것으로 확인됐다.

제주반도체 관계자는 9일 "현재 투자 실사를 마무리하고 회계와 사업적인 내용의 리포트 작성 등이 남은 상황" 이라면서 "작성된 문서는 미국 투자처로 제출된 뒤 계약 여부가 최종 결정될 예정" 이라고 말했다.

제주반도체는 지난달 20일 대표이사인 박성식, 조형섭 씨가 Draper Athena 펀드로부터 램스웨이에 3400만 달러 상당을 투자받는 양해각서(MOU)를 체결했다고 공시했다. 램스웨이는 제주반도체가 97% 지분을 보유한 반도체 업체다.

회사 측에 따르면 양사는 양해각서(MOU)를 체결하고 곧바로 실질적인 실사 작업에 돌입했다. 제주반도체 관계자는 "전문 회계 및 법무 법인을 통해 사업의 전반적인 내용을 실사 받았다" 면서 "구체적으로는 회계와 법률, 그리고 회사에서 제출한 자료와의 실제 매칭 여부 등이다" 고 설명했다.

또 "투자처가 실사 리포트를 검토하고 최종 계약 서명을 완료하면 투자 과정이 마무리된다" 면서 "예정된 투자 규모는 변함이 없을 전망" 이라고 말했다.

한편 제주반도체는 지난달 중국 투자기관인 영개투자유한공사(Wing Champ Investments Limited)를 대상으로 추진했던 1000억 원 규모의 유상증자를 취소했다. 이와 함께 박성식 제주반도체 대표와 영개투자유한공사와 맺었던 주식양수도 계약이 취소됐다.

제주반도체는 투자 유치 기대감을 통해서 급등한 적이 있는 종목입니다. 그렇기 때문에 찌라시 나오면서 급등하더라도 당일 청산 원칙으로 대응하는 것이 좋습니다. 각 종목의 패턴을 공부하는 습관을 기르십시오.

[제주반도체 - 2]

| | 080220 ▼ | 제주반도체 | | | 증100% | 자료 | 권리 |

| 6,440 ▲ | 420 | +6.98% | 1,336,767 | 단 |

| 대비 | 매도잔량 | 10:16:56 | 매수잔량 | 대비 |

대비	매도잔량	호가	등락률
0	1,069	6,530	+8.47
0	2,755	6,520	+8.31
0	5	6,510	+8.14
0	1,622	6,500	+7.97
0	1,161	6,490	+7.81
0	339	6,480	+7.64
0	102	6,470	+7.48
0	1,248	6,460	+7.31
0	589	6,450	+7.14
-2	146	6,440	+6.98

종목	제주반도체
현재	6,440
대비 ▲	420
등락	+6.98%
상	7,820	29.90
시	5,980	0.66
고	7,750	28.74
저	5,820	3.32
하	4,220	29.90

호가	등락률	매수잔량	대비
6,430	+6.81	1,216	0
6,420	+6.64	4,601	0
6,410	+6.48	2,378	0
6,400	+6.31	3,526	0
6,390	+6.15	14,594	0
6,380	+5.98	1,905	0
6,370	+5.81	2,615	0
6,360	+5.65	2,461	0
6,350	+5.48	4,632	0
6,340	+5.32	1,608	0

| -2 | 9,036 | +30,500 | 39,536 | 0 |

| 가격 | 0 | 예상체결 | 0 | 수량 |

● 체결 ● 거래원 ● 종합차트 ● tick ● 분봉 ● 일봉

매도상위	매도수량 ▼	매수상위	매수수량 ▼
키움증권	517,460	키움증권	571,258
미래에셋	111,990	미래에셋	133,391
신한투자	86,942	NH투자증권	84,740
한국증권	79,897	유안타증권	62,332
이베스트투자증	71,751	대우증권	54,871

[영진약품 - 1]

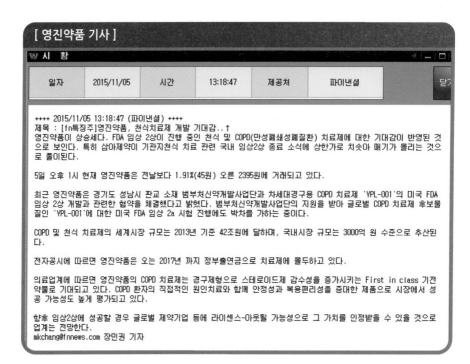

[영진약품 기사]

제목 : [fn특징주]영진약품, 천식치료제 개발 기대감..↑

++++ 2015/11/05 13:18:47 (파이낸셜) ++++
영진약품, 천식치료제 개발 기대감..↑
영진약품이 상승세다. FDA 임상 2상이 진행 중인 천식 및 COPD(만성폐쇄성폐질환) 치료제에 대한 기대감이 반영된 것
으로 보인다. 특히 삼아제약이 기관지천식 치료 관련 국내 임상2상 종료 소식에 상한가로 치솟아 매기가 몰리는 것으
로 풀이된다.

5일 오후 1시 현재 영진약품은 전날보다 1.91%(45원) 오른 2395원에 거래되고 있다.

최근 영진약품은 경기도 성남시 판교 소재 범부처신약개발사업단과 차세대경구용 COPD 치료제 'YPL-001'의 미국 FDA
임상 2상 개발과 관련한 협약을 체결했다고 밝혔다. 범부처신약개발사업단의 지원을 받아 글로벌 COPD 치료제 후보물
질인 'YPL-001'에 대한 미국 FDA 임상 2a 시험 진행에도 박차를 가하는 중이다.

COPD 및 천식 치료제의 세계시장 규모는 2013년 기준 42조원에 달하며, 국내시장 규모는 3000억 원 수준으로 추산된
다.

전자공시에 따르면 영진약품은 오는 2017년 까지 정부출연금으로 치료제에 몰두하고 있다.

의료업계에 따르면 영진약품의 COPD 치료제는 경구제형으로 스테로이드제 감수성을 증가시키는 First in class 기전
약물로 기대되고 있다. COPD 환자의 직접적인 원인치료와 함께 안정성과 복용편리성을 증대한 제품으로 시장에서 성
공 가능성도 높게 평가되고 있다.

향후 임상2상에 성공할 경우 글로벌 제약기업 등에 라이센스-아웃될 가능성으로 그 가치를 인정받을 수 있을 것으로
업계는 전망한다.
mkchang@fnnews.com 장민권 기자

[영진약품 - 2]

일자	종가	대비	등락률	거래량	외국연	기관	개인	기타	외국계증권
현 재	2,465 ▲	30	+1.23%	2,897,405	0	0	0	0	0
15/11/06	2,435 ▼	5	-0.20%	17,183,112	-159,653	+20,227	+134,210	+5,216	-159,527
15/11/05	2,440 ▲	90	+3.83%	8,631,527	+252,814	+8,592	-594,080	+332,674	+271,843
15/11/04	2,350 ▲	25	+1.08%	2,850,639	+19,190	-1,656	-42,704	+25,170	+35,556
15/11/03	2,325 ▲	95	+4.26%	3,188,360	-198,784	+13,946	+171,848	+12,990	-166,096
15/11/02	2,230 ▼	50	-2.19%	1,535,143	+93,489	+9,106	-98,595	-4,000	+93,522
15/10/30	2,280 ▼	5	-0.22%	2,050,034	-20,495	+5,019	+14,477	+1,000	+3,213
15/10/29	2,285 ▼	45	-1.93%	2,043,087	+53,653	-2,147	-50,506	-1,000	+74,802
15/10/28	2,330 ▼	10	-0.43%	4,692,631	-283,468	+2,210	+286,258	-5,000	-223,531
15/10/27	2,340	0	0.00%	3,102,317	+74,059	+525	-77,249	+2,665	+52,829

장 막판 프로그램으로 매수가 들어온 종목입니다. 한미약품 5조 원 수주 기사로
인해 같이 급등했습니다.

11월 5일 외인 프로그램 매수세를 확인하고 공략, 다음 날 갭상승 후 외인 매도세가 보일 때 같이 매도하는 전략을 사용할 수가 있습니다.

외인/기관은 개인들보다 정보력이 강하기 때문에 호재를 미리 알고 매집하는 경우가 많습니다. 그렇게 때문에 수급 매매를 통해 개인들이 알지 못하는 호재를 먼저 알고 매수하는 수급 주체를 따라 함께 매수를 하게 된다면 찌라시와 함께 큰 수익을 낼 수가 있습니다.

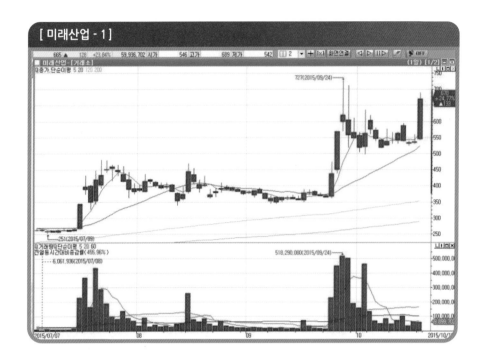

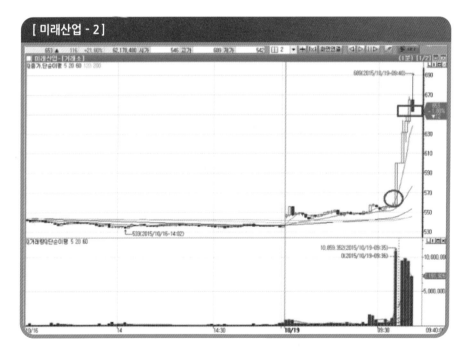

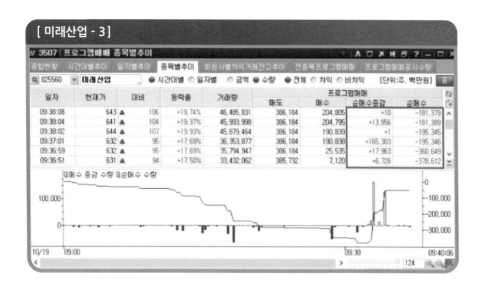

[미래산업 - 3]

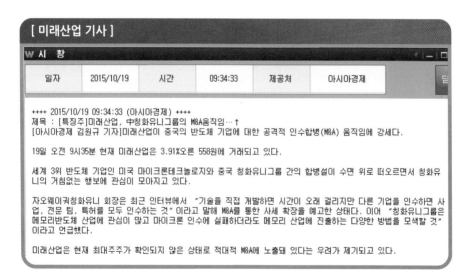

[미래산업 기사]

| 일자 | 2015/10/19 | 시간 | 09:34:33 | 제공처 | 아시아경제 |

++++ 2015/10/19 09:34:33 (아시아경제) ++++
제목 : [특징주]미래산업, 中청화유니그룹의 M&A움직임…↑
[아시아경제 김원규 기자]미래산업이 중국의 반도체 기업에 대한 공격적 인수합병(M&A) 움직임에 강세다.

19일 오전 9시35분 현재 미래산업은 3.91%오른 558원에 거래되고 있다.

세계 3위 반도체 기업인 미국 마이크론테크놀로지와 중국 청화유니그룹 간의 합병설이 수면 위로 떠오르면서 청화유니의 거침없는 행보에 관심이 모아지고 있다.

자오웨이궈청화유니 회장은 최근 인터뷰에서 "기술을 직접 개발하면 시간이 오래 걸리지만 다른 기업을 인수하면 사업, 전문 팀, 특허를 모두 인수하는 것" 이라고 말해 M&A를 통한 사세 확장을 예고한 상태다. 이어 "청화유니그룹은 메모리반도체 산업에 관심이 많고 마이크론 인수에 실패하더라도 메모리 산업에 진출하는 다양한 방법을 모색할 것" 이라고 언급했다.

미래산업은 현재 최대주주가 확인되지 않은 상태로 적대적 M&A에 노출돼 있다는 우려가 제기되고 있다.

미래산업은 최대 주주가 없기 때문에 매번 매각 이슈가 나오는 종목입니다. 장 초반 프로그램 매도세가 나오다가도 인수·합병 찌라시가 나오면서 강하게 매수세가 들어오면서 상승했습니다. 이때 매수 주체와 같이 매수에 가담해서 매도세가 나올 때 같이 매도하는 전략을 사용하면 저점 매수 고점 매도가 가능합니다.

[쌍방울 기사]

일자	2015/09/16	시간	08:39:01	제공처	이투데이	닫

++++ 2015/09/16 08:39:01 (이투데이) ++++
제목 : 쌍방울, 中 금성그룹과 제주에 1조8000억원 투자
[이투데이/ 송영록 기자(syr@etoday.co.kr)]
쌍방울이 중국 금성그룹과 함께 제주도에 1조원이 넘는 대규모 투자 사업을 시작한다.

쌍방울은 '중국의 이케아' 금성(金盛)그룹과 지난 7월 말 전략적 제휴를 위한 양해각서(MOU) 체결에 이어 제주에 특수목적법인(SPC) 사무실을 열 계획이라고 16일 밝혔다.

쌍방울과 금성그룹은 우선 투자비율 3대 7로 이미 체결된 MOU를 구체화하는 협의를 활발하게 진행하고 있다. 이를 위해 금성그룹은 서울과 제주에 자회사를 설립하는 등 발 빠른 행보를 보이고 있으며 가까운 시일 내 금성그룹 대표자인 왕화 회장의 큰 딸을 합작법인의 대표자로 제주에 보내 사업진행에 드라이브를 걸 전망이다.

또 쌍방울은 제주시 지역에 협력사업의 전진기지가 될 사무소를 설립 중이며 사무소 설립이 완료되면 사업파트너인 금성그룹과의 사업 진행에 탄력이 예상된다.

왕화 회장은 "제주는 천혜의 자연경관을 보유한 세계 유일의 지역이다. 쌍방울과 합작법인 설립이 완료되면 제주도에 100억 위안(한화 약 1조8000억원) 규모의 투자를 할 계획"이라며 "상업적 시설을 최대한 줄이고 제주에 맞는 친환경 건축사업에서 승부를 걸겠다"고 밝혔다.

이어 "사업 추진과정부터 도민 참여를 늘리고, 도민 일자리 창출에도 기여하겠다"며 "모범적인 중국 투자의 신모델을 제시, 제주도와 동반성장 할 수 있는 길을 열겠다"고 덧붙였다.

두 기업의 합작법인은 중국의 부유층을 주 대상으로 친환경 힐링 체험을 바탕으로 하는 대규모의 고급 요양 및 휴양 시설을 건축, 분양할 계획이다.

또 금성그룹 유통망을 통한 중국관광객 유치 홍보, 제주 농수산물 유통 및 판매 등에 나서며, 쌍방울과는 별도로 대규모 건축백화점 사업 등 합작 사업 영역을 확대해 나갈 전망이다.

한편, 금성그룹은 홈퍼니싱, 장식, 건축, 가구유통, 백화점, 부동산개발 등 다양한 분야의 사업을 활발하게 진행중인 중국의 거대 유통회사로 '중국의 이케아'라 불린다. 1993년에 설립, 자산 규모 220억 위안(한화 약 4조원), 직원수 1만명을 상회하는 홍콩에 상장사를 보유한 중국 20위권 내에 포함된 대기업이다.

chapter 3 수급찌라시 신기법

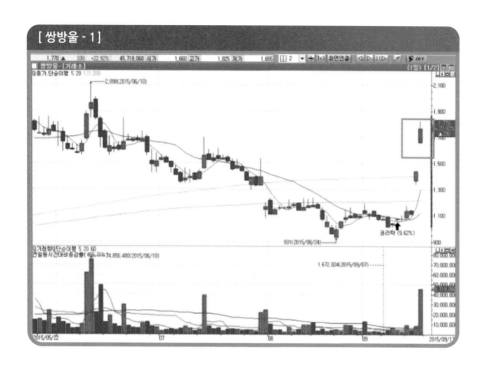

[쌍방울 - 1]

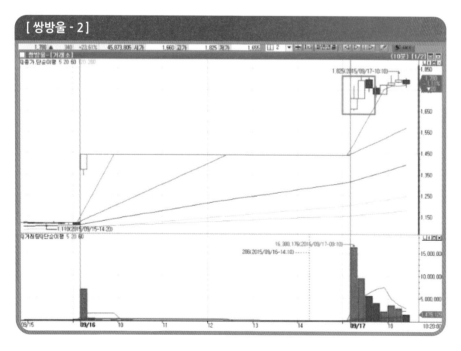

[쌍방울 - 2]

시세 초입에서 1조 8,000억 원 투자 찌라시와 함께 큰 폭으로 상승하는 패턴입니다. 이렇게 매수세가 쏠리는 경우 전고 돌파, 신고가 돌파로 공략 가능합니다.

쌍방울은 이슈와 거래량이 터지면서 바로 급등을 했습니다. 시장이 상승장이 아닌 횡보장으로서 개별주 장세였기 때문에 올라갈 수 있는 종목이 많이 없으므로 이슈화되는 종목에 매수세가 쏠리는 경우로 볼 수 있습니다.

무엇보다 시장의 트렌드를 파악하고 공략하는 것이 중요합니다.

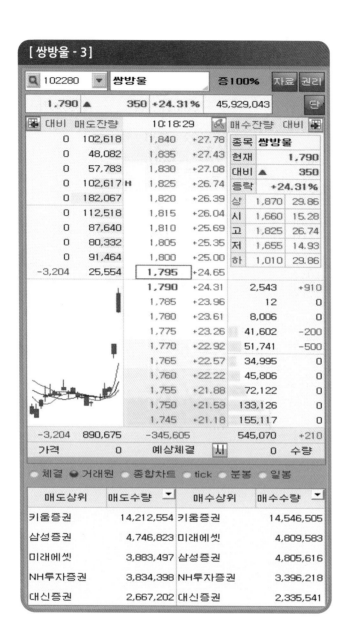

[쌍방울 - 3]

| 🔍 102280 ▼ | 쌍방울 | 증100% | 자료 | 권리 |

| 1,790 ▲ | 350 +24.31% | 45,929,043 | 단 |

| 🔳 대비 매도잔량 | 10:18:29 | 🔍 매수잔량 대비 🔳 |

대비	매도잔량	호가	등락			
0	102,618	1,840	+27.78	종목	**쌍방울**	
0	48,082	1,835	+27.43	현재		**1,790**
0	57,783	1,830	+27.08	대비 ▲		350
0	102,617 H	1,825	+26.74	등락	+24.31%	
0	182,067	1,820	+26.39	상	1,870	29.86
0	112,518	1,815	+26.04	시	1,660	15.28
0	87,640	1,810	+25.69	고	1,825	26.74
0	80,332	1,805	+25.35	저	1,655	14.93
0	91,464	1,800	+25.00	하	1,010	29.86
-3,204	25,554	1,795	+24.65			

호가	등락	매수잔량	대비
1,790	+24.31	2,543	+910
1,785	+23.96	12	0
1,780	+23.61	8,006	0
1,775	+23.26	41,602	-200
1,770	+22.92	51,741	-500
1,765	+22.57	34,995	0
1,760	+22.22	45,806	0
1,755	+21.88	72,122	0
1,750	+21.53	133,126	0
1,745	+21.18	155,117	0

| -3,204 | 890,675 | -345,605 | 545,070 | +210 |
| 가격 | 0 | 예상체결 🔳 | 0 | 수량 |

● 체결 ● 거래원 ● 종합차트 ● tick ● 분봉 ● 일봉

매도상위	매도수량 ▼	매수상위	매수수량 ▼
키움증권	14,212,554	키움증권	14,546,505
삼성증권	4,746,823	미래에셋	4,809,583
미래에셋	3,883,497	삼성증권	4,805,616
NH투자증권	3,834,398	NH투자증권	3,396,218
대신증권	2,667,202	대신증권	2,335,541

[쌍방울 - 4]

| 102280 | 쌍방울 | | 기관상세 | | | | [단위: 주,백만원] 공매도차 | | |

일자	종가	대비	등락율	거래량	외국인	기관	개인	기타	외국계증권
현 재	1,795 ▲	355	+24.65%	45,957,210	+6,000	0	0	+6,000	0
15/09/16	1,440 ↑	330	+29.73%	8,329,310	-15,666	0	-69,149	+84,815	-14,934
15/09/15	1,110 ▼	25	-2.20%	3,943,821	-213,632	0	+212,732	+900	-215,592
15/09/14	1,135 ▲	60	+5.58%	9,072,775	-105,948	0	+129,507	-23,559	-16,664
15/09/11	1,075	0	0.00%	2,532,266	+50,021	0	-47,621	-2,400	+14,442
15/09/10	1,075 ▲	35	+3.37%	4,158,921	-113,217	0	+108,633	+4,584	-72,969
15/09/09	1,140 ▲	30	+2.70%	6,562,254	+243,310	0	-249,017	+5,707	+190,437
15/09/08	1,110 ▼	70	-5.93%	4,102,246	+35,531	+152	-42,517	+6,834	+34,873
15/09/07	1,180 ▲	5	+0.43%	1,672,024	+186,496	0	-186,496	0	+228,453
15/09/04	1,175 ▼	25	-2.08%	2,419,246	+22,625	-38,753	+14,608	+1,520	+13,556

신종균 삼성전자 사장 "삼성페이 중저가폰으로 확대 고려"

입력 : 2015-09-16 오후 4:25:23

신종균 삼성전자 IM(IT·모바일) 부문 사장이 프리미엄 스마트폰에서만 사용가능한 삼성페이를 중저가 스마트폰으로 확대할 계획을 내비쳤다.

신종균 사장은 16일 서울 서초구 삼성전자(005930) 서초사옥 딜라이트 광장에서 열린 '행복나눔 추석 직거래 장터'에서 삼성페이를 중저가폰으로 확장할 지를 묻는 기자들의 질문에 "점점 (확대할 것)"이라고 언급했다.

더불어 신 사장은 "삼성페이 이용자가 꽤 많이 늘어났다"며 "더 많은 스마트폰 사용자가 사용할 것으로 보인다"고 말했다.

삼성페이는 모바일 결제수단으로, 스마트폰을 기존 마그네틱 카드 단말기에 갖다 대면 결제가 자동으로 마그네틱 보안전송(MST)과 NFC 단말기를 통해 결제가 이뤄지는 근거리무선통신(NFC)을 지원한다.

결제 시 실제 카드번호 대신 별도의 가상 카드번호인 토큰을 이용해 결제 정보를 보호하며, 사용자 지문이나 비밀번호 인증 과정을 거쳐야 하기 때문에 다른 사람이 카드번호 등 개인 결제 정보를 볼 수 없다. 모바일 결제에 있어 우려됐던 보안성 문제도 강화했다는 평가를 받고 있다.

다만 삼성페이의 성공 요소로 꼽히는 범용성은 낮은 편이다. 삼성페이가 적용되는 스마트폰이 적다 보니 사용확대가 걸림돌로 작용하는 상황이다. 현재 삼성페이는 4월 출시된 '갤럭시S6', '갤럭시S6엣지'와 지난달 출시한 '갤럭시노트5', '갤럭시S6엣지 플러스' 등 프리미엄 스마트폰 4종에서만 사용할 수 있다.

더구나 국내 스마트폰 시장은 지난해 단말기유통구조개선법(단통법) 시행 이후 중저가 스마트폰이 인기를 얻고 있다. 삼성페이 이용자 확대를 위해서 추가적인 스마트폰 사용자를 끌어들여야 하며, 중저가 스마트폰을 배제할 수 없는 상황인 것이다.

업계에서도 삼성전자가 삼성페이 성공을 위해서 삼성페이 적용이 가능한 단말기를 확대하는 전략을 취할 것으로 보고 있다. 한 관계자는 "애플은 지난해 10월부터 지문인식과 NFC 방식으로 애플페이 서비스를 시작했지만, 아이폰6 시리즈로 이용 가능한 단말기가 제한돼 서비스 확산에 속도를 내고 있지 못하고 있다"며 "삼성전자가 주도권을 갖기 위해 이용 가능한 단말기를 확대할 수밖에 없을 것"이라고 말했다.

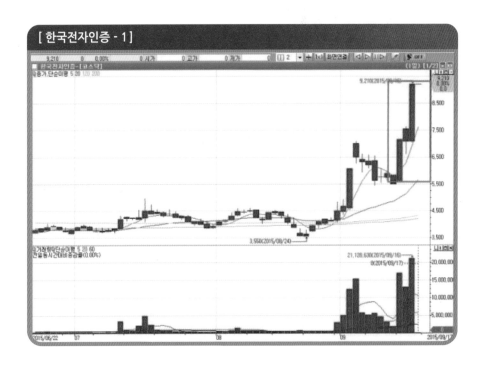

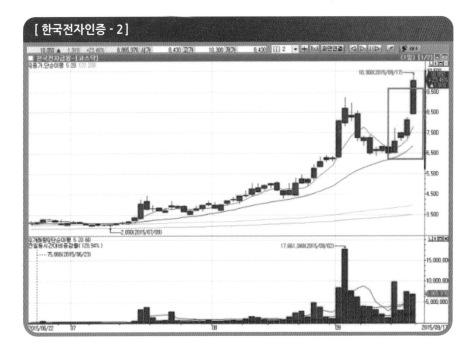

수급주는 최근 시장 트렌드에 맞게 장 막판에 거래량과 거래 대금이 터지면서 상한가에 안착하게 된다면 공략 가능합니다. 무작정하는 상따는 위험하지만 수급이라는 매수 근거가 확실한 종목은 공략할 수 있습니다.

　시세 초입 전고 돌파, 신고가 종목일수록 확률이 높습니다.

일자	2015/09/08	시간	08:16:56	제공처	매일경제

개당 300원짜리 볼펜 한 자루가 문구업계에 새로운 바람을 불어넣고 있다.

한동안 일본과 독일 등의 수입품이 점령하다시피 한 국내 볼펜 시장에 토종 기업들이 고급화 전략으로 매출을 올리며 반격에 나서고 있다.

모나미는 지난해 5월 대표 상품 모나미 153 볼펜(개당 300원)의 고급화 제품인 153 ID(개당 1만5000원)의 대량생산을 시작한 후 올해 7월까지 총 15억원의 매출을 올렸다고 8일 밝혔다. 신제품 출시 후 월평균 1억원 이상의 매출을 올린 셈이다.

이 기간 153시리즈가 속한 유성펜 제품군에서 153 고급 제품군의 매출이 차지하는 비중은 16%로 껑충 뛰었다.

문구업계 관계자는 "침체된 국내 문구업계에서 1년이상 월평균 1억원의 매출을 꾸준히 내왔다는 것은 매우 고무적인 현상" 이라고 분석했다.

모나미는 앞서 지난해 1월 시장 실험 성격으로 내놓은 153 리미티드 에디션(개당 2만원) 1만 자루가 출시 1시간 만에 모두 매진됐다. 이에 힘입어 같은해 5월 첫 대량생산 고급펜으로 생산한 153 ID는 예약판매 물량인 1530자루가 판매 개시 3시간 만에 모두 소진됐다. 이후 출시한 153 리스펙트(개당 3만5000원)와 153 네오(개당 1만원)도 꾸준한 매출을 올리고 있다.

모나미는 이에 따라 7일 젊은 층과 학생들을 겨냥해 다양한 무늬와 색깔을 입히고 가격을 5개 들이 세트 기준 3천원으로 낮춘 '153 키스' 를 출시했다. 키스는 기존에 0.7~1mm 정도로 비교적 두껍던 볼펜 심 두께를 0.5mm로 조정해 최신 유행에 맞춘 것이 특징으로, 이날 서울 시내 대형서점 내 문구 매장에서 판매를 시작했다.

모나미는 전통 주력 분야인 볼펜의 고급화 전략이 효과를 발휘하면서 올해 상반기(1~6월) 영업이익이 58억원으로 지난해 같은 기간보다 3.8% 증가했다. 상반기 순이익은 40억원으로 지난해 전체 순이익 32억원을 훌쩍 뛰어넘었다.

모나미를 잇는 국내 2위 규모의 문구·생활용품 기업 모닝글로리가 지난 2011년 출시한 고급 수성펜 마하펜도 여전히 인기다.

마하펜은 지난해(회계연도 기준 2013년 7월~2014년 6월) 6억5000만원의 매출을 올리며 최근 2년 연속 6~7억원대의 매출을 내고 있다.

모닝글로리는 마하펜의 후속으로 지난 6월 볼펜 찌꺼기를 줄이고 가격도 500~1200원으로 획기적으로 낮춘 저점도 유성펜 그랜드볼EX와 4색볼펜을 출시해 고급펜 시장 진출 확대를 계획하고 있다.

모나미의 153 고급펜 시리즈와 모닝글로리의 마하펜 등은 모두 2년 이상의 연구개발 과정을 거치며 수많은 시행착오와 품질 개선을 거듭해 탄생하며 국내 필기류의 수준을 한 층 끌어올렸다는 데 공통점이 있다.

모나미 관계자는 "앞으로도 고급펜 제품을 확대하며 소비자 입맛에 맞는 제품 개발에 집중할 것" 이라며 "수입 브랜드에 맞서 국산 필기구의 영향력을 확장해 나갈 것" 이라고 밝혔다.

[매경닷컴 디지털뉴스국]

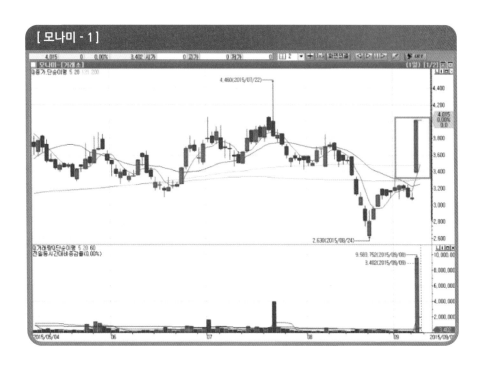

[모나미 - 1]

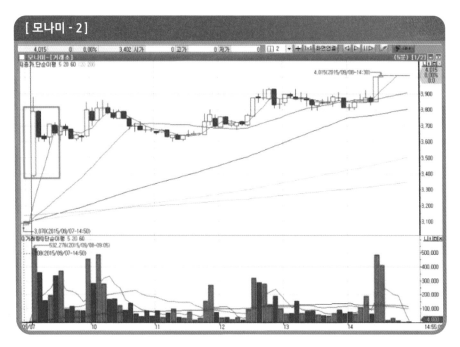

[모나미 - 2]

[모나미 기사 - 2]

ⓦ 시 황

일자	2015/09/08	시간	09:19:34	제공처	한경/증권

++++ 2015/09/08 09:19:34 (한경/증권) ++++
제목 : [특징주] 모나미, '고급화' 통했다…성장 매력 부각?

[권민경 기자] 모나미가 성장 가능성에 비해 저평가 돼 있단 증권가 분석에
급등하고 있다.

8일 유가증권시장에서 오전 9시12분 현재 이 회사 주가는 전 거래일보다 17.31
% 치솟은 3625원에 거래됐다.

이날 추연환 KDB대우증권 연구원은 "중국판매법인인 상해모나미 매출이 분
기 7억 수준에서 올 2분기 19억원까지 늘었다"며 "지난해 이후 출시
한 고급필기구 판매도 12억원 이상 누적 매출을 기록하는 등 문구부문 수익성이
좋아지고 있다"고 설명했다.

그는 "주가 할인 요인이던 차입금도 줄고 있다"며 "브랜드 가치
가 있는 소비재기업들이 멀티플을 적용받는 걸 감안하면 모나미의 주가 상승 가
능성은 높다"고 분석했다.

관련업계에 따르면 모나미는 문구(볼펜)의 고급화 전략을 통해 올해 상반기 영
업이익이 58억원으로 지난해 같은 기간보다 3.8% 증가했다. 상반기 순이익은 4
0억원으로 지난해 전체 순이익 32억원을 뛰어넘었다.

권민경 한경닷컴 기자 kyoung@hankyung.com

[모나미 - 3]

005360 ▼ 모나미   기관상세   [단위: 주,백만원] 공매도차

일자	종가	대비	등락율	거래량	외국인	기관	개인	기타	외국계증권
현 재	4,015	0	0.00%	3,402	0	0	0	0	0
15/09/08	4,015 ↑	925	+29.94%	9,583,752	-4,158	+154	+267	+3,737	+9,116
15/09/07	3,090 ▼	10	-0.32%	62,291	-2,022	0	+2,022	0	-1,064
15/09/04	3,100 ▼	100	-3.13%	119,098	-2,378	-110	+2,488	0	+673
15/09/03	3,200 ▼	30	-0.93%	102,725	+1,610	0	-1,610	0	+1,108
15/09/02	3,230 ▲	20	+0.62%	117,603	-4,742	0	+4,742	0	-4,509
15/09/01	3,210 ▲	50	+1.58%	288,340	-37,012	+186	+36,826	0	-21,307
15/08/31	3,160 ▲	45	+1.44%	107,408	+9,101	0	-9,101	0	+3,901
15/08/28	3,115 ▼	5	-0.16%	151,052	+821	+62	-883	0	-8,528
15/08/27	3,120	0	0.00%	262,601	-7,170	0	+11,170	-4,000	-10,919

실적이 받쳐주고, 시세 초입, 전고 돌파 신고가, 거래량 터지는 종목은 수급이 없더라도 매수세가 쏠릴 때 공략 가능합니다.

장 초반 증권사 찌라시와 함께 단기간에 큰 상승이 나왔습니다.

W 시 장

| 일자 | 2015/08/26 | 시간 | 09:57:35 | 제공처 | 뉴스토마토 | 닫기 |

다날(064260)은 미국 3대 신용평가기관으로 잘 알려진 에퀴팩스(Equifax)와 모바일 ID서비스에 관한 계약을 체결하고 본격적인 사업을 시작한다고 26일 밝혔다.

이번 계약으로 다날의 자동입력(Autofill) 서비스가 에퀴팩스의 인스타터치(Instatouch) 모바일 상거래 솔루션에 적용된다. 인스타터치를 이용하는 고객들은 자동 입력된 휴대폰번호와 가입정보, 신용카드 정보 등을 인증하면 스마트폰이나 태블릿 등 모바일기기로 쉽고 안전하게 회원가입과 결제 서비스를 이용할 수 있다.

다날의 자동입력 서비스는 고객이 휴대폰 번호로 인증하면 고객의 주소나 이메일, 더 나아가서 결제정보까지 자동으로 입력해주는 신개념 서비스다. 다날과 에퀴팩스는 이 서비스를 통해 고객들이 모바일 기기를 통한 쇼핑몰 가입 및 결제에서 불편함으로 인한 포기 빈도를 획기적으로 감소시키고, 가입과 판매율을 높여나갈 것으로 기대하고 있다.

아난드 크리쉬나와미(Anand Krishnawamy) 에퀴팩스 부사장은 "다날과 새로운 서비스를 진행하게 되어 매우 기쁘다"며 "다날의 서비스를 통해 소비자들이 스마트폰으로 보다 안전하고 편리하게 본인확인과 결제서비스를 이용하게 될 것으로 생각한다"고 말했다.

짐 그린웰(Jim Greenwell) 다날 미국법인 CEO는 "글로벌 선두기업인 에퀴팩스와 협력을 통해 전세계시장으로 모바일 ID 서비스가 확대되길 기대한다"며 "최근 계약을 체결한 유럽 최대의 이동통신사인 오렌지와의 협력을 통해서도 서비스를 확대해 나갈 것"이라고 설명했다.

| 일자 | 2015/08/28 | 시간 | 09:03:25 | 제공처 | 이투데이 | 닫 |

++++ 2015/08/28 09:03:25 (이투데이) ++++
제목 : 다날, 텐센트·뱅크월렛 핀테크 이어 인터넷전문은행
[이투데이 / 설경진 기자(skj78@etoday.co.kr)]
텐센트의 텐센페이와 뱅크월렛카카오, YAP(얍)등의 바코드 결제솔루션과 지문인식 결제서비스를 선보인 다날이 인터넷전문은행 설립을 추진 중인 것으로 알려졌다.

28일 다날은 "오는 31일부터 삼성동 코엑스에서 이틀간 개최되는 제2회 대한민국 금융대전에 참가해 바코드 결제 솔루션 등 핀테크 기술을 비롯한 금융 서비스를 선보인다"고 밝혔다.

다날은 금융위와 금감원, 중소기업청 등이 후원하는 '대한민국 금융대전' 참가를 통해 자사의 핀테크 기술이 적용된 텐페이, 뱅크월렛카카오, YAP(얍) 등의 바코드 결제솔루션과 지문인식 결제서비스를 선보이고, 한단계 앞선 다양한 결제 솔루션을 소개할 예정이다.

특히 다날은 외국환업무 취급기관 등록을 마치고 해외 직구와 역직구 등 지급 및 결제업무를 시작했다. 여기에 차세대 성장사업으로 집중하고 있는 인터넷 전문은행 설립과 관련한 전담조직을 설립하고 지분투자 규모와 컨소시엄 구성을 구체화 하는 등 신규 금융서비스에 집중하고 있어 이번 박람회가 금융 비즈니스 확대의 기회가 될 것으로 기대하고 있다.

모바일 금융 서비스의 핵심으로 떠오르고 있는 인터넷 전문은행 설립에 대해 다날 관계자는 "빅데이터를 기반으로 한 비즈니스 모델을 구축하고 있고 내달초 컨소시엄 구성에 따른 구체적인 사안들이 확정될 것"이라며 "이번 박람회에서는 기업들의 사업모델들을 검토하고 금융 서비스와 융합된 새로운 비즈니스 모델을 개발할 것"이라고 설명했다.

한국정보인증, KG이니시스, 한국정보통신, KG모빌리언스등과 함께 전자결제 관련주로 꼽히는 다날은 글로벌 핀테크 1세대 기업으로 휴대폰 결제 서비스와 같은 모바일과 금융이 결합된 핀테크 사업에 주력하고 있다.

국내를 비롯한 미국, 유럽, 중국, 일본 등 글로벌 시장에서 결제사업과 모바일 ID서비스와 같은 모바일 금융 사업을 전개해 나가고 있다.

최근에는 미국 3대 신용평가기관인 에퀴팩스(Equifax)와 모바일 ID서비스에 관한 계약을 체결하고 본격적인 사업을 시작한다고 밝혀 관심이 높다.

[다날]

일자	종가	대비	등락률	거래량	외국인	기관	개인	기타	외국계증권
현 재	10,000	0	0.00%	1,311	0	0	0	0	0
15/09/08	10,000 ▼	200	-1.96%	1,373,297	+11,986	+1,619	-36,012	+22,407	+7,965
15/09/07	10,200	0	0.00%	3,627,056	-93,676	+2,324	+77,369	+13,983	-88,437
15/09/04	10,200 ▲	370	+3.76%	1,469,908	-12,718	-1,684	-3,298	+17,700	-19,057
15/09/03	9,830 ▼	370	-3.63%	1,136,534	-2,796	+1,200	-65,280	+66,876	-9,989
15/09/02	10,200 ▲	1,140	+12.58%	3,831,772	-4,812	+4,950	-153,659	+153,521	-10,802
15/09/01	9,060 ▼	280	-3.00%	506,879	+16,471	+853	-14,324	-3,000	-9,114
15/08/31	9,340 ▼	60	-0.64%	663,361	+26,100	0	-25,942	-158	+30,551
15/08/28	9,400 ▼	300	-3.09%	1,585,463	-121,820	-1,000	+93,071	+29,749	-116,923
15/08/27	9,700 ▲	1,780	+22.47%	5,181,233	-30,225	0	-524,794	+555,019	-31,566

다날도 찌라시가 나오면서 주가가 상승했습니다.

기타 법인이 대량 매수하고 상승하긴 했지만, 10,000원 저항대에서 계속해서 밀리는 모습을 보였습니다.

저항대를 지속해서 돌파하지 못한다는 것은 시장의 관심이 조금 떨어지는 종목으로 볼 수 있습니다.

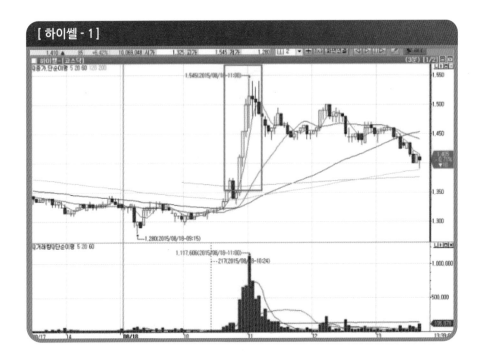

[하이쎌 - 1]

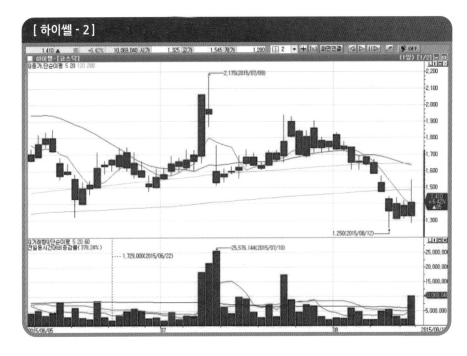

[하이쎌 - 2]

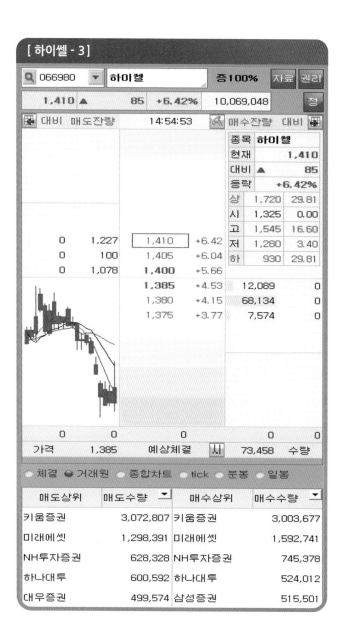

[하이쎌 - 3]

| 🔍 066980 ▼ | 하이쎌 | 증100% | 자료 | 권리 |

| 1,410 ▲ | 85 | +6.42% | 10,069,048 | 정 |

| ⊞ 대비 매도잔량 | 14:54:53 | 🏃 매수잔량 대비 ⊞ |

종목	하이쎌
현재	1,410
대비 ▲	85
등락	+6.42%
상	1,720	29.81
시	1,325	0.00
고	1,545	16.60
저	1,280	3.40
하	930	29.81

0	1,227	1,410	+6.42
0	100	1,405	+6.04
0	1,078	**1,400**	+5.66
		1,385	+4.53	12,089	0
		1,380	+4.15	68,134	0
		1,375	+3.77	7,574	0

| 0 | 0 | 0 | 0 | 0 |
| 가격 | 1,385 | 예상체결 시 | 73,458 | 수량 |

● 체결 ◉ 거래원 ● 종합차트 ● tick ● 분봉 ● 일봉

매도상위	매도수량 ▼	매수상위	매수수량 ▼
키움증권	3,072,807	키움증권	3,003,677
미래에셋	1,298,391	미래에셋	1,592,741
NH투자증권	628,328	NH투자증권	745,378
하나대투	600,592	하나대투	524,012
대우증권	499,574	삼성증권	515,501

[하이쎌 기사]

일자	2015/08/18	시간	10:49:30	제공처	이데일리	닫기

++++ 2015/08/18 10:49:30 (이데일리) ++++
제목 : 하이쎌, 상반기 매출 34% 증가…터치스크린모듈 수주
[이데일리 임성영 기자] 하이쎌(066980)이 수익성 개선을 위해 적자 사업 부문을 정리하고 해외 터치스크린모듈(TSM) 사업을 강화한다.

하이쎌은 올 상반기에 연결기준으로 매출액 286억원을 기록했다고 18일 밝혔다. 지난해 같은 기간보다 33.9% 늘었다. 상반기 영업손실은 29억원으로 지난해 같은 기간 88억원 대비 큰 폭으로 줄었다.

이용복 대표이사는 "수익성을 개선하기 위해 올 초 진행한 강도 높은 구조조정의 결과가 재무제표에 본격적으로 반영되고 있다" 며 "베트남에서 양산중인 TSM 1차 협력사를 추가로 확보해 수주 규모가 많이 증가했다" 고 설명했다.

하이쎌은 올 하반기부터 구조조정 효과와 수주 확대로 흑자 전환이 가능할 것으로 기대했다. 하이쎌은 생산기지를 베트남에 두고 TSM을 생산하고 있다. 삼성전자에 부품을 공급하는 IT 업체가 생산기지를 중국에서 베트남으로 이전하면서 고객사도 늘고 있다. 연구 개발 중이던 바이오인쇄전자 사업부문에서 매출이 발생하고 있다는 점도 긍정적인 요인으로 꼽혔다.

이 대표는 또 "메르스 여파로 줄었던 자회사 글로벌텍스프리(GTF) 매출도 빠른 속도로 회복세를 보이고 있다" 며 "하반기 연결기준 실적은 기대보다 좋을 것" 이라고 말했다.

[하이쎌 - 4]

Q 066980 ▼ 하이쎌   □ 기관상세   [단위: 주,백만원] 공매도차

일자	종가	대비	등락률	거래량	외국인	기관	개인	기타	외국계증권
현 재	1,410 ▲	85	+6.42%	10,069,048	0	0	0	0	-70,798
15/08/17	1,325 ▼	75	-5.36%	2,165,044	-486,955	0	+466,955	+20,000	-476,818
15/08/13	1,400 ▲	45	+3.32%	3,164,263	+13,791	0	-19,735	+5,944	+12,369
15/08/12	1,355 ▼	120	-8.14%	5,618,138	-429,135	0	+439,135	-10,000	+139,352
15/08/11	1,475 ▼	110	-6.94%	4,893,080	+10,072	-7,000	+42,093	-45,165	-6,715
15/08/10	1,585 ▼	55	-3.35%	1,995,190	-78,199	0	+72,199	+6,000	-73,149
15/08/07	1,640 ▼	20	-1.20%	2,098,184	-38,670	0	+66,242	-27,572	-34,850
15/08/06	1,660 ▲	10	+0.61%	4,742,807	-41,396	0	+12,386	+29,010	-46,740
15/08/05	1,650 ▼	100	-5.71%	5,930,292	-78,502	0	+83,412	-4,910	-78,597
15/08/04	1,750 ▲	20	+1.16%	2,555,554	+46,921	0	-57,021	+10,100	+36,584

[하이쎌 - 5]

W 4723 | □ | A □ ↗ K ⊟ ☞ ? | — □ × |

🔍 066980 ▼ | **하이쎌** | 체결 ▼ | 상세 |

체결량 | 0 | 주 | 이상 ▼ | 조회 |

시간	현재가	대비		체결량
10:49:43	1,365	▲	40	762
10:49:43	1,365	▲	40	1,000
10:49:43	1,365	▲	40	2
10:49:43	1,365	▲	40	2
10:49:42	1,365	▲	40	3,649
10:49:42	1,365	▲	40	4,620
10:49:41	1,365	▲	40	2
10:49:41	1,365	▲	40	2
10:49:40	1,365	▲	40	2
10:49:38	1,350	▲	25	1
10:49:36	1,370	▲	45	14,336
10:49:36	1,370	▲	45	2
10:49:36	1,370	▲	45	1,067
10:49:36	1,370	▲	45	2,135
10:49:36	1,370	▲	45	4,069
10:49:36	1,370	▲	45	1,129
10:49:36	1,365	▲	40	9,861
10:49:36	1,360	▲	35	3,202
10:49:36	1,355	▲	30	2,535
10:49:35	1,355	▲	30	5,199
10:49:35	1,350	▲	25	1,969

시간	현재가	대비	체결량
10:50:17	1,390 ▲	65	12
10:50:17	1,390 ▲	65	12
10:50:16	1,390 ▲	65	12
10:50:16	1,390 ▲	65	1
10:50:16	1,390 ▲	65	100
10:50:16	1,395 ▲	70	12
10:50:16	1,395 ▲	70	12
10:50:16	1,395 ▲	70	5
10:50:16	1,395 ▲	70	10
10:50:16	1,395 ▲	70	12,513
10:50:16	1,390 ▲	65	12
10:50:15	1,390 ▲	65	12
10:50:15	1,390 ▲	65	10
10:50:15	1,390 ▲	65	12
10:50:15	1,390 ▲	65	10
10:50:15	1,390 ▲	65	3,514
10:50:15	1,385 ▲	60	3,783
10:50:15	1,380 ▲	55	14,427
10:50:15	1,375 ▲	50	7,409
10:50:15	1,375 ▲	50	10

[하이쎌 - 7]

W 4723 | 0 ▶ | A ◻ ↗ ◀ ▸ 🖨 ? — □ ✕

| 🔍 066980 ▼ | **하이쎌** | 체결 ▼ | 상세 |
| 체결량 | 0 | 주 | 이상 ▼ | 조회 |

시간	현재가	대비	체결량
10:53:38	1,455	▲ 130	1
10:53:38	1,455	▲ 130	50
10:53:38	1,455	▲ 130	111
10:53:38	1,455	▲ 130	50
10:53:38	1,450	▲ 125	33,345
10:53:38	1,450	▲ 125	80
10:53:38	1,450	▲ 125	20
10:53:37	1,450	▲ 125	50
10:53:37	1,450	▲ 125	24
10:53:37	1,450	▲ 125	50
10:53:37	1,450	▲ 125	300
10:53:36	1,450	▲ 125	2,265
10:53:36	1,450	▲ 125	1,191
10:53:36	1,450	▲ 125	3
10:53:36	1,450	▲ 125	50
10:53:36	1,450	▲ 125	50
10:53:36	1,450	▲ 125	50
10:53:36	1,450	▲ 125	50
10:53:36	1,450	▲ 125	271
10:53:36	1,450	▲ 125	5,000
10:53:36	1,450	▲ 125	50

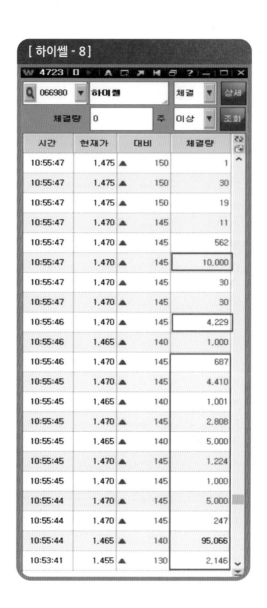

하이쎌과 같이 찌라시로 모멘텀이 있는 종목에서도 매물을 뚫어주는 물량들이 들어와야 손바뀜이 일어나면서 새로운 시세를 낼 수 있습니다.

삼성증권의 시장가 매수 물량 연속성을 보면서 매매 타점을 잡으십시오.

면세점 선정 업체 주가 최소 30% 뛴다…"한화갤러리아 상승폭 가장 클 것"

최종수정 2015.07.10 09:16 기사입력 2015.07.10 08:39

시내 면세점 입찰 결과 오늘 발표
입찰 성공한 회사 최소 30% 이상 주가 상승 여력
한화갤러리아>SK네트웍스>현대백화점>신세계>호텔신라 주가업사이드 순

[아시아경제 이초희 기자]신규 서울 시내면세점 사업자 선정이 10일 발표되는 가운데 입찰에 성공한 회사는 최소 30% 이상의 주가 상승 여력이 있을 것이라는 전망이 제기됐다.

주가 업사이드가 가장 큰 회사는 한화갤러리아타임월드 로 추정됐으며 내년 영업 이익이 최대 132%나 증가할 것으로 분석됐다.

10일 관련업계에 따르면 관세청 면세점 특허심사위원회는 이날 오후 5시께 영종도 인천공항세관에서 서울지역 3곳과 제주지역 1곳의 신규 면세점에 대한 특허 심사 결과를 발표한다.

특허심사위원회는 전날 서울지역 3곳에 대한 심사를 했고, 이날 오전 제주지역 1곳에 대한 심사를 한 뒤 점수를 집계해 최종 결과를 내놓을 예정이다.

W시 황					
일자	2015/07/10	시간	09:10:59	제공처	이투데이

++++ 2015/07/10 09:10:59 (이투데이) ++++
제목 : [특징주] 한화갤러리아타임월드, 면세점 신규사업자
[이투데이/ 송영록 기자(syr@etoday.co.kr)]
한화갤러리아타임월드가 서울과 제주 지역의 신규 시내면세점 사업자 발표를 앞두고 강세다.

10일 오전 9시10분 현재 한화갤러리라아타임월드는 전 거래일보다 10% 오른 6만6000원에 거래되고 있다.

이날 오후 5시 관세청 면세점 특허심사위원회는 신규 시내 면세점 사업자 최종 결과를 발표할 예정이다.

전날 황용득 한화갤러리아타임월드 대표는 서울 시내 면세점 사업계획 발표 후 "준비한데로 열심히 했다"는 소감을 밝혔다.

황 대표는 이날 영종도 인천국제공항공사에서 열린 서울 시내 면세점 특허 심사에서 성영목 신세계DF 대표, 이동호 현대DF 대표에 이어 3번째 발표자로 나섰다.

한편, 입찰전에서 승리한 기업들은 6개월 이내의 영업준비 기간을 가진 뒤 특허를 받아 앞으로 5년간 해당 지역에서 면세점을 운영하게 된다.

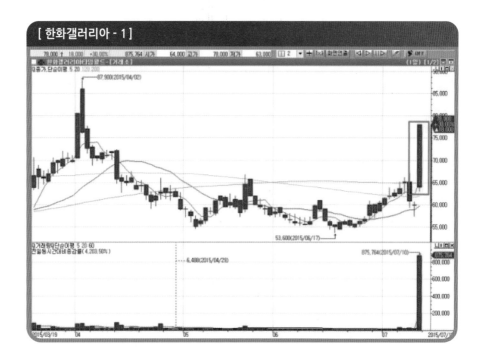

[한화갤러리아 - 1]

[한화갤러리아 - 2]

면세점 선정 관련 찌라시로 강력한 매수세가 들어오면서 상한가에 들어가는 모습입니다.

수익에 직접적인 영향을 주는 찌라시일수록 시장의 관심을 많이 받습니다. "소문에 사서 뉴스에 팔라"는 주식 격언의 반대 현상입니다.

[한화갤러리아 - 4]

027390 ▼ 한화갤러리아타임 □ 기관상세　　　　　　　　　[단위: 주,백만원]

일자	종가	대비		등락율	거래량	외국인	기관	개인	기타	외국계증권
현　재	78,000	↑	18,000	+30.00%	875,764	-131,711	-67,923	+212,646	-13,012	-112,533
15/07/09	60,000	▼	900	-1.48%	20,352	-8,278	-3,830	+11,918	+190	-8,517
15/07/08	60,900	▼	4,300	-6.60%	29,939	-2,552	-490	+2,960	+82	-1,917
15/07/07	65,200	▲	1,500	+2.35%	25,650	+3,041	-3,370	+218	+111	+3,121
15/07/06	63,700	▲	1,700	+2.74%	34,649	+3,285	-9,317	+6,036	-4	+3,104
15/07/03	62,000		0	0.00%	15,868	+287	-5,217	+4,930	0	+406
15/07/02	62,000	▲	500	+0.81%	17,707	+793	-6,725	+5,932	0	+876
15/07/01	61,500	▲	1,100	+1.82%	20,735	+514	-2,707	+2,801	-608	+344
15/06/30	60,400	▲	300	+0.50%	11,499	-562	+1,667	-550	-555	+635
15/06/29	60,100	▲	100	+0.17%	13,428	-367	-134	+501	0	+147

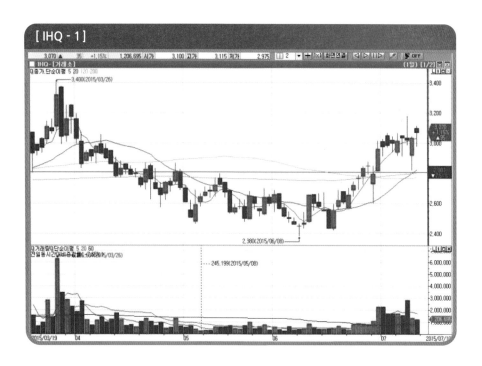

[IHQ - 1]

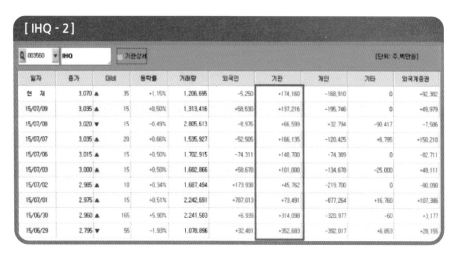

[IHQ - 2]

일자	종가		대비	등락률	거래량	외국인	기관	개인	기타	외국계증권
현 재	3,070	▲	35	+1.15%	1,206,695	-5,250	+174,160	-168,910	0	+92,382
15/07/09	3,035	▲	15	+0.50%	1,313,416	+58,530	+137,216	-195,746	0	+49,979
15/07/08	3,020	▼	15	-0.49%	2,805,613	-8,976	+66,599	-32,794	-90,417	-7,586
15/07/07	3,035	▲	20	+0.66%	1,535,927	-52,505	+166,135	-120,425	+6,795	+150,210
15/07/06	3,015	▲	15	+0.50%	1,702,915	-74,311	+148,700	-74,389	0	-82,711
15/07/03	3,000	▲	15	+0.50%	1,682,066	+58,678	+101,000	-134,678	-25,000	+49,111
15/07/02	2,985	▲	10	+0.34%	1,687,494	+173,938	+45,762	-219,700	0	-90,090
15/07/01	2,975	▲	15	+0.51%	2,242,691	+787,013	+73,491	-877,264	+16,760	+107,386
15/06/30	2,960	▲	165	+5.90%	2,241,583	+5,939	+314,098	-320,977	-60	+3,177
15/06/29	2,795	▼	55	-1.93%	1,078,896	+32,481	+352,683	-392,017	+6,853	+28,155

엔터테인먼트 기업인 IHQ에 기관의 지속적인 매집이 이루어졌습니다.

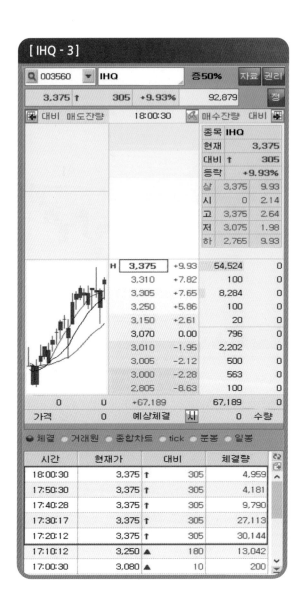

수급의 연속성이 있는 종목은 장 마감 후 찌라시를 통해서 시간 외 단일가에서 상한가를 가는 경우도 있습니다. 수급 주체는 개인이 모르는 정보력을 가지고 있기 때문에 연속성이 있을 시 주의 깊게 지켜봐야 합니다.

다음 날 재료 노출로 갭상승 후 밀렸기에 당일 수급 파악이 관건입니다.

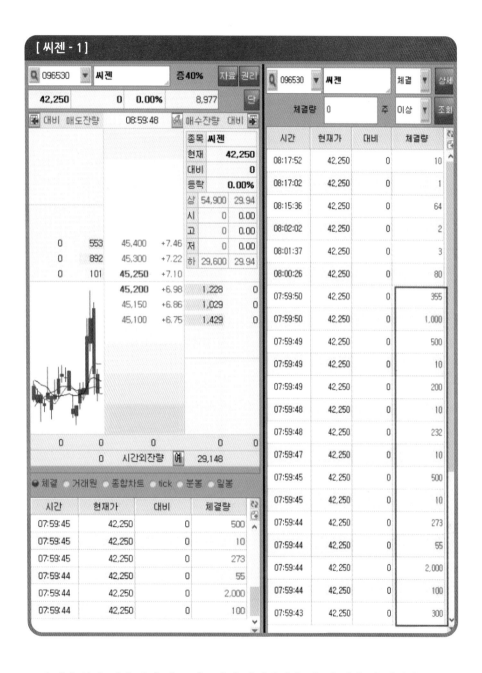

[씨젠 - 1]

| | 096530 ▼ 씨젠 | 증40% | 자료 | 권리 |

| 42,250 | 0 | 0.00% | 8,977 | 단 |

| ⤢ 대비 매도잔량 | 08:59:48 | ⤢ 매수잔량 대비 ✦ |

종목 **씨젠**
현재	**42,250**
대비	**0**
등락	**0.00%**
상	54,900	29.94
시	0	0.00
고	0	0.00
저	0	0.00
하	29,600	29.94

0	553	45,400	+7.46
0	892	45,300	+7.22
0	101	**45,250**	+7.10
		45,200	+6.98	1,228	0
		45,150	+6.86	1,029	0
		45,100	+6.75	1,429	0

| 0 | 0 | 0 | 0 | 0 |
| | 0 | 시간외잔량 예 | 29,148 | |

● 체결　○ 거래원　○ 종합차트　○ tick　○ 분봉　○ 일봉

시간	현재가	대비	체결량
07:59:45	42,250	0	500
07:59:45	42,250	0	10
07:59:45	42,250	0	273
07:59:44	42,250	0	55
07:59:44	42,250	0	2,000
07:59:44	42,250	0	100

| | 096530 ▼ **씨젠** | 체결 ▼ | 상세 |
| 체결량 | 0 | 주 | 이상 ▼ | 조회 |

시간	현재가	대비	체결량
08:17:52	42,250	0	10
08:17:02	42,250	0	1
08:15:36	42,250	0	64
08:02:02	42,250	0	2
08:01:37	42,250	0	3
08:00:26	42,250	0	80
07:59:50	42,250	0	355
07:59:50	42,250	0	1,000
07:59:49	42,250	0	500
07:59:49	42,250	0	10
07:59:49	42,250	0	200
07:59:48	42,250	0	10
07:59:48	42,250	0	232
07:59:47	42,250	0	10
07:59:45	42,250	0	500
07:59:45	42,250	0	10
07:59:44	42,250	0	273
07:59:44	42,250	0	55
07:59:44	42,250	0	2,000
07:59:44	42,250	0	100
07:59:43	42,250	0	300

　　유전자 분자 진단 시약 전문 제조업체 씨젠입니다. 장 전 시간 외 거래에서 매수 세의 유입이 확인되었습니다.

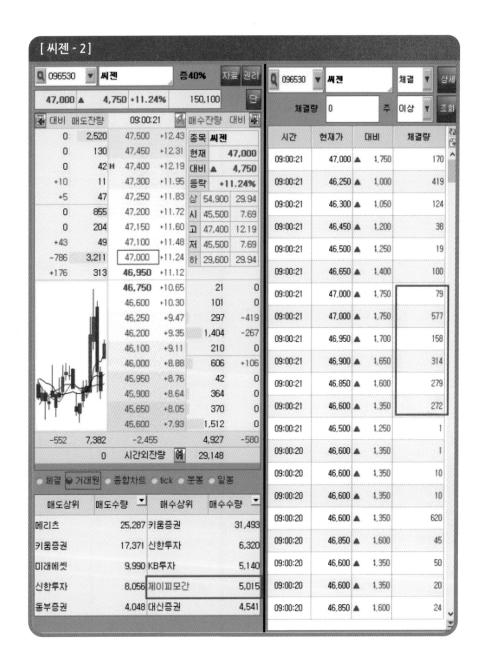

[씨젠 - 2]

| Q 096530 ▼ 씨젠 | 증40% | 자료 권리 |

| 47,000 ▲ | 4,750 +11.24% | 150,100 | 단 |

대비	매도잔량	09:00:21	매수잔량	대비
0	2,520	47,500 +12.43	종목 씨젠	
0	130	47,450 +12.31	현재 47,000	
0	42 H	47,400 +12.19	대비 ▲ 4,750	
+10	11	47,300 +11.95	등락 +11.24%	
+5	47	47,250 +11.83	상 54,900 29.94	
0	855	47,200 +11.72	시 45,500 7.69	
0	204	47,150 +11.60	고 47,400 12.19	
+43	49	47,100 +11.48	저 45,500 7.69	
-786	3,211	47,000 +11.24	하 29,600 29.94	
+176	313	46,950 +11.12		
		46,750 +10.65	21	0
		46,600 +10.30	101	0
		46,250 +9.47	297	-419
		46,200 +9.35	1,404	-267
		46,100 +9.11	210	0
		46,000 +8.88	606	+106
		45,950 +8.76	42	0
		45,900 +8.64	364	0
		45,650 +8.05	370	0
		45,600 +7.93	1,512	0
-552	7,382	-2,455	4,927	-580
	0	시간외잔량 예	29,148	

● 체결 ● 거래원 ● 종합차트 ● tick ● 분봉 ● 일봉

매도상위	매도수량 ▼	매수상위	매수수량 ▼
메리츠	25,287	키움증권	31,493
키움증권	17,371	신한투자	6,320
미래에셋	9,990	KB투자	5,140
신한투자	8,056	제이피모간	5,015
동부증권	4,048	대신증권	4,541

| Q 096530 ▼ 씨젠 | 체결 ▼ | 상세 |

| 체결량 0 | 주 | 이상 ▼ | 조회 |

시간	현재가	대비	체결량
09:00:21	47,000 ▲	1,750	170
09:00:21	46,250 ▲	1,000	419
09:00:21	46,300 ▲	1,050	124
09:00:21	46,450 ▲	1,200	38
09:00:21	46,500 ▲	1,250	19
09:00:21	46,650 ▲	1,400	100
09:00:21	47,000 ▲	1,750	79
09:00:21	47,000 ▲	1,750	577
09:00:21	46,950 ▲	1,700	158
09:00:21	46,900 ▲	1,650	314
09:00:21	46,850 ▲	1,600	279
09:00:21	46,600 ▲	1,350	272
09:00:21	46,500 ▲	1,250	1
09:00:20	46,600 ▲	1,350	1
09:00:20	46,600 ▲	1,350	10
09:00:20	46,600 ▲	1,350	10
09:00:20	46,600 ▲	1,350	620
09:00:20	46,850 ▲	1,600	45
09:00:20	46,600 ▲	1,350	50
09:00:20	46,600 ▲	1,350	20
09:00:20	46,850 ▲	1,600	24

　장 시작과 동시에 제이피모간과 파바박 매수세가 유입되고 있습니다. 시작부터 바로 매수 타점을 잡을 수 있습니다.

[씨젠 기사]

시 황

일자	2015/07/09	시간	07:58:35	제공처	아시아경제

++++ 2015/07/09 07:58:35 (아시아경제) ++++
제목 : 씨젠, 퀴아젠社에 제품 공급 계약 체결
[아시아경제 정준영 기자] 분자진단 전문기업 씨젠이 다나허(베크만쿨터)에 이어 글로벌 분자진단업체 퀴아젠을 파트너로 맞아들이면서 글로벌 시장 공략에 속도를 내고 있다.

씨젠은 9일 세계적인 분자진단 및 생명공학 전문 기업 퀴아젠(QIAGEN, NASDAQ: QGEN; Frankfurt Prime Standard: QIA)社와 생산자 개발 공급방식(ODM) 제품 공급계약을 체결했다고 밝혔다.

이번 계약으로 씨젠은 실시간 유전자 증폭(Real-time PCR) 기반의 멀티플렉스 감염성 검사 제품을 퀴아젠의 QIAsymphony RGQ MDX 자동화 시스템에 적용해 개발 및 공급한다. 퀴아젠의 브랜드와 글로벌 판매망을 통해 유럽과 아시아를 시작으로 전세계에 제품을 공급할 예정이다.

퀴아젠의 분자진단 사업부 수장인 띠에리 베르나르드(Thierry Bernhard) 부사장은, "씨젠과의 계약을 통해 Qiasymphony RGQ MDx 시스템을 사용하고 있는 고객에게 멀티플렉스 감염성 검사 제품을 함께 공급 할 수 있게 되어 기쁘다"며, "씨젠의 기술은 사용자 편의성이 높은 검사 방법으로 한번에 다수의 병원체를 동시에 분석할 수 있고, 모든 타겟 유전자에 대해 정확도 높은 검사 결과를 제시 할 수 있는 임상적 유용성이 매우 뛰어난 기술이다." 고 말했다.

천종윤 씨젠 대표이사는 " 씨젠의 멀티플렉스 기술 경쟁력과 퀴아젠의 혁신적인 자동화 시스템 및 글로벌 브랜드 파워의 결합으로 멀티플렉스 분자진단의 대중화에 크게 기여 할 수 있을 것으로 기대한다"며, "지난해 다나허와의 공급 계약에 이어 두 번째 글로벌 비즈니스 채널을 확보 했으며, 추가적인 글로벌 공급 채널을 확보해 나감으로써 본격적인 수출 확대 및 성장을 이끌어 낼 수 있을 것으로 기대한다." 고 말했다.

한편, Qiasymphony RGQ MDx는 지난해 미국 FDA 인증을 완료한 유전자 진단 및 분석 자동화 시스템으로 현재 1250대의 장비가 전세계 병원 및 검사센터에 설치되어 있다. Qiasymphony RGQ MDx시스템에 적용되는 분자진단 제품 중, 유럽 인증(CE-IVD)을 받은 제품은 13개 이며, 6개의 제품은 미국 FDA 인증을 완료 하고 미국 시장에 공급되고 있다.

장 전 찌라시로 시간 외 매도에서 매수로 전환되면서 큰 폭의 상승이 예상되었던 종목입니다.

+7%의 갭상승으로 시작한 후에도 제이피모간 창구에서 바로 2억 원 매수가 들어옴으로써 개인 대량 매수와 함께 주가를 큰 폭으로 상승시킵니다.

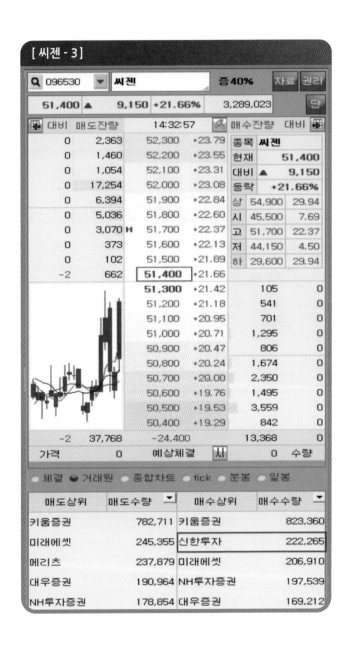

신한투자 창구로 22만 주 대량 매수가 들어와 종가가 최고가로 갔습니다.

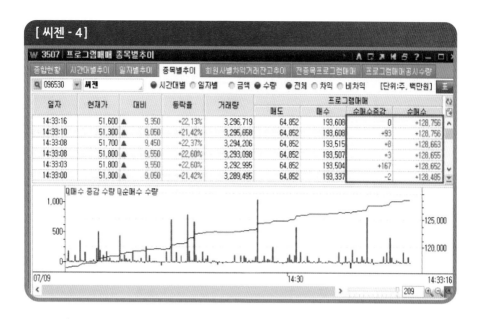

[씨젠 - 4]

프로그램 역시 지속 매수가 들어옴에 따라 60억 원 이상의 수급이 들어오면서 +20% 이상의 큰 상승이 있었습니다.

'재료+수급+거래량' 3박자가 일치한 종목은 상승할 확률이 높습니다.

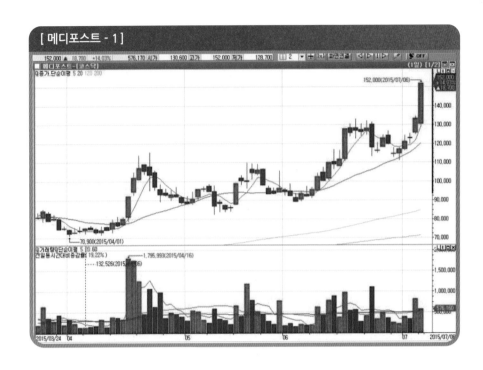

[메디포스트 - 1]

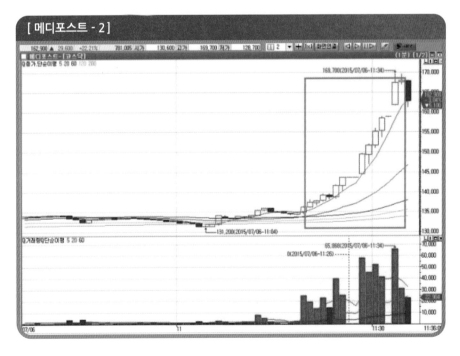

[메디포스트 - 2]

[메디포스트 - 3]

| 🔍 078160 ▼ | 메디포스트 | 증40% | 자료 | 권리 |

| 163,500 ▲ | 30,200 | +22.66% | 787,133 | 단 |

| ⊞ 대비 매도잔량 | | 11:36:05 | | 매수잔량 대비 ➡ |

대비	매도잔량	가격	등락	종목	메디포스트
0	123	164,400	+23.33	현재	163,500
-50	1	164,300	+23.26	대비 ▲	30,200
0	3	164,200	+23.18	등락	+22.66%
0	1,105	164,100	+23.11	상 73,200	29.93
0	2,336	164,000	+23.03	시 30,600	2.03
0	701	163,900	+22.96	고 69,700	27.31
0	22	163,800	+22.88	저 28,700	3.45
+5	543	163,700	+22.81	하 93,400	29.93
0	149	163,600	+22.73		
0	18	**163,500**	+22.66		
		163,300	+22.51	69	-21
		163,100	+22.36	248	0
		163,000	+22.28	438	0
		162,900	+22.21	551	+1
		162,800	+22.13	91	0
		162,700	+22.06	228	0
		162,600	+21.98	176	0
		162,500	+21.91	253	0
		162,400	+21.83	45	0
		162,300	+21.76	137	0
-45	5,001	-2,765		2,236	-20

| 가격 | 0 | 예상체결 📉 | 0 | 수량 |

● 체결　● 거래원　● 종합차트　● tick　● 분봉　● 일봉

매도상위	매도수량 ▼	매수상위	매수수량 ▼
키움증권	182,888	키움증권	188,575
유안타증권	72,026	미래에셋	67,973
삼성증권	57,927	NH투자증권	48,507
미래에셋	52,152	유안타증권	46,568
대우증권	42,026	삼성증권	45,245

업계 상위 제대혈 은행 업체 메디포스트입니다. 기관의 지속적인 매수가 이어지고 있습니다!

[메디포스트 - 4]

Q 078160 ▼ 메디포스트   □ 기관상세   [단위: 주,백만원]

일자	종가	대비	등락률	거래량	외국인	기관	개인	기타	외국계증권
현 재	153,900 ▲	20,600	+15.45%	636,126	0	+4,000	0	-2,000	0
15/07/03	133,300 ▲	10,400	+8.46%	814,333	-9,093	+45,203	-35,235	-875	-7,955
15/07/02	122,900 ▲	1,900	+1.57%	331,916	-8,052	+6,039	+1,699	+1,114	-4,683
15/07/01	121,000 ▲	4,000	+3.42%	594,183	-4,838	+7,286	-775	-1,673	-1,172
15/06/30	117,000 ▲	2,300	+2.01%	219,559	+5,588	+559	-5,861	-286	+1,684
15/06/29	114,700 ▼	5,300	-4.42%	252,655	+14,739	+29,247	-42,002	-1,984	+7,369
15/06/26	120,000 ▼	3,000	-2.44%	362,306	-14,752	-16,185	+29,687	+1,250	+2,079
15/06/25	123,000 ▲	6,700	+5.76%	484,836	+5,835	+18,392	-23,391	-836	-2,525
15/06/24	116,300 ▼	1,800	-1.52%	338,174	+39,780	-12,053	-28,182	+455	+24,654
15/06/23	118,100 ▼	10,000	-7.81%	1,103,554	+10,471	-9,753	-5,181	+4,463	+11,087

일자	2015/07/06	시간	11:17:50	제공처	한경/증권

++++ 2015/07/06 11:17:50 (한경/증권) ++++
제목 : 메디포스트 폐질환 치료제, 유럽서 '희귀의약품' 지?

[한민수 기자] 메디포스트는 현재 개발 중인 기관지폐이형성증 예방 치료제 '뉴모스템'이 유럽의약품감독국(EMA)으로부터 '희귀의약품'으로 지정됐다고 6일 밝혔다.

메디포스트는 이번 희귀의약품 지정에 따라 유럽연합(EU) 28개 회원국 전체에서 허가 후 12년간 기관지폐이형성증 치료제를 독점 판매할 수 있는 권리를 확보했다.

기관지폐이형성증은 미숙아 사망과 합병증의 주요 원인이 되는 질환이다. 뉴모스템은 제대혈(탯줄 혈액)에서 추출한 간엽줄기세포를 원료로 하고 있다.

일반적으로 EMA의 희귀의약품 심사는 질병의 특성뿐 아니라 의약품의 비임상 및 임상시험 자료를 비중있게 검토하는 등 그 절차가 미국 식품의약국(FDA)보다도 까다로운 것으로 알려져 있다고 회사 측은 전했다.

뉴모스템은 기관지폐이형성증 분야에 기존 치료제가 없고, 한국과 미국에서 임상시험을 통해 안전성과 잠재적 치료 효과를 일부 입증해 EMA로부터 희귀의약품으로 지정됐다.

이번 희귀의약품 심사 절차는 한국에서 진행된 임상시험 결과를 기반으로, 메디포스트 미국법인과 유럽 임상위탁연구 기업인 PSR 주관으로 이뤄졌다.

메디포스트 관계자는 "현재 EMA에 뉴모스템의 임상시험 신청을 준비하고 있다"며 "유럽에서의 공동 개발 파트너 선정을 위한 협의도 진행 중"이라고 말했다.

뉴모스템은 2013년 미국에 이어 이번에 유럽에서도 희귀의약품으로 지정되면서, 다른 나라에서의 임상시험 및 허가에서 긍정적인 영향을 기대할 수 있게 됐다. 뉴모스템은 국내에서도 지난해에 식약처로부터 '개발단계 희귀의약품'으로 지정된 바 있다.

희귀의약품은 대상 환자수가 적음에도 해외에서 일정 기간 판매 독점권이 보장되며 비교적 가격이 높아, 최근 제약사 및 바이오 기업들이 적극적으로 개발에 나서고 있다.

뉴모스템은 국내에서 제2상 임상시험의 피험자 투여를 완료하고 관찰·분석 중이다. 미국에서는 최근 제1·2상 임상시험의 저용량 피험자 투여를 완료했다.

한민수 한경닷컴 기자 hms@hankyung.com

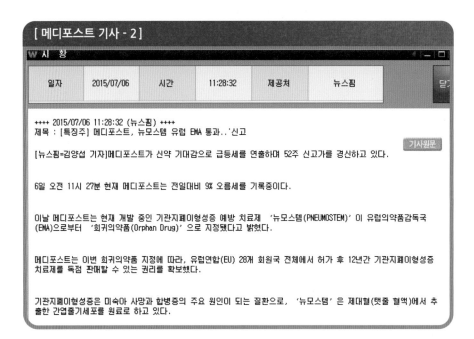

[메디포스트 기사 - 2]

W 시 황

| 일자 | 2015/07/06 | 시간 | 11:28:32 | 제공처 | 뉴스핌 | 닫기 |

++++ 2015/07/06 11:28:32 (뉴스핌) ++++
제목 : [특징주] 메디포스트, 뉴모스템 유럽 EMA 통과..'신고

기사원문

[뉴스핌=김양섭 기자]메디포스트가 신약 기대감으로 급등세를 연출하며 52주 신고가를 경신하고 있다.

6일 오전 11시 27분 현재 메디포스트는 전일대비 9% 오름세를 기록중이다.

이날 메디포스트는 현재 개발 중인 기관지페이형성증 예방 치료제 '뉴모스템(PNEUMOSTEM)' 이 유럽의약품감독국 (EMA)으로부터 '회귀의약품(Orphan Drug)' 으로 지정됐다고 밝혔다.

메디포스트는 이번 회귀의약품 지정에 따라, 유럽연합(EU) 28개 회원국 전체에서 허가 후 12년간 기관지페이형성증 치료제를 독점 판매할 수 있는 권리를 확보했다.

기관지페이형성증은 미숙아 사망과 합병증의 주요 원인이 되는 질환으로, '뉴모스템' 은 제대혈(탯줄 혈액)에서 추출한 간엽줄기세포를 원료로 하고 있다.

[메디포스트 - 5]

| 체결량 | 주가차트 | 종목뉴스 | 일별주가 | 종목상세 | 거래원 | 종목투자자 |

078160 ▼ ▶ ? 관 | 메디포스트 | ☐ 실시간 | 조회 | 다음 | 챠트

시간	현재가	등락폭	등락률	변동거래량	매수비중	매도호가
11:18:08	135,300 ▲	2,000	1.50%	195	46.14%	135,300
11:18:08	135,000 ▲	1,700	1.28%	5	46.11%	135,000
11:18:07	135,000 ▲	1,700	1.28%	50	46.11%	135,000
11:18:07	135,000 ▲	1,700	1.28%	1	46.10%	135,000
11:18:07	135,000 ▲	1,700	1.28%	50	46.10%	135,000
11:18:06	135,000 ▲	1,700	1.28%	1	46.09%	135,000
11:18:05	135,300 ▲	2,000	1.50%	43	46.09%	135,300
11:18:05	135,200 ▲	1,900	1.43%	105	46.08%	135,100
11:18:05	135,100 ▲	1,800	1.35%	45	46.07%	135,100
11:18:05	135,100 ▲	1,800	1.35%	1	46.06%	135,100
11:18:05	135,100 ▲	1,800	1.35%	49	46.06%	135,100
11:18:04	135,100 ▲	1,800	1.35%	51	46.05%	135,100
11:18:04	135,100 ▲	1,800	1.35%	3	46.04%	135,100
11:18:04	135,200 ▲	1,900	1.43%	6	46.04%	135,200
11:18:04	135,100 ▲	1,800	1.35%	151	46.04%	135,200
11:18:04	135,000 ▲	1,700	1.28%	6	46.01%	135,000
11:18:03	135,000 ▲	1,700	1.28%	7	46.01%	135,000
11:18:03	134,800 ▲	1,500	1.13%	10	46.01%	135,100
11:18:03	135,100 ▲	1,800	1.35%	12	46.01%	135,100
11:18:02	135,100 ▲	1,800	1.35%	136	46.01%	135,100
11:18:01	135,100 ▲	1,800	1.35%	64	45.98%	135,100
11:18:01	135,000 ▲	1,700	1.28%	523	45.97%	135,000
11:18:01	135,000 ▲	1,700	1.28%	119	45.88%	135,000
11:18:00	135,000 ▲	1,700	1.28%	116	45.86%	135,000
11:18:00	135,000 ▲	1,700	1.28%	136	45.84%	135,000
11:18:00	135,000 ▲	1,700	1.28%	280	45.81%	135,000
11:18:00	135,000 ▲	1,700	1.28%	15	45.76%	135,000

[메디포스트 - 6]

| 체결량 | 주가차트 | 종목뉴스 | 일별주가 | 종목상세 | 거래원 | 종목투자자 |

078160 ▼ ▶ ? 관 메디포스트 □ 실시간 조회 다음 챠트

시간	현재가		등락폭	등락률	변동거래량	매수비중	매도호가	^
11:23:32	139,000	▲	5,700	4.28%	342	52.66%	139,000	
11:23:31	139,000	▲	5,700	4.28%	200	52.62%	139,000	
11:23:31	139,000	▲	5,700	4.28%	100	52.60%	139,000	
11:23:31	139,000	▲	5,700	4.28%	36	52.58%	139,000	
11:23:31	138,900	▲	5,600	4.20%	35	52.58%	138,900	
11:23:30	138,900	▲	5,600	4.20%	60	52.58%	138,900	
11:23:30	138,900	▲	5,600	4.20%	160	52.57%	138,900	
11:23:30	138,900	▲	5,600	4.20%	71	52.55%	138,900	
11:23:30	138,900	▲	5,600	4.20%	71	52.54%	138,900	
11:23:30	138,900	▲	5,600	4.20%	71	52.53%	138,900	
11:23:29	138,900	▲	5,600	4.20%	33	52.52%	138,900	
11:23:29	138,900	▲	5,600	4.20%	193	52.52%	138,900	
11:23:29	138,900	▲	5,600	4.20%	123	52.50%	138,900	
11:23:29	138,800	▲	5,500	4.13%	9	52.48%	138,800	
11:23:29	138,800	▲	5,500	4.13%	71	52.48%	138,800	
11:23:29	138,800	▲	5,500	4.13%	305	52.47%	138,800	
11:23:29	138,700	▲	5,400	4.05%	10	52.44%	138,600	
11:23:29	138,600	▲	5,300	3.98%	167	52.44%	138,600	
11:23:28	138,600	▲	5,300	3.98%	143	52.42%	138,600	
11:23:28	138,600	▲	5,300	3.98%	90	52.40%	138,600	
11:23:28	138,800	▲	5,500	4.13%	60	52.41%	138,800	
11:23:28	138,800	▲	5,500	4.13%	71	52.41%	138,800	
11:23:28	138,800	▲	5,500	4.13%	25	52.40%	138,800	
11:23:28	138,700	▲	5,400	4.05%	46	52.39%	138,700	
11:23:28	138,700	▲	5,400	4.05%	71	52.39%	138,700	
11:23:27	138,700	▲	5,400	4.05%	35	52.38%	138,700	
11:23:27	138,600	▲	5,300	3.98%	36	52.38%	138,600	v

| 체결량 | 주가차트 | 종목뉴스 | 일별주가 | 종목상세 | 거래원 | 종목투자자 |

`078160` ▼ ▶ ? 관 │ 메디포스트 │ ☐ 실시간 │ 조회 │ 다음 │ 챠트

시간	현재가	등락폭	등락률	변동거래량	매수비중	매도호가
11:27:57	149,100 ▲	15,800	11.85%	7	55.36%	149,100
11:27:57	149,000 ▲	15,700	11.78%	1,260	55.36%	149,100
11:27:57	148,900 ▲	15,600	11.70%	24	55.25%	147,800
11:27:57	148,800 ▲	15,500	11.63%	154	55.25%	147,800
11:27:57	148,700 ▲	15,400	11.55%	681	55.24%	147,800
11:27:57	148,500 ▲	15,200	11.40%	214	55.18%	147,800
11:27:57	148,300 ▲	15,000	11.25%	61	55.16%	147,800
11:27:57	148,200 ▲	14,900	11.18%	136	55.16%	147,800
11:27:57	148,100 ▲	14,800	11.10%	1	55.14%	147,800
11:27:57	148,000 ▲	14,700	11.03%	454	55.14%	147,800
11:27:57	147,800 ▲	14,500	10.88%	115	55.11%	147,800
11:27:57	147,700 ▲	14,400	10.80%	250	55.10%	147,800
11:27:57	147,800 ▲	14,500	10.88%	84	55.12%	147,800
11:27:56	147,800 ▲	14,500	10.88%	1	55.11%	147,800
11:27:56	148,000 ▲	14,700	11.03%	7	55.11%	148,000
11:27:56	148,000 ▲	14,700	11.03%	123	55.11%	148,000
11:27:56	147,900 ▲	14,600	10.95%	21	55.10%	147,800
11:27:56	147,800 ▲	14,500	10.88%	856	55.10%	147,800
11:27:56	147,700 ▲	14,400	10.80%	170	55.03%	147,800
11:27:56	147,800 ▲	14,500	10.88%	13	55.05%	147,800
11:27:56	147,700 ▲	14,400	10.80%	24	55.04%	147,800
11:27:56	147,800 ▲	14,500	10.88%	34	55.05%	147,800
11:27:56	147,700 ▲	14,400	10.80%	100	55.04%	147,800
11:27:55	147,700 ▲	14,400	10.80%	54	55.05%	147,800
11:27:55	147,700 ▲	14,400	10.80%	10	55.06%	147,800
11:27:55	147,800 ▲	14,500	10.88%	50	55.06%	147,800
11:27:55	147,700 ▲	14,400	10.80%	50	55.06%	147,800

메디포스트처럼 제약 바이오주는 임상이나 수주, 특허권에 반응이 좋습니다. 찌라시가 나오고 체결창으로 매수세가 쏠리면서 큰 폭으로 상승하는 모습을 볼 수 있습니다.

이와 같이 매수세가 들어올 때 짧게 매매하는 것도 전략이 될 수 있습니다. 수급 주체는 호재를 미리 알고 선취매하는 경우가 많이 있으므로 수급의 연속성이 있는 종목은 항상 관심 있게 지켜보는 것이 좋습니다.

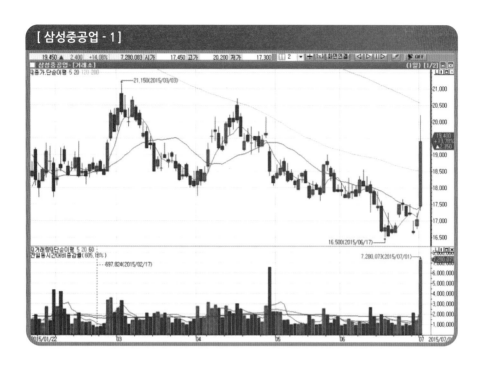

[삼성중공업 - 1]

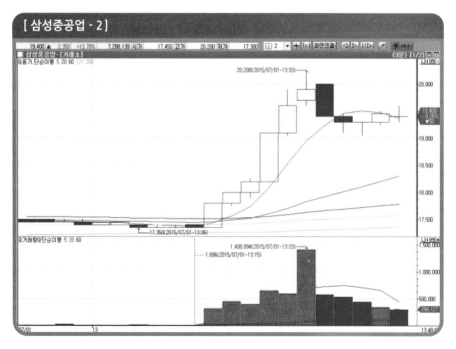

[삼성중공업 - 2]

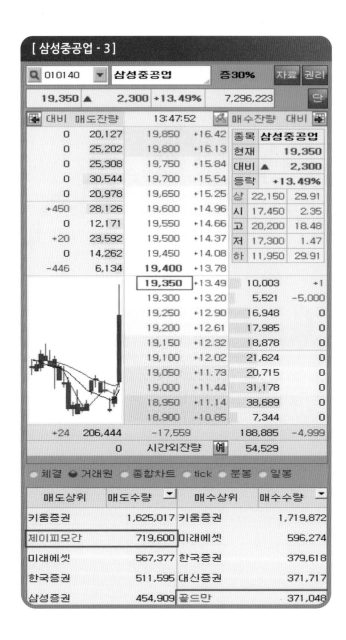

[삼성중공업 - 3]

| | | Q 010140 ▼ | 삼성중공업 | | 증30% | 자료 | 권리 |

| 19,350 ▲ | 2,300 | +13.49% | 7,296,223 | 단 |

| ⊞ 대비 매도잔량 | | 13:47:52 | | ⚲ 매수잔량 대비 ⊞ |

대비	매도잔량	호가	등락
0	20,127	19,850	+16.42
0	25,202	19,800	+16.13
0	25,308	19,750	+15.84
0	30,544	19,700	+15.54
0	20,978	19,650	+15.25
+450	28,126	19,600	+14.96
0	12,171	19,550	+14.66
+20	23,592	19,500	+14.37
0	14,262	19,450	+14.08
-446	6,134	19,400	+13.78

종목	삼성중공업
현재	19,350
대비 ▲	2,300
등락	+13.49%
상	22,150	29.91
시	17,450	2.35
고	20,200	18.48
저	17,300	1.47
하	11,950	29.91

호가	등락	매수잔량	대비
19,350	+13.49	10,003	+1
19,300	+13.20	5,521	-5,000
19,250	+12.90	16,948	0
19,200	+12.61	17,985	0
19,150	+12.32	18,878	0
19,100	+12.02	21,624	0
19,050	+11.73	20,715	0
19,000	+11.44	31,178	0
18,950	+11.14	38,689	0
18,900	+10.85	7,344	0

| +24 | 206,444 | -17,559 | | 188,885 | -4,999 |
| | 0 | 시간외잔량 예 | 54,529 | | |

● 체결 ◉ 거래원 ● 종합차트 ● tick ● 분봉 ● 일봉

매도상위	매도수량 ▼	매수상위	매수수량 ▼
키움증권	1,625,017	키움증권	1,719,872
제이피모간	719,600	미래에셋	596,274
미래에셋	567,377	한국증권	379,618
한국증권	511,595	대신증권	371,717
삼성증권	454,909	골드만	371,048

외인의 매수·매도가 뒤섞여있는 경우 매수를 보류합니다.

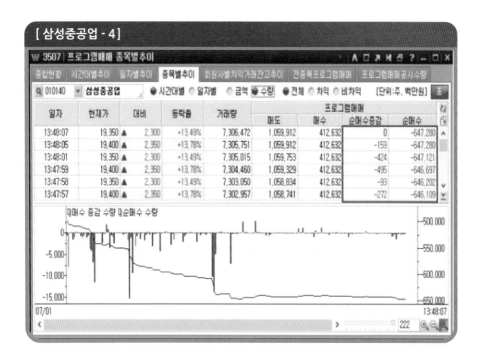

[삼성중공업 - 4]

일자	현재가	대비	등락율	거래량	프로그램매매			
					매도	매수	순매수증감	순매수
13:48:07	19,350 ▲	2,300	+13.49%	7,306,472	1,059,912	412,632	0	-647,280
13:48:05	19,400 ▲	2,350	+13.78%	7,305,751	1,059,912	412,632	-159	-647,280
13:48:01	19,350 ▲	2,300	+13.49%	7,305,015	1,059,753	412,632	-424	-647,121
13:47:59	19,400 ▲	2,350	+13.78%	7,304,460	1,059,329	412,632	-495	-646,697
13:47:58	19,350 ▲	2,300	+13.49%	7,303,050	1,058,834	412,632	-93	-646,202
13:47:57	19,400 ▲	2,350	+13.78%	7,302,957	1,058,741	412,632	-272	-646,109

삼성중공업은 5조 원 대형 수주가 뜨면서 급등하는 패턴입니다.

외인은 프로그램으로 64만 주 매도도 하지만 체결창을 보면 강력한 찌라시 이후 매수세가 급격하게 쏠리는 것을 알 수 있습니다. 이때 같이 매매에 가담해 수익을 낼 수가 있습니다.

[삼성중공업 기사 - 1]

W 시 황

| 일자 | 2015/07/01 | 시간 | 13:15:09 | 제공처 | 단일판매/공급? | 닫기 |

단일판매 · 공급계약 체결

1. 판매 · 공급계약 구분		공사수주
- 체결계약명		FLNG Facility(LNG FPSO) 3척
2. 계약내역	계약금액(원)	5,272,400,000,000
	최근매출액(원)	12,879,100,000,000
	매출액대비(%)	40.9
	대규모법인여부	해당
3. 계약상대		Shell Gas & Power Developments B.V.
- 회사와의 관계		-
4. 판매 · 공급지역		유럽지역
5. 계약기간	시작일	2015-06-30
	종료일	2023-11-30
6. 주요 계약조건		기본설계(FEED, Front-End Engineering Design) 완료 후 NTP(Notice To Proceed, 공사진행통보서) 발급 조건(2016년 하반기 예상)
7. 계약(수주)일자		2015-06-30
8. 공시유보 관련내용	유보사유	-
	유보기한	-
9. 기타 투자판단과 관련한 중요사항		

1. 상기 2항의 원화계약금액은 계약일의 매매기준환율(@1,124.10원/$)을 적용했으며, 계약금액과 최근매출액은 억원 미만에서 각각 반올림함

2. 상기 계약금액은 선체하부(Hull)에 대한 것이며 2016년 하반기에 기본설계(FEED) 결과에 따라 상부설비(Topside)를 포함한 전체금액이 확정될 예정으로, 확정되면 재공시하겠음

3. 상기 5항의 계약 종료일은 인도일 기준이며, 공사 진행 상황에 따라 변동될 수 있음

※ 관련공시	-

[삼성중공업 기사 - 2]

W 시 황

| 일자 | 2015/07/01 | 시간 | 13:20:30 | 제공처 | 이데일리 | 닫기 |

++++ 2015/07/01 13:20:30 (이데일리) ++++
제목 : 삼성중공업, LNG FPSO 3척 수주..5조2724억원 규모
[이데일리 성문재 기자] 삼성중공업(010140)은 Shell Gas & Power Developments B.V.로부터 FLNG Facility(LNG FPSO) 3척을 수주했다고 1일 공시했다.

계약금액은 5조2724억원으로 선체하부(Hull)에 대한 것이라고 회사 측은 설명했다. 내년 하반기에 기본설계(FEED) 결과에 따라 상부 설비(Topside)를 포함한 전체금액이 확정될 예정이다.

계약기간은 오는 2023년 11월30일까지다.

[삼성중공업 - 5]

체결량 | 주가차트 | 종목뉴스 | 일별주가 | 종목상세 | 거래원 | 종목투자자

010140 ▼ ▶ ? 관 *삼성중공업 □ 실시간 조회 다음 챠트

시간	현재가		등락폭	등락률	변동거래량	매수비중	매도호가
13:15:14	17,400	▲	350	2.05%	4,539	54.21%	17,400
13:15:14	17,400	▲	350	2.05%	861	54.05%	17,400
13:15:13	17,400	▲	350	2.05%	286	54.02%	17,400
13:15:13	17,400	▲	350	2.05%	57	54.01%	17,400
13:15:13	17,400	▲	350	2.05%	1,120	54.01%	17,400
13:15:13	17,400	▲	350	2.05%	287	53.97%	17,400
13:15:13	17,400	▲	350	2.05%	603	53.96%	17,400
13:15:13	17,400	▲	350	2.05%	1,120	53.94%	17,400
13:15:13	17,400	▲	350	2.05%	287	53.90%	17,400
13:15:13	17,400	▲	350	2.05%	286	53.89%	17,400
13:15:13	17,400	▲	350	2.05%	1,120	53.88%	17,400
13:15:13	17,400	▲	350	2.05%	57	53.84%	17,400
13:15:13	17,400	▲	350	2.05%	560	53.84%	17,400
13:15:13	17,400	▲	350	2.05%	529	53.82%	17,400
13:15:13	17,400	▲	350	2.05%	677	53.80%	17,400
13:15:13	17,400	▲	350	2.05%	286	53.78%	17,400
13:15:13	17,400	▲	350	2.05%	215	53.77%	17,400
13:15:13	17,400	▲	350	2.05%	560	53.76%	17,400
13:15:13	17,400	▲	350	2.05%	230	53.74%	17,400
13:15:13	17,400	▲	350	2.05%	500	53.74%	17,400
13:15:12	17,400	▲	350	2.05%	1,512	53.72%	17,400
13:15:12	17,400	▲	350	2.05%	1,120	53.67%	17,400
13:15:12	17,400	▲	350	2.05%	215	53.63%	17,400
13:15:12	17,400	▲	350	2.05%	560	53.62%	17,400
13:15:12	17,400	▲	350	2.05%	57	53.60%	17,400
13:15:12	17,400	▲	350	2.05%	500	53.60%	17,400
13:15:12	17,400	▲	350	2.05%	560	53.58%	17,400
13:15:12	17,400	▲	350	2.05%	57	53.56%	17,400
13:15:12	17,400	▲	350	2.05%	560	53.56%	17,400

[삼성중공업 - 6]

| 체결량 | 주가차트 | 종목뉴스 | 일별주가 | 종목상세 | 거래원 | 종목투자자 |

`010140` ▼ ▶ ? 팬 `*삼성중공업` ☐ 실시간 조회 다음 챠트

시간	현재가		등락폭	등락률	변동거래량	매수비중	매도호가	^
13:15:15	17,450	▲	400	2.35%	1,120	55.25%	17,450	
13:15:15	17,450	▲	400	2.35%	303	55.21%	17,450	
13:15:15	17,400	▲	350	2.05%	1,214	55.20%	17,450	
13:15:15	17,400	▲	350	2.05%	5,000	55.16%	17,400	
13:15:15	17,400	▲	350	2.05%	603	55.00%	17,400	
13:15:15	17,400	▲	350	2.05%	1,782	54.98%	17,400	
13:15:15	17,400	▲	350	2.05%	442	54.92%	17,400	
13:15:15	17,400	▲	350	2.05%	57	54.90%	17,400	
13:15:15	17,400	▲	350	2.05%	1,580	54.90%	17,400	
13:15:14	17,400	▲	350	2.05%	286	54.85%	17,400	
13:15:14	17,400	▲	350	2.05%	305	54.84%	17,400	
13:15:14	17,400	▲	350	2.05%	861	54.83%	17,400	
13:15:14	17,400	▲	350	2.05%	603	54.80%	17,400	
13:15:14	17,400	▲	350	2.05%	451	54.78%	17,400	
13:15:14	17,400	▲	350	2.05%	1,120	54.77%	17,400	
13:15:14	17,400	▲	350	2.05%	107	54.73%	17,400	
13:15:14	17,400	▲	350	2.05%	50	54.72%	17,400	
13:15:14	17,400	▲	350	2.05%	1,800	54.72%	17,400	
13:15:14	17,400	▲	350	2.05%	861	54.66%	17,400	
13:15:14	17,400	▲	350	2.05%	57	54.63%	17,400	
13:15:14	17,400	▲	350	2.05%	286	54.63%	17,400	
13:15:14	17,400	▲	350	2.05%	603	54.62%	17,400	
13:15:14	17,400	▲	350	2.05%	653	54.60%	17,400	
13:15:14	17,400	▲	350	2.05%	57	54.58%	17,400	
13:15:14	17,400	▲	350	2.05%	2,948	54.58%	17,400	
13:15:14	17,400	▲	350	2.05%	5,062	54.48%	17,400	
13:15:14	17,400	▲	350	2.05%	861	54.31%	17,400	
13:15:14	17,400	▲	350	2.05%	286	54.28%	17,400	
13:15:14	17,400	▲	350	2.05%	603	54.27%	17,400	∨

[삼성중공업 - 7]

체결량	주가차트	종목뉴스	일별주가	종목상세	거래원	종목투자자

| 010140 | ▼ | ▶ | ? | 관 | *삼성중공업 | □ 실시간 | 조회 | 다음 | 챠트 |

시간	현재가		등락폭	등락률	별동거래량	매수비중	매도호가
13:15:17	17,600	▲	550	3.23%	490	56.54%	17,600
13:15:17	17,600	▲	550	3.23%	555	56.52%	17,600
13:15:17	17,600	▲	550	3.23%	490	56.50%	17,600
13:15:16	17,600	▲	550	3.23%	861	56.49%	17,600
13:15:16	17,600	▲	550	3.23%	490	56.46%	17,600
13:15:16	17,600	▲	550	3.23%	286	56.45%	17,600
13:15:16	17,600	▲	550	3.23%	861	56.44%	17,600
13:15:16	17,600	▲	550	3.23%	1,120	56.41%	17,600
13:15:16	17,600	▲	550	3.23%	490	56.38%	17,600
13:15:16	17,600	▲	550	3.23%	286	56.36%	17,600
13:15:16	17,600	▲	550	3.23%	490	56.35%	17,600
13:15:16	17,600	▲	550	3.23%	353	56.34%	17,600
13:15:16	17,600	▲	550	3.23%	861	56.33%	17,600
13:15:16	17,600	▲	550	3.23%	500	56.30%	17,600
13:15:16	17,600	▲	550	3.23%	286	56.28%	17,600
13:15:16	17,600	▲	550	3.23%	902	56.28%	17,600
13:15:16	17,600	▲	550	3.23%	500	56.25%	17,600
13:15:16	17,600	▲	550	3.23%	1,120	56.23%	17,600
13:15:16	17,600	▲	550	3.23%	286	56.20%	17,600
13:15:15	17,450	▲	400	2.35%	116	56.19%	17,600
13:15:15	17,450	▲	400	2.35%	414	56.18%	17,450
13:15:15	17,600	▲	550	3.23%	490	56.17%	17,600
13:15:15	17,600	▲	550	3.23%	161	56.16%	17,600
13:15:15	17,550	▲	500	2.93%	4,839	56.15%	17,550
13:15:15	17,550	▲	500	2.93%	303	56.00%	17,550
13:15:15	17,550	▲	500	2.93%	2,152	55.99%	17,550
13:15:15	17,500	▲	450	2.64%	14,257	55.92%	17,500
13:15:15	17,500	▲	450	2.64%	37	55.46%	17,500
13:15:15	17,500	▲	450	2.64%	1,588	55.46%	17,500

[삼성중공업 - 8]

| 체결량 | 주가차트 | 종목뉴스 | 일별주가 | 종목상세 | 거래원 | 종목투자자 |

010140 ▼ ▶ ? 관 *삼성중공업 □ 실시간 조회 다음 챠트

시간	현재가	등락폭	등락률	변동거래량	매수비중	매도호가
13:15:24	17,750 ▲	700	4.11%	1	58.79%	17,75[
13:15:24	17,750 ▲	700	4.11%	555	58.79%	17,75[
13:15:23	17,750 ▲	700	4.11%	555	58.78%	17,75[
13:15:23	17,750 ▲	700	4.11%	282	58.76%	17,75[
13:15:23	17,750 ▲	700	4.11%	555	58.76%	17,75[
13:15:23	17,750 ▲	700	4.11%	555	58.74%	17,75[
13:15:23	17,750 ▲	700	4.11%	555	58.73%	17,75[
13:15:23	17,750 ▲	700	4.11%	2,800	58.71%	17,75[
13:15:23	17,750 ▲	700	4.11%	1	58.63%	17,75[
13:15:23	17,750 ▲	700	4.11%	779	58.63%	17,75[
13:15:23	17,750 ▲	700	4.11%	555	58.61%	17,75[
13:15:23	17,750 ▲	700	4.11%	115	58.59%	17,75[
13:15:23	17,750 ▲	700	4.11%	289	58.59%	17,75[
13:15:23	17,750 ▲	700	4.11%	555	58.58%	17,75[
13:15:23	17,750 ▲	700	4.11%	287	58.57%	17,75[
13:15:23	17,750 ▲	700	4.11%	861	58.56%	17,75[
13:15:23	17,750 ▲	700	4.11%	555	58.54%	17,75[
13:15:22	17,750 ▲	700	4.11%	555	58.52%	17,75[
13:15:22	17,750 ▲	700	4.11%	16	58.50%	17,75[
13:15:22	17,700 ▲	650	3.81%	60	58.50%	17,75[
13:15:22	17,750 ▲	700	4.11%	1,448	58.51%	17,75[
13:15:22	17,750 ▲	700	4.11%	861	58.47%	17,75[
13:15:22	17,750 ▲	700	4.11%	1	58.44%	17,75[
13:15:22	17,750 ▲	700	4.11%	555	58.44%	17,75[
13:15:22	17,750 ▲	700	4.11%	555	58.43%	17,75[
13:15:22	17,750 ▲	700	4.11%	555	58.41%	17,75[
13:15:22	17,750 ▲	700	4.11%	11	58.39%	17,75[
13:15:22	17,750 ▲	700	4.11%	555	58.39%	17,75[
13:15:22	17,750 ▲	700	4.11%	2,968	58.38%	17,75[

[삼성중공업 - 9]

| 체결량 | 주가차트 | 종목뉴스 | 일별주가 | 종목상세 | 거래원 | 종목투자자 |

`010140` ▼ ▶ ? 관 ٭삼성중공업   □ 실시간 조회 다음 챠트

시간	현재가		등락폭	등락률	변동거래량	매수비중	매도호가	^
13:18:10	17,850	▲	800	4.69%	2,620	62.64%	17,900	
13:18:10	17,850	▲	800	4.69%	6,918	62.58%	17,850	
13:18:10	17,850	▲	800	4.69%	5	62.43%	17,850	
13:18:10	17,850	▲	800	4.69%	1,100	62.43%	17,850	
13:18:10	17,850	▲	800	4.69%	500	62.40%	17,850	
13:18:10	17,850	▲	800	4.69%	1,120	62.39%	17,850	
13:18:10	17,850	▲	800	4.69%	2,221	62.37%	17,850	
13:18:10	17,850	▲	800	4.69%	64	62.32%	17,850	
13:18:09	17,850	▲	800	4.69%	5,000	62.32%	17,850	
13:18:09	17,850	▲	800	4.69%	1,000	62.21%	17,850	
13:18:09	17,850	▲	800	4.69%	19,756	62.19%	17,850	
13:18:09	17,850	▲	800	4.69%	100	61.74%	17,850	
13:18:09	17,850	▲	800	4.69%	2	61.74%	17,850	
13:18:09	17,850	▲	800	4.69%	13	61.74%	17,850	
13:18:09	17,850	▲	800	4.69%	540	61.74%	17,850	
13:18:08	17,850	▲	800	4.69%	1	61.73%	17,850	
13:18:08	17,850	▲	800	4.69%	246	61.73%	17,850	
13:18:08	17,850	▲	800	4.69%	500	61.72%	17,850	
13:18:08	17,850	▲	800	4.69%	248	61.71%	17,850	
13:18:07	17,850	▲	800	4.69%	3,900	61.71%	17,850	
13:18:07	17,850	▲	800	4.69%	5	61.62%	17,850	
13:18:07	17,850	▲	800	4.69%	23	61.62%	17,850	
13:18:07	17,850	▲	800	4.69%	3,549	61.62%	17,850	
13:18:07	17,800	▲	750	4.40%	100	61.54%	17,850	
13:18:07	17,800	▲	750	4.40%	179	61.54%	17,850	
13:18:07	17,800	▲	750	4.40%	200	61.53%	17,800	
13:18:07	17,800	▲	750	4.40%	227	61.53%	17,800	
13:18:07	17,800	▲	750	4.40%	20,000	61.53%	17,800	
13:18:07	17,800	▲	750	4.40%	12	61.06%	17,800	⌄

[삼성중공업 - 10]

체결량 | 주가차트 | 종목뉴스 | 일별주가 | 종목상세 | 거래원 | 종목투자자

010140 ▼▶?관 *삼성중공업 □ 실시간 조회 다음 챠트

시간	현재가	등락폭	등락률	변동거래량	매수비중	매도호가
13:23:29	18,250 ▲	1,200	7.04%	8	68.94%	18,250
13:23:29	18,250 ▲	1,200	7.04%	10,000	68.94%	18,250
13:23:28	18,200 ▲	1,150	6.74%	30	68.81%	18,250
13:23:28	18,250 ▲	1,200	7.04%	2	68.81%	18,250
13:23:28	18,200 ▲	1,150	6.74%	100	68.81%	18,250
13:23:28	18,250 ▲	1,200	7.04%	10	68.81%	18,250
13:23:28	18,250 ▲	1,200	7.04%	1	68.81%	18,250
13:23:28	18,250 ▲	1,200	7.04%	1	68.81%	18,250
13:23:28	18,250 ▲	1,200	7.04%	55	68.81%	18,250
13:23:27	18,250 ▲	1,200	7.04%	49	68.81%	18,250
13:23:27	18,200 ▲	1,150	6.74%	490	68.81%	18,250
13:23:27	18,250 ▲	1,200	7.04%	100	68.82%	18,250
13:23:26	18,200 ▲	1,150	6.74%	20	68.82%	18,250
13:23:26	18,250 ▲	1,200	7.04%	88	68.82%	18,250
13:23:26	18,250 ▲	1,200	7.04%	1	68.82%	18,250
13:23:26	18,250 ▲	1,200	7.04%	22	68.82%	18,250
13:23:26	18,200 ▲	1,150	6.74%	100	68.82%	18,250
13:23:25	18,200 ▲	1,150	6.74%	1	68.82%	18,250
13:23:25	18,250 ▲	1,200	7.04%	3,769	68.82%	18,250
13:23:25	18,200 ▲	1,150	6.74%	57	68.77%	18,250
13:23:25	18,250 ▲	1,200	7.04%	1	68.78%	18,250
13:23:25	18,200 ▲	1,150	6.74%	10	68.78%	18,250
13:23:25	18,250 ▲	1,200	7.04%	1,000	68.78%	18,250
13:23:25	18,200 ▲	1,150	6.74%	50	68.76%	18,250
13:23:25	18,200 ▲	1,150	6.74%	2,357	68.76%	18,250
13:23:25	18,200 ▲	1,150	6.74%	1,050	68.73%	18,200
13:23:24	18,200 ▲	1,150	6.74%	20,142	68.72%	18,200
13:23:24	18,150 ▲	1,100	6.45%	50	68.45%	18,200
13:23:24	18,200 ▲	1,150	6.74%	20	68.45%	18,200

[삼성중공업 - 11]

| 체결량 | 주가차트 | 종목뉴스 | 일별주가 | 종목상세 | 거래원 | 종목투자자 |

비중%	변동량	매도량(주)	매도거래원	매수거래원	매수량(주)	변동량	비중%
22.11		1,731,557	키 움 증 권	키 움 증 권	1,872,883		23.91
9.19		719,600	J P 모간증권	미래에셋증권	651,269		8.32
7.71		603,691	미래에셋증권	NH투자증권	400,182		5.11
6.91		541,214	한국투자증권	한국투자증권	394,381		5.04
6.07		475,325	삼 성 증 권	대 신 증 권	393,406		5.02
9.63		753,911	외국창구 추정합		735,786		9.39

| 이탈원 | 시간별 | 일별 |

이탈시간	매도량(주)	상위이탈원	상위이탈원	매수량(주)	이탈시간	^
13:34	331,498	대 우 증 권	대 우 증 권	377,079	13:51	
13:17	96,375	대 신 증 권	골드만삭스증권	371,048	13:49	
09:32	34,311	모간스탠리증권	메릴린치증권	364,738	13:45	
09:03	13,161	현 대 증 권	신한금융투자	297,445	13:35	
			삼 성 증 권	4,780	09:00	

동종 업계 : 현대중공업, 대우조선해양 눈치 기법 공략 가능.

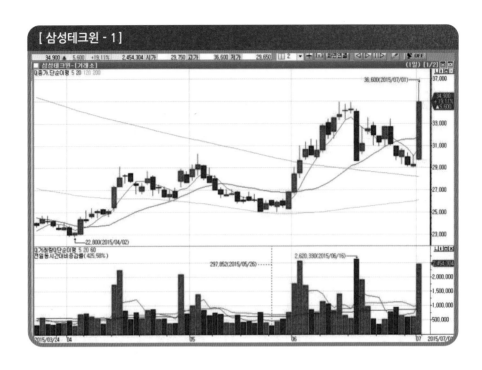

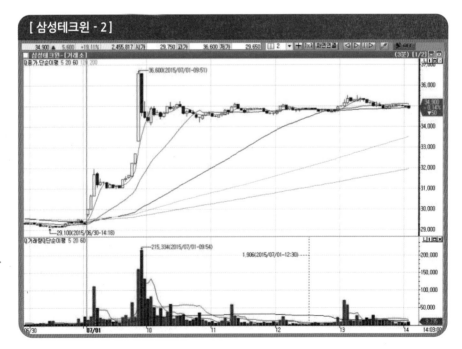

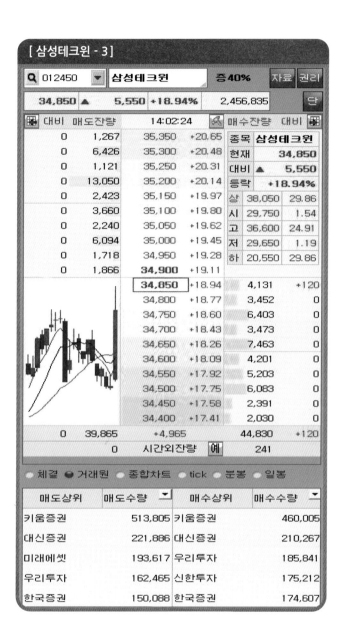

[삼성테크윈 - 3]

Q 012450 ▼	삼성테크윈	증 40%	자료	권리

34,850 ▲	5,550	+18.94%	2,456,835	단

| ⊞ 대비 매도잔량 | 14:02:24 | 매수잔량 대비 ⊞ |

대비	매도잔량			종목	삼성테크윈	
0	1,267	35,350	+20.65	현재		34,850
0	6,426	35,300	+20.48	대비 ▲		5,550
0	1,121	35,250	+20.31	등락		+18.94%
0	13,050	35,200	+20.14	상	38,050	29.86
0	2,423	35,150	+19.97	시	29,750	1.54
0	3,660	35,100	+19.80	고	36,600	24.91
0	2,240	35,050	+19.62	저	29,650	1.19
0	6,094	35,000	+19.45	하	20,550	29.86
0	1,718	34,950	+19.28			
0	1,866	**34,900**	+19.11			
		34,850	+18.94		4,131	+120
		34,800	+18.77		3,452	0
		34,750	+18.60		6,403	0
		34,700	+18.43		3,473	0
		34,650	+18.26		7,463	0
		34,600	+18.09		4,201	0
		34,550	+17.92		5,203	0
		34,500	+17.75		6,083	0
		34,450	+17.58		2,391	0
		34,400	+17.41		2,030	0
0	39,865	+4,965			44,830	+120
0	시간외잔량	예			241	

● 체결 ● 거래원 ● 종합차트 ● tick ● 분봉 ● 일봉

매도상위	매도수량 ▼	매수상위	매수수량 ▼
키움증권	513,805	키움증권	460,005
대신증권	221,886	대신증권	210,267
미래에셋	193,617	우리투자	185,841
우리투자	162,465	신한투자	175,212
한국증권	150,088	한국증권	174,607

[삼성테크윈 - 4]

W 3507 | 프로그램매매 종목별추이

종합현황 | 시간대별추이 | 일자별추이 | **종목별추이** | 회원사별차익거래잔고추이 | 전종목프로그램매매 | 프로그램매매공시수량

012450 ▼ 삼성테크윈 ● 시간대별 ○ 일자별 ○ 금액 ● 수량 ● 전체 ○ 차익 ○ 비차익 [단위:주,백만원]

일자	현재가	대비		등락율	거래량	프로그램매매			
						매도	매수	순매수증감	순매수
14:02:34	34,850 ▲	5,550		+18.94%	2,456,962	94,621	276,077	0	+181,456
14:02:29	34,850 ▲	5,550		+18.94%	2,456,837	94,621	276,077	0	+181,456
14:02:26	34,850 ▲	5,550		+18.94%	2,456,837	94,621	276,077	-2	+181,456
14:02:20	34,900 ▲	5,600		+19.11%	2,456,829	94,619	276,077	-26	+181,458
14:02:15	34,850 ▲	5,550		+18.94%	2,456,393	94,593	276,077	-125	+181,484
14:02:11	34,850 ▲	5,550		+18.94%	2,456,003	94,468	276,077	-10	+181,609

□매수 증감 수량 □순매수 수량

07/01   14   14:02:34

[삼성테크윈 - 5]

012450 ▼ 삼성테크윈 기관상세 [단위: 주.백만원]

일자	종가	대비		등락률	거래량	외국인	기관	개인	기타	외국계증권
현 재	34,900 ▲	5,600		+19.11%	2,459,952	+51,188	+48,000	0	+33,000	+2,188
15/06/30	29,300 ▲	50		+0.17%	612,734	-60,023	-45,216	+102,492	+2,747	-38,181
15/06/29	29,250 ▼	1,300		-4.26%	595,272	-120,097	-95,013	+217,612	-2,502	-103,241
15/06/26	30,550 ▲	500		+1.66%	664,279	+24,231	+78,277	-97,978	-4,530	+501
15/06/25	30,050 ▼	1,100		-3.53%	939,213	+53,035	-191,467	+148,022	-9,590	+35,410
15/06/24	31,150 ▼	1,550		-4.74%	782,265	-124,496	-182,321	+307,254	-437	-119,922
15/06/23	32,700 ▲	1,400		+4.47%	526,688	+28,723	+62,159	-72,053	-18,829	+2,339
15/06/22	31,300 ▼	650		-2.03%	352,426	+19,946	-8,933	-17,713	+6,700	+5,482
15/06/19	31,950 ▼	550		-1.69%	529,646	+4,601	-33,901	+26,092	+3,208	-44,708
15/06/18	32,500 ▲	1,300		+4.17%	971,389	-37,307	+79,352	-58,971	+16,926	-62,294

[삼성테크윈 - 6]

| 체결량 | 주가차트 | 종목뉴스 | 일별주가 | 종목상세 | 거래원 | 종목투자자 |

비중%	변동량	매도량(주)	매도거래원	매수거래원	매수량(주)	변동량	비중%
20.89		514,018	키 움 증 권	키 움 증 권	460,025		18.70
9.02		221,906	대 신 증 권	대 신 증 권	211,374		8.59
7.88		193,917	미래에셋증권	NH투자증권	185,960		7.56
6.61		162,665	NH투자증권	신한금융투자	175,522		7.13
6.10		150,117	한국투자증권	한국투자증권	174,607		7.10
0.08		1,946	외국창구 추정합		4,134		0.17

| 이탈원 | 시간별 | 일별 |

이탈시간	매도량(주)	상위이탈원	상위이탈원	매수량(주)	이탈시간 ∧
13:04	131,139	하나대투증권	미래에셋증권	173,945	13:59
13:00	128,193	신한금융투자	삼 성 증 권	80,573	10:10
09:53	51,080	삼 성 증 권	교 보 증 권	25,067	09:32
09:52	47,703	교 보 증 권	대 우 증 권	13,766	09:10
09:11	10,498	현 대 증 권	하나대투증권	4,943	09:06
09:03	1,229	S G 증 권	모간스탠리증권	3,012	09:05
09:03	1,205	유안타증권	C S 증 권	1,122	09:02
09:03	1,110	이베스트증권	S K 증 권	111	09:00
09:02	717	모간스탠리증권			

[삼성테크윈 - 7]

| 체결량 | 주가차트 | 종목뉴스 | 일별주가 | 종목상세 | 거래원 | 종목투자자 |

012450 ▼ ▶ ? 팬 *삼성테크윈   □ 실시간   조회 다음 챠트

시간	현재가	등락폭	등락률	변동거래량	매수비중	매도호가	^
09:07:28	31,000 ▲	1,700	5.80%	10	69.81%	31,050	
09:07:28	31,000 ▲	1,700	5.80%	2,954	69.82%	31,050	
09:07:28	31,000 ▲	1,700	5.80%	100	68.62%	31,000	
09:07:28	30,950 ▲	1,650	5.63%	9	68.58%	31,000	
09:07:28	31,000 ▲	1,700	5.80%	300	68.59%	31,000	
09:07:27	30,950 ▲	1,650	5.63%	10	68.46%	31,000	
09:07:27	31,000 ▲	1,700	5.80%	100	68.47%	31,000	
09:07:27	30,950 ▲	1,650	5.63%	50	68.43%	31,000	
09:07:25	30,950 ▲	1,650	5.63%	50	68.47%	31,000	
09:07:25	30,950 ▲	1,650	5.63%	40	68.52%	31,000	
09:07:25	31,000 ▲	1,700	5.80%	9,233	68.56%	31,000	
09:07:25	30,950 ▲	1,650	5.63%	767	64.05%	30,950	
09:07:24	30,900 ▲	1,600	5.46%	5	63.62%	30,950	
09:07:24	30,950 ▲	1,650	5.63%	10	63.62%	30,950	
09:07:23	30,950 ▲	1,650	5.63%	2	63.62%	30,950	
09:07:23	30,900 ▲	1,600	5.46%	60	63.62%	30,950	
09:07:23	30,950 ▲	1,650	5.63%	835	63.68%	30,950	
09:07:23	30,900 ▲	1,600	5.46%	10	63.19%	30,950	
09:07:23	30,950 ▲	1,650	5.63%	87	63.20%	30,950	
09:07:22	30,950 ▲	1,650	5.63%	243	63.15%	30,950	
09:07:22	30,950 ▲	1,650	5.63%	302	63.01%	30,950	
09:07:22	30,900 ▲	1,600	5.46%	14	62.83%	30,950	
09:07:21	30,950 ▲	1,650	5.63%	200	62.84%	30,950	
09:07:20	30,900 ▲	1,600	5.46%	10	62.72%	30,950	
09:07:20	30,900 ▲	1,600	5.46%	33	62.73%	30,950	
09:07:20	30,950 ▲	1,650	5.63%	100	62.77%	30,950	
09:07:20	30,950 ▲	1,650	5.63%	300	62.71%	30,950	
09:07:19	30,900 ▲	1,600	5.46%	200	62.52%	30,950	
09:07:19	30,900 ▲	1,600	5.46%	1	62.73%	30,950	v

| 체결량 | 주가차트 | 종목뉴스 | 일별주가 | 종목상세 | 거래원 | 종목투자자 |

012450 ▼ ▶ ? 관 *삼성테크윈 □ 실시간 조회 다음 챠트

시간	현재가	등락폭	등락률	변동거래량	매수비중	매도호가
09:07:43	31,150 ▲	1,850	6.31%	9	73.29%	31,150
09:07:42	31,300 ▲	2,000	6.83%	4	73.29%	31,150
09:07:42	31,400 ▲	2,100	7.17%	10	73.30%	31,400
09:07:42	31,300 ▲	2,000	6.83%	5	73.29%	31,400
09:07:42	31,400 ▲	2,100	7.17%	642	73.30%	31,400
09:07:42	31,350 ▲	2,050	7.00%	2,183	73.10%	31,250
09:07:42	31,300 ▲	2,000	6.83%	1,984	72.41%	31,250
09:07:42	31,250 ▲	1,950	6.66%	608	71.75%	31,250
09:07:42	31,200 ▲	1,900	6.48%	17	71.54%	31,250
09:07:42	31,150 ▲	1,850	6.31%	40	71.54%	31,250
09:07:41	31,200 ▲	1,900	6.48%	30	71.52%	31,250
09:07:41	31,200 ▲	1,900	6.48%	63	71.55%	31,250
09:07:41	31,150 ▲	1,850	6.31%	7	71.53%	31,150
09:07:40	31,100 ▲	1,800	6.14%	81	71.53%	31,150
09:07:40	31,100 ▲	1,800	6.14%	10	71.60%	31,150
09:07:39	31,200 ▲	1,900	6.48%	10	71.60%	31,200
09:07:39	31,200 ▲	1,900	6.48%	128	71.60%	31,200
09:07:39	31,150 ▲	1,850	6.31%	272	71.56%	31,150
09:07:39	31,150 ▲	1,850	6.31%	98	71.46%	31,150
09:07:39	31,100 ▲	1,800	6.14%	1	71.43%	31,150
09:07:39	31,150 ▲	1,850	6.31%	133	71.43%	31,150
09:07:39	31,150 ▲	1,850	6.31%	87	71.38%	31,150
09:07:39	31,150 ▲	1,850	6.31%	64	71.35%	31,150
09:07:39	31,150 ▲	1,850	6.31%	210	71.33%	31,150
09:07:39	31,150 ▲	1,850	6.31%	128	71.25%	31,150
09:07:39	31,150 ▲	1,850	6.31%	1,310	71.21%	31,150
09:07:39	31,100 ▲	1,800	6.14%	690	70.74%	31,100
09:07:38	31,100 ▲	1,800	6.14%	40	70.48%	31,100
09:07:38	31,050 ▲	1,750	5.97%	10	70.47%	31,100

[삼성테크윈 - 9]

체결량 | 주가차트 | 종목뉴스 | 일별주가 | 종목상세 | 거래원 | 종목투자자

012450 ▼ ▶ ? 관 *삼성테크윈 □ 실시간 조회 다음 챠트

시간	현재가		등락폭	등락률	변동거래량	매수비중	매도호가	^
09:31:12	31,050	▲	1,750	5.97%	1	59.23%	31,100	
09:31:11	31,100	▲	1,800	6.14%	415	59.23%	31,100	
09:31:01	31,100	▲	1,800	6.14%	28	59.17%	31,100	
09:31:00	31,050	▲	1,750	5.97%	10	59.17%	31,100	
09:30:56	31,100	▲	1,800	6.14%	21	59.17%	31,100	
09:30:52	31,100	▲	1,800	6.14%	3	59.17%	31,100	
09:30:50	31,050	▲	1,750	5.97%	400	59.17%	31,100	
09:30:45	31,050	▲	1,750	5.97%	49	59.24%	31,100	
09:30:45	31,050	▲	1,750	5.97%	150	59.25%	31,100	
09:30:44	31,050	▲	1,750	5.97%	6	59.28%	31,100	
09:30:42	31,050	▲	1,750	5.97%	100	59.28%	31,100	
09:30:38	31,050	▲	1,750	5.97%	4	59.30%	31,100	
09:30:38	31,050	▲	1,750	5.97%	3	59.30%	31,100	
09:30:37	31,100	▲	1,800	6.14%	61	59.31%	31,100	
09:30:37	31,150	▲	1,850	6.31%	58	59.32%	31,150	
09:30:36	31,100	▲	1,800	6.14%	200	59.31%	31,150	
09:30:36	31,100	▲	1,800	6.14%	90	59.35%	31,150	
09:30:35	31,150	▲	1,850	6.31%	21	59.37%	31,150	
09:30:25	31,100	▲	1,800	6.14%	3	59.36%	31,150	
09:30:24	31,100	▲	1,800	6.14%	1	59.36%	31,150	
09:30:24	31,100	▲	1,800	6.14%	500	59.36%	31,150	
09:30:24	31,150	▲	1,850	6.31%	71	59.46%	31,150	
09:30:24	31,150	▲	1,850	6.31%	200	59.45%	31,150	
09:30:23	31,150	▲	1,850	6.31%	87	59.43%	31,150	
09:30:15	31,100	▲	1,800	6.14%	500	59.41%	31,150	
09:30:13	31,150	▲	1,850	6.31%	4	59.51%	31,150	
09:30:11	31,150	▲	1,850	6.31%	8	59.51%	31,150	
09:30:11	31,150	▲	1,850	6.31%	414	59.51%	31,150	v
09:30:00	31,150	▲	1,850	6.31%	176	59.45%	31,150	

[삼성테크윈 - 10]

체결량	주가차트	종목뉴스	일별주가	종목상세	거래원	종목투자자

| 012450 | ▼ | ▶ | ? | 괜 | *삼성테크윈 | ☐ 실시간 | 조회 | 다음 | 챠트 |

시간	현재가	등락폭	등락률	변동거래량	매수비중	매도호가
09:34:38	31,300 ▲	2,000	6.83%	500	60.94%	31,300
09:34:33	31,300 ▲	2,000	6.83%	10	60.88%	31,300
09:34:32	31,300 ▲	2,000	6.83%	12	60.88%	31,300
09:34:32	31,250 ▲	1,950	6.66%	12	60.88%	31,300
09:34:32	31,300 ▲	2,000	6.83%	5	60.88%	31,300
09:34:30	31,250 ▲	1,950	6.66%	68	60.88%	31,300
09:34:30	31,250 ▲	1,950	6.66%	2	60.89%	31,300
09:34:30	31,250 ▲	1,950	6.66%	3	60.89%	31,300
09:34:28	31,300 ▲	2,000	6.83%	26	60.90%	31,300
09:34:27	31,250 ▲	1,950	6.66%	2	60.89%	31,300
09:34:25	31,300 ▲	2,000	6.83%	100	60.89%	31,300
09:34:22	31,300 ▲	2,000	6.83%	28	60.88%	31,300
09:34:21	31,300 ▲	2,000	6.83%	100	60.88%	31,300
09:34:21	31,250 ▲	1,950	6.66%	108	60.86%	31,300
09:34:21	31,250 ▲	1,950	6.66%	10	60.85%	31,250
09:34:21	31,250 ▲	1,950	6.66%	10	60.85%	31,250
09:34:20	31,250 ▲	1,950	6.66%	181	60.85%	31,250
09:34:20	31,250 ▲	1,950	6.66%	10	60.83%	31,250
09:34:20	31,250 ▲	1,950	6.66%	100	60.83%	31,250
09:34:20	31,250 ▲	1,950	6.66%	10	60.81%	31,250
09:34:19	31,250 ▲	1,950	6.66%	1,053	60.81%	31,250
09:34:18	31,250 ▲	1,950	6.66%	233	60.68%	31,250
09:34:18	31,250 ▲	1,950	6.66%	100	60.65%	31,250
09:34:17	31,200 ▲	1,900	6.48%	150	60.64%	31,250
09:34:17	31,250 ▲	1,950	6.66%	248	60.67%	31,250
09:34:17	31,250 ▲	1,950	6.66%	50	60.64%	31,250
09:34:13	31,250 ▲	1,950	6.66%	87	60.63%	31,250
09:34:13	31,250 ▲	1,950	6.66%	414	60.62%	31,250
09:34:10	31,250 ▲	1,950	6.66%	44	60.57%	31,250

[삼성테크윈 - 11]

체결량 | 주가차트 | 종목뉴스 | 일별주가 | 종목상세 | 거래원 | 종목투자자

012450 ▼ ▶ ? 꽨 *삼성테크윈 ☐ 실시간 조회 다음 챠트

시간	현재가		등락폭	등락률	변동거래량	매수비중	매도호가
09:44:29	32,000	▲	2,700	9.22%	292	65.13%	32,050
09:44:29	31,950	▲	2,650	9.04%	100	65.11%	32,000
09:44:28	31,950	▲	2,650	9.04%	20	65.12%	32,000
09:44:28	32,000	▲	2,700	9.22%	9,541	65.12%	32,000
09:44:28	32,000	▲	2,700	9.22%	19	64.34%	32,000
09:44:28	31,950	▲	2,650	9.04%	100	64.34%	32,000
09:44:27	32,000	▲	2,700	9.22%	2,013	64.35%	32,000
09:44:27	31,950	▲	2,650	9.04%	2,987	64.19%	31,950
09:44:25	31,950	▲	2,650	9.04%	28	63.93%	31,950
09:44:22	31,900	▲	2,600	8.87%	2	63.93%	31,950
09:44:19	31,900	▲	2,600	8.87%	4	63.93%	31,950
09:44:19	31,950	▲	2,650	9.04%	500	63.93%	31,950
09:44:18	31,900	▲	2,600	8.87%	5	63.89%	31,950
09:44:17	31,950	▲	2,650	9.04%	1,136	63.89%	31,950
09:44:17	31,900	▲	2,600	8.87%	364	63.79%	31,900
09:44:17	31,900	▲	2,600	8.87%	163	63.76%	31,900
09:44:16	31,900	▲	2,600	8.87%	218	63.74%	31,900
09:44:15	31,900	▲	2,600	8.87%	1,256	63.72%	31,900
09:44:14	31,900	▲	2,600	8.87%	11	63.91%	31,950
09:44:13	31,900	▲	2,600	8.87%	1	63.92%	31,950
09:44:13	31,950	▲	2,650	9.04%	58	63.92%	31,950
09:44:11	31,900	▲	2,600	8.87%	100	63.91%	31,950
09:44:10	31,900	▲	2,600	8.87%	25	63.93%	31,950
09:44:10	31,900	▲	2,600	8.87%	94	63.92%	31,900
09:44:09	31,900	▲	2,600	8.87%	1	63.92%	31,900
09:44:08	31,900	▲	2,600	8.87%	225	63.92%	31,900
09:44:08	31,900	▲	2,600	8.87%	2,597	63.90%	31,900
09:44:08	31,850	▲	2,550	8.70%	1	63.67%	31,900
09:44:08	31,850	▲	2,550	8.70%	3	63.67%	31,900

| 체결량 | 주가차트 | 종목뉴스 | 일별주가 | 종목상세 | 거래원 | 종목투자자 |

012450 ▼ ▶ ? 관 *삼성테크윈   □ 실시간   조회 다음 챠트

시간	현재가	등락폭	등락률	변동거래량	매수비중	매도호가
09:48:16	33,350 ▲	4,050	13.82%	21	62.74%	33,350
09:48:16	33,300 ▲	4,000	13.65%	37	62.74%	33,350
09:48:16	33,350 ▲	4,050	13.82%	4	62.75%	33,350
09:48:16	33,350 ▲	4,050	13.82%	10	62.75%	33,350
09:48:16	33,350 ▲	4,050	13.82%	9	62.74%	33,350
09:48:16	33,350 ▲	4,050	13.82%	9	62.74%	33,350
09:48:16	33,350 ▲	4,050	13.82%	9	62.74%	33,350
09:48:16	33,350 ▲	4,050	13.82%	7	62.74%	33,350
09:48:16	33,350 ▲	4,050	13.82%	21	62.74%	33,350
09:48:16	33,350 ▲	4,050	13.82%	7	62.74%	33,350
09:48:16	33,350 ▲	4,050	13.82%	10	62.74%	33,350
09:48:16	33,350 ▲	4,050	13.82%	10	62.74%	33,350
09:48:16	33,300 ▲	4,000	13.65%	2	62.74%	33,350
09:48:16	33,350 ▲	4,050	13.82%	7	62.74%	33,350
09:48:16	33,350 ▲	4,050	13.82%	1	62.74%	33,400
09:48:16	33,350 ▲	4,050	13.82%	1,950	62.74%	33,400
09:48:16	33,350 ▲	4,050	13.82%	75	62.59%	33,350
09:48:16	33,350 ▲	4,050	13.82%	25	62.59%	33,350
09:48:16	33,350 ▲	4,050	13.82%	38	62.59%	33,350
09:48:16	33,300 ▲	4,000	13.65%	350	62.58%	33,350
09:48:15	33,300 ▲	4,000	13.65%	200	62.63%	33,350
09:48:15	33,350 ▲	4,050	13.82%	2	62.65%	33,350
09:48:15	33,300 ▲	4,000	13.65%	27,574	62.65%	32,650
09:45:47	32,700 ▲	3,400	11.60%	2,208	66.31%	32,650
09:45:47	32,650 ▲	3,350	11.43%	1,039	66.15%	32,650
09:45:47	32,650 ▲	3,350	11.43%	56	66.08%	32,650
09:45:47	32,650 ▲	3,350	11.43%	100	66.08%	32,650
09:45:47	32,650 ▲	3,350	11.43%	3	66.07%	32,650
09:45:46	32,650 ▲	3,350	11.43%	400	66.07%	32,650

[삼성테크윈 - 13]

체결량 | 주가차트 | 종목뉴스 | 일별주가 | 종목상세 | 거래원 | 종목투자자

012450 ▼ ▶ ? 관 *삼성테크윈 □ 실시간 조회 다음 챠트

시간	현재가		등락폭	등락률	변동거래량	매수비중	매도호가	∧
09:49:09	34,850	▲	5,550	18.94%	1	64.80%	35,000	
09:49:09	34,850	▲	5,550	18.94%	1	64.80%	35,000	
09:49:09	34,850	▲	5,550	18.94%	1	64.80%	35,000	
09:49:09	34,650	▲	5,350	18.26%	10	64.80%	35,000	
09:49:09	35,000	▲	5,700	19.45%	3,067	64.80%	35,000	
09:49:09	34,950	▲	5,650	19.28%	647	64.62%	34,700	
09:49:09	34,900	▲	5,600	19.11%	752	64.58%	34,700	
09:49:09	34,850	▲	5,550	18.94%	242	64.53%	34,700	
09:49:09	34,800	▲	5,500	18.77%	225	64.52%	34,700	
09:49:09	34,750	▲	5,450	18.60%	64	64.51%	34,700	
09:49:09	34,700	▲	5,400	18.43%	790	64.50%	34,700	
09:49:09	34,650	▲	5,350	18.26%	1	64.45%	34,700	
09:49:09	34,700	▲	5,400	18.43%	5	64.45%	34,700	
09:49:09	34,700	▲	5,400	18.43%	8	64.45%	34,700	
09:49:09	34,650	▲	5,350	18.26%	135	64.45%	34,700	
09:49:08	34,600	▲	5,300	18.09%	2	64.47%	34,700	
09:49:08	34,700	▲	5,400	18.43%	200	64.47%	34,700	
09:49:08	34,600	▲	5,300	18.09%	700	64.46%	34,700	
09:49:08	34,600	▲	5,300	18.09%	1	64.53%	34,700	
09:49:08	34,600	▲	5,300	18.09%	3	64.53%	34,700	
09:49:08	34,600	▲	5,300	18.09%	80	64.53%	34,700	
09:49:08	34,700	▲	5,400	18.43%	4	64.54%	34,700	
09:49:08	34,600	▲	5,300	18.09%	36	64.54%	34,700	
09:49:08	34,700	▲	5,400	18.43%	12	64.55%	34,700	
09:49:08	34,600	▲	5,300	18.09%	50	64.55%	34,700	
09:49:08	34,700	▲	5,400	18.43%	201	64.55%	34,700	
09:49:08	34,700	▲	5,400	18.43%	79	64.54%	34,700	
09:49:08	34,650	▲	5,350	18.26%	1	64.53%	34,650	∨
09:49:08	34,600	▲	5,300	18.09%	100	64.53%	34,650	

[삼성테크윈 기사 - 1]

일자	2015/07/01	시간	09:45:09	제공처	이데일리	닫기

++++ 2015/07/01 09:45:09 (이데일리) ++++
제목 : [특징주] '한화' 간판 다는 삼성테크윈, 이틀째 강?
[이데일리 송이라 기자] 삼성테크윈(012450)이 한화 그룹 인수된 후 상승세를 보이고 있다.

1일 오전 9시37분 현재 삼성테크윈은 전일 대비 7.51% 오른 3만1500원에 거래 중이다.

삼성테크윈은 지난달 29일 임시주주총회를 개최해 사명변경 등 정관변경과 사내외이사를 신규선임하는 안건을 가결했다. 30일 장 마감 후에는 최대주주가 삼성전자 외 특수관계인 6인에서 한화 외 특수관계인 1인으로 변경됐다고 공시했다. 최대주주인 한화 외 특수관계인 1인의 지분율은 32.36%다.

[삼성테크윈 기사 - 2]

일자	2015/07/01	시간	09:06:08	제공처	인포스탁	닫

INFOSTOCK

제목 : 삼성테크윈(012450) 상승폭 소폭 확대 +4.61%, 외국계 매수 유입

기업개요
방위산업 업체. 첨단기술력 기반의 엔진사업(항공기 엔진 및 부품, 산업용 압축기 및 발전기 등), 방위사업(자주포, 탄약운반차, 사격지휘차 등), 보안/정밀 제어사업(CCTV, 카메라모듈, 저장장치 등) 등을 영위. 지능형 영상 장비/로봇, 항공기엔진, 반도체부품, 반도체 실장기, 압축기, 가스터빈, 방산장비 등 다양한 분야에서 연구개발 진행 중.

최대주주는 (주)한화 외(32.36%) 상호변경 : 삼성항공산업 -> 삼성테크윈(00년3월) Update : 2015.06.30(그래핀)

DART 금융감독원 전자공시 분기보고서 (2015.03) 바로보기

개인/외국인/기관 일별 순매매동향(수량기준, 전일까지 5거래일)

일자	종가	등락률	거래량	개인	외국인	기관계
2015-06-30	29,300	+0.17%	612,734	+102,492	-61,073	-45,216
2015-06-29	29,250	-4.26%	595,272	+217,612	-120,101	-95,013
2015-06-26	30,550	+1.66%	664,279	-97,978	+23,683	+78,277
2015-06-25	30,050	-3.53%	939,213	+148,022	+50,373	-191,467
2015-06-24	31,150	-4.74%	782,265	+307,254	-132,568	-182,321

삼성테크윈은 장 초반 외국계가 프로그램으로 들어오면서 급등했습니다.

체결창을 보면 단주 매수가 들어오면서 시장가 매수세도 들어오는 것을 볼 수 있습니다. 최근 대형주 패턴에서 잘 보이는 모습이 장 초반 급등 후 횡보하는 패턴입니다.

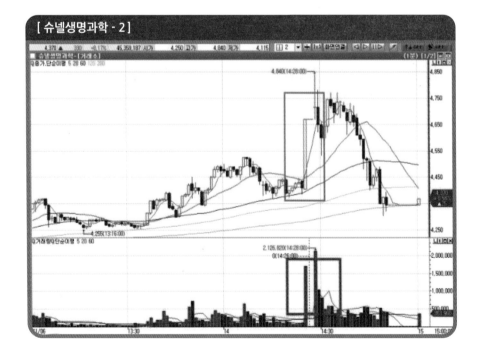

[슈넬생명과학 기사]

시 황

일자	2015/11/06	시간	14:24:14	제공처	이투데이

++++ 2015/11/06 14:24:14 (이투데이) ++++
제목 : [특징주] 슈넬생명과학, 한미약품 수출 계약사와 日
[이투데이/ 설경진 기자(skj78@etoday.co.kr)]
한미약품이 사노피사와의 5조원대 수출계약 체결 소식에 슈넬생명과학이 동반 상승세다.

사노피와 슈넬생명과학의 자회사 에이프로젠이 개발한 바이오시밀러를 일본에 판매하기로 계약한 바 있기 때문으로 풀이된다.

6일 오후 2시24분 현재 슈넬생명과학은 전일대비 365원(9.03%) 상승한 4405원에 거래 중이다.

한미약품이 지난 5일 사노피사와 39억유로(약 4조8000억원) 규모의 당뇨 신약 제품군 기술 수출 계약을 체결했다는 소식에 급등세다.

한미약품에 실험용 쥐를 공급했던 것으로 알려진 오리엔트바이오 역시 급등세를 보이자 이번엔 슈넬생명과학에 매수 세가 몰리는 것으로 분석된다.

슈넬생명과학은 자회사인 에피프로젠과 니찌이꼬제약, 사노피가 레미케이드 바이오시밀러 GS071을 일본에서 공동 임상시험하고 판매하는 계약을 지난 2012년 맺었다.

하태기 SK증권 연구원은 "니찌이꼬는 매출 1조원 이상의 일본 제네릭의약품 1위 제약사"라면서 "사노피와 합작법인(JV)을 설립해 제네릭 및 바이오시밀러 제품을 일본 내 공동 판매하는 계약을 체결하고, 향후 에이프로젠이 개발한 바이오시밀러를 판매할 것"이라고 설명했다.

[슈넬생명과학 - 3]

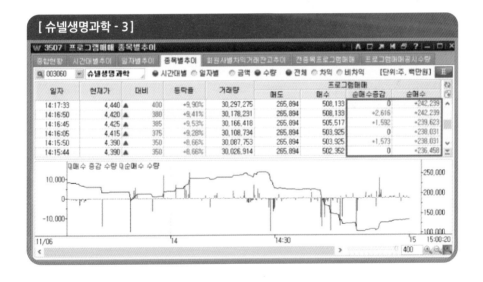

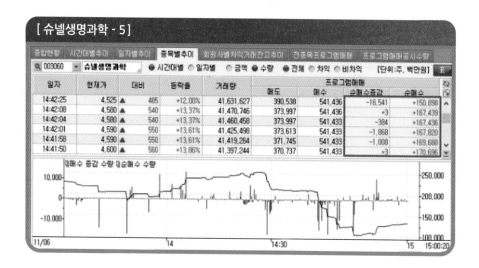

[슈넬생명과학 - 4]

종합현황　시간대별추이　일자별추이　**종목별추이**　회원사별차익거래잔고추이　전종목프로그램매매　프로그램매매공시수량

🔍 003060 ▼ 슈넬생명과학　● 시간대별 ○ 일자별　○ 금액 ● 수량　● 전체 ○ 차익 ○ 비차익　[단위:주, 백만원]　표

일자	현재가	대비	등락율	거래량	프로그램매매			
					매도	매수	순매수증감	순매수
14:29:50	4,610 ▲	570	+14.11%	36,551,692	321,524	535,750	-4,755	+214,226
14:29:46	4,590 ▲	550	+13.61%	36,531,024	316,769	535,750	-5,649	+218,981
14:29:44	4,590 ▲	550	+13.61%	36,524,104	311,120	535,750	-6,536	+224,630
14:29:41	4,605 ▲	565	+13.99%	36,449,589	304,584	535,750	-638	+231,166
14:29:34	4,590 ▲	550	+13.61%	36,296,809	303,946	535,750	+2	+231,804
14:29:32	4,575 ▲	535	+13.24%	36,270,962	303,946	535,748	-16,872	+231,802

[슈넬생명과학 - 5]

종합현황　시간대별추이　일자별추이　**종목별추이**　회원사별차익거래잔고추이　전종목프로그램매매　프로그램매매공시수량

🔍 003060 ▼ 슈넬생명과학　● 시간대별 ○ 일자별　○ 금액 ● 수량　● 전체 ○ 차익 ○ 비차익　[단위:주, 백만원]　표

일자	현재가	대비	등락율	거래량	프로그램매매			
					매도	매수	순매수증감	순매수
14:42:25	4,525 ▲	485	+12.00%	41,631,627	390,538	541,436	-16,541	+150,898
14:42:08	4,580 ▲	540	+13.37%	41,470,746	373,997	541,436	+3	+167,439
14:42:04	4,580 ▲	540	+13.37%	41,460,458	373,997	541,433	-384	+167,436
14:42:01	4,590 ▲	550	+13.61%	41,425,498	373,613	541,433	-1,868	+167,820
14:41:58	4,590 ▲	550	+13.61%	41,419,264	371,745	541,433	-1,008	+169,688
14:41:50	4,600 ▲	560	+13.86%	41,397,244	370,737	541,433	+3	+170,696

　　한미약품 5조 원 수주 찌라시가 나올 때 매수세가 들어오면서 쏠리고 슈팅이 나와 프로그램으로 산 물량을 매도하는 모습입니다. 프로그램을 기준으로 수급 주체의 매수·매도를 실시간으로 파악한다면 저점 매수 및 고점 매도가 가능합니다.

수급 1, 2음봉

수급
1, 2음봉

수급 1, 2음봉이란? 시세 초입 수급 주도주는 하루이틀 조정을 보입니다. 외인 기관이 개미털기로 신용, 미수를 사용한 심약한 개인 투자자를 떨구기 위한 하나의 패턴이라고 생각합니다.

🔑 수급 1, 2음봉 조건

- 거래량, 거래 대금이 풍부해야 한다.
- 기관 외인의 수급이 연속적.
- 눌림을 줄 때 거래량 감소.
- 상승 모멘텀이 지속되어야 한다.
- 중소형주, 대장주.

🔑 매수 타점

- 수급 주체를 보며 종가 베팅.
- 조정 시 음봉 분할 매수.
- 수급 주체의 이탈 여부 확인.
- 3·3·4 분할 매수 원칙.

🔑 매도 타점

- 시가 갭상승 후 이탈 시 일단 매도 확인 후 재매수 가능.
- 라운드 피겨 확인 후 매도.
- 수급 주체 매수 시 홀딩 전략.
- 수급 주체 이탈 시 매도.

🔑 종가 베팅 전략

- 시황 체크(전약후강, 전강후약).
- 수급의 이탈 여부 확인(연속성 체크).
- 3·3·4 분할 매수의 원칙 수급 2, 3음봉 가능.
- 외인의 선물 매도 포지션(하루 종일 매도).
- 자신만의 매매 원칙대로 칼손절 대응.
- 시가 갭상승 이후 후속 매수서 없음 익절(외인 기관 매수·매도 포지션).
- 종목 압축 대응으로 장 마감까지 수급 주체 확인(거래원. 체결량).
- 주도주의 하루이틀 눌림과 조정을 이용함.
- 시세 초입은 거래량 증가, 반대는 거래량 소강.

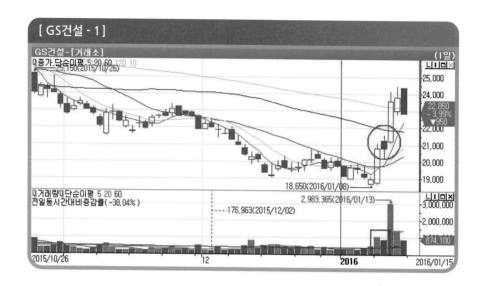

[GS건설 - 1]

GS건설입니다. 플랜트, 전력 및 해외 종합 건설업을 주요 사업으로 하는 기업입니다. 2016년은 지난해 분양 물량 증가와 관련, 주택 실적 반영이 본격화될 것이라는 기대감이 상승하고, 해외 저가 공사 완공 물량이 많고 재개발·재건축 수주 물량을 확보해 턴어라운드가 예상되는 종목입니다.

1월 11일 외인 8만 주, 기관 15만 주가 들어오면서 급등 후 수급 이탈 없이 하루 조정 후 크게 반등이 나오는 모습입니다.

[GS건설 - 2]

일자	종가	외국인	개인	기관	기관순매수상세								기타
					금융투자	보험	투신	사모	은행	기타금융	기금	국가	
현 재	22,850	-181,968	-11,217	+178,970	+106,376	+45,205	+22,206	-13,301	+3,627	0	+14,857	0	+14,215
2016/01/14	23,800	-43,572	-26,409	+69,165	+54,154	+59,095	-11,640	-129,339	+7,800	0	+89,095	0	+816
2016/01/13	23,600	+276,198	-564,506	+298,965	-23,035	+139,524	+100,359	+12,297	-7,669	-11,220	+88,709	0	-10,657
2016/01/12	20,800	-107,124	-1,646	+111,180	+30,410	+24,001	-187	+19,477	+5,000	-8,000	+40,479	0	-2,410
2016/01/11	20,800	+82,914	-233,033	+150,121	+33,767	+5,770	-7,362	+88,655	-1,333	+5,000	+25,624	0	-2
2016/01/08	18,950	-73,218	+113,881	-46,943	+17,505	-7,728	+2,998	-40,051	+5,333	0	-23,431	-1,569	+6,280
2016/01/07	19,100	-62,396	+105,570	-43,811	+2	-11,857	+2,564	-27,282	0	0	-7,238	0	+637
2016/01/06	19,550	-59,511	+37,633	+19,917	+9,615	0	-9,684	+19,877	+358	0	-249	0	+1,961
2016/01/05	19,650	+33,363	-73,651	+37,684	+19,966	+8,115	+3,995	+10,608	0	-5,000	0	0	+2,604

검색창: 006360 GS건설 ✓기관상세 [단위: 주,백만원] 공매도차

3일 동안 기관이 56만 주 (120억 원) 이상 들어왔습니다. 장대 양봉 후 조정받으면서 기관 매수가 들어올 때 수급 1음봉 관점으로 공략이 가능했습니다.

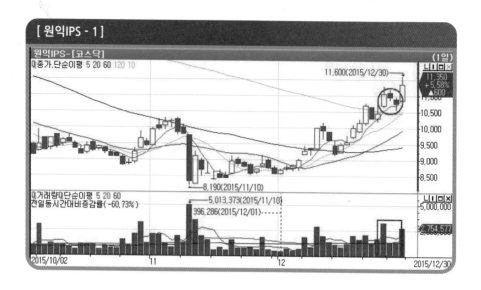

원익IPS입니다. OLED 관련주로 반도체 장비 중 PE-CVD와 드라이 에처(건식 식각 장비) 분야에서 국내 섬유율 30% 이상 점유하고 있는 기업입니다. 최근 23일 열린 코스닥 시장 상장위원회 심의를 거쳐 재상장 예비 심사를 승인받았습니다.

12월 24일 외인 기관 대량 양매수 이후 2일 동안 조정받고 다시 재상승하는 모습입니다. 지수가 하락하면서 좀 더 주가가 빠지기는 했지만 시황에 맞게 대응을 했다면 충분히 공략 가능한 종목입니다.

[원익IPS - 2]

일자	종가	외국인	개인	기관	기관순매수상세								기타
					금융투자	보험	투신	사모	은행	기타금융	기금	국가	
2015/12/30	11,350	+107,171	-305,227	+194,969	+36,829	+15,479	+12,756	+4,923	-10,000	+15,064	+119,918	0	+3,087
2015/12/29	10,750	-151,781	+64,336	+80,135	+41,330	+8,964	+12,270	+13,009	-6,400	0	+10,962	0	+7,310
2015/12/28	10,950	-175,891	+94,593	+102,778	+55,757	+11,543	-4,299	0	+8,235	-1,500	+33,042	0	-21,480
2015/12/24	11,050	+240,084	-563,331	+331,357	+71,156	+11,458	+10,960	+52,030	+19,948	+3,000	+123,907	+38,898	-8,110
2015/12/23	10,450	-202,720	-95,546	+298,064	+35,894	0	+11,100	+53,899	-1,433	0	+185,195	+13,409	+202
2015/12/22	10,300	-80,812	+105,042	-32,200	-21,968	-36,628	-4,820	0	-1,148	0	+32,364	0	+7,970
2015/12/21	10,700	-12,647	-265,434	+270,118	+56,264	0	+101,511	+28,389	+20,000	0	+55,256	+8,698	+7,963
2015/12/18	10,150	+30,393	-238,220	+208,085	+4,664	+1,734	+7,433	-5,318	+5,000	+100,000	+94,572	0	-258
2015/12/17	10,000	+197,863	-256,064	+108,284	-24,196	+47,865	+34,478	0	0	-6,488	+48,108	+8,517	-50,083

030530 ▾ 원익IPS   ✓기관상세   [단위: 주,백만원] 공매도차

기관 수급이 연속적으로 대량 들어오는 것을 볼 수 있습니다. 2일간 조정 기간에도 기관은 10만 주 8만 주, 매수가 들어온 것을 볼 수 있습니다. 주포가 기관이기 때문에 기관의 이탈이 없다면 홀딩 및 분할 매수로 대응할 수 있습니다.

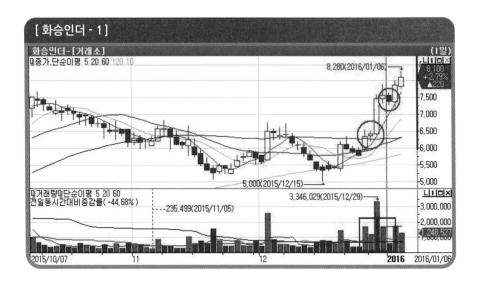

[화승인더 - 1]

화승인더입니다. 아디다스가 미국과 중국 시장에서 가파른 성장세를 보이면서 신발 부문 매출 증가와 유가 하락에 따른 원가율 개선으로 영업 이익이 크게 증가한 종목입니다.

12월 24일 외인 9만 주, 기관 11만 주 수급이 들어오고 하루 조정 후 상승하는 모습입니다. 이후 29일에도 외인 11만 주, 기관 21만 주 이상 수급이 들어오면서 이틀 조정 후 반등했습니다.

이처럼 실적이 받쳐주는 종목에 수급이 유입될 경우 주가 관리를 해주기 때문에 수급 1, 2음봉으로 많은 수익을 얻을 수 있습니다.

[화승인더 - 2]

006060 ▼ 화승인더 ☑기관상세 　[단위: 주,백만원] 공매도차트

| 일자 | 종가 | 외국인 | 개인 | 기관 | 기관순매수상세 | | | | | | | | 기타 |
					금융투자	보험	투신	사모	은행	기타금융	기금	국가	
2016/01/06	8,100	-60,419	-100,631	+149,790	+28,760	+7,975	+51,089	+556	0	0	+36,885	+24,525	+11,260
2016/01/05	7,880	-385	-21,141	+20,580	+467	0	-4,627	-9,674	+724	0	+27,323	+6,367	+946
2016/01/04	7,400	+36,019	-46,496	+402	-2,013	-2,378	-7,457	+7,640	0	+3,060	+1,350	0	+8,075
2015/12/30	7,560	-16,558	+87,053	-73,570	+29,346	-51,655	-21,965	+23,493	-3,192	0	-56,589	+6,992	+3,075
2015/12/29	7,460	+110,810	-315,988	+219,232	+9,810	+16,990	-1,108	+89,684	-7,414	0	+94,100	+17,170	-14,054
2015/12/28	6,420	-26,176	-119,548	+137,877	+35,115	+55,182	+21,887	+9,853	0	+6,620	+9,220	0	+7,847
2015/12/24	6,350	+92,083	-195,221	+110,973	+9,706	+33,511	+23,270	+25,134	0	+1,453	+17,699	0	-7,835
2015/12/23	5,790	-24,546	-31,293	+54,839	+10,728	0	+32,286	+11,825	0	0	0	0	+1,000
2015/12/22	5,910	-31,973	-19,410	+50,691	+9,136	0	+14,310	+27,245	0	0	0	0	+692

　기관 수급이 연속적으로 들어오는 것을 볼 수가 있습니다. 수급 이탈 없이 지속적으로 수급이 유입될 시 공략이 가능합니다.

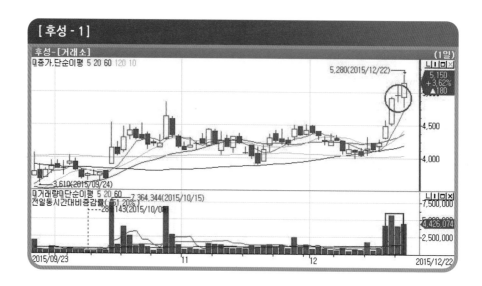

[후성 - 1]

후성입니다. 전기차 관련, 주로 리튬 2차 전지용 전해질 소재 제조업체입니다. 2015년 3분기 실적도 좋고 당기순 이익은 턴어라운드 했습니다.

12월 17, 18일 외인 80만 주, 기관 70만 주 이상 매수가 들어오면서 급등한 종목입니다. 이때 수급 1, 2음봉 관점으로 공략이 가능합니다

[후성 - 2]

🔍 093370 ▾ 후성   ✓ 기관상세   [단위: 주,백만원] 공매도...

일자	종가	외국인	개인	기관	기관순매수상세								기타
					금융투자	보험	투신	사모	은행	기타금융	기금	국가	
2015/12/22	5,150	+161,894	-244,565	+69,740	-14,929	+5,637	+4,042	+7,899	-1,960	0	+68,951	+100	+12,931
2015/12/21	4,970	-46,246	+151,464	-160,948	-28,304	-120	-104,610	-591	0	0	+4,658	-31,981	+55,730
2015/12/18	4,920	+613,888	-1,035,098	+398,314	+85,511	+42,849	+35,852	-756	+37,705	0	+182,962	+14,191	+22,896
2015/12/17	4,495	+234,559	-609,907	+340,917	+134,523	+100,435	+123,161	+73,959	+28,500	0	+117,541	-237,202	+34,431
2015/12/16	4,235	+99,650	-161,613	+56,614	+54,209	+1,005	+1,180	+88	0	0	0	+132	+5,349
2015/12/15	4,140	-56,407	+36,662	+19,745	+19,535	+956	-746	0	0	0	0	0	0
2015/12/14	4,150	+41,709	-60,019	+21,310	+36,227	+9,145	-6,014	0	0	0	-18,048		-3,000
2015/12/11	4,050	+6,368	+18,356	-25,224	-27,772	+1,666	+882	0	0	0	0	0	+500
2015/12/10	4,100	-85,154	+97,162	-16,803	-1,922	+568	-14,100	+88	0	0	-1,607	+170	+4,795

매매 동향을 보시면 외인 기관의 수급의 연속성을 볼 수가 있습니다. 대량의 수급이 들어온 종목은 대량 이탈이 없을 경우 지속적으로 관심 있게 지켜볼 필요가 있습니다.

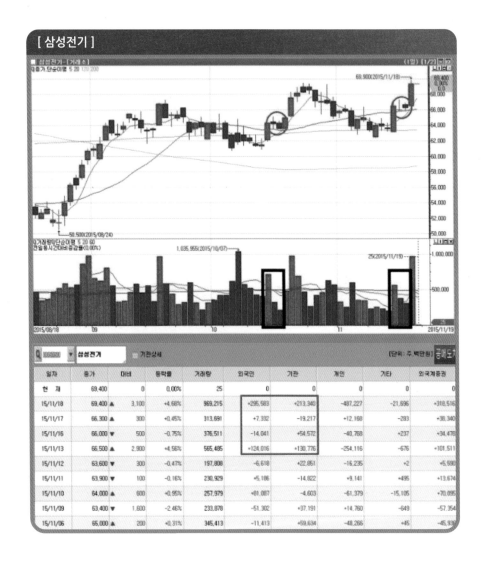

[삼성전기]

일자	종가	대비	등락률	거래량	외국인	기관	개인	기타	외국계증권
현 재	69,400	0	0.00%	25	0	0	0	0	0
15/11/18	69,400 ▲	3,100	+4.68%	969,215	+295,583	+213,340	-487,227	-21,696	+318,516
15/11/17	66,300 ▲	300	+0.45%	313,691	+7,332	-19,217	+12,168	-283	+38,340
15/11/16	66,000 ▼	500	-0.75%	376,511	-14,041	+54,572	-40,768	+237	+34,478
15/11/13	66,500 ▲	2,900	+4.56%	565,485	+124,016	+130,776	-254,116	-676	+101,511
15/11/12	63,600 ▼	300	-0.47%	197,808	-6,618	+22,851	-16,235	+2	+5,590
15/11/11	63,900 ▼	100	-0.16%	230,929	+5,186	-14,822	+9,141	+495	+13,674
15/11/10	64,000 ▲	600	+0.95%	257,979	+81,087	-4,603	-61,379	-15,105	+70,095
15/11/09	63,400 ▼	1,600	-2.46%	233,878	-51,302	+37,191	+14,760	-649	-57,354
15/11/06	65,000 ▲	200	+0.31%	345,413	-11,413	+59,634	-48,266	+45	-45,936

삼성전기입니다. 10월 15일 양매수 들어오고 2일 동안 수급 이탈 없이 거래량 감소 후 다음 날 수급이 다시 들어오면서 주가를 상승시키는 패턴입니다.

11월 13일 또한 양매수 이후 2일 동안 거래량이 감소하다가 다음 날 강력한 양매수 수급이 들어오면서 급등하는 모습입니다.

[알루코]

일자	종가	대비	등락률	거래량	외국인	기관	개인	기타	외국계증권
현 재	7,650	0	0.00%	130	0	0	0	0	0
15/11/18	7,650 ▲	10	+0.13%	757,342	-33,098	+53,216	-26,918	+6,800	-43,363
15/11/17	7,640 ▲	430	+5.96%	1,221,334	+42,377	+135,816	-173,100	-5,093	-4,690
15/11/16	7,210 ▼	160	-2.17%	630,953	+44,339	+2,598	-87,887	+40,950	-1,328
15/11/13	7,370 ▲	150	+2.08%	1,075,444	+33,676	+29,301	-110,376	+47,399	-3,271
15/11/12	7,220 ▲	670	+10.23%	2,139,869	+70,579	+163,549	-241,841	+7,713	+45,996
15/11/11	6,550 ▲	200	+3.15%	298,089	+1,606	+5,292	-5,447	-1,451	+1,622
15/11/10	6,350 ▲	100	+1.60%	373,571	+59,848	-25,508	-34,340	0	+30,713
15/11/09	6,250 ▼	350	-5.30%	336,604	+9,215	-8,723	+13,861	-14,353	+2,005
15/11/06	6,600 ▼	70	-1.05%	381,169	+9,148	-8,407	-15,741	+15,000	+2,706

알루코도 11월 12일 양매수 수급이 들어온 이후, 2일 동안 주가를 횡보시킨 후 3일째 다시 강력한 수급이 들어오면서 주가를 급등시키는 모습입니다.

수급 2음봉으로 이렇게 외인/기관들이 개미털기용으로 신용, 미수를 사용한 심약한 개인 투자자를 떨구기 위해 잘 이용하는 패턴입니다.

[AP시스템]

일자	종가	대비	등락률	거래량	외국인	기관	개인	기타	외국계증권
현 재	9,690	0	0.00%	0	0	0	0	0	0
15/11/18	9,690 ▲	80	+0.83%	984,755	+14,098	+190,059	-241,782	+36,825	+43,567
15/11/17	9,610 ▲	100	+1.05%	769,205	+4,112	+60,493	-65,271	+666	+38,659
15/11/16	9,510 ▲	20	+0.21%	1,191,104	-742	+149,528	-194,173	+45,387	+26,808
15/11/13	9,490 ▲	130	+1.39%	1,316,908	+506	+136,922	-169,327	+31,899	+14,292
15/11/12	9,360 ▲	530	+6.00%	2,080,800	+42,729	+181,451	-240,657	+16,477	+70,828
15/11/11	8,830 ▲	100	+1.15%	774,030	-12,403	+28,312	-16,326	+417	-7,467
15/11/10	8,730 ▲	90	+1.04%	830,804	-3,361	+38,089	-32,356	-2,352	+11,278
15/11/09	8,640 ▲	110	+1.29%	969,952	-40,221	+58,902	-19,317	+636	-52,934
15/11/06	8,530 ▲	500	+6.23%	1,268,462	+125,787	+57,825	-188,853	+5,321	+133,573

　　AP시스템 역시 조금 변형된 패턴의 수급 2음봉 패턴으로 보면 되겠습니다. 종목마다 특성이 다르기 때문에 유연하게 체결창을 보고 대응하면 수익을 낼 수가 있습니다.

[SM C&C]

일자	종가	대비	등락률	거래량	외국인	기관	개인	기타	외국계증권
현 재	3,080	0	0.00%	0	0	0	0	0	0
15/11/18	3,080	0	0.00%	1,133,720	-4,250	+55,744	-61,668	+10,174	-19,407
15/11/17	3,080 ▲	270	+9.61%	2,206,227	+19,953	+81,338	-101,891	+600	+11,513
15/11/16	2,810 ▼	80	-2.77%	397,960	-34,602	+72,887	-39,485	+1,200	-32,632
15/11/13	2,890 ▲	120	+4.33%	824,780	-29,272	+39,200	-13,836	+3,908	-28,144
15/11/12	2,770 ▲	60	+2.21%	315,745	-15,623	0	+15,623	0	-5,491
15/11/11	2,710 ▲	120	+4.63%	319,642	+6,206	+45,873	-52,449	+370	+12,180
15/11/10	2,590 ▼	150	-5.47%	530,231	-73,929	+88,608	-9,373	-5,306	-46,346
15/11/09	2,740 ▼	15	-0.54%	465,751	-7,964	0	+5,094	+2,890	+8,150
15/11/06	2,755 ▲	120	+4.55%	594,250	+12,065	+17,011	-29,876	0	+6,160

SM C&C는 오후 장에 수급이 들어오는 패턴으로 잘 움직이는 종목입니다. 이처럼 수급의 연속성을 보고 주포 이탈이 없을 시 종목의 패턴을 파악하고 대응하는 것이 좋습니다.

[HB테크놀러지]

일자	종가	대비	등락률	거래량	외국인	기관	개인	기타	외국계증권
현 재	1,510	0	0.00%	700	0	0	0	0	0
15/11/18	1,510 ▲	10	+0.67%	1,898,949	+64,676	0	-65,281	+605	+10,770
15/11/17	1,500 ▼	5	-0.33%	2,557,848	+87,078	+66,000	-151,778	-1,300	+68,436
15/11/16	1,505 ▲	65	+4.51%	3,897,580	+270,473	+57,869	-327,131	-1,211	+267,227
15/11/13	1,440 ▲	20	+1.41%	2,363,045	-10,869	+197,948	-142,079	-45,000	-10,589
15/11/12	1,420 ▲	75	+5.58%	2,895,944	+316,435	+217,428	-520,153	-13,710	+316,555
15/11/11	1,345 ▲	60	+4.67%	1,682,572	+206,376	+83,713	-292,600	+2,511	+222,969
15/11/10	1,285 ▲	40	+3.21%	1,089,007	+89,289	0	-89,289	0	+82,300
15/11/09	1,245 ▼	90	-6.74%	1,749,860	+48,955	0	-48,955	0	+31,419
15/11/06	1,335 ▼	80	-5.65%	1,557,998	-204,914	0	+204,914	0	-53,897

HB테크놀러지의 경우는 중소형주의 탄력성이 좋은 종목이기 때문에 하루만 쉬
고 반등하는 모습을 보이고 있습니다. 수급을 보고 매매할 경우 이처럼 급등하는
종목도 매매할 수 있습니다.

[셀트리온]

일자	종가	대비	등락률	거래량	외국인	기관	개인	기타	외국계증권
현 재	89,200	0	0.00%	105	0	0	0	0	0
15/11/18	89,200 ▲	3,100	+3.60%	2,566,865	+216,101	+282,516	-501,560	+2,943	+235,528
15/11/17	86,100 ▲	4,000	+4.87%	1,597,995	+31,715	+205,368	-246,073	+8,990	+57,081
15/11/16	82,100 ▼	700	-0.85%	877,528	-39,486	+58,514	-19,025	-3	-31,233
15/11/13	82,800 ▲	1,300	+1.60%	1,212,471	+19,330	+155,018	-177,282	+2,934	+38,318
15/11/12	81,500 ▲	1,600	+2.00%	2,730,642	+196,968	+336,944	-543,632	+9,720	+201,553
15/11/11	79,900 ▲	4,100	+5.41%	2,002,954	+28,896	+234,929	-262,513	-1,312	+3,745
15/11/10	75,800 ▼	1,200	-1.56%	1,080,623	-111,189	+21,605	+81,543	+8,041	-82,236
15/11/09	77,000 ▲	700	+0.92%	813,439	-37,538	-4,549	+39,092	+2,995	+26,822
15/11/06	76,300 ▲	300	+0.39%	826,233	-169,628	+11,806	+145,623	+12,169	-139,339

　　셀트리온 같은 경우도 조금 변형된 형태의 2음봉 관점으로 볼 수 있습니다. 수급의 연속성이 있고 이탈이 없을 시에는 유연하게 대응할 수 있습니다.

　　라운드 피겨를 이용해서 저항과 지지를 이용하는 것도 하나의 전략이 될 수 있습니다.

[바이넥스]

일자	종가		대비	등락률	거래량	외국인	기관	개인	기타	외국계증권
15/11/16	19,850	▲	100	+0.51%	1,401,608	-82,249	-38,443	+115,936	+4,756	-81,363
15/11/13	19,750	▲	1,250	+6.76%	1,484,360	+35,115	+143,852	-177,432	-1,535	+38,520
15/11/12	18,500	▼	250	-1.33%	1,201,178	-81,621	+87,281	-8,105	+2,445	-61,445
15/11/11	18,750		0	0.00%	1,162,487	+14,753	-53,472	+29,809	+8,910	+37,923
15/11/10	18,750	▲	1,250	+7.14%	1,287,048	+5,898	+62,383	-85,664	+17,383	+12,210
15/11/09	17,500	▼	1,100	-5.91%	884,596	+24,231	-58,596	+33,865	+500	+15,017
15/11/06	18,600	▲	900	+5.08%	2,172,693	+43,339	+45,012	-51,211	-37,140	+6,388
15/11/05	17,700	▲	750	+4.42%	1,486,951	+61,403	+88,674	-121,707	-28,370	+104,518
15/11/04	16,950	▲	950	+5.94%	1,101,079	+33,483	+103,155	-138,640	+2,082	+56,697
15/11/03	16,000	▼	100	-0.62%	296,488	-3,212	-10,146	+8,068	+5,290	-2,671

수급이 들어오고 2일 정도 조정 기간을 거쳐서 다시 상승하는 모습입니다. 20,000원대 라운드 피겨를 기준으로 대응하는 것이 좋습니다.

모든 종목은 의미 있는 가격대를 돌파해야 시세 분출이 가능합니다.

[이니텍]

일자	종가	대비	등락률	거래량	외국인	기관	개인	기타	외국계증권
15/09/25	12,200	0	0.00%	0	0	0	0	0	0
15/09/24	12,200 ▲	200	+1.67%	5,993,512	-40,701	0	+41,071	-370	-40,593
15/09/23	12,000 ▲	200	+1.69%	16,211,458	+149,512	-47,003	-102,128	-381	+156,741
15/09/22	11,800 ↑	2,700	+29.67%	8,833,588	-13,632	-5,400	+59,581	-40,549	+3,431
15/09/21	9,100 ▲	300	+3.41%	2,238,997	+40,752	-78,009	+39,857	-2,600	0
15/09/18	8,800 ▼	30	-0.34%	5,343,097	+19,903	-294,676	+263,877	+10,896	+18,621
15/09/17	8,830 ▲	890	+11.21%	3,524,709	+48,000	+27,802	-104,272	+28,470	+49,045
15/09/16	7,940 ▲	370	+4.89%	830,454	+40,486	+38,268	-77,653	-1,101	+28,361
15/09/15	7,570 ▼	30	-0.39%	436,001	-8,478	+9,962	+14,258	-15,342	-4,382
15/09/14	7,600 ▲	30	+0.40%	500,637	-8,118	-6,500	-824	+15,442	-6,125

KT 자회사로 삼성페이 이슈로 올라간 종목입니다. 외인 수급의 연속성이 있고, 강한 테마로 시장의 관심을 받는 종목들은 하루만 쉬고 올라가는 경우도 많이 있습니다. 실제로 시세 초입부터 매매해서 꾸준히 수익 실현한 종목입니다.

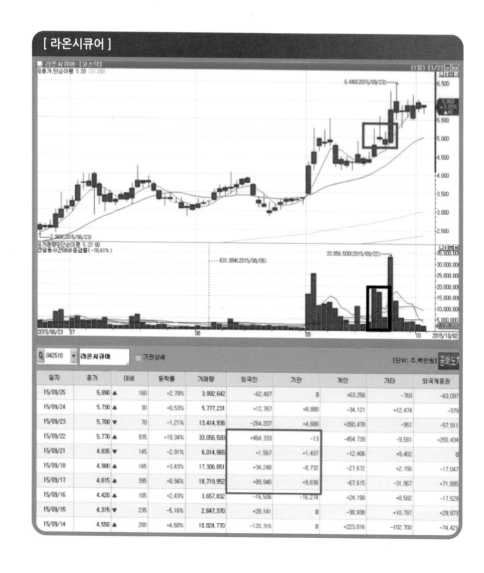

[라온시큐어]

일자	종가	대비	등락률	거래량	외국인	기관	개인	기타	외국계증권
15/09/25	5,890 ▲	160	+2.79%	3,992,642	-62,487	0	+63,256	-769	-63,097
15/09/24	5,730 ▲	30	+0.53%	5,777,231	+12,767	+8,680	-34,121	+12,474	-379
15/09/23	5,700 ▼	70	-1.21%	13,414,936	-264,207	+4,680	+260,478	-951	-57,911
15/09/22	5,770 ▲	935	+19.34%	33,056,500	+464,333	-13	-454,739	-9,581	+255,434
15/09/21	4,835 ▼	145	-2.91%	6,014,965	+1,567	+1,437	-12,406	+9,402	0
15/09/18	4,980 ▲	165	+3.43%	17,306,051	+34,248	-8,732	-27,672	+2,156	-17,047
15/09/17	4,815 ▲	395	+6.94%	18,719,952	+89,946	+9,636	-67,615	-31,967	+71,895
15/09/16	4,420 ▲	105	+2.43%	3,657,832	-16,506	-16,274	+24,198	+8,582	-17,529
15/09/15	4,315 ▼	235	-5.16%	2,847,370	+28,141	0	-38,938	+10,797	+29,973
15/09/14	4,550 ▲	200	+4.60%	10,824,770	-120,316	0	+223,016	-102,700	-74,421

라온시큐어의 경우도 삼성페이주로 수급피뢰침(역망치형) 형태로 마감되었다가 2일 조정받고 상승하는 모습입니다. 수급의 연속성이 있고 이탈이 없는 경우는 주가 상승에 긍정적으로 볼 수 있습니다.

[한국정보인증]

일자	종가	대비	등락률	거래량	외국인	기관	개인	기타	외국계증권
15/09/11	13,000 ▼	800	-5.80%	2,597,122	+104,140	-14,938	-90,856	+1,654	+65,255
15/09/10	13,800 ▼	450	-3.16%	2,862,795	-45,152	-82,858	+111,516	+16,494	+5,352
15/09/09	14,250 ▲	100	+0.71%	4,010,946	+31,940	+11,177	-35,791	-7,326	-11,170
15/09/08	14,150 ▼	150	-1.05%	6,246,001	-10,187	+129,961	-126,576	+6,802	+14,681
15/09/07	14,300 ▼	50	-0.35%	6,910,791	-59,646	-82,626	+144,667	-2,195	-24,873
15/09/04	14,950 ▲	850	+6.30%	18,362,919	+65,829	+67,519	-28,455	-104,893	+62,574
15/09/03	13,500 ▼	750	-5.26%	7,506,230	-76,648	+70,197	-41,853	+48,504	-30,895
15/09/02	14,250 ▲	2,900	+25.55%	15,410,416	+152,711	+44,174	-170,018	-26,867	+57,984
15/09/01	11,350 ▼	300	-2.58%	1,777,779	+701	-28,387	-9,974	+37,660	-759
15/08/31	11,650 ▲	200	+1.75%	2,103,454	-37,292	+66,595	+8,482	-37,785	-29,103

한국정보인증도 삼성페이 테마 종목입니다. 시장의 관심을 받는 테마인 만큼 1 음봉 후 바로 반등이 나오는 모습입니다.

수급 주체도 주가가 어느 정도 상승을 했을 때 수익 실현을 하거나 방치하는 경우도 있으므로 개인 투자자도 적당한 수익이 났을 때 수익 실현하는 것이 좋습니다. 매수/매도의 원칙을 정해서 지키는 것이 계좌를 지키는 방법입니다.

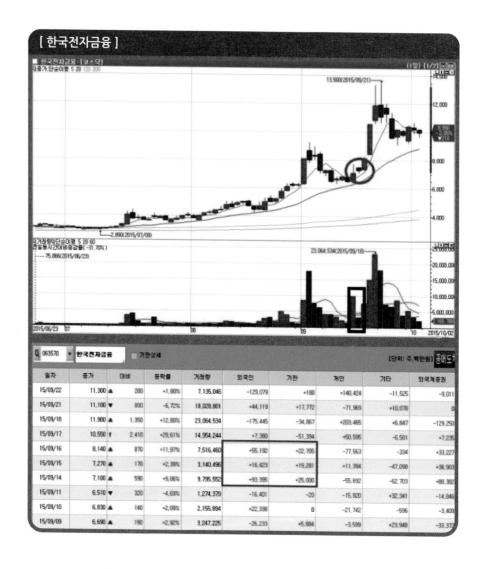

[한국전자금융]

일자	종가	대비	등락률	거래량	외국인	기관	개인	기타	외국계증권
15/09/22	11,300 ▲	200	+1.80%	7,135,046	-129,079	+180	+140,424	-11,525	-9,011
15/09/21	11,100 ▼	800	-6.72%	18,028,801	+44,119	+17,772	-71,969	+10,078	0
15/09/18	11,900 ▲	1,350	+12.80%	23,064,534	-175,445	-34,867	+203,465	+6,847	-129,250
15/09/17	10,550 ↑	2,410	+29.61%	14,954,244	+7,380	-51,394	+50,595	-6,581	+7,235
15/09/16	8,140 ▲	870	+11.97%	7,516,460	+55,192	+22,705	-77,563	-334	+33,227
15/09/15	7,270 ▲	170	+2.39%	3,140,495	+16,423	+19,281	+11,394	-47,098	+36,903
15/09/14	7,100 ▲	590	+9.06%	9,795,552	+93,395	+25,000	-55,692	-62,703	+80,382
15/09/11	6,510 ▼	320	-4.69%	1,274,379	-16,401	-20	-15,920	+32,341	-14,846
15/09/10	6,830 ▲	140	+2.09%	2,155,894	+22,338	0	-21,742	-596	-3,409
15/09/09	6,690 ▲	190	+2.92%	3,247,225	-26,233	+5,884	-3,599	+23,948	-33,373

수급피뢰침이 나온 후 다음 날 갭상승 후 주가가 밀리면서 하루 조정받고 반등이 나오는 모습입니다. 이전에 들어온 수급 주체를 보고 있으면 종목 공략이 가능합니다.

이후 상한가가 나오면서 급등하면 수급 주체들도 수익 실현하는 모습을 볼 수 있습니다. 이때 같이 매도하면 고점 매도가 가능합니다.

[아모텍]

일자	종가	대비	등락율	거래량	외국인	기관	개인	기타	외국계증권
15/09/09	18,150 ▲	950	+5,52%	677,604	+65,113	+30,637	-96,344	+594	+52,001
15/09/08	17,200 ▼	1,600	-8,51%	853,729	-16,238	+1,145	+8,829	+6,264	-12,132
15/09/07	18,800 ▲	200	+1,08%	762,391	+661	-21,632	+17,477	+3,494	+1,009
15/09/04	18,600 ▲	1,350	+7,83%	1,935,721	+3,457	+195,187	-204,160	+5,516	+14,908
15/09/03	17,250 ▲	300	+1,77%	616,872	+28,017	+39,480	-55,474	-12,023	+15,218
15/09/02	16,950 ▲	500	+3,04%	1,039,383	-3,469	+42,177	-49,337	+10,629	-15,673
15/09/01	16,450	0	0,00%	595,774	-16,060	+34,380	-18,678	+350	-22,652
15/08/31	16,450 ▲	2,300	+16,25%	2,030,864	+32,066	+9,474	-35,764	-5,776	+11,966
15/08/28	14,150 ▲	50	+0,35%	212,731	-1,101	-21,868	+20,395	+2,614	-1,515
15/08/27	14,100 ▼	200	-1,40%	251,983	-2,234	-22,121	+19,775	+4,580	-1,203

삼성페이 테마가 강했을 때 수급이 들어오면서 순환매로 상승하는 모습입니다. 이후에도 수급 주체가 이탈 없이 꾸준히 매수가 들어올 때는 지속 공략이 가능합니다.

[브리지텍]

일자	종가	대비	등락률	거래량	외국인	기관	개인	기타	외국계증권
15/09/01	5,160 ▲	440	+9,32%	1,536,550	-31,715	+40,276	+24,075	-32,636	-31,996
15/08/31	4,720 ▲	160	+3,51%	306,432	+20,143	+32,989	-53,432	+300	+29,177
15/08/28	4,560 ▼	45	-0,98%	212,841	-47,476	+9,709	+40,899	-3,132	-45,841
15/08/27	4,605 ▲	355	+8,35%	586,425	+2,386	+15,811	-12,158	-6,039	-1,599
15/08/26	4,250 ▲	50	+1,19%	204,861	-16,274	+3,900	+10,368	+2,006	-964
15/08/25	4,200 ▲	55	+1,33%	183,331	+12,781	+1,199	-13,980	0	-32
15/08/24	4,145 ▼	30	-0,72%	140,311	+2,737	+7,022	-16,317	+6,558	-666
15/08/21	4,175 ▼	170	-3,91%	472,164	-10,385	+14,911	-35,761	+31,235	-7,891
15/08/20	4,345 ▼	15	-0,34%	275,637	-4,396	+70,091	-68,279	+2,584	-2,776
15/08/19	4,360 ▼	195	-4,28%	389,241	-3,834	+54,982	-55,963	+4,815	+4,241

　　브리지텍의 경우에도 수급이 들어오면서 1음봉 후 상승하는 모습입니다. 이후에
도 수급이 지속적으로 들어오면서 전고점을 돌파하며 크게 상승하는 모습입니다.
　　이때 역시 수급을 보고 공략을 할 수가 있습니다.

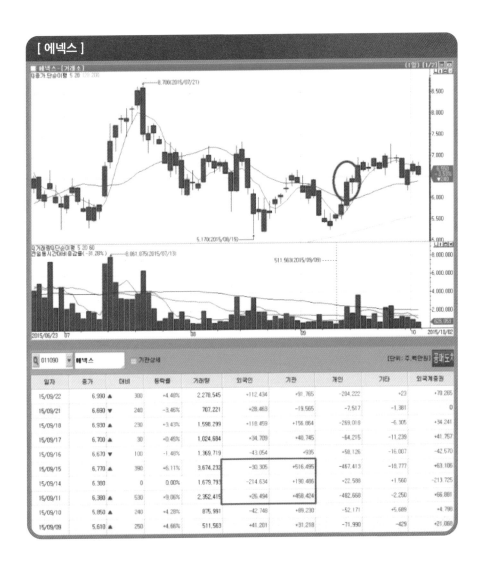

[에넥스]

일자	종가	대비	등락률	거래량	외국인	기관	개인	기타	외국계증권
15/09/22	6,990 ▲	300	+4.48%	2,278,545	+112,434	+91,765	-204,222	+23	+70,265
15/09/21	6,690 ▼	240	-3.46%	707,221	+28,463	-19,565	-7,517	-1,381	0
15/09/18	6,930 ▲	230	+3.43%	1,598,299	+118,459	+156,864	-269,018	-6,305	+34,241
15/09/17	6,700 ▲	30	+0.45%	1,024,684	+34,709	+40,745	-64,215	-11,239	+41,757
15/09/16	6,670 ▼	100	-1.48%	1,369,719	-43,054	+935	+58,126	-16,007	-42,570
15/09/15	6,770 ▲	390	+6.11%	3,674,232	-30,305	+516,495	-467,413	-18,777	+63,106
15/09/14	6,380	0	0.00%	1,679,793	-214,634	+190,486	+22,586	+1,560	-213,725
15/09/11	6,380 ▲	530	+9.06%	2,352,415	+26,494	+468,424	-482,668	-2,250	+66,881
15/09/10	5,850 ▲	240	+4.28%	875,991	-42,748	+89,230	-52,171	+5,689	+4,798
15/09/09	5,610 ▲	250	+4.66%	511,563	+41,201	+31,218	-71,990	-429	+21,068

당시 기관 대량 매수가 지속적으로 들어왔던 에넥스입니다. 기관 수급이 들어오면서 장대 양봉 후 하루 조정받고 다시 기관 대량 매수와 함께 상승을 했습니다. 조정받을 시 수급이 언제 들어오는지를 파악하고 공략하는 것이 좋습니다.

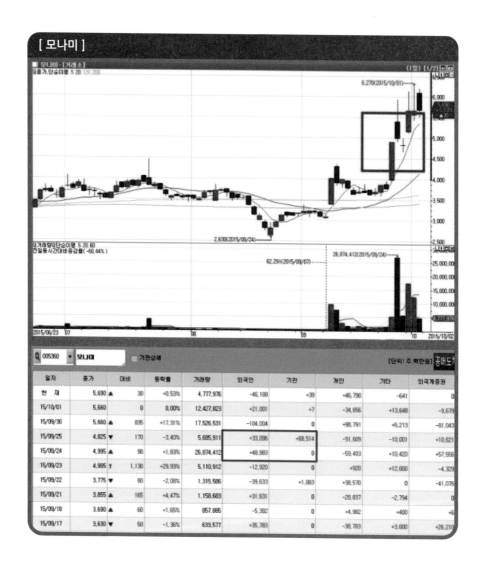

[모나미]

상한가 이후 대량 거래량과 함께 수급이 들어오면서 다시 상승하는 모습입니다. 이렇게 실적이 좋고 가벼운 종목은 수급이 들어오면서 대량 거래가 터질 때 변동성이 좋습니다.

[화승인더]

일자	종가	대비	등락률	거래량	외국인	기관	개인	기타	외국계증권
15/08/27	6,520 ▲	220	+3.49%	2,450,857	+136,692	-42,393	-97,053	+2,754	+80,955
15/08/26	6,300 ▲	120	+1.94%	2,914,304	-75,704	+302,186	-212,441	-14,041	+31,229
15/08/25	6,180 ▲	260	+4.39%	3,018,123	+20,105	+156,211	-174,952	-1,364	+36,468
15/08/24	5,920 ▲	410	+7.44%	4,069,410	+81,350	+293,467	-350,328	-24,489	+123,120
15/08/21	5,510 ▲	420	+8.25%	8,304,257	-26,087	+863,954	-639,917	+2,050	+47,430
15/08/20	5,090 ▼	1,510	-22.88%	8,890,132	+103,193	+62,324	-108,950	-56,567	+100,614
15/08/19	6,600 ▲	320	+5.10%	3,206,397	-68,196	+129,273	-61,777	+700	-72,821
15/08/18	6,280 ▲	490	+8.46%	2,421,686	+28,065	+156,022	-202,481	+17,594	+48,811
15/08/17	5,790 ▲	390	+7.22%	4,403,292	-70,255	+252,655	-185,829	+3,429	-11,783
15/08/13	5,400 ▲	260	+5.06%	976,952	+31,381	+231,025	-267,361	+4,955	+45,117

화승인더도 수급이 지속적으로 들어오면서 수급독수리 패턴(고가놀이)과 1, 2음봉 관점으로 지속적으로 공략 가능한 종목입니다.

8월 폭락장에 지수가 좋지 않았지만 수급이 들어온 종목은 관리해주는 수급 주체들이 있기 때문에 반등이 나오는 경우가 많습니다.

[아가방컴퍼니]

일자	종가	대비	등락율	거래량	외국인	기관	개인	기타	외국계증권
15/09/01	11,700 ▲	450	+4.00%	10,357,955	-32,667	-36	+42,214	-9,511	-21,775
15/08/31	11,250 ▲	350	+3.21%	2,188,391	-14,481	+32,000	-15,570	-1,949	-14,068
15/08/28	10,900 ▲	450	+4.31%	2,256,574	-48,128	+23,643	+24,810	-325	-38,651
15/08/27	10,450 ▼	100	-0.95%	1,895,286	+22,922	+19,805	-36,647	-6,080	+15,215
15/08/26	10,550 ▲	1,290	+13.93%	5,795,173	-176,321	+5,480	+176,695	-5,857	-174,907
15/08/25	9,260 ▲	420	+4.75%	1,583,934	-74,107	+28,525	+42,072	+3,510	-30,694
15/08/24	8,840 ▲	540	+6.51%	1,711,957	+8,235	+47,021	-59,353	+4,097	-29,581
15/08/21	8,300 ▼	680	-7.57%	1,326,538	+108,368	+1,063	-109,981	+550	+89,929
15/08/20	8,980 ▼	260	-2.81%	1,365,163	+31,049	+4,907	-37,958	+2,002	+28,071
15/08/19	9,240 ▼	760	-7.60%	1,450,799	+49,729	+23,534	-80,253	+6,990	+49,850

8월 중국 악재로 인해서 지속적으로 하락을 했습니다. 하락하는 동안에도 기관 매수가 지속적으로 들어오면서 중국 부양책과 함께 크게 반등이 나오는 모습입니다. 그래서 수급의 연속성을 파악하는 것이 중요합니다.

[파트론]

일자	종가	대비	등락률	거래량	외국인	기관	개인	기타	외국계증권
현 재	9,930 ▲	400	+4.20%	4,459,014	+19,063	+188,555	-187,087	-20,531	-820
15/10/01	9,530 ▲	130	+1.38%	2,523,439	-103,666	+151,451	-39,984	-7,801	-152,338
15/09/30	9,400 ▲	850	+9.94%	4,551,177	+639,318	+102,021	-741,439	+100	+425,312
15/09/25	8,550 ▼	300	-3.39%	977,952	-72,540	-202,375	+254,915	+20,000	-83,676
15/09/24	8,850 ▼	40	-0.45%	976,077	-166,826	-11,387	+180,313	-2,100	-103,910
15/09/23	8,890 ▲	20	+0.23%	1,065,736	+160,165	-113,762	-47,258	+855	+32,793
15/09/22	8,870 ▲	160	+1.84%	2,828,583	+9,299	-251,407	+242,036	+72	-76,998
15/09/21	8,710 ▼	250	-2.79%	697,483	-45,999	-46,821	+95,408	-2,588	0
15/09/18	8,960 ▲	100	+1.13%	1,056,096	-24,227	+23,392	+835	0	-30,793
15/09/17	8,860 ▼	190	-2.10%	954,371	-172,949	+104,022	+68,928	-1	-124,871

　　파트론도 양봉 이후 하루 쉬고 상승하는 수급 1음봉 패턴입니다. 상승을 하면서 10,000원대 라운드 피겨와 같이 강한 저항대가 보이는 종목은 대응을 해주고 이후 재공략하는 전략이 좋습니다.

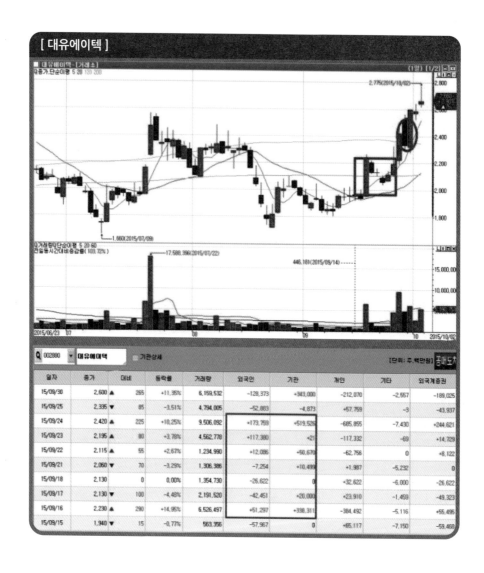

[대유에이텍]

일자	종가	대비	등락률	거래량	외국인	기관	개인	기타	외국계증권
15/09/30	2,600 ▲	265	+11.35%	6,159,532	-128,373	+343,000	-212,070	-2,557	-189,025
15/09/25	2,335 ▼	85	-3.51%	4,794,005	-52,863	-4,873	+57,759	-3	-43,937
15/09/24	2,420 ▲	225	+10.25%	9,506,092	+173,759	+519,528	-685,855	-7,430	+244,621
15/09/23	2,195 ▲	80	+3.78%	4,562,778	+117,380	+21	-117,332	-69	+14,729
15/09/22	2,115 ▲	55	+2.67%	1,234,990	+12,086	+50,670	-62,756	0	+8,122
15/09/21	2,060 ▼	70	-3.29%	1,306,386	-7,254	+10,499	+1,987	-5,232	0
15/09/18	2,130	0	0.00%	1,354,730	-26,622	0	+32,622	-6,000	-26,622
15/09/17	2,130 ▼	100	-4.48%	2,191,520	-42,451	+20,000	+23,910	-1,459	-49,323
15/09/16	2,230 ▲	290	+14.95%	6,526,497	+51,297	+338,311	-384,492	-5,116	+55,495
15/09/15	1,940 ▼	15	-0.77%	563,956	-57,967	0	+65,117	-7,150	-59,468

대유에이텍은 1, 2음봉의 페이크 패턴의 경우입니다. 양매수 수급의 유입이 들어온 후 며칠 동안 방치하는 패턴으로, 며칠이 지난 후 다시 수급이 들어오면서 상승하는 모습입니다.

이와 같은 경우에는 유연하게 수급이 들어오는 것을 보고 대응하는 것이 좋습니다. 실전 매매를 통해 하나씩 보완해가는 전략을 권합니다.

[보해양조]

일자	종가	외국인	개인	기관	기관순매수상세								기타
					금융투자	보험	투신	사모	은행	기타금융	기금	국가	
2015/10/01	2,425	+206,032	+200,648	-373,407	-442,640	0	-30,767	0	+100,000	0	0	0	-33,273
2015/09/30	2,520	-369,428	+422,609	-72,361	-3,753	0	+26,192	0	-75,300	0	-21,500	0	+19,180
2015/09/25	2,540	+251,170	-448,774	+210,902	-10,543	+74,306	+178,184	+15,000	-100,000	0	+2,751	+51,204	-13,298
2015/09/24	2,290	-34,525	+225,561	-209,086	-36,538	-5,610	+1,418	0	-321	0	-168,035	0	+18,050
2015/09/23	2,285	-41,719	-16,956	+120,876	+32,840	0	+25,950	0	+50,000	0	+12,086	0	-62,201
2015/09/22	2,295	+100,700	-184,712	+38,766	+45,142	0	+51,009	+13,511	-98,689	-25,557	+10,867	+42,483	+45,246
2015/09/21	2,245	-57,708	-142,850	+217,120	+159,883	+168,458	+247,326	0	-2,516	-556	-355,475	0	-16,562
2015/09/18	2,005	+8,951	-63,121	+54,470	+19,470	0	0	0	+100,000	+25,000	-90,000	0	-300
2015/09/17	1,985	-3,764	+126,009	-62,102	+100,090	0	0	0	0	0	-162,102	0	-60,143

　　보해양조는 광주, 전남에서 소주 시장의 75%를 차지하고 있는 기업입니다. 최근 저도주 및 과일주 수혜를 받고 있습니다. 21일 기관 대량 매수와 함께 장대 양봉이 나오면서 이후 3일 동안 조정받은 후 상승하는 패턴입니다.

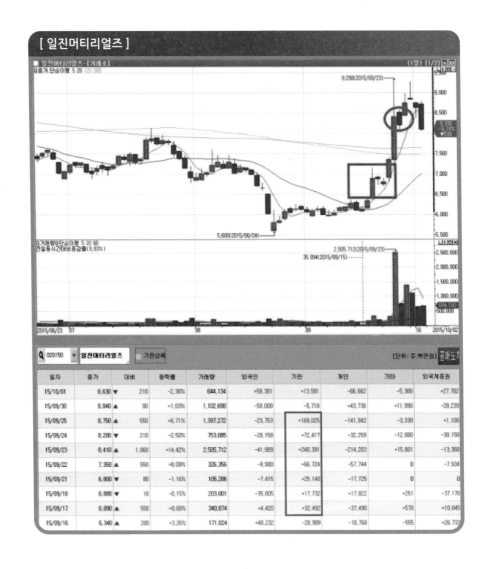

[일진머티리얼즈]

일자	종가	대비	등락률	거래량	외국인	기관	개인	기타	외국계증권
15/10/01	8,630 ▼	210	-2,38%	644,134	+58,381	+13,581	-66,662	-5,300	+27,782
15/09/30	8,840 ▲	90	+1,03%	1,102,698	-50,008	-5,718	+43,736	+11,990	-28,239
15/09/25	8,750 ▲	550	+6,71%	1,397,272	-23,753	+169,025	-141,942	-3,330	+1,108
15/09/24	8,200 ▼	210	-2,50%	753,085	-28,158	+72,417	-32,259	-12,000	-30,158
15/09/23	8,410 ▲	1,060	+14,42%	2,505,712	-41,989	+240,391	-214,203	+15,801	-13,360
15/09/22	7,350 ▲	550	+8,09%	326,356	-8,980	+66,724	-57,744	0	-7,934
15/09/21	6,800 ▼	80	-1,16%	105,286	-7,415	+25,140	-17,725	0	0
15/09/18	6,880 ▼	10	-0,15%	203,001	-35,805	+17,732	+17,822	+251	-37,178
15/09/17	6,890 ▲	550	+8,68%	340,874	+4,420	+32,492	-37,490	+570	+10,845
15/09/16	6,340 ▲	200	+3,26%	171,024	+40,232	-20,909	-18,768	-555	+26,733

일진머티리얼즈는 2차 전지용 핵심 부품 소재인 일렉포일 제조업체입니다. 전기차 테마주로 기관 수급의 연속성이 보이는 종목입니다. 시장의 관심을 받는 테마에 수급이 들어올 경우 그 상승폭은 더 강합니다.

[우리산업홀딩스]

일자	종가	대비	등락율	거래량	외국인	기관	개인	기타	외국계종권
현 재	9,260 ▲	180	+1.98%	2,181,120	-6,623	+5,869	-4,262	+5,016	0
15/10/01	9,080 ▼	150	-1.63%	4,098,107	+43,013	-1,714	-47,196	+5,897	+42,233
15/09/30	9,230 ↑	2,130	+30.00%	4,155,085	+48,696	+24,427	-60,027	-13,096	-15,733
15/09/25	7,100 ▲	1,140	+19.13%	2,971,494	-3,434	-30,000	+26,332	+7,102	-3,569
15/09/24	5,960 ▼	460	-7.17%	936,005	+51,081	+30,004	-81,685	+600	+50,746
15/09/23	6,420 ↑	1,475	+29.83%	1,557,993	-32,766	-15,211	+47,577	+400	-16,703
15/09/22	4,945 ▲	45	+0.92%	54,322	-2,401	+3	+2,398	0	-2,401
15/09/21	4,900 ▼	150	-2.97%	15,971	-851	+1,365	-514	0	0
15/09/18	5,050 ▲	20	+0.40%	72,682	-11,838	+4,087	+7,751	0	-11,728
15/09/17	5,030 ▲	110	+2.24%	37,145	-7,192	-76	+7,268	0	-6,822

　　우리산업홀딩스의 경우 1음봉 관점에서 수급의 유입이 있었습니다. 시장의 관심을 받는 종목에 수입이 유입될 경우의 강한 모습을 볼 수 있습니다. 폭스바겐 사태의 최대 수혜주로 꼽히고 있습니다.

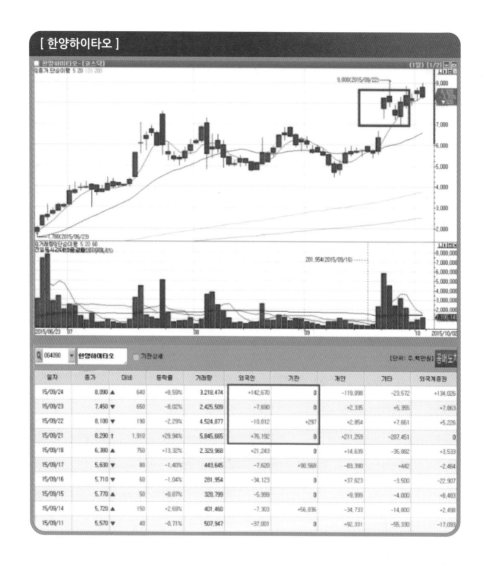

[한양하이타오]

일자	종가	대비	등락율	거래량	외국인	기관	개인	기타	외국계증권
15/09/24	8,090 ▲	640	+8.59%	3,218,474	+142,670	0	-119,098	-23,572	+134,025
15/09/23	7,450 ▼	650	-8.02%	2,425,509	-7,690	0	+2,335	+5,355	+7,863
15/09/22	8,100 ▼	190	-2.29%	4,524,877	-10,612	+297	+2,854	+7,661	+5,226
15/09/21	8,290 ↑	1,910	+29.94%	5,845,665	+76,192	0	+211,259	-287,451	0
15/09/18	6,380 ▲	750	+13.32%	2,329,968	+21,243	0	+14,639	-35,882	+3,533
15/09/17	5,630 ▼	88	-1.40%	443,645	-7,620	+90,568	-83,390	+442	-2,464
15/09/16	5,710 ▼	60	-1.04%	281,954	-34,123	0	+37,623	-3,500	-22,907
15/09/15	5,770 ▲	90	+0.87%	328,799	-5,999	0	+9,999	-4,000	+8,483
15/09/14	5,720 ▲	150	+2.69%	401,460	-7,303	+56,836	-34,733	-14,800	+2,498
15/09/11	5,570 ▼	40	-0.71%	507,947	-37,001	0	+92,331	-55,330	-17,093

한양하이타오처럼 상한가 이후 조정 구간에서 상승 구간을 다 훼손하는 경우도 있습니다. 그렇기 때문에 비싸게 사더라도 수급이 들어올 때 확인하고 공략하는 것이 좋습니다. 확인하고 산다면 이런 변형 패턴에서도 수익이 가능합니다.

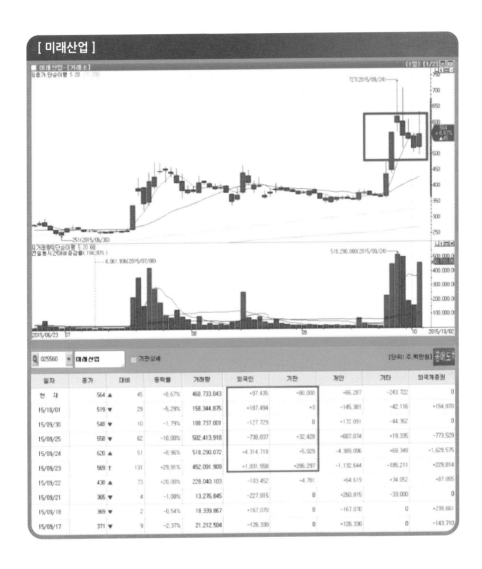

[미래산업]

일자	종가	대비	등락률	거래량	외국인	기관	개인	기타	외국계증권
현 재	564 ▲	45	+8.67%	460.733.043	+97.435	+80.000	+66.287	-243.722	0
15/10/01	519 ▼	29	-5.29%	158.344.875	+187.494	+3	-145.381	-42.116	+154.970
15/09/30	548 ▼	10	-1.79%	188.737.001	-127.729	0	+172.091	-44.362	0
15/09/25	558 ▼	62	-10.00%	502.413.918	-738.837	+32.428	+687.074	+19.335	-773.529
15/09/24	620 ▲	51	+8.96%	518.290.072	+4.314.718	+5.029	-4.389.096	+69.349	+1.629.575
15/09/23	569 ↑	131	+29.91%	452.091.909	+1.031.558	+286.297	-1.132.644	-185.211	+229.814
15/09/22	430 ▲	73	+20.00%	228.040.103	-103.452	+4.781	+64.619	+34.052	+87.895
15/09/21	365 ▼	4	-1.08%	13.276.845	-227.815	0	+260.815	-33.000	0
15/09/18	369 ▼	2	-0.54%	18.399.867	+167.070	0	-167.070	0	+239.661
15/09/17	371 ▼	9	-2.37%	21.212.504	-126.330	0	+126.330	0	-143.710

미래산업은 대량 수급과 함께 상한가에 들어갔던 종목입니다. 이후에 수급의 이탈이 크게 없다가 다시 수급이 들어올 경우 공략할 수 있습니다.

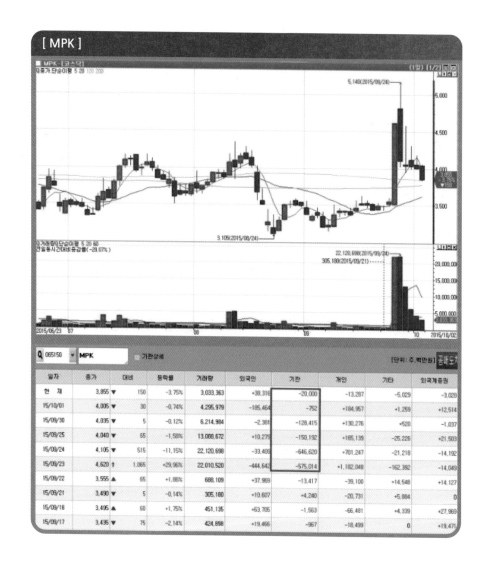

[MPK]

일자	종가	대비	등락률	거래량	외국인	기관	개인	기타	외국계증권
현 재	3,855 ▼	150	-3.75%	3,033,363	+38,316	-20,000	-13,287	-5,029	-3,028
15/10/01	4,005 ▼	30	-0.74%	4,295,979	-185,464	-752	+184,957	+1,259	+12,514
15/09/30	4,035 ▼	5	-0.12%	6,214,984	-2,381	-128,415	+130,276	+520	-1,037
15/09/25	4,040 ▼	65	-1.58%	13,088,672	+10,279	-150,192	+165,139	-25,226	+21,503
15/09/24	4,105 ▼	515	-11.15%	22,120,698	-33,409	-646,620	+701,247	-21,218	-14,192
15/09/23	4,620 ↑	1,065	+29.96%	22,010,520	-444,643	-575,014	+1,182,048	-162,392	-14,049
15/09/22	3,555 ▲	65	+1.86%	688,109	+37,969	-13,417	-39,100	+14,548	+14,127
15/09/21	3,490 ▼	5	-0.14%	305,180	+10,607	+4,240	-20,731	+5,884	0
15/09/18	3,495 ▲	60	+1.75%	451,135	+63,705	-1,563	-66,481	+4,339	+27,969
15/09/17	3,435 ▼	75	-2.14%	424,898	+19,466	-967	-18,499	0	+19,471

MPK와 같이 수급 주체 없이 상승 후 거래량이 줄면서 음봉이 나올 경우에는 이와 같이 반등 없이 하락하는 경우가 많습니다. 기관 매도세가 강할 경우 주가는 하락하는 경우가 대부분입니다.

[신성통상]

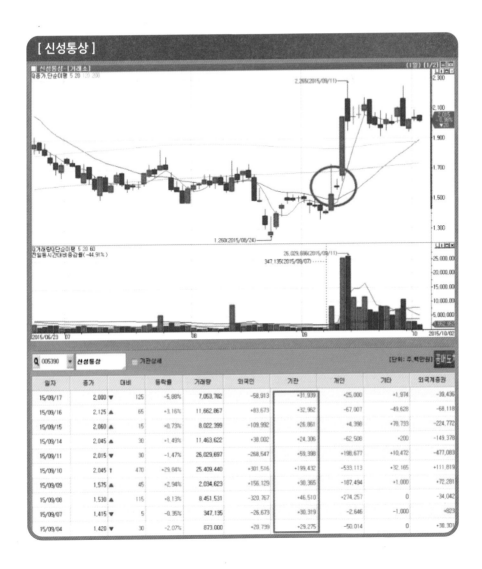

일자	종가	대비	등락률	거래량	외국인	기관	개인	기타	외국계증권
15/09/17	2,000 ▼	125	-5.88%	7,053,782	-58,913	+31,939	+25,000	+1,974	-39,436
15/09/16	2,125 ▲	65	+3.16%	11,662,867	+83,673	+32,962	-67,007	-49,628	-68,118
15/09/15	2,060 ▲	15	+0.73%	8,022,399	-109,992	+26,861	+4,398	+78,733	-224,772
15/09/14	2,045 ▲	30	+1.49%	11,463,622	+38,002	+24,306	-62,508	+200	-149,378
15/09/11	2,015 ▼	30	-1.47%	26,029,697	-268,547	+59,398	+198,677	+10,472	-477,083
15/09/10	2,045 ↑	470	+29.84%	25,409,440	+301,516	+199,432	-533,113	+32,165	+111,819
15/09/09	1,575 ▲	45	+2.94%	2,034,623	+156,129	+30,365	-187,494	+1,000	+72,281
15/09/08	1,530 ▲	115	+8.13%	8,451,531	-320,767	+46,510	+274,257	0	-34,042
15/09/07	1,415 ▼	5	-0.35%	347,135	-26,673	+30,319	-2,646	-1,000	+823
15/09/04	1,420 ▼	30	-2.07%	873,000	+20,739	+29,275	-50,014	0	+38,301

신성통상은 니트 의류 수출 기업입니다. 수급이 연속성 있게 들어오면서 수급피뢰침 형태로 마감 후 영업 이익과 당기순 이익 등 실적이 크게 개선됐다는 찌라시와 함께 큰 폭으로 상승했습니다.

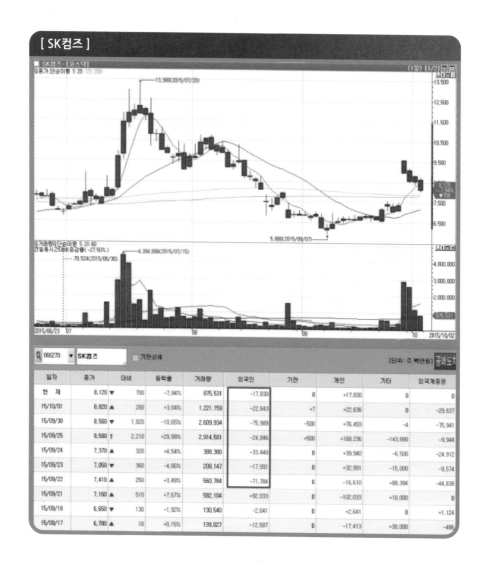

SK컴즈와 같이 역배열에 수급이 없이 상승한 경우에는 반등 없이 하락하는 경우가 많으니 공략하면 안 됩니다. 재무제표를 보면 성장 메리트가 없습니다.

[동양네트웍스]

일자	종가	대비	등락률	거래량	외국인	기관	개인	기타	외국계증권
현 재	3,100 ▲	10	+0.32%	3,610,490	+477	0	+61,854	-62,331	0
15/10/01	3,090 ▲	30	+0.98%	15,008,072	+48,014	-2,000	+347,322	-393,336	-10,025
15/09/30	3,060 ↑	705	+29.94%	6,338,893	+13,107	0	+269,381	-282,488	+7,983
15/09/25	2,355 ▲	185	+8.53%	1,747,052	+3,780	+126,073	-91,402	-38,451	+5,460
15/09/24	2,170 ▲	200	+10.15%	4,224,700	+11,157	+251,000	-256,089	-6,068	+16,814
15/09/23	1,970 ▲	70	+3.68%	474,415	+3,498	+9,594	-65,874	+52,782	+3,487
15/09/22	1,900 ▲	55	+2.98%	817,429	+7,260	+557	+1,955	-9,772	+7,260
15/09/21	1,845 ▲	85	+4.83%	907,490	-106	0	-1,902	+2,008	0
15/09/18	1,760 ▼	180	-9.28%	2,696,319	-27,815	-10,000	-429,313	+467,128	-31,634
15/09/17	1,940 ▲	40	+2.11%	2,463,600	-58,448	-9,579	+106,776	-38,749	-32,805

동양네트웍스 경영권 분쟁 관련 이슈가 있는 종목입니다. 서로 지분을 확보하려고 하고 수급의 연속성이 있기 때문에 공략이 가능한 종목입니다. 이런 종목을 공략하게 되면 한 번에 10% 이상의 수익이 가능합니다. 단 자신만의 손절매 원칙을 정해서 대응해야 합니다.

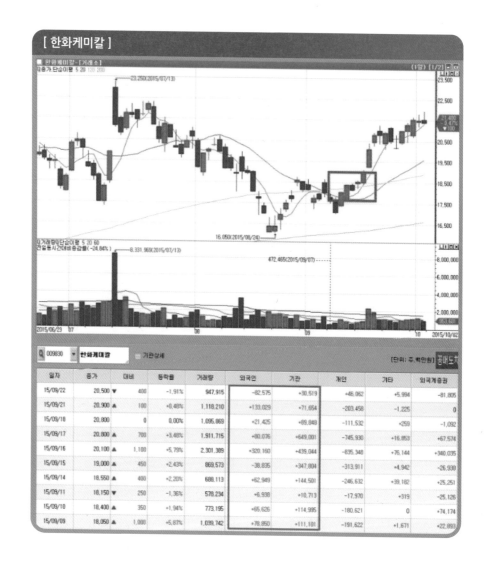

[한화케미칼]

일자	종가	대비	등락률	거래량	외국인	기관	개인	기타	외국계증권
15/09/22	20,500 ▼	400	-1.91%	947,915	-82,575	+30,519	+46,062	+5,994	-81,805
15/09/21	20,900 ▲	100	+0.48%	1,118,210	+133,029	+71,654	-203,458	-1,225	0
15/09/18	20,800	0	0.00%	1,095,869	+21,425	+89,848	-111,532	+259	-1,092
15/09/17	20,800 ▲	700	+3.48%	1,911,715	+80,076	+649,001	-745,930	+16,853	+67,574
15/09/16	20,100 ▲	1,100	+5.79%	2,301,389	+320,160	+439,044	-835,348	+76,144	+340,035
15/09/15	19,000 ▲	450	+2.43%	869,573	-38,835	+347,804	-313,911	+4,942	-26,938
15/09/14	18,550 ▲	400	+2.20%	688,113	+62,949	+144,501	-246,632	+39,182	+25,251
15/09/11	18,150 ▼	250	-1.36%	578,234	+6,938	+10,713	-17,970	+319	-25,126
15/09/10	18,400 ▲	350	+1.94%	773,195	+65,626	+114,995	-180,621	0	+74,174
15/09/09	18,050 ▲	1,000	+5.87%	1,039,742	+78,850	+111,101	-191,622	+1,671	+22,893

수급 주체가 지속해서 매수가 들어올 경우에는 '스윙 관점'으로도 좋습니다. 한화케미칼과 같이 수급의 연속성이 강한 종목은 지속해서 상승하는 경우가 많기 때문입니다. 단 유가나 업황을 지속적으로 확인해야 합니다.

[KT뮤직]

일자	종가	대비	등락률	거래량	외국인	기관	개인	기타	외국계증권
15/09/30	6,030 ▼	50	-0.82%	422,625	+12,543	-1,606	-10,937	0	+8,035
15/09/25	6,080 ▼	120	-1.94%	1,141,080	-28,384	-67,276	+94,698	+962	-26,625
15/09/24	6,200 ▲	280	+4.73%	2,349,477	+23,652	+264,069	-283,608	-4,113	+10,715
15/09/23	5,920 ▼	230	-3.74%	1,270,996	-59,258	-17,615	+81,427	-4,554	-34,467
15/09/22	6,150 ▲	730	+13.47%	3,013,822	+157,728	+49,347	-243,607	+36,532	+142,069
15/09/21	5,420 ▼	180	-3.21%	359,152	-2,264	+7,834	-7,574	+2,004	0
15/09/18	5,600 ▲	90	+1.63%	611,967	-21,083	+54,894	-33,811	0	-21,083
15/09/17	5,510 ▼	20	-0.36%	553,942	-43,907	+106,238	-63,331	+1,000	-42,366
15/09/16	5,530 ▲	10	+0.18%	374,263	-57,416	+4,799	+52,617	0	-55,937
15/09/15	5,520 ▲	290	+5.54%	615,857	-12,502	+105,789	-93,002	-285	-10,013

　KT뮤직도 이와 같이 수급의 연속성이 있을 시 1, 2음봉 관점으로 공략이 가능하지만, 호가창이 얇기 때문에 주의해야 합니다. 호가창이 얇은 종목은 매매 금액이 커질수록 변수가 있을 수 있기 때문에 본인 원칙에 따라 매매하는 것이 좋습니다.

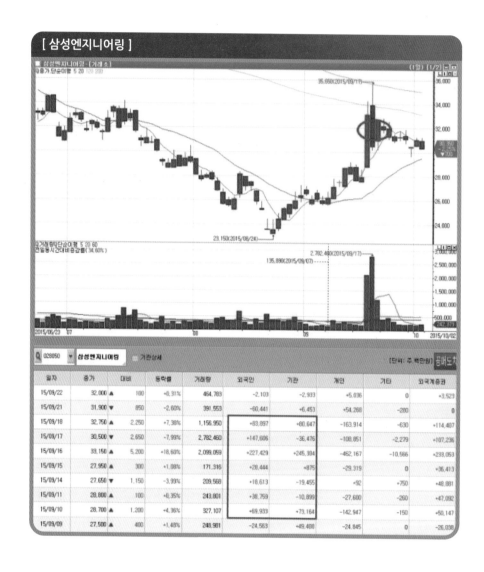

[삼성엔지니어링]

일자	종가	대비	등락률	거래량	외국인	기관	개인	기타	외국계증권
15/09/22	32,000 ▲	100	+0.31%	464,783	-2,103	-2,933	+5,036	0	+3,523
15/09/21	31,900 ▼	850	-2.60%	391,553	-60,441	+6,453	+54,268	-280	0
15/09/18	32,750 ▲	2,250	+7.38%	1,156,950	+83,897	+80,647	-163,914	-630	+114,407
15/09/17	30,500 ▼	2,650	-7.99%	2,782,460	+147,606	-36,476	-108,851	-2,279	+107,236
15/09/16	33,150 ▲	5,200	+18.60%	2,099,059	+227,429	+245,304	-452,167	-10,566	+233,053
15/09/15	27,950 ▲	300	+1.08%	171,316	+28,444	+875	-29,319	0	+36,413
15/09/14	27,650 ▼	1,150	-3.99%	209,568	+10,613	-19,455	+92	+750	+48,881
15/09/11	28,800 ▲	100	+0.35%	243,801	+38,759	-10,899	-27,600	-260	+47,092
15/09/10	28,700 ▲	1,200	+4.36%	327,107	+69,933	+73,164	-142,947	-150	+50,147
15/09/09	27,500 ▲	400	+1.48%	248,961	-24,563	+49,408	-24,845	0	-26,038

합병 이슈와 함께 수급이 들어온 삼성엔지니어링입니다. 수급이 들어온 종목은 하락을 하더라도 매수 주체가 주가를 관리해주기 때문에 반등이 빨리 나오는 경우 가 많습니다.

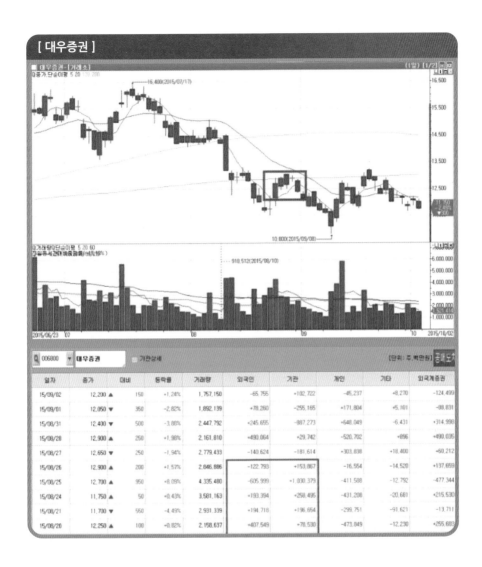

[대우증권]

수급이 강하게 들어와도 실패하는 경우는 해당 종목의 특징을 살펴야 합니다. 증권주 같은 경우에는 지수에 영향을 받는 경우가 많습니다. 이처럼 수급이 들어오더라도 지수와 관계가 있는 종목은 무작정 공략하지 않는 것이 좋습니다.

chapter

05

—

수급 돌파매매

수급 돌파매매

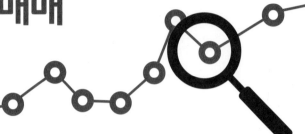

돌파매매란? 최근의 저항대를 강하게 돌파하는 것입니다.

:: 정배열 돌파매매

최근의 고점을 수급과 거래량 증가와 함께 돌파하는 형태.
ex A라는 주식의 전고점이 10,500원 돌파.

:: 52주 신고가

1년 1개월 동안 최고의 주가를 뜻함.
달리는 말에 올라타라! 신고가 수급 종목을 주목하자.

🔑 매수 타점

❶ 전일 거래량 100% 이상 증가(역배열 200% 증가).

❷ 오전부터 수급 매수세 포착.

❸ 전고점 돌파 매수세 확인 후 매수.

❹ 3·3·4 분할 매수, 비중 조절.

❺ 시황 체크, 코스피 / 코스닥 수급.

🔑 매도 타점

❶ 수급의 증가세가 늘어나지 않을 때.

❷ 전고점 돌파 후 후속 매수세 부족.

❸ 외인 선물 급락과 증시 하락 체크.

❹ 3·3·4 분할 매도, 비중 조절, 일괄 매도.

[AP시스템]

일자	종가	외국인	개인	기관	기관순매수상세								기타
					금융투자	보험	투신	사모	은행	기타금융	기금	국가	
현 재	17,000	-221,412	+218,106	-1,533	-40,568	+11,577	-4,464	+3,796	+3,766	0	+16,356	+8,004	+4,837
2016/01/14	16,950	-21,576	-198,881	+213,252	-33,862	+9,027	+189,254	+13,753	-7,892	0	+38,890	+4,082	+7,205
2016/01/13	13,900	+317,950	-561,611	+239,766	+105,072	+45,936	+84,147	-3,000	-2,000	0	+9,629	0	+4,475
2016/01/12	12,200	+132,993	-181,564	+50,764	+25,323	+2,673	+3,505	-19,967	0	0	+39,230	0	-2,173
2016/01/11	12,400	-48,147	+138,075	-84,357	-70,735	-3,887	+498	-4,587	0	-6,591	+945	0	-5,571
2016/01/08	13,450	+62,846	-99,331	+40,277	+46,231	0	0	-3,280	0	0	-2,674	0	-3,792
2016/01/07	13,000	-17,659	+58,609	-32,801	-36,871	-5,781	-2,163	0	0	0	+7,688	0	-8,149
2016/01/06	13,450	-121,285	+36,638	+95,918	-36,490	+30,497	+67,712	+10,766	0	0	+23,433	0	-11,271
2016/01/05	13,400	+102,402	-148,589	+45,738	+24,931	+599	+14,651	-21,825	0	+1,150	+25,484	+740	+449

AP시스템입니다. 최근 이슈가 된 OLED 관련주입니다. 1월 12일 삼성디스플레이의 2대 주주 등극 찌라시와 함께 수급이 들어오면서 상승했습니다. 최근 애플 차세대 아이폰에 OLED를 탑재한다는 전망이 나오고, 삼성은 중저가 스마트폰에 OLED 탑재를 늘리는 등 실적과 관련된 호재가 지속되면서 대규모 수주 기대감으로 상승 중입니다.

기관과 외인 수급도 대량으로 들어오면서 거래량이 대량 늘어날 때 돌파로 공략 가능합니다.

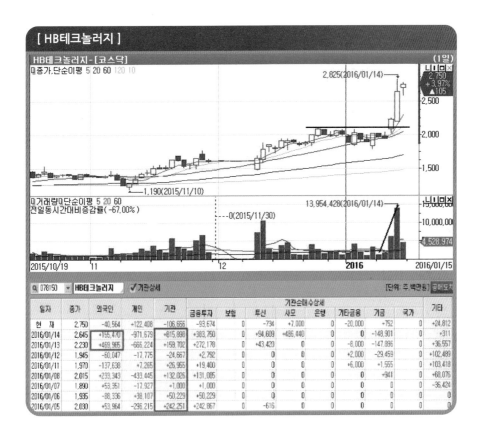

[HB테크놀러지]

일자	종가	외국인	개인	기관	기관순매수상세								기타
					금융투자	보험	투신	사모	은행	기타금융	기금	국가	
현 재	2,750	-40,564	+122,408	-106,656	-93,674	0	-734	+7,000	0	-20,000	+752	0	+24,812
2016/01/14	2,645	+195,470	-971,679	+815,898	+383,750	0	+94,609	+496,440	0	0	-148,901	0	+311
2016/01/13	2,230	+469,965	-666,224	+159,702	+272,178	0	+43,420	0	0	-8,000	-147,896	0	+36,557
2016/01/12	1,945	-60,047	-17,775	-24,667	+2,792	0	0	0	0	+2,000	-29,459	0	+102,489
2016/01/11	1,970	-137,638	+7,265	+26,955	+19,400	0	0	0	0	+6,000	+1,555	0	+103,418
2016/01/08	2,015	+233,343	-433,445	+132,026	+131,085	0	0	0	0	0	-941	0	+68,076
2016/01/07	1,890	+53,351	-17,927	+1,000	+1,000	0	0	0	0	0	0	0	-36,424
2016/01/06	1,935	-88,336	+38,107	+50,229	+50,229	0	0	0	0	0	0	0	0
2016/01/05	2,030	+53,964	-296,215	+242,251	+242,867	0	-616	0	0	0	0	0	0

HB테크놀러지입니다. 최근 기관과 외인의 수급의 연속성이 있는 종목입니다. 1월 13일 394억 원 규모의 장비 공급 계약 체결 찌라시가 나옴에 따라 다시 한 번 대량 수급이 들어오면서 전고점을 돌파했습니다. 1월 14일을 보면 기관이 80만 주, 외인이 15만 주 넘게 들어오면서 급등하는 것을 볼 수 있습니다.

13일 돌파로 들어가서 수급 이탈이 없을 시 홀딩, 1월 15일 갭상승 후 수급 이탈 나올 때 욕심 버리고 수익 실현하는 전략으로 대응할 수 있습니다.

[동아엘텍]

일자	종가	외국인	개인	기관	기관순매수상세								기타
					금융투자	보험	투신	사모	은행	기타금융	기금	국가	
현 재	19,200	-12,710	-134,544	+147,312	-9,480	-22,006	+48,478	+3,087	+5,793	0	+58,500	+62,940	-58
2016/01/14	18,800	-38,192	-151,132	+148,771	+89,640	+21,081	+72,542	-62,099	0	0	+27,607	0	+40,553
2016/01/13	17,700	+154,115	-206,200	+66,099	+25,537	+11,528	+1,362	-1,718	0	0	+29,390	0	-14,014
2016/01/12	15,000	+20,926	-82,377	+60,939	-400	+24,363	+23,265	0	0	0	+13,711	0	+512
2016/01/11	14,050	-2,715	-20,170	-15,749	-2,498	0	-13,176	-75	0	0	0	0	-1,706
2016/01/08	14,950	+15,199	+37,655	-55,865	-53,546	0	-2,217	-102	0	0	0	0	+3,011
2016/01/07	14,950	-12,289	-5,992	-15,224	-13,138	+4,412	+46,487	-12,537	0	0	0	0	-6,943
2016/01/06	15,600	-19,727	+42,400	+12,288	0	+12,288	0	0	0	0	0	0	-34,961
2016/01/05	15,400	+365	-10,656	+15,053	+8,253	0	+6,800	0	0	0	0	0	-4,75

동아엘텍입니다. OLED 검사 장비를 만드는 업체로 LG디스플레이가 주요 고객인 기업입니다. 최근 OLED에 시장의 관심이 쏠림에 따라 수급이 대량으로 들어오면서 거래량이 늘어났을 때 돌파로 공략이 가능했습니다.

항상 최근에 이슈가 되는 업종의 종목을 공략하는 것이 좋습니다. 시황이 좋지 않을 때에는 시장의 관심을 받는 종목에 매수세가 쏠릴 가능성이 크기 때문입니다.

[테라세미콘]

테라세미콘-[코스닥]   (1일)
■종가,단순이평 5 20 60 120 10   25,000(2016/01/14)   24,550
                                                                     -0.61%
                                                                     ▼150

                                                                    20,000

                                                                    15,000
                 14,650(2015/10/23)
■거래량■단순이평 5 20 60   1,363,972(2016/01/14)
전일동시간대비증감률(-72.10%)   377,875
      24,236(2015/10/19)

2015/10/19   '11   12   2016   2016/01/15

| 일자 | 종가 | 외국인 | 개인 | 기관 | 기관순매수상세 | | | | | | | | 기타 |
					금융투자	보험	투신	사모	은행	기타금융	기금	국가	
현 재	24,550	+14,546	-48,940	+32,984	+1,135	+9,787	-4,098	+1,164	-2,600	+1,000	+21,108	+5,488	+1,410
2016/01/14	24,700	+86,069	-305,226	+161,536	+52,972	+28,340	+6,046	+28,939	0	0	+39,014	+6,225	+55,621
2016/01/13	22,300	+22,818	-76,091	+49,950	+16,552	-20,279	+938	+600	0	0	+19,830	-8,249	+3,323
2016/01/12	20,500	+9,287	+32,631	-40,845	-5,609	-12,897	-12,341	-7,215	+2,500	-2,674	-6,119	+3,509	-1,072
2016/01/11	21,550	-6,063	+27,634	-19,727	-6,012	-13,235	-6,819	-4,265	0	-2,504	-2,439	+15,547	-1,844
2016/01/08	22,750	-1,622	-31,819	+21,385	+1,532	+3,300	+9,673	-5,599	+15,100	0	-14,366	+11,745	+12,056
2016/01/07	22,150	-3,357	+23,496	+1,558	-2,616	0	+1,569	+1,945	+2,842	0	-6,172	+3,990	-21,699
2016/01/06	22,850	-22,067	+15,080	+11,952	-6,188	-7,651	+6,610	+403	0	+2,404	+9,283	+7,091	-4,965
2016/01/05	22,900	+21,943	-79,763	+58,068	+5,610	+8,566	+4,622	+5,312	0	0	+32,812	+1,146	-248

123100 ▼ 테라세미콘   ✔기관상세   [단위: 주,백만원] 공매도차

　　테라세미콘입니다. 이 역시 OLED 장비주로서 최근 국내외 주요 디스플레이 업체들의 OLED 투자가 본격화됐다는 기대감으로 수급과 함께 매수세가 쏠렸습니다. 1월 14일 외인 9만 주에 기관 16만 주가량 매수세가 들어오면서 거래량이 대량으로 증가할 때 돌파로 공략이 가능했습니다. 최근 OLED 패널 제조 원가도 LCD에 비해 경쟁력이 생기면서 성장 기대감이 커진 상태로 대규모 수주 기대감에 급등한 상태입니다.

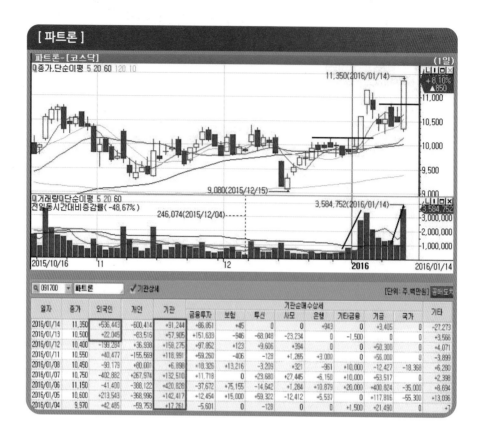

[파트론]

일자	종가	외국인	개인	기관	기관순매수상세								기타
					금융투자	보험	투신	사모	은행	기타금융	기금	국가	
2016/01/14	11,350	+536,443	-600,414	+91,244	+86,861	+45	0	0	0	+943	+3,405	0	-27,273
2016/01/13	10,500	+22,045	-83,516	+57,905	+151,633	-946	-68,048	-23,234	0	-1,500	0	0	+3,566
2016/01/12	10,400	-199,284	+36,938	+158,275	+97,852	+123	+9,606	+394	0	0	+50,300	0	+4,071
2016/01/11	10,550	+40,477	-155,569	+116,991	+59,260	-406	-128	+1,265	+3,000	0	+56,000	0	-3,899
2016/01/08	10,450	-93,179	+80,001	+6,898	+18,325	+13,216	-3,209	+321	-961	+10,000	-12,427	-18,368	-6,280
2016/01/07	10,750	-402,882	+267,974	+132,510	+11,718	0	+23,680	+27,445	-6,150	+10,000	+63,517	0	+2,398
2016/01/06	11,150	-41,400	-388,122	+420,828	-37,672	+75,155	-14,642	+1,284	+10,879	+20,000	+400,824	-35,000	+8,694
2016/01/05	10,600	+213,543	-368,996	+142,417	+12,454	+15,000	+59,322	-12,412	-5,537	0	+117,816	-55,300	+13,096
2016/01/04	9,970	+42,485	-59,753	+17,261	-5,601	0	-128	0	0	+1,500	+21,490	0	+7

파트론입니다. 파트론은 스마트폰, 안테나 등을 다루는 작은 부품사들의 M&A를 통해 현재 종합 부품사로 자리를 잡은 상태입니다. 최근 기관 수급이 연속적으로 들어온 상태로 1월 5일 외인 20만 주, 기관 10만 주 매수와 함께 거래량이 증가할 때 돌파 공략이 가능했습니다.

이후에도 기관 수급은 연속적으로 들어오고 있는 상태로, 1월 14일 외인 50만 주, 기관 9만 주 매수가 들어오면서 전일 대비 매수세가 쏠릴 때 다시 한번 돌파 공략이 가능한 종목입니다.

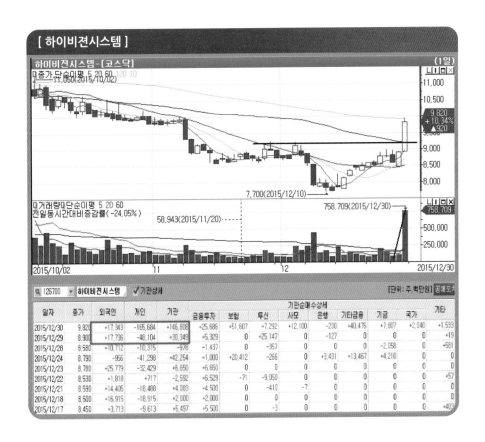

[하이비젼시스템]

| 일자 | 종가 | 외국인 | 개인 | 기관 | 기관순매수상세 | | | | | | | | | 기타 |
					금융투자	보험	투신	사모	은행	기타금융	기금	국가	
2015/12/30	9,820	+17,343	-165,684	+146,808	+25,686	+51,607	+7,292	+12,100	-200	+40,475	+7,807	+2,040	+1,533
2015/12/29	8,900	+17,736	-48,104	+30,349	-5,329	0	+25,147	0	-127	0	0	0	+19
2015/12/28	8,580	+10,712	-10,315	-978	-1,437	0	-357	0	0	0	-2,058	0	+581
2015/12/24	8,790	-956	-41,298	+42,254	-1,000	+20,412	-266	0	+3,431	+13,467	+4,210	0	0
2015/12/23	8,780	+25,779	-32,429	+6,650	-6,650	0	0	0	0	0	0	0	0
2015/12/22	8,530	+1,818	+717	-2,592	+6,529	-71	-9,050	0	0	0	0	0	+57
2015/12/21	8,590	+14,405	-18,488	+4,083	+4,500	0	-410	-7	0	0	0	0	0
2015/12/18	8,500	+16,915	-18,915	+2,000	+2,000	0	0	0	0	0	0	0	0
2015/12/17	8,450	+3,713	-9,613	+5,497	+5,500	0	-3	0	0	0	0	0	+403

휴대폰에 탑재되는 카메라 모듈 제조 공정 중 검사 공정에 대한 자동화 장비를 개발하는 업체, 하이비젼시스템입니다. 최근 장비 수요가 증가함에 따라 실적에 기대감이 있는 상태입니다. 12월 30일 기관 14만 주 대량 매수세가 들어오면서 거래량과 함께 전고점을 돌파할 때 공략 가능합니다 외인/기관 양매수로 수급의 연속성이 있는 상태입니다. 수급 이탈이 없을 시 지속적으로 지켜봐야 할 종목입니다.

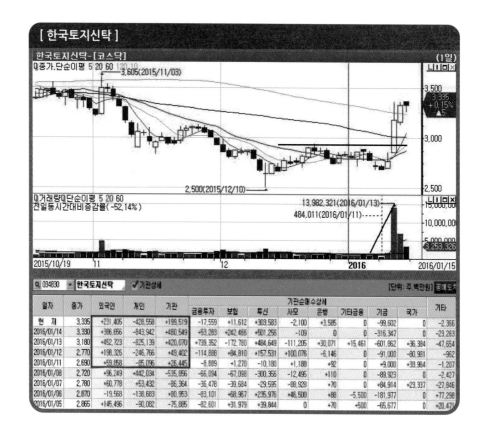

[한국토지신탁]

일자	종가	외국인	개인	기관	기관순매수상세								
					금융투자	보험	투신	사모	은행	기타금융	기금	국가	기타
현 재	3,335	+231,405	-428,558	+199,519	-17,559	+11,612	+303,583	-2,100	+3,585	0	-99,602	0	-2,366
2016/01/14	3,330	+386,656	-843,942	+460,549	+53,283	+242,466	+501,256	-109	0	0	-316,347	0	-23,263
2016/01/13	3,180	+452,723	-825,139	+420,070	+739,352	-172,780	+484,649	-111,205	+30,071	+15,461	-601,862	+36,384	-47,654
2016/01/12	2,770	+198,326	-246,766	+49,402	-114,888	+84,810	+157,531	+100,076	-6,146	0	-91,000	-80,981	-962
2016/01/11	2,690	+59,658	-85,096	+26,445	-8,889	+1,270	-10,180	+1,188	+92	0	+9,000	+33,964	-1,207
2016/01/08	2,720	+96,249	+442,034	-535,856	-66,094	-67,096	-300,356	-12,495	+110	0	-89,923	0	-2,427
2016/01/07	2,780	+60,778	+53,432	-86,364	-36,478	-39,684	-29,595	-88,928	+70	0	-84,914	+23,337	-27,846
2016/01/06	2,870	-19,568	-138,683	+80,953	-83,101	+68,967	+235,976	+46,500	+88	-5,500	-181,977	0	+77,298
2016/01/05	2,865	+145,496	-90,082	-75,885	-82,601	+31,979	+39,844	0	+70	+500	-65,677	0	+20,471

1월 11일부터 외인/기관 양매수 수급이 지속적으로 들어오고 있습니다. 1월 13일 4분기 실적 기대감 찌라시가 나오면서 외인 45만 주, 기관 42만 주 매수가 들어왔습니다. 거래량이 급증하면서 전고점을 강하게 돌파할 때 돌파 공략이 가능했습니다. 아직도 수급 이탈이 없고 지속적으로 들어오고 있기 때문에 계속해서 지켜봐야 할 종목입니다.

[HB테크놀러지]

체결창을 보면 파바박 매수 물량이 들어오는 것을 알 수 있습니다. 이와 같이 수급이 지속적으로 들어오게 되면서 투심이 자극되고 개인 큰손 매수세가 들어오게 되면 매물대를 강하게 돌파하게 됩니다. 매도 호가에 물량이 매수 호가 물량보다 많은 경우가 좋습니다.

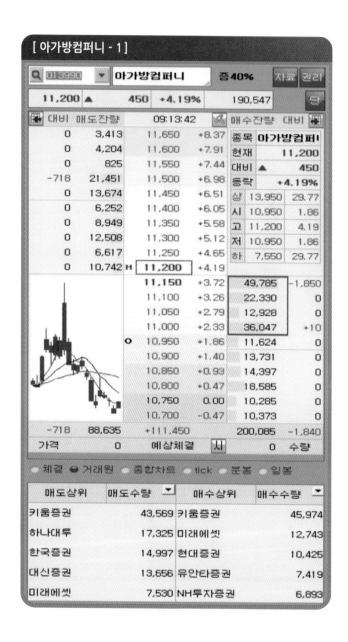

[아가방컴퍼니 - 1]

| 013990 ▼ | 아가방컴퍼니 | 증40% | 자료 | 권리 |

| 11,200 ▲ | 450 | +4.19% | 190,547 | 단 |

대비	매도잔량	09:13:42		매수잔량	대비
0	3,413	11,650	+8.37	종목	**아가방컴퍼니**
0	4,204	11,600	+7.91	현재	11,200
0	825	11,550	+7.44	대비 ▲	450
-718	21,451	11,500	+6.98	등락	+4.19%
0	13,674	11,450	+6.51	상	13,950	29.77
0	6,252	11,400	+6.05	시	10,950	1.86
0	8,949	11,350	+5.58	고	11,200	4.19
0	12,508	11,300	+5.12	저	10,950	1.86
0	6,617	11,250	+4.65	하	7,550	29.77
0	10,742 H	**11,200**	+4.19		
		11,150	+3.72	49,785	-1,850
		11,100	+3.26	22,330	0
		11,050	+2.79	12,928	0
		11,000	+2.33	36,047	+10
		o 10,950	+1.86	11,624	0
		10,900	+1.40	13,731	0
		10,850	+0.93	14,397	0
		10,800	+0.47	18,585	0
		10,750	0.00	10,285	0
		10,700	-0.47	10,373	0
-718	88,635	+111,450		200,085	-1,840

| 가격 | 0 | 예상체결 | 시 | 0 | 수량 |

● 체결 ● 거래원 ● 종합차트 ● tick ● 분봉 ● 일봉

매도상위	매도수량 ▼	매수상위	매수수량 ▼
키움증권	43,569	키움증권	45,974
하나대투	17,325	미래에셋	12,743
한국증권	14,997	현대증권	10,425
대신증권	13,656	유안타증권	7,419
미래에셋	7,530	NH투자증권	6,893

아가방컴퍼니와 같이 의미 없이 매수 호가에 억 단위의 금액 수량을 받쳐놓는 경우에는 조심해야 합니다. 받쳐놓은 물량은 돈 많은 증권사 물량으로 개인 투심을 자극해 위 호가 본인 물량들을 팔아먹으려는 패턴입니다.

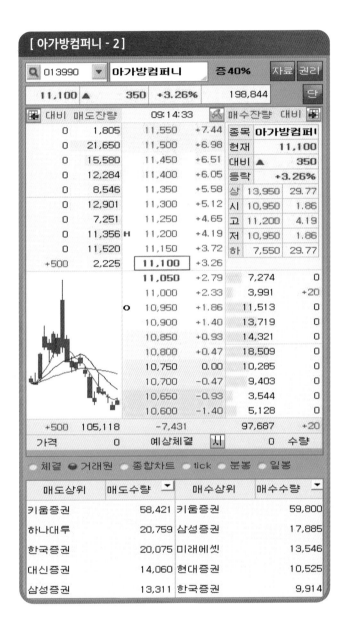

[아가방컴퍼니 - 2]

🔍 013990 ▼ 아가방컴퍼니   증40%   자료 권리

| 11,100 ▲ | 350 | +3.26% | 198,844 | 단 |

대비	매도잔량	09:14:33	🔍 매수잔량	대비	
0	1,805	11,550	+7.44	종목	아가방컴퍼니
0	21,650	11,500	+6.98	현재	11,100
0	15,580	11,450	+6.51	대비 ▲	350
0	12,284	11,400	+6.05	등락	+3.26%
0	8,546	11,350	+5.58	상 13,950	29.77
0	12,901	11,300	+5.12	시 10,950	1.86
0	7,251	11,250	+4.65	고 11,200	4.19
0	11,356 H	11,200	+4.19	저 10,950	1.86
0	11,520	11,150	+3.72	하 7,550	29.77
+500	2,225	11,100	+3.26		

		11,050	+2.79	7,274	0
		11,000	+2.33	3,991	+20
o		10,950	+1.86	11,513	0
		10,900	+1.40	13,719	0
		10,850	+0.93	14,321	0
		10,800	+0.47	18,509	0
		10,750	0.00	10,285	0
		10,700	-0.47	9,403	0
		10,650	-0.93	3,544	0
		10,600	-1.40	5,128	0

| +500 | 105,118 | -7,431 | 97,687 | +20 |
| 가격 | 0 | 예상체결 시 | 0 | 수량 |

○ 체결 ● 거래원 ○ 종합차트 ○ tick ○ 분봉 ○ 일봉

매도상위	매도수량 ▼	매수상위	매수수량 ▼
키움증권	58,421	키움증권	59,800
하나대투	20,759	삼성증권	17,885
한국증권	20,075	미래에셋	13,546
대신증권	14,060	현대증권	10,525
삼성증권	13,311	한국증권	9,914

이와 같이 갑자기 매수 호가 물량을 다 빼버리고 해당 패턴이 나온 가격대가 당일 고점이 되어버리는 경우가 많습니다.

1. 테마 대장주의 흐름을 지켜봅니다.

   - 한국전자인증 상승을 보며 그 등락폭에 따라 매매합니다.

   - 대장주가 상한가 들어갈 때가 후발 주자는 고점입니다.

2. 삼성페이 이슈에 주목합니다.

   - 최근 50만 장 돌파, 곧 100만 장 가입 돌파.

   - 9월 28일 삼성페이 미국 진출.

   - 하반기 중저가 스마트폰 탑재.

   - 연말 중국에 삼성페이 진출.

   - 교통카드 외 다양한 협력 구축.

3. 하반기 실질적인 실적 개선 기대.

   - 삼성페이 관련주 3분기 실적 옥석 가리기.

   - 제2의 산성앨엔에스를 찾아라.

4. 글로벌 시장 흐름을 파악하라.

 - 중국의 경기 둔화, 신흥국 위험, 미국 금리 인상 등 불확실성 존재, 테마주 수급 쏠림.

5. 거래량, 거래 대금은 속일수 없다.

 - 한국전자인증 유통 물량, 거래량, 회전율을 봅니다. 하루 전체 유통 물량이 거래됩니다. 거대한 자금력이 들어온 것을 알 수 있습니다. 삼성페이주가 매일 오를 수는 없습니다. 몇 가지 시나리오를 생각해봤습니다.

 - 수급N번개(눌림 조정 후 재상승).

 - 수급독수리(고가놀이 후 재상승).

 - 수급M쌍봉(급락 후 쌍봉 횡보).

 - 후발 주자 순환매 상승(키맞추기).

 - 대장주 조정 후 아모텍 외 후발주 상승.

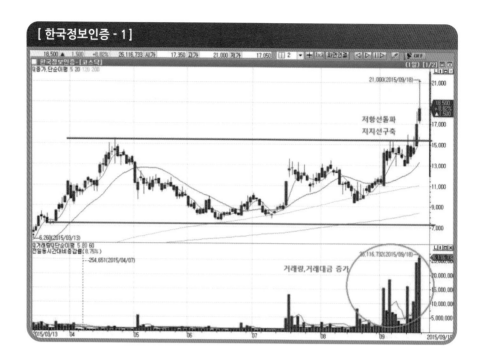

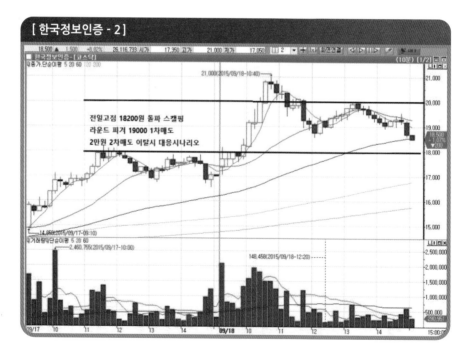

[한국정보인증 - 3]

체결량 | 주가차트 | 종목뉴스 | 일별주가 | 종목상세 | 거래원 | 종목투자자

053300 ▼ ▶ ? 관 한국정보인증 □ 실시간 조회 다음 챠트

시간	현재가	등락폭	등락률	변동거래량	매수비중	매도호가
09:41:33	17,900 ▲	900	5.29%	1	52.74%	17,900
09:41:33	17,850 ▲	850	5.00%	3,410	52.74%	17,900
09:41:33	17,850 ▲	850	5.00%	2,000	52.70%	17,850
09:41:33	17,850 ▲	850	5.00%	300	52.68%	17,850
09:41:33	17,850 ▲	850	5.00%	2	52.68%	17,850
09:41:33	17,850 ▲	850	5.00%	1,506	52.68%	17,850
09:41:33	17,850 ▲	850	5.00%	3,000	52.66%	17,850
09:41:33	17,850 ▲	850	5.00%	1	52.63%	17,850
09:41:33	17,850 ▲	850	5.00%	495	52.63%	17,850
09:41:33	17,850 ▲	850	5.00%	168	52.62%	17,850
09:41:33	17,850 ▲	850	5.00%	2,374	52.62%	17,850
09:41:33	17,850 ▲	850	5.00%	1,514	52.60%	17,850
09:41:33	17,850 ▲	850	5.00%	50	52.58%	17,850
09:41:32	17,850 ▲	850	5.00%	1	52.58%	17,850
09:41:32	17,850 ▲	850	5.00%	100	52.58%	17,850
09:41:32	17,850 ▲	850	5.00%	2	52.58%	17,850
09:41:32	17,850 ▲	850	5.00%	1	52.58%	17,850
09:41:32	17,850 ▲	850	5.00%	11	52.58%	17,850
09:41:32	17,850 ▲	850	5.00%	1	52.58%	17,850
09:41:32	17,850 ▲	850	5.00%	11,029	52.58%	17,850
09:41:32	17,850 ▲	850	5.00%	1	52.46%	17,850
09:41:32	17,850 ▲	850	5.00%	1	52.46%	17,850
09:41:32	17,850 ▲	850	5.00%	2	52.46%	17,850
09:41:31	17,850 ▲	850	5.00%	1	52.46%	17,850
09:41:31	17,850 ▲	850	5.00%	1,061	52.46%	17,850
09:41:31	17,850 ▲	850	5.00%	58	52.45%	17,850
09:41:31	17,850 ▲	850	5.00%	1	52.45%	17,850
09:41:31	17,850 ▲	850	5.00%	2	52.45%	17,850

[한국정보인증 - 4]

| 체결량 | 주가차트 | 종목뉴스 | 일별주가 | 종목상세 | 거래원 | 종목투자자 |

053300 ▼ ▶ ? 관 한국정보인증 ☐ 실시간 조회 다음 챠트

시간	현재가		등락폭	등락률	변동거래량	매수비중	매도호가	^
09:41:39	17,950	▲	950	5.59%	2	53.25%	17,950	
09:41:38	17,950	▲	950	5.59%	558	53.25%	17,950	
09:41:38	17,900	▲	900	5.29%	16,654	53.25%	17,950	
09:41:38	17,900	▲	900	5.29%	1	53.07%	17,900	
09:41:38	17,900	▲	900	5.29%	2,000	53.07%	17,900	
09:41:38	17,900	▲	900	5.29%	87	53.05%	17,900	
09:41:38	17,900	▲	900	5.29%	2	53.05%	17,900	
09:41:37	17,900	▲	900	5.29%	300	53.05%	17,900	
09:41:37	17,900	▲	900	5.29%	1	53.05%	17,900	
09:41:37	17,900	▲	900	5.29%	2	53.05%	17,900	
09:41:37	17,900	▲	900	5.29%	7,000	53.05%	17,900	
09:41:37	17,900	▲	900	5.29%	136	52.97%	17,900	
09:41:37	17,900	▲	900	5.29%	1,500	52.97%	17,900	
09:41:37	17,900	▲	900	5.29%	1	52.96%	17,900	
09:41:37	17,900	▲	900	5.29%	2	52.96%	17,900	
09:41:37	17,900	▲	900	5.29%	4,000	52.96%	17,900	
09:41:36	17,900	▲	900	5.29%	38	52.91%	17,900	
09:41:36	17,900	▲	900	5.29%	2	52.91%	17,900	
09:41:36	17,900	▲	900	5.29%	228	52.91%	17,900	
09:41:36	17,900	▲	900	5.29%	61	52.91%	17,900	
09:41:36	17,900	▲	900	5.29%	2	52.91%	17,900	
09:41:36	17,900	▲	900	5.29%	2	52.91%	17,900	
09:41:36	17,900	▲	900	5.29%	10,000	52.91%	17,900	
09:41:36	17,900	▲	900	5.29%	500	52.80%	17,900	
09:41:36	17,900	▲	900	5.29%	5,000	52.80%	17,900	
09:41:35	17,900	▲	900	5.29%	2	52.74%	17,900	
09:41:35	17,900	▲	900	5.29%	100	52.74%	17,900	
09:41:35	17,900	▲	900	5.29%	129	52.74%	17,900	∨

[한국정보인증 - 5]

체결량 | 주가차트 | 종목뉴스 | 일별주가 | 종목상세 | 거래원 | 종목투자자

053300 ▼ ▶ ? 관 한국정보인증 ☐ 실시간 조회 다음 챠트

시간	현재가	등락폭	등락률	변동거래량	매수비중	매도호가
09:44:10	18,000 ▲	1,000	5.88%	50	54.84%	18,000
09:44:10	18,000 ▲	1,000	5.88%	500	54.84%	18,000
09:44:10	18,000 ▲	1,000	5.88%	100	54.84%	18,000
09:44:10	18,000 ▲	1,000	5.88%	356	54.84%	18,000
09:44:10	18,000 ▲	1,000	5.88%	97	54.83%	18,000
09:44:10	18,000 ▲	1,000	5.88%	3,000	54.83%	18,000
09:44:10	18,000 ▲	1,000	5.88%	59	54.80%	18,000
09:44:10	18,000 ▲	1,000	5.88%	500	54.80%	18,000
09:44:10	18,000 ▲	1,000	5.88%	600	54.80%	18,000
09:44:10	18,000 ▲	1,000	5.88%	3,000	54.79%	18,000
09:44:10	18,000 ▲	1,000	5.88%	1,000	54.76%	18,000
09:44:10	18,000 ▲	1,000	5.88%	3,089	54.75%	18,000
09:44:10	18,000 ▲	1,000	5.88%	38	54.72%	18,000
09:44:10	18,000 ▲	1,000	5.88%	700	54.72%	18,000
09:44:10	18,000 ▲	1,000	5.88%	352	54.72%	18,000
09:44:10	18,000 ▲	1,000	5.88%	1,000	54.71%	18,000
09:44:10	18,000 ▲	1,000	5.88%	4,400	54.70%	18,000
09:44:10	18,000 ▲	1,000	5.88%	15,000	54.66%	18,000
09:44:10	18,000 ▲	1,000	5.88%	1,396	54.51%	18,000
09:44:10	18,000 ▲	1,000	5.88%	2,537	54.50%	18,000
09:44:10	18,000 ▲	1,000	5.88%	5,917	54.48%	18,000
09:44:10	18,000 ▲	1,000	5.88%	250	54.42%	18,000
09:44:10	18,000 ▲	1,000	5.88%	30	54.41%	18,000
09:44:10	18,000 ▲	1,000	5.88%	300	54.41%	18,000
09:44:10	17,950 ▲	950	5.59%	1,000	54.41%	18,000
09:44:09	18,000 ▲	1,000	5.88%	9,575	54.42%	18,000
09:44:09	18,000 ▲	1,000	5.88%	20,000	54.33%	18,000
09:44:08	18,000 ▲	1,000	5.88%	500	54.13%	18,000

9월 18일 한국정보인증을 보면서 말씀드리겠습니다. 전일 전고점 18,200원을 돌파할 때 매수할 수 있습니다. 대장주 한국전자인증이 9시 30분에 +20% 상승을 했으며 대장 한국전자금융도 대장주를 따라갔기 때문입니다. 지수 또한 상승 후 하락 전환에 임박했기에 시장 수급이 삼성페이주로 매수가 쏠렸습니다. 신고가, 거래량 상위 종목은 항상 집중해야 합니다.

18,000원 돌파할 때 한 호가당 1~3억 원씩 매수 들어오는 것도 수급으로 볼 수 있습니다. 이럴 때 분할 매수보다는 시장가 매수로 같이 돌파해줘야 매수 체결됩니다.

매도는 저항과 지지, 라운드 피겨, 호가창을 보면서 매수세가 일시적으로 멈춘다면 매수와 동시에 바로 매도를 준비해야 합니다. 스캘핑 매매는 욕심을 줄여야 합니다. 매수 후 바로 수익이 나면 더 올라가도 미련없이 수익을 챙기고 추세를 지켜봐야 합니다.

스캘핑 매매 시 주의할 점

1. 소액으로 연습해야 합니다.
   - 급등주 매매이기에 순식간에 투자금을 날릴 수 있습니다.
   - 미수, 신용 사용 금지.

2. 손절가를 명확히 정해야 합니다.
   - 18,000원 돌파 매수로 들어갔다면 -17,500원 손절가를 잡고 추세가 이탈되면 바로 손절한 후 다시 추이를 지켜봐야 합니다.

3. 욕심을 버려야 성공합니다.

 - 대량 매수세 들어올 때 같이 매수해야 합니다. 매수 후 바로 수익이 나면 수익을 챙깁

  니다.

4. 스캘핑 매수 시 세력과 함께 돌파해야 합니다.

 - 나 혼자 돌파가 아니라 세력형님과 함께 매수합니다.

5. 거래량 상위 종목, 신고가에서 매매합니다.

 - 신고가 가는 종목은 분명 이유가 있습니다.

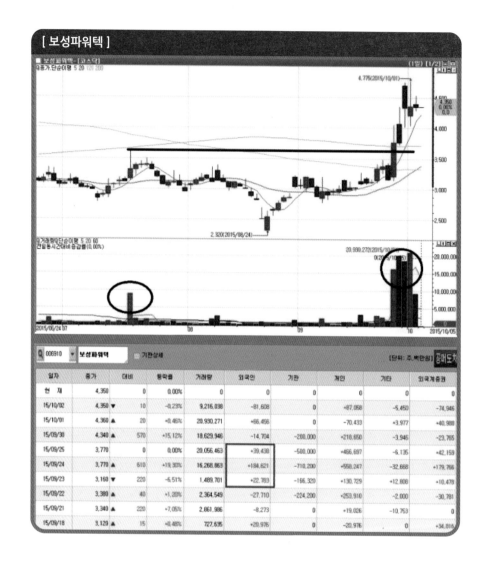

[보성파워텍]

일자	종가	대비	등락률	거래량	외국인	기관	개인	기타	외국계증권
현 재	4,350	0	0.00%	0	0	0	0	0	0
15/10/02	4,350 ▼	10	-0.23%	9,216,038	-81,608	0	+87,058	-5,450	-74,946
15/10/01	4,360 ▲	20	+0.46%	20,930,271	+66,456	0	-70,433	+3,977	+40,988
15/09/30	4,340 ▲	570	+15.12%	18,629,946	-14,704	-200,000	+218,650	-3,946	-23,765
15/09/25	3,770	0	0.00%	20,056,463	+39,438	-500,000	+466,697	-6,135	+42,159
15/09/24	3,770 ▲	610	+19.30%	16,268,863	+184,621	-710,200	+558,247	-32,668	+179,766
15/09/23	3,160 ▼	220	-6.51%	1,489,701	+22,783	-166,320	+130,729	+12,808	+10,478
15/09/22	3,380 ▲	40	+1.20%	2,364,549	-27,710	-224,200	+253,910	-2,000	-30,761
15/09/21	3,340 ▲	220	+7.05%	2,861,986	-8,273	0	+19,026	-10,753	0
15/09/18	3,120 ▲	15	+0.48%	727,635	+20,976	0	-20,976	0	+34,816

대선주인 보성파워텍의 경우 첫 번째 거래량이 터진 이후(매집 흔적) 그 가격대를 다시 한번 큰 거래량과 함께 돌파할 때 공략이 가능합니다. 수급이 들어오면서 매수세가 쏠릴 때 같이 돌파하는 경우 바로 큰 수익이 날 수 있습니다.

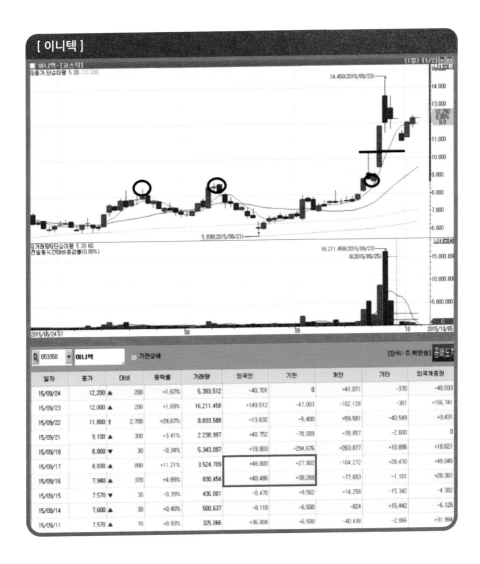

[이니텍]

일자	종가	대비	등락률	거래량	외국인	기관	개인	기타	외국계증권
15/09/24	12,200 ▲	200	+1.67%	5,393,512	-40,701	0	+41,071	-370	-40,593
15/09/23	12,000 ▲	200	+1.69%	16,211,458	+149,512	-47,003	-102,128	-381	+156,741
15/09/22	11,800 ↑	2,700	+29.67%	8,833,588	-13,632	-5,400	+59,581	-40,549	+3,431
15/09/21	9,100 ▲	300	+3.41%	2,238,997	+40,752	-76,009	+39,857	-2,600	0
15/09/18	8,800 ▼	30	-0.34%	5,343,097	+19,903	-294,676	+263,877	+10,896	+18,621
15/09/17	8,830 ▲	890	+11.21%	3,524,709	+48,000	+27,802	-104,272	+28,470	+49,045
15/09/16	7,940 ▲	370	+4.89%	890,454	+40,486	+38,268	-77,653	-1,101	+28,361
15/09/15	7,570 ▼	30	-0.39%	436,001	-8,478	+9,562	+14,258	-15,342	-4,382
15/09/14	7,600 ▲	30	+0.40%	500,637	-8,118	-6,500	-824	+15,442	-6,125
15/09/11	7,570 ▲	70	+0.93%	325,066	+36,004	+6,500	-40,438	-2,066	+31,994

　　3번째 시도에 전날 수급이 들어오면서 시가 갭상승으로 돌파하는 모습입니다. 수급이 들어오고 거래량이 터질 때 공략할 수 있습니다.

　　전고점을 훼손하지 않고 수급 이탈이 없다면 공략 후 큰 수익을 얻을 수 있습니다. 이후에도 그 고점 또한 돌파할 때 수급이 들어오면 재공략 가능합니다.

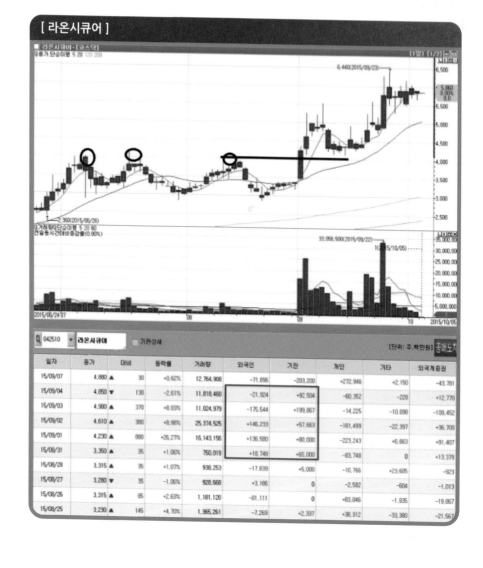

[라온시큐어]

일자	종가	대비	등락율	거래량	외국인	기관	개인	기타	외국계증권
15/09/07	4,880 ▲	30	+0.62%	12,764,908	−71,896	−203,200	+272,946	+2,150	−43,781
15/09/04	4,850 ▼	130	−2.61%	11,818,460	−21,924	+82,504	−60,352	−228	+12,770
15/09/03	4,980 ▲	370	+8.03%	11,024,979	−175,544	+199,867	−14,225	−10,098	−109,452
15/09/02	4,610 ▲	380	+8.98%	25,374,525	+146,233	+57,663	−181,499	−22,397	+36,700
15/09/01	4,230 ▲	880	+26.27%	16,143,156	+136,580	+80,000	−223,243	+6,663	+91,407
15/08/31	3,350 ▲	35	+1.06%	750,019	+18,748	+65,000	−83,748	0	+13,379
15/08/28	3,315 ▲	35	+1.07%	938,253	−17,839	+5,000	−10,766	+23,605	−923
15/08/27	3,280 ▼	35	−1.06%	928,668	+3,186	0	−2,582	−604	−1,013
15/08/26	3,315 ▲	85	+2.63%	1,181,120	−81,111	0	+83,046	−1,935	−19,867
15/08/25	3,230 ▲	145	+4.70%	1,365,261	−7,269	+2,337	+38,312	−33,380	−21,567

라온시큐어는 삼성페이 테마주라는 강력한 모멘텀이 있었고 시세 초입에 수급
이 들어오면서 거래량이 증가하고, 전고점 및 신고가를 돌파하는 경우입니다. 이와
같은 조건에서 공략하는 경우 큰 수익을 얻을 수 있습니다.

[한국정보인증]

일자	종가	대비	등락률	거래량	외국인	기관	개인	기타	외국계증권
15/09/23	16,850 ▼	1,800	-9.65%	5,513,014	-224,681	-1,633	+237,387	-11,073	-5,633
15/09/22	18,650 ▲	400	+2.19%	5,897,887	-123,282	-43,778	+154,806	+12,254	-53,594
15/09/21	18,250 ▼	250	-1.35%	13,096,230	-41,552	-64,216	+854,025	-748,257	0
15/09/18	18,500 ▲	1,500	+8.82%	26,116,733	+187,735	-58,741	-106,802	-22,192	+52,361
15/09/17	17,000 ▲	2,250	+15.25%	24,364,127	+176,430	-46,491	-138,614	+8,675	-4,964
15/09/16	14,750 ▲	850	+6.12%	10,793,895	-36,623	-21,565	+62,627	-4,439	-57,892
15/09/15	13,900 ▼	1,050	-7.02%	4,667,772	-186,439	+19,100	+169,870	-2,531	-61,857
15/09/14	14,950 ▲	1,950	+15.00%	16,102,608	+307,312	-23,119	-282,454	-1,739	+189,908
15/09/11	13,000 ▼	800	-5.80%	2,597,122	+104,140	-14,938	-90,856	+1,654	+65,255
15/09/10	13,800 ▼	450	-3.16%	2,862,795	-45,152	-82,858	+111,516	+16,494	+5,952

한국정보인증도 같은 경우입니다. 저항과 지지를 이용하면서 외인 수급을 보고
매매하면 용이하게 대응할 수 있습니다.

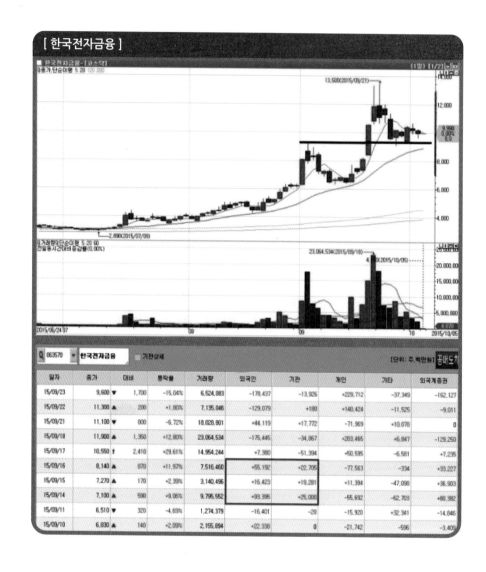

[한국전자금융]

한국전자금융도 수급이 들어오면서 전고점을 돌파할 때 공략이 가능합니다. 돌파 매매는 사자마자 수익이기 때문에 큰 수익을 얻을 수 있다는 장점이 있습니다. 단점은 손절매 원칙을 지키지 않으면 큰 손실도 가능합니다.

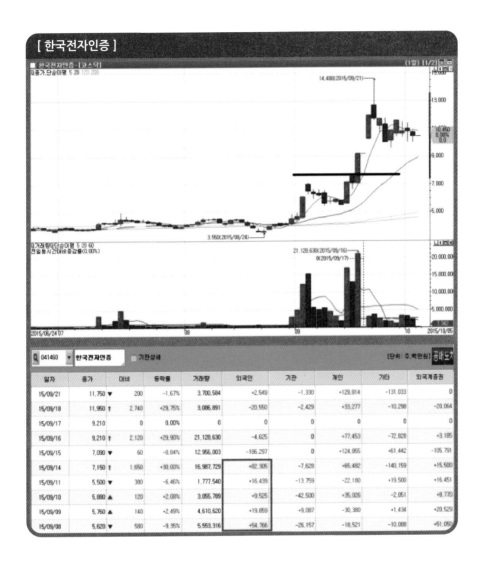

일자	종가	대비	등락률	거래량	외국인	기관	개인	기타	외국계증권
15/09/21	11,750 ▼	200	-1.67%	3,700,584	+2,549	-1,330	+129,814	-131,033	0
15/09/18	11,950 ↑	2,740	+29.75%	3,086,891	-20,550	-2,429	+33,277	-10,298	-20,064
15/09/17	9,210	0	0.00%	0	0	0	0	0	0
15/09/16	9,210 ↑	2,120	+29.90%	21,128,630	-4,625	0	+77,453	-72,829	+3,185
15/09/15	7,090 ▼	60	-0.84%	12,956,003	-186,297	0	+124,855	+61,442	-105,791
15/09/14	7,150 ↑	1,650	+30.00%	16,987,729	+82,305	-7,628	+65,482	-140,159	+15,500
15/09/11	5,500 ▼	380	-6.46%	1,777,540	+16,439	-13,759	-22,180	+19,500	+16,451
15/09/10	5,880 ▲	120	+2.08%	3,055,789	+9,525	-42,500	+35,026	-2,051	+8,770
15/09/09	5,760 ▲	140	+2.49%	4,610,620	+19,859	+9,087	-30,380	+1,434	+20,529
15/09/08	5,620 ▼	580	-9.35%	5,553,316	+54,766	-26,157	-18,521	-10,088	+51,050

한국전자인증 역시 수급이 들어오면서 전고점을 돌파하는 모습입니다.

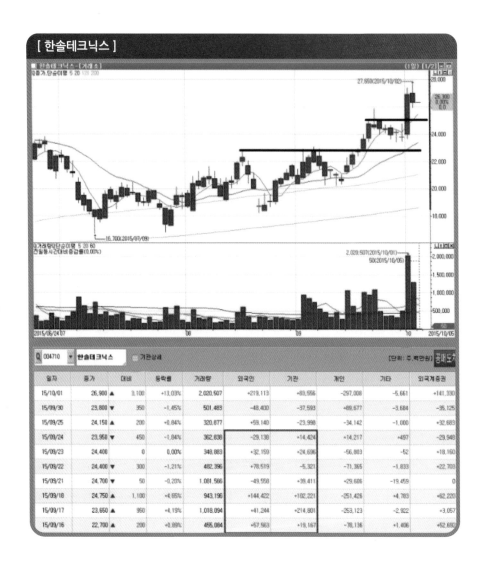

[한솔테크닉스]

일자	종가	대비	등락률	거래량	외국인	기관	개인	기타	외국계증권
15/10/01	26,900 ▲	3,100	+13.03%	2,020,507	+219,113	+83,556	-297,008	-5,661	+141,330
15/09/30	23,800 ▼	350	-1.45%	501,483	-48,400	-37,593	+89,677	-3,684	-35,125
15/09/25	24,150 ▲	200	+0.84%	320,877	+59,140	-23,998	-34,142	-1,000	+32,683
15/09/24	23,950 ▼	450	-1.84%	362,838	-29,138	+14,424	+14,217	+497	-29,948
15/09/23	24,400	0	0.00%	348,083	+32,159	+24,696	-56,803	-52	+18,160
15/09/22	24,400 ▼	300	-1.21%	482,396	+78,519	-5,321	-71,365	-1,833	+22,703
15/09/21	24,700 ▼	50	-0.20%	1,081,566	-49,558	+39,411	+29,606	-19,459	0
15/09/18	24,750 ▲	1,100	+4.65%	943,199	+144,422	+102,221	-251,426	+4,783	+62,220
15/09/17	23,650 ▲	950	+4.19%	1,018,094	+41,244	+214,801	-253,123	-2,922	+3,057
15/09/16	22,700 ▲	200	+0.89%	455,084	+57,563	+19,167	-78,136	+1,406	+52,692

한솔테크닉스도 수급이 연속성으로 들어오면서 같은 패턴의 모습을 보입니다. 당시에 삼성 테마주가 시장의 주도 테마였기 때문에 순환매로 지속 공략이 가능했었습니다.

[미래산업]

일자	종가	대비	등락률	거래량	외국인	기관	개인	기타	외국계증권
현 재	564	0	0.00%	4	0	0	0	0	0
15/10/02	564 ▲	45	+8.67%	462,858,087	+97,434	+80,000	+66,298	-243,722	+128,246
15/10/01	519 ▼	29	-5.29%	158,344,875	+187,494	+3	-145,381	-42,116	+154,970
15/09/30	548 ▼	10	-1.79%	188,737,001	-127,729	0	+172,091	-44,362	0
15/09/25	558 ▼	62	-10.00%	502,413,918	-738,837	+32,428	+687,074	+19,335	-773,529
15/09/24	620 ▲	51	+8.96%	518,290,072	+4,314,718	+5,029	-4,389,096	+69,349	+1,629,575
15/09/23	569 ↑	131	+29.91%	452,091,909	+1,031,558	+286,297	-1,132,644	-185,211	+229,614
15/09/22	438 ▲	73	+20.00%	228,040,103	-103,452	+4,781	+64,619	+34,052	+87,955
15/09/21	365 ▼	4	-1.08%	13,276,845	-227,815	0	+260,815	-33,000	0
15/09/18	369 ▼	2	-0.54%	18,339,867	+167,070	0	-167,070	0	+238,661

2번의 거래량이 터지면서 매집 흔적을 보이고 3번째에 수급이 들어오면서 돌파하는 모습입니다. 개인들은 돌파 시점에 오히려 매도하는 경우가 많은데, 필자의 경우는 오히려 이때를 매수 타점으로 보고 매매합니다.

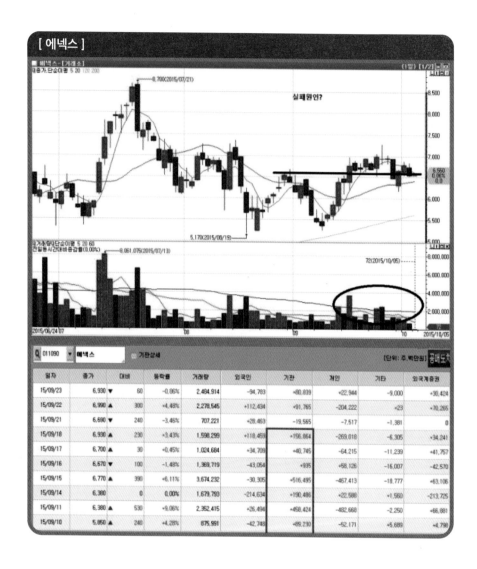

[에넥스]

일자	종가	대비	등락률	거래량	외국인	기관	개인	기타	외국계증권
15/09/23	6,930 ▼	60	-0.86%	2,464,914	-94,783	+80,839	+22,944	-9,000	+30,424
15/09/22	6,990 ▲	300	+4.48%	2,278,545	+112,434	+91,765	-204,222	+23	+70,265
15/09/21	6,690 ▼	240	-3.46%	707,221	+28,463	-19,565	-7,517	-1,381	0
15/09/18	6,930 ▲	230	+3.43%	1,598,299	+118,459	+156,864	-269,018	-6,305	+34,241
15/09/17	6,700 ▲	30	+0.45%	1,024,684	+34,709	+40,745	-64,215	-11,239	+41,757
15/09/16	6,570 ▼	100	-1.48%	1,369,719	-43,054	+935	+58,126	-16,007	-42,570
15/09/15	6,770 ▲	390	+6.11%	3,674,232	-30,305	+516,495	-457,413	-18,777	+63,106
15/09/14	6,380	0	0.00%	1,679,793	-214,634	+190,486	+22,588	+1,560	-213,725
15/09/11	6,380 ▲	530	+9.06%	2,352,415	+26,494	+458,424	-482,668	-2,250	+66,881
15/09/10	5,850 ▲	240	+4.28%	875,991	-42,748	+89,230	-52,171	+5,689	+4,798

에넥스는 돌파의 실패 사례로 볼 수 있습니다. 수급이 들어오더라도 역배열에 거래량이 없을 때에는 이와 같이 상승하지 못하는 경우도 있습니다. 돌파 매매는 개인들도 같이 매수를 해야 상승할 확률이 높습니다.

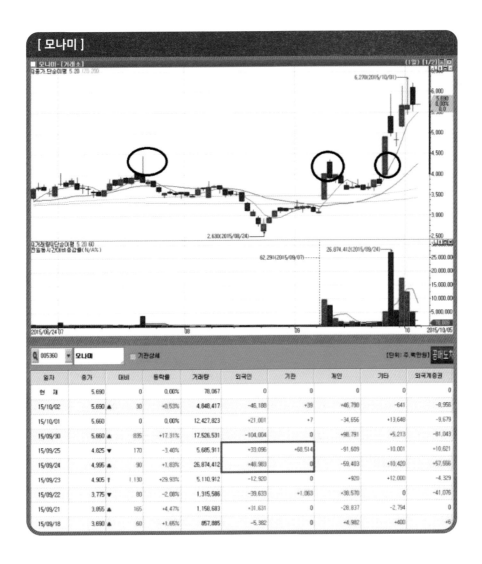

[모나미]

일자	종가	대비	등락률	거래량	외국인	기관	개인	기타	외국계증권
현 재	5,690	0	0.00%	78,067	0	0	0	0	0
15/10/02	5,690 ▲	30	+0.53%	4,648,417	-46,188	+39	+46,790	-641	-8,956
15/10/01	5,660	0	0.00%	12,427,823	+21,001	+7	-34,656	+13,648	-9,679
15/09/30	5,660 ▲	835	+17.31%	17,526,531	-104,004	0	+98,791	+5,213	-81,043
15/09/25	4,825 ▼	170	-3.40%	5,685,911	+33,096	+68,514	-91,609	-10,001	+10,621
15/09/24	4,995 ▲	90	+1.83%	26,874,412	+48,983	0	-59,403	+10,420	+57,556
15/09/23	4,905 ↑	1,130	+29.93%	5,110,912	-12,920	0	+920	+12,000	-4,329
15/09/22	3,775 ▼	80	-2.08%	1,315,586	-39,633	+1,063	+38,570	0	-41,076
15/09/21	3,855 ▲	165	+4.47%	1,158,683	+31,631	0	-28,837	-2,794	0
15/09/18	3,690 ▲	60	+1.65%	857,885	-5,382	0	+4,982	+400	+6

　　수급이 들어오면서 3번째 시도에 전고점을 돌파하는 모습입니다. 3번 돌파 시도
할 때에 확률이 가장 좋습니다.

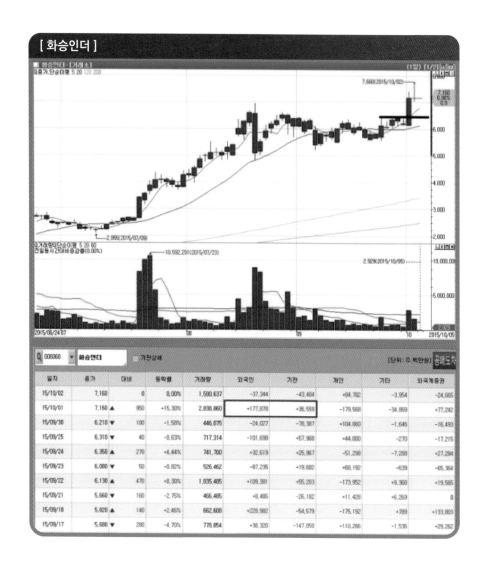

[화승인더]

일자	종가	대비	등락율	거래량	외국인	기관	개인	기타	외국계증권
15/10/02	7,160	0	0.00%	1,580,637	-37,344	-43,484	+84,782	-3,954	-24,665
15/10/01	7,160 ▲	950	+15.30%	2,838,860	+177,878	+36,559	-179,568	-34,869	+77,242
15/09/30	6,210 ▼	100	-1.58%	446,075	-24,027	-78,387	+104,060	-1,646	-16,493
15/09/25	6,310 ▼	40	-0.63%	717,314	-101,698	+57,968	+44,000	-270	-17,215
15/09/24	6,350 ▲	270	+4.44%	741,700	+32,619	+25,967	-51,298	-7,290	+27,284
15/09/23	6,080 ▼	50	-0.82%	526,462	-87,235	+19,682	+68,192	-639	-65,364
15/09/22	6,130 ▲	470	+8.30%	1,835,405	+109,391	+55,203	-173,952	+9,368	+19,565
15/09/21	5,660 ▼	160	-2.75%	466,485	+8,485	-26,182	+11,428	+6,269	0
15/09/18	5,820 ▲	140	+2.46%	662,608	+228,982	-54,579	-175,192	+789	+133,803
15/09/17	5,680 ▼	280	-4.70%	778,854	+38,320	-147,050	+110,266	-1,536	+29,262

화승인더의 경우 수급의 대량 매수가 짧게 들어올 때 전고점 돌파 매매로 매매를 했던 종목입니다.

[파트론]

일자	종가	대비	등락율	거래량	외국인	기관	개인	기타	외국계증권
현 재	9,930	0	0.00%	3,432	0	0	0	0	0
15/10/02	9,930 ▲	400	+4.20%	4,490,119	+19,063	+188,555	-187,087	-20,531	-40,693
15/10/01	9,530 ▲	130	+1.38%	2,523,439	-103,666	+151,451	-39,984	-7,801	-152,338
15/09/30	9,400 ▲	850	+9.94%	4,551,177	+639,918	+102,021	-741,439	+100	+426,312
15/09/25	8,550 ▼	300	-3.39%	977,952	-72,540	-202,375	+254,915	+20,000	-83,676
15/09/24	8,850 ▼	40	-0.45%	976,077	-166,826	-11,387	+180,313	-2,100	-103,910
15/09/23	8,890 ▲	20	+0.23%	1,065,736	+160,165	-113,762	-47,258	+855	+32,793
15/09/22	8,870 ▲	160	+1.84%	2,828,583	+9,299	-251,407	+242,036	+72	-76,998
15/09/21	8,710 ▼	250	-2.79%	697,483	-45,999	-46,821	+95,408	-2,588	0
15/09/18	8,960 ▲	100	+1.13%	1,056,096	-24,227	+23,392	+835	0	-30,793

파트론의 경우, 대량 수급이 들어오면서 9,000원 아래의 지지선을 돌파할 때 매수하고 10,000원대 저항선에서 매도를 하는 전략으로 매매를 할 수 있습니다.

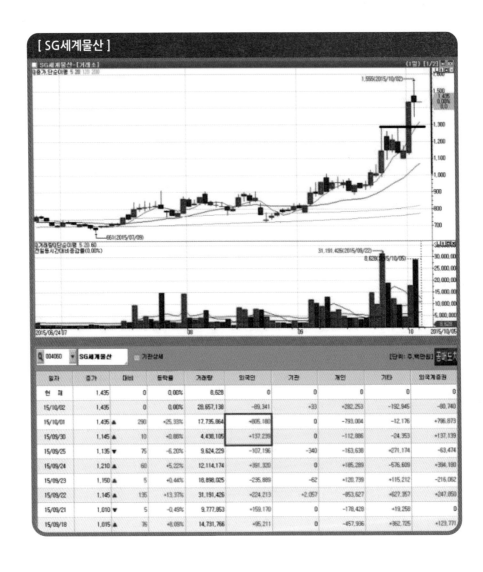

[SG세계물산]

일자	종가	대비	등락률	거래량	외국인	기관	개인	기타	외국계증권
현 재	1,435	0	0.00%	8,626	0	0	0	0	0
15/10/02	1,435	0	0.00%	28,657,138	-89,341	+33	+282,253	-192,945	-80,740
15/10/01	1,435 ▲	290	+25.33%	17,735,864	+805,180	0	-793,004	-12,176	+796,873
15/09/30	1,145 ▲	10	+0.88%	4,438,105	+137,239	0	-112,886	-24,353	+137,139
15/09/25	1,135 ▼	75	-6.20%	9,624,229	-107,196	-340	-163,638	+271,174	-63,474
15/09/24	1,210 ▲	60	+5.22%	12,114,174	+391,320	0	+185,289	-576,609	+394,180
15/09/23	1,150 ▲	5	+0.44%	18,898,025	-235,889	-62	+120,739	+115,212	-216,062
15/09/22	1,145 ▲	135	+13.37%	31,191,426	+224,213	+2,057	-853,627	+627,357	+247,850
15/09/21	1,010 ▼	5	-0.49%	9,777,853	+159,170	0	-178,429	+19,258	0
15/09/18	1,015 ▲	78	+8.09%	14,731,766	+95,211	0	-457,936	+362,725	+123,771

전일 대비 거래량이 늘어나면서 전고점 돌파할 때 매매 가능합니다. 오후 장에 +10% 때 돌파를 해서 5분 만에 +25% 마감을 했던 종목입니다. 장 마감 후 외인 수급이 80만 주 이상 잡힌 것을 알 수 있습니다. 돌파 매매는 이렇게 짧은 시간에 큰 수익을 얻을 수 있는 매매입니다.

[대유에이텍]

일자	종가	대비	등락률	거래량	외국인	기관	개인	기타	외국계증권
15/10/01	2,585 ▼	15	-0.58%	2,676,206	-67,950	+29,590	+38,405	-3	+2,585
15/09/30	2,600 ▲	265	+11.95%	6,159,532	-128,371	+343,000	-212,070	-2,557	-189,025
15/09/25	2,335 ▼	85	-3.51%	4,794,005	-52,883	-4,873	+57,759	-3	-43,937
15/09/24	2,420 ▲	225	+10.25%	9,506,092	+173,759	+519,526	-685,855	-7,430	+244,621
15/09/23	2,195 ▲	80	+3.78%	4,562,778	+117,380	+21	-117,332	-69	+14,729
15/09/22	2,115 ▲	55	+2.67%	1,234,990	+12,086	+50,670	-62,756	0	+8,122
15/09/21	2,060 ▼	70	-3.29%	1,306,386	-7,254	+10,499	+1,987	-5,232	0
15/09/18	2,130	0	0.00%	1,354,730	-26,622	0	+32,622	-6,000	-26,622
15/09/17	2,130 ▼	100	-4.48%	2,191,520	-42,451	+20,000	+23,910	-1,459	-49,323
15/09/16	2,230 ▲	290	+14.95%	6,526,497	+51,297	+338,311	-384,492	-5,116	+55,495

돌파를 할 때도 따라 들어갈 수도 있지만 이후 그 지점을 지지선으로 보고 대응하는 것도 가능합니다. 단, 수급이 살아 있는 상태에서 저항과 지지를 이용해야 합니다.

[일진머티리얼즈]

일자	종가	대비	등락률	거래량	외국인	기관	개인	기타	외국계증권
15/10/02	8,100 ▼	530	-6.14%	689,008	+26,589	-17,492	-9,197	+100	+19,207
15/10/01	8,630 ▼	210	-2.38%	644,134	+58,381	+13,581	-66,662	-5,300	+27,782
15/09/30	8,840 ▲	90	+1.03%	1,102,698	-50,008	-5,718	+43,736	+11,990	-28,239
15/09/25	8,750 ▲	550	+6.71%	1,397,272	-23,753	+169,025	-141,942	-3,330	+1,108
15/09/24	8,200 ▼	210	-2.50%	753,085	-28,158	+72,417	-32,259	-12,000	-30,158
15/09/23	8,410 ▲	1,060	+14.42%	2,505,712	-41,989	+240,391	-214,203	+15,801	-13,368
15/09/22	7,350 ▲	550	+8.09%	326,356	-8,980	+66,724	-57,744	0	-7,934
15/09/21	6,800 ▼	80	-1.16%	105,286	-7,415	+25,140	-17,725	0	0
15/09/18	6,880 ▼	10	-0.15%	203,001	-35,805	+17,732	+17,822	+251	-37,179
15/09/17	6,890 ▲	550	+8.68%	340,874	-4,420	+32,492	-37,490	+578	+10,845

　　일진머티리얼즈 같은 경우는 '수급피뢰침 + 수급 2음봉 + 돌파 매매' 패턴이 연속적으로 들어간 종목입니다. 전기차 이슈도 있고 수급의 연속성이 있는 종목으로 본인 원칙에 맞게 매매할 수 있습니다.

[성우하이텍]

일자	종가	대비	등락률	거래량	외국인	기관	개인	기타	외국계증권
현 재	9,950	0	0.00%	64	0	0	0	0	0
15/10/02	9,950 ▲	1,370	+16.75%	8,334,059	+104,748	+240,896	-341,084	-4,560	+101,398
15/10/01	8,180 ▲	280	+3.54%	1,125,457	-275,425	+53,037	+221,552	+836	-347,066
15/09/30	7,900 ▲	180	+2.33%	314,642	-36,919	+354	+36,115	+450	-46,454
15/09/25	7,720	0	0.00%	288,267	-81,913	+1,320	+80,590	+3	-98,465
15/09/24	7,720 ▼	50	-0.64%	273,788	-109,231	+6,900	+101,898	+435	-113,382
15/09/23	7,770 ▼	340	-4.19%	616,010	-209,090	-28,436	+237,526	0	-196,845
15/09/22	8,110 ▲	30	+0.37%	479,720	-79,221	-52,050	+131,270	+1	-160,271
15/09/21	8,080 ▼	250	-3.00%	359,815	-126,506	+2,810	+123,452	+244	0
15/09/18	8,330 ▼	20	-0.24%	392,713	-72,114	-4,783	+76,847	+50	-56,092

성우하이텍은 기관 수급이 조금씩 들어오다가 전고점 돌파 시점에 대량의 수급
이 들어오면서 돌파하는 모습입니다. 이제 매수 타점을 어디로 잡아야 할지 파악했
으리라 생각됩니다.

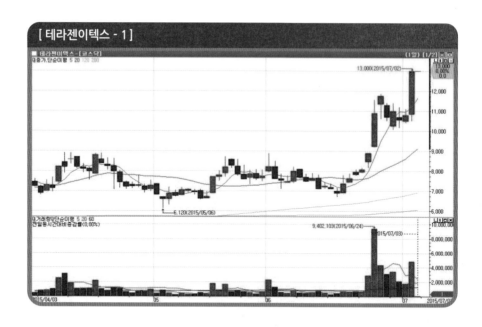

[테라젠이텍스 - 1]

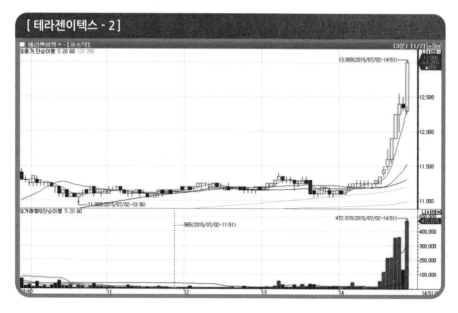

[테라젠이텍스 - 2]

테라젠이텍스는 오후 장에 급등한 종목입니다. 장 마감 후 찌라시가 나오면서 단일가에 더 상승하는 모습을 보였습니다.

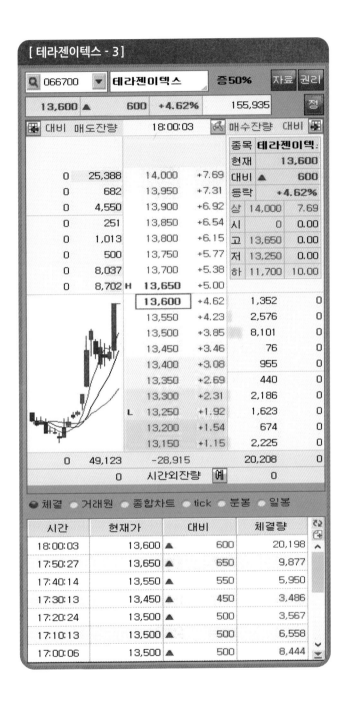

[테라젠이텍스 - 3]

🔍 066700 ▼ **테라젠이텍스**   증50%   자료 권리

| 13,600 ▲ | 600 | +4.62% | 155,935 | 정 |

| 🔲 대비 매도잔량 | | 18:00:03 | | 매수잔량 대비 🔲 |

				종목	**테라젠이텍**
0	25,388	14,000	+7.69	현재	**13,600**
0	682	13,950	+7.31	대비 ▲	**600**
0	4,550	13,900	+6.92	등락	**+4.62%**
0	251	13,850	+6.54	상 14,000	7.69
0	1,013	13,800	+6.15	시 0	0.00
0	500	13,750	+5.77	고 13,650	0.00
0	8,037	13,700	+5.38	저 13,250	0.00
0	8,702 H	**13,650**	+5.00	하 11,700	10.00
		13,600	+4.62	1,352	0
		13,550	+4.23	2,576	0
		13,500	+3.85	8,101	0
		13,450	+3.46	76	0
		13,400	+3.08	955	0
		13,350	+2.69	440	0
		13,300	+2.31	2,186	0
		L 13,250	+1.92	1,623	0
		13,200	+1.54	674	0
		13,150	+1.15	2,225	0
0	49,123	-28,915		20,208	0
	0	시간외잔량 예		0	

● 체결 ○ 거래원 ○ 종합차트 ○ tick ○ 분봉 ○ 일봉

시간	현재가		대비	체결량	⟳ ⊕
18:00:03	13,600	▲	600	20,198	⌃
17:50:27	13,650	▲	650	9,877	
17:40:14	13,550	▲	550	5,950	
17:30:13	13,450	▲	450	3,486	
17:20:24	13,500	▲	500	3,567	
17:10:13	13,500	▲	500	6,558	⌄
17:00:06	13,500	▲	500	8,444	⌄⌄

[테라젠이텍스 - 4]

일자	종가	대비	등락률	거래량	외국인	기관	개인	기타	외국계증권
15/07/02	13,000 ▲	2,200	+20.37%	4,842,646	-52,591	-12,439	+54,820	+10,210	-11,772
15/07/01	10,800 ▲	250	+2.37%	1,767,362	-20,196	+2,694	+21,017	-3,515	-11,320
15/06/30	10,550 ▼	450	-4.09%	2,071,761	-26,624	-67,913	+97,814	-3,277	-37,063
15/06/29	11,000 ▲	300	+2.80%	3,442,952	-12,393	-24,637	+38,030	-1,000	-8,352
15/06/26	10,700 ▼	1,050	-8.94%	3,099,913	+54,851	-96,989	+25,595	+16,543	+33,266
15/06/25	11,750 ▲	850	+7.80%	4,312,068	+65,005	-69,042	-20,869	+24,906	+13,725
15/06/24	10,900 ▲	2,000	+22.47%	9,402,103	+183,625	+354,109	-302,685	-235,049	+94,286
15/06/23	8,900 ▲	820	+10.15%	2,066,423	-1,830	+206,485	-152,149	-52,506	+10,327
15/06/22	8,080 ▲	230	+2.93%	639,550	-799	+125,000	-120,701	-3,500	+23,171
15/06/19	7,850 ▲	200	+2.61%	683,684	-5,914	+75,170	-66,756	-2,500	+14,086

[테라젠이텍스 기사]

일자	2015/07/02	시간	15:36:17	제공처	SBS CNBC	닫기

++++ 2015/07/02 15:36:17 (SBS CNBC) ++++
제목 : [관심주] 테라젠이텍스, 잘 나가는 자회사 덕좀 보려

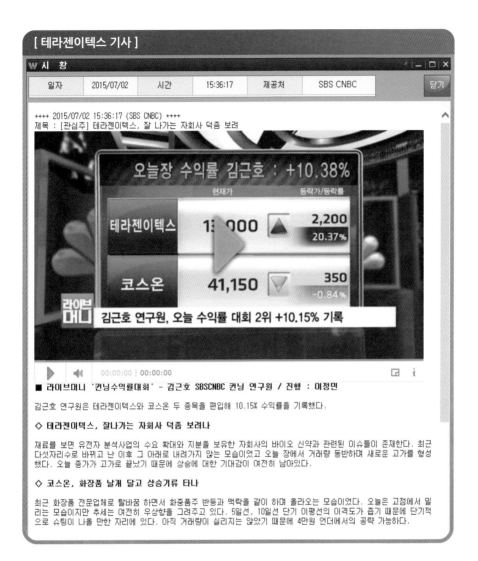

■ 라이브머니 '컨닝수익률대회' – 김근호 SBSCNBC 컨닝 연구원 / 진행 : 이정민

김근호 연구원은 테라젠이텍스와 코스온 두 종목을 편입해 10.15% 수익률을 기록했다.

◇ 테라젠이텍스, 잘나가는 자회사 덕좀 보려나

재료를 보면 유전자 분석사업의 수요 확대와 지분을 보유한 자회사의 바이오 신약과 관련된 이슈들이 존재한다. 최근 다섯자리수로 바뀌고 난 이후 그 아래로 내려가지 않는 모습이었고 오늘 장에서 거래량 동반하며 새로운 고가를 형성 했다. 오늘 종가가 고가로 끝났기 때문에 상승에 대한 기대감이 여전히 남아있다.

◇ 코스온, 화장품 날개 달고 상승기류 타나

최근 화장품 전문업체로 탈바꿈 하면서 화중품주 반등과 맥락을 같이 하며 올라오는 모습이었다. 오늘은 고점에서 밀리는 모습이지만 추세는 여전히 우상향을 그려주고 있다. 5일선, 10일선 단기 이평선의 이격도가 좁기 때문에 단기적으로 슈팅이 나올 만한 자리에 있다. 아직 거래량이 실리지는 않았기 때문에 4만원 언더에서의 공략 가능하다.

[에스텍파마 - 1]

일자	종가	대비	등락율	거래량	외국인	기관	개인	기타	외국계증권
현 재	33,900	0	0.00%	1	0	0	0	0	0
15/07/02	33,900 ↑	7,800	+29.89%	4,058,723	-112,456	-37,321	+137,909	+11,868	-101,799
15/07/01	26,100 ▲	5,000	+23.70%	3,108,266	+15,981	+79,068	-53,561	-41,488	-426
15/06/30	21,100 ▲	2,500	+13.44%	2,623,715	+29,532	-114,384	+85,262	-410	+26,223
15/06/29	18,600 ▼	1,800	-8.82%	795,976	-79,835	-35,186	+144,468	-29,447	-53,214
15/06/26	20,400 ▲	1,200	+6.25%	1,440,540	-40,611	+33,060	+17,333	-9,782	-26,742
15/06/25	19,200 ▲	250	+1.32%	367,368	+4,325	+4,338	-13,466	+4,803	+17,396
15/06/24	18,950 ▲	800	+4.41%	819,066	+40,715	-5,583	-58,773	+23,641	+24,778
15/06/23	18,150 ▼	1,650	-8.33%	1,187,637	+27,698	-127,592	+131,675	-31,781	+23,235
15/06/22	19,800 ▼	200	-1.00%	592,658	-2,966	-37,306	+46,210	-5,938	-4,572

대량 수급이 들어온 뒤 살짝 팔았어도 아직 다 나가지 않았으므로 신고가 재료
기대감이 살아 있기 때문에 공략이 가능합니다.

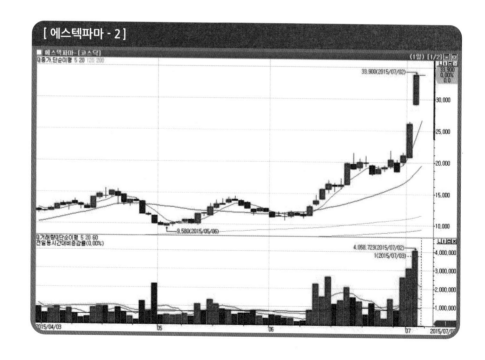

[에스텍파마 - 2]

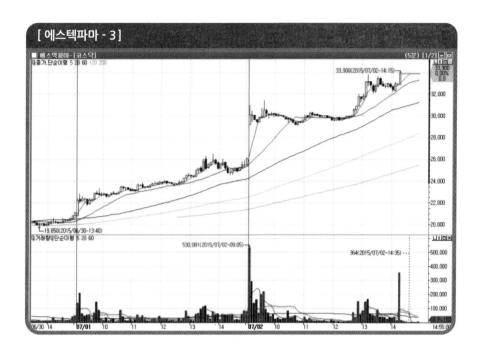

[에스텍파마 - 3]

에스텍파마 역시 수급이 들어오고 찌라시와 함께 매수세가 쏠리면서 급등하는
패턴입니다.

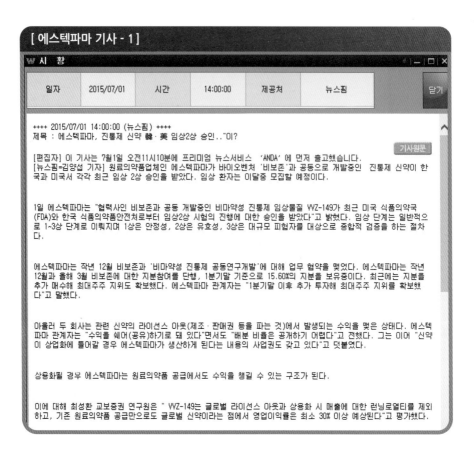

[에스텍파마 기사 - 1]

W 시 황

| 일자 | 2015/07/01 | 시간 | 14:00:00 | 제공처 | 뉴스핌 | 닫기 |

```
++++ 2015/07/01 14:00:00 (뉴스핌) ++++
제목 : 에스텍파마, 진통제 신약 韓·美 임상2상 승인..“이?
```

[편집자] 이 기사는 7월1일 오전11시10분에 프리미엄 뉴스서비스 'ANDA'에 먼저 출고했습니다.
[뉴스핌=김양섭 기자] 원료의약품업체인 에스텍파마가 바이오벤처 '비보존'과 공동으로 개발중인 진통제 신약이 한국과 미국서 각각 최근 임상 2상 승인을 받았다. 임상 환자는 이달중 모집할 예정이다.

1일 에스텍파마는 "협력사인 비보존과 공동 개발중인 비마약성 진통제 임상물질 WZ-149가 최근 미국 식품의약국(FDA)와 한국 식품의약품안전처로부터 임상2상 시험의 진행에 대한 승인을 받았다"고 밝혔다. 임상 단계는 일반적으로 1~3상 단계로 이뤄지며 1상은 안정성, 2상은 유효성, 3상은 대규모 피험자를 대상으로 종합적 검증을 하는 절차다.

에스텍파마는 작년 12월 비보존과 '비마약성 진통제 공동연구개발'에 대해 업무 협약을 맺었다. 에스텍파마는 작년 12월과 올해 3월 비보존에 대한 지분참여를 단행, 1분기말 기준으로 15.60%의 지분을 보유중이다. 최근에는 지분을 추가 매수해 최대주주 지위도 확보했다. 에스텍파마 관계자는 "1분기말 이후 추가 투자해 최대주주 지위를 확보했다"고 말했다.

아울러 두 회사는 관련 신약의 라이선스 아웃(제조·판매권 등을 파는 것)에서 발생되는 수익을 맺은 상태다. 에스텍파마 관계자는 "수익을 쉐어(공유)하기로 돼 있다"면서도 "배분 비율은 공개하기 어렵다"고 전했다. 그는 이어 "신약이 상업화에 들어갈 경우 에스텍파마가 생산하게 된다는 내용의 사업권도 갖고 있다"고 덧붙였다.

상용화될 경우 에스텍파마는 원료의약품 공급에서도 수익을 챙길 수 있는 구조가 된다.

이에 대해 최성환 교보증권 연구원은 " WZ-149는 글로벌 라이선스 아웃과 상용화 시 매출에 대한 런닝로열티를 제외하고, 기존 원료의약품 공급만으로도 글로벌 신약이라는 점에서 영업이익률은 최소 30% 이상 예상된다"고 평가했다.

제약주는 임상 찌라시가 나올 경우 큰 호재로 적용되는 경우가 많기 때문에 주의 깊게 지켜봐야 합니다.

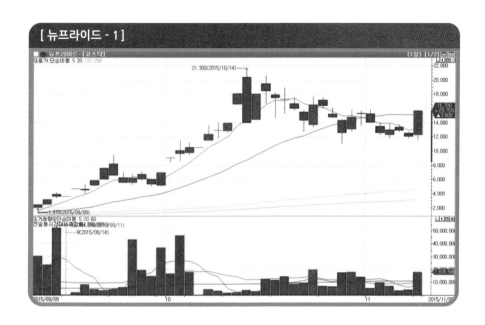

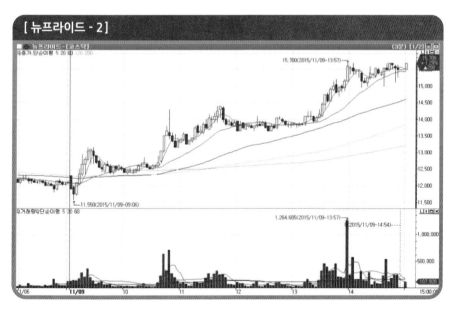

뉴프라이드의 경우에도 외인 수급과 함께 찌라시가 나오면서 급등하는 모습을
보였습니다.

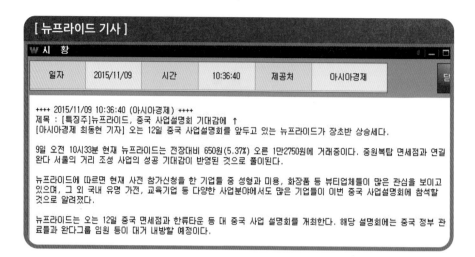

[뉴프라이드 기사]

일자	2015/11/09	시간	10:36:40	제공처	아시아경제

++++ 2015/11/09 10:36:40 (아시아경제) ++++
제목 : [특징주]뉴프라이드, 중국 사업설명회 기대감에 ↑
[아시아경제 최동현 기자] 오는 12일 중국 사업설명회를 앞두고 있는 뉴프라이드가 장초반 상승세다.

9일 오전 10시33분 현재 뉴프라이드는 전장대비 650원(5.37%) 오른 1만2750원에 거래중이다. 중원복탑 면세점과 연결 완다 서울의 거리 조성 사업의 성공 기대감이 반영된 것으로 풀이된다.

뉴프라이드에 따르면 현재 사전 참가신청을 한 기업들 중 성형과 미용, 화장품 등 뷰티업체들이 많은 관심을 보이고 있으며, 그 외 국내 유명 가전, 교육기업 등 다양한 사업분야에서도 많은 기업들이 이번 중국 사업설명회에 참석할 것으로 알려졌다.

뉴프라이드는 오는 12일 중국 면세점과 한류타운 등 대 중국 사업 설명회를 개최한다. 해당 설명회에는 중국 정부 관료들과 완다그룹 임원 등이 대거 내방할 예정이다.

[뉴프라이드 - 3]

일자	종가	대비	등락율	거래량	외국인	기관	개인	기타	외국계증권
현 재	15,700 ↑	3,600	+29.75%	17,895,589	+132,310	0	-99,971	-32,339	+54,820
15/11/06	12,100 ▼	850	-6.56%	4,061,597	+10,151	0	-6,093	-4,058	+14,062
15/11/05	12,950 ▼	50	-0.38%	3,701,285	-9,435	+74	-1,104	+10,465	-340
15/11/04	13,000 ▲	400	+3.17%	7,096,946	+239,822	0	-219,099	-20,723	+239,954
15/11/03	12,600 ▼	1,450	-10.32%	9,834,696	+19,681	0	-27,415	+7,734	+20,803
15/11/02	14,050 ▼	1,250	-8.17%	5,444,725	-374	-173	-13,357	+13,904	0
15/10/30	15,300 ▲	550	+3.73%	14,119,807	+2,692	0	+23,775	-26,467	0
15/10/29	14,750 ▲	2,150	+17.06%	17,758,620	+67,948	0	-64,155	-3,793	+65,806
15/10/28	12,600 ▼	2,200	-14.86%	17,602,747	-5,801	0	-16,215	+22,016	-589
15/10/27	14,800 ▼	1,600	-9.76%	6,666,668	-328,750	0	+334,744	-5,994	0

이전부터 외인 수급이 지속적으로 매수가 들어올때 항상 관심있게 지켜봐야 공략이 가능합니다. 개별 중소형주 종목에 신고가라면 금상첨화죠.

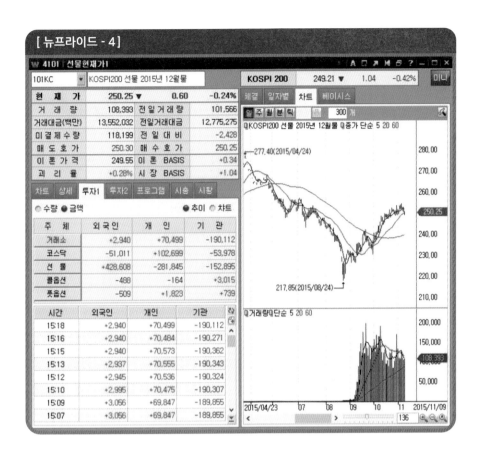

[뉴프라이드 - 4]

위 표에 코스닥 외인 매도 포지션과 같이 특히 시장이 좋지 않는 경우에는 매수세가 개별주로 쏠리는 경우가 많기 때문에 뉴프라이드와 같은 종목이 급등하는 경우가 많습니다.

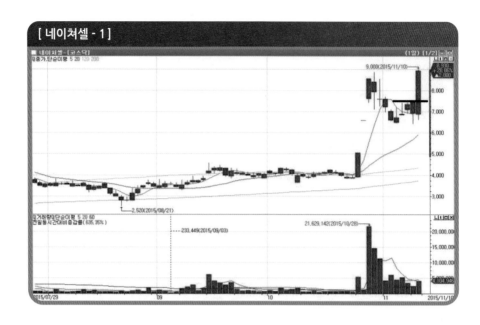

[네이쳐셀 - 1]

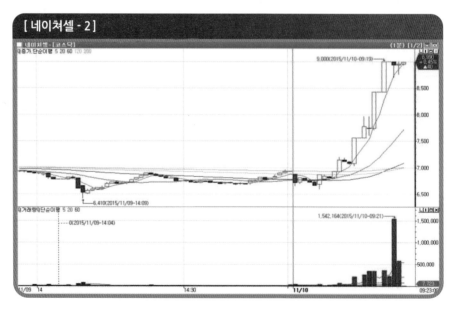

[네이쳐셀 - 2]

　　네이쳐셀은 오전 장에 전고 돌파와 함께 찌라시가 나오면서 상한가에 들어갔었
으나, 특정 거래 창구의 대량 매도로 다시 풀렸던 종목입니다.

장 시작 후 30분도 안 되어 상한가에 안착한 흐름입니다.

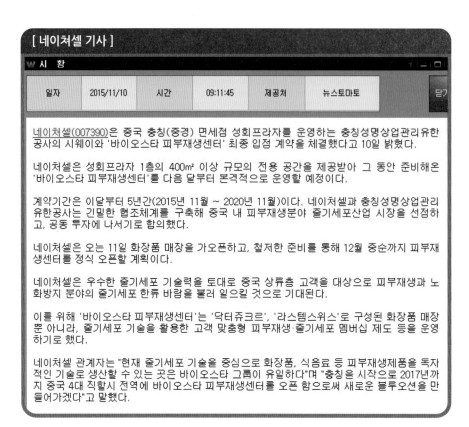

[네이처셀 기사]

| 일자 | 2015/11/10 | 시간 | 09:11:45 | 제공처 | 뉴스토마토 | 닫기 |

네이처셀(007390)은 중국 충칭(중경) 면세점 성회프라자를 운영하는 충칭성명상업관리유한 공사의 시웨이와 '바이오스타 피부재생센터' 최종 입점 계약을 체결했다고 10일 밝혔다.

네이처셀은 성회프라자 1층의 400㎡ 이상 규모의 전용 공간을 제공받아 그 동안 준비해온 '바이오스타 피부재생센터'를 다음 달부터 본격적으로 운영할 예정이다.

계약기간은 이달부터 5년간(2015년 11월 ~ 2020년 11월)이다. 네이처셀과 충칭성명상업관리 유한공사는 긴밀한 협조체계를 구축해 중국 내 피부재생분야 줄기세포산업 시장을 선점하 고, 공동 투자에 나서기로 합의했다.

네이처셀은 오는 11일 화장품 매장을 가오픈하고, 철저한 준비를 통해 12월 중순까지 피부재 생센터를 정식 오픈할 계획이다.

네이처셀은 우수한 줄기세포 기술력을 토대로 중국 상류층 고객을 대상으로 피부재생과 노 화방지 분야의 줄기세포 한류 바람을 불러 일으킬 것으로 기대된다.

이를 위해 '바이오스타 피부재생센터'는 '닥터쥬크르', '라스템스위스'로 구성된 화장품 매장 뿐 아니라, 줄기세포 기술을 활용한 고객 맞춤형 피부재생·줄기세포 멤버십 제도 등을 운영 하기로 했다.

네이처셀 관계자는 "현재 줄기세포 기술을 중심으로 화장품, 식음료 등 피부재생제품을 독자 적인 기술로 생산할 수 있는 곳은 바이오스타 그룹이 유일하다"며 "충칭을 시작으로 2017년까 지 중국 4대 직할시 전역에 바이오스타 피부재생센터를 오픈 함으로써 새로운 블루오션을 만 들어가겠다"고 말했다.

아침 장 시작 후 11분 만에 중국 면세점을 운영하는 시웨이와 "바이오스타 피부 재생센터" 최종 입점이라는 찌라시로 상한가에 안착했습니다. 이때 시장의 흐름이 중국 얘기만 나와도 급등을 했습니다.

[네이쳐셀 - 4]

| 체결량 | 주가차트 | 종목뉴스 | 일별주가 | 종목상세 | 거래원 | 종목투자자 |

| 007390 | ▼ ▶ ? 관 | 네이쳐셀 | □ 실시간 | 조회 | 다음 | 챠트 |

시간	현재가		등락폭	등락률	변동거래량	매수비중	매도호가
09:12:24	7,230	▲	300	4.33%	370	61.16%	7,240
09:12:24	7,220	▲	290	4.18%	1,709	61.13%	7,200
09:12:24	7,210	▲	280	4.04%	125	60.97%	7,200
09:12:24	7,200	▲	270	3.90%	13,059	60.95%	7,200
09:12:24	7,200	▲	270	3.90%	139	59.67%	7,200
09:12:23	7,200	▲	270	3.90%	1,340	59.65%	7,200
09:12:23	7,200	▲	270	3.90%	139	59.52%	7,200
09:12:23	7,200	▲	270	3.90%	1,340	59.50%	7,200
09:12:23	7,200	▲	270	3.90%	2,222	59.36%	7,200
09:12:23	7,170	▲	240	3.46%	12	59.13%	7,200
09:12:23	7,200	▲	270	3.90%	2,222	59.14%	7,200
09:12:23	7,170	▲	240	3.46%	150	58.90%	7,200
09:12:22	7,200	▲	270	3.90%	917	58.93%	7,200
09:12:22	7,200	▲	270	3.90%	332	58.83%	7,200
09:12:22	7,170	▲	240	3.46%	11	58.79%	7,200
09:12:22	7,200	▲	270	3.90%	4,451	58.79%	7,200
09:12:22	7,200	▲	270	3.90%	917	58.32%	7,200
09:12:22	7,200	▲	270	3.90%	2,196	58.22%	7,200
09:12:22	7,190	▲	260	3.75%	26	57.97%	7,190
09:12:22	7,190	▲	260	3.75%	2,700	57.97%	7,190
09:12:22	7,190	▲	260	3.75%	917	57.67%	7,190
09:12:22	7,190	▲	260	3.75%	1,561	57.57%	7,190
09:12:22	7,180	▲	250	3.61%	1,139	57.39%	7,180
09:12:22	7,180	▲	250	3.61%	3,765	57.26%	7,180
09:12:22	7,180	▲	250	3.61%	566	56.83%	7,180
09:12:21	7,180	▲	250	3.61%	179	56.76%	7,180
09:12:21	7,170	▲	240	3.46%	1,370	56.74%	7,170
09:12:21	7,170	▲	240	3.46%	102	56.58%	7,170
09:12:21	7,170	▲	240	3.46%	244	56.57%	7,170

　찌라시가 나오자마자 돈이 들어오면서 매수세가 쏠림에 따라 라운드 피겨인 7,200원을 돌파하는 흐름이 보입니다.

[네이처셀 - 5]

| 체결량 | 주가차트 | 종목뉴스 | 일별주가 | 종목상세 | 거래원 | 종목투자자 |

007390 ▼ ▶ ? 괜 네이처셀 ☐ 실시간 조회 다음 챠트

시간	현재가	등락폭	등락률	변동거래량	매수비중	매도호가	^
09:14:41	7,670 ▲	740	10.68%	57	53.50%	7,670	
09:14:41	7,670 ▲	740	10.68%	121,718	53.49%	7,550	
09:12:39	7,560 ▲	630	9.09%	1,002	65.26%	7,550	
09:12:39	7,550 ▲	620	8.95%	101	65.20%	7,550	
09:12:39	7,530 ▲	600	8.66%	111	65.19%	7,550	
09:12:39	7,550 ▲	620	8.95%	464	65.20%	7,550	
09:12:39	7,540 ▲	610	8.80%	1,536	65.18%	7,540	
09:12:39	7,530 ▲	600	8.66%	5	65.08%	7,540	
09:12:39	7,540 ▲	610	8.80%	3	65.08%	7,540	
09:12:39	7,530 ▲	600	8.66%	1,283	65.08%	7,540	
09:12:39	7,530 ▲	600	8.66%	37	65.00%	7,530	
09:12:39	7,520 ▲	590	8.51%	963	64.99%	7,520	
09:12:39	7,510 ▲	580	8.37%	200	64.93%	7,520	
09:12:39	7,510 ▲	580	8.37%	12	64.96%	7,520	
09:12:39	7,520 ▲	590	8.51%	134	64.96%	7,520	
09:12:39	7,510 ▲	580	8.37%	50	64.95%	7,520	
09:12:39	7,510 ▲	580	8.37%	5	64.96%	7,520	
09:12:39	7,520 ▲	590	8.51%	100	64.96%	7,520	
09:12:39	7,520 ▲	590	8.51%	2	64.95%	7,520	
09:12:38	7,510 ▲	580	8.37%	10	64.95%	7,520	
09:12:38	7,520 ▲	590	8.51%	100	64.95%	7,520	
09:12:38	7,510 ▲	580	8.37%	747	64.94%	7,520	
09:12:38	7,510 ▲	580	8.37%	200	65.03%	7,520	
09:12:38	7,520 ▲	590	8.51%	3	65.06%	7,520	
09:12:38	7,510 ▲	580	8.37%	2,161	65.06%	7,520	
09:12:38	7,500 ▲	570	8.23%	4,898	64.92%	7,500	
09:12:38	7,500 ▲	570	8.23%	2,777	64.60%	7,500	
09:12:38	7,500 ▲	570	8.23%	859	64.42%	7,500	
09:12:38	7,500 ▲	570	8.23%	1,818	64.36%	7,500	∨

[네이쳐셀 - 6]

체결량 | 주가차트 | 종목뉴스 | 일별주가 | 종목상세 | 거래원 | 종목투자자

007390 ▼ ▶ ? 관 네이쳐셀 □ 실시간 조회 다음 챠트

시간	현재가	등락폭	등락률	변동거래량	매수비중	매도호가
09:16:22	8,010 ▲	1,080	15.58%	2	59.53%	8,020
09:16:22	8,010 ▲	1,080	15.58%	242	59.53%	8,020
09:16:22	8,000 ▲	1,070	15.44%	27,807	59.52%	7,990
09:16:22	7,990 ▲	1,060	15.30%	11,675	58.67%	7,990
09:16:22	7,990 ▲	1,060	15.30%	11	58.30%	7,990
09:16:22	7,980 ▲	1,050	15.15%	6	58.30%	7,990
09:16:22	7,990 ▲	1,060	15.30%	670	58.30%	7,990
09:16:22	7,940 ▲	1,010	14.57%	25	58.28%	7,990
09:16:22	7,990 ▲	1,060	15.30%	385	58.28%	7,990
09:16:22	7,980 ▲	1,050	15.15%	628	58.27%	7,950
09:16:22	7,950 ▲	1,020	14.72%	1,164	58.25%	7,950
09:16:22	7,950 ▲	1,020	14.72%	93	58.21%	7,950
09:16:22	7,980 ▲	1,050	15.15%	931	58.21%	7,980
09:16:22	7,970 ▲	1,040	15.01%	1,882	58.18%	7,960
09:16:22	7,960 ▲	1,030	14.86%	2,742	58.12%	7,960
09:16:22	7,960 ▲	1,030	14.86%	1	58.03%	7,960
09:16:22	7,950 ▲	1,020	14.72%	5	58.03%	7,960
09:16:22	7,960 ▲	1,030	14.86%	5	58.03%	7,960
09:16:21	7,960 ▲	1,030	14.86%	100	58.03%	7,960
09:16:21	7,960 ▲	1,030	14.86%	33	58.03%	7,960
09:16:21	7,960 ▲	1,030	14.86%	585	58.03%	7,960
09:16:21	7,960 ▲	1,030	14.86%	500	58.01%	7,960
09:16:21	7,960 ▲	1,030	14.86%	172	57.99%	7,960
09:16:21	7,960 ▲	1,030	14.86%	1,384	57.99%	7,960
09:16:21	7,950 ▲	1,020	14.72%	616	57.94%	7,950
09:16:21	7,950 ▲	1,020	14.72%	12	57.92%	7,950
09:16:21	7,950 ▲	1,020	14.72%	1	57.92%	7,950
09:16:21	7,950 ▲	1,020	14.72%	389	57.92%	7,950
09:16:21	7,950 ▲	1,020	14.72%	104	57.91%	7,950

[네이쳐셀 - 7]

체결량 | 주가차트 | 종목뉴스 | 일별주가 | 종목상세 | 거래원 | 종목투자자

007390 ▼▶?관 네이쳐셀 □ 실시간 조회 다음 챠트

시간	현재가	등락폭	등락률	변동거래량	매수비중	매도호가
09:18:46	9,000 ↑	2,070	29.87%	14	50.85%	
09:18:46	9,000 ↑	2,070	29.87%	1	50.85%	
09:18:46	9,000 ↑	2,070	29.87%	436	50.85%	
09:18:45	9,000 ↑	2,070	29.87%	3	50.86%	
09:18:45	9,000 ↑	2,070	29.87%	323,492	50.86%	8,410
09:16:40	8,430 ▲	1,500	21.65%	1	61.78%	8,410
09:16:40	8,410 ▲	1,480	21.36%	982	61.78%	8,410
09:16:40	8,340 ▲	1,410	20.35%	20	61.75%	8,410
09:16:40	8,410 ▲	1,480	21.36%	2	61.75%	8,410
09:16:40	8,410 ▲	1,480	21.36%	47	61.75%	8,410
09:16:40	8,350 ▲	1,420	20.49%	53	61.75%	8,350
09:16:40	8,350 ▲	1,420	20.49%	47	61.75%	8,350
09:16:40	8,340 ▲	1,410	20.35%	614	61.75%	8,350
09:16:40	8,340 ▲	1,410	20.35%	501	61.77%	8,350
09:16:40	8,410 ▲	1,480	21.36%	10	61.80%	8,410
09:16:40	8,410 ▲	1,480	21.36%	27	61.79%	8,410
09:16:40	8,340 ▲	1,410	20.35%	126	61.79%	8,410
09:16:40	8,340 ▲	1,410	20.35%	10	61.80%	8,410
09:16:40	8,410 ▲	1,480	21.36%	19	61.80%	8,410
09:16:40	8,410 ▲	1,480	21.36%	531	61.80%	8,410
09:16:40	8,340 ▲	1,410	20.35%	10	61.79%	8,410
09:16:40	8,340 ▲	1,410	20.35%	122	61.79%	8,410
09:16:40	8,340 ▲	1,410	20.35%	78	61.79%	8,410
09:16:40	8,340 ▲	1,410	20.35%	30	61.79%	8,410
09:16:40	8,340 ▲	1,410	20.35%	100	61.80%	8,410
09:16:40	8,340 ▲	1,410	20.35%	750	61.80%	8,410
09:16:40	8,340 ▲	1,410	20.35%	11	61.83%	8,410
09:16:39	8,410 ▲	1,480	21.36%	1,824	61.83%	8,410
09:16:39	8,400 ▲	1,470	21.21%	969	61.78%	8,380

체결창을 보면 초 단위로 엄청 들어오면서 상한가로 들어가는 모습을 볼 수 있습니다. 특정 증권사에서 상따 후 물량을 던지는 바람에 상한가가 풀리기는 했지만, 이전의 패턴을 보고 공략 후 물량 던질 때 같이 매도하면서 대응할 수 있는 종목입니다.

수급 미사일

수급
미사일

미사일이란? 그동안 소외받던 개별 중소형주 종목이 바닥권에서 외인 기관의 대량 매수로 인하여 단기간 30% 이상 급등하는 모습을 뜻합니다. 당일 조정으로 마무리되며 대차, 공매도의 숏 커버링과의 연계도 염두에 두어야 합니다.

🔑 매수 타점

❶ 전일 대비 거래량 증가.

❷ 최근 이유 없는 하락과 횡보.

❸ 외인 기관의 매수 확인(시세 초입) 원투.

❹ 3·3·4 분할 매수, 비중 조절, 종가 베팅.

❺ 강력한 상승 모멘텀 확인.

❶ 외인 기관의 연속 매수 확인 홀딩.

❷ 상승 추세 전환으로 2자릿수 수익률.

❸ 외인 선물 급락과 증시 하락 체크(저점 매수, 고점 매도 수량 늘리기).

❹ 3·3·4 분할 매도, 비중 조절, 일괄 매도.

상·하한가 30% 변경 3상한가 매도 - 업황, 트렌드

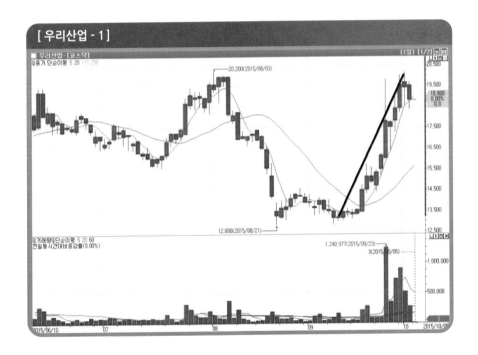

[우리산업 - 1]

[우리산업 - 2]

🔍 215360 ▼ 우리산업　　🔳 기관상세　　　　　　　　　　　　　　[단위 : 주, 백만원] 📊매도가

일자	종가	대비	등락률	거래량	외국인	기관	개인	기타	외국계증권
15/10/01	19,400 ▼	150	-0.77%	515,726	-12,980	+89,138	-70,128	-6,030	+7,252
15/09/30	19,550 ▲	1,150	+6.25%	892,719	+28,151	+55,057	-5,439	-77,769	+4,779
15/09/25	18,400 ▲	900	+5.14%	723,832	-1,820	+54,641	-52,240	-581	+13,415
15/09/24	17,500 ▼	300	-1.69%	344,756	-3,861	+67,483	-82,210	+18,588	-3,495
15/09/23	17,800 ▲	1,650	+10.22%	1,240,977	-38,748	+15,748	+34,263	-11,263	-15,767
15/09/22	16,150 ▲	800	+5.21%	86,329	-868	-1,106	+2,379	-405	-868
15/09/21	15,350 ▲	450	+3.02%	83,443	-3,026	+17,959	-14,633	-200	0
15/09/18	14,900 ▼	250	-1.65%	66,775	+2,259	-14,878	+12,501	+117	+2,239
15/09/17	15,150 ▲	660	+4.48%	275,487	-9,259	+24,157	-33,616	+18,718	-4,010
15/09/16	14,500 ▲	1,150	+8.61%	208,704	+6,444	+11,010	-35,904	+18,450	+4,242

전기차 이슈, 폭스바겐 사태 반사 이익 모멘텀, 기관 수급의 연속성, 미국 테슬라 부품 업체로 단기간 급등했습니다.

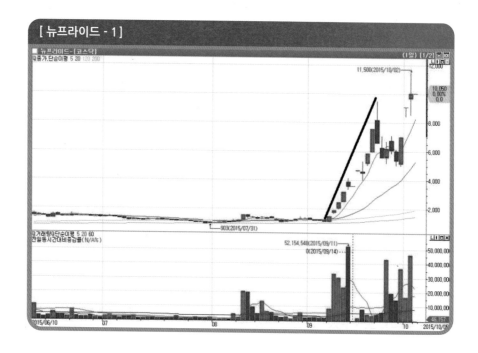

[뉴프라이드 - 1]

[뉴프라이드 - 2]

900100 ▼ 뉴프라이드 □ 기관상세 [단위: 주, 백만원]

일자	종가	대비	등락률	거래량	외국인	기관	개인	기타	외국계증권
15/09/17	5,860 ↑	1,350	+29.93%	4,640,551	+146,874	0	-126,762	-20,112	+137,220
15/09/16	4,510 ▼	170	-3.63%	8,289,355	-7,183	0	-13,942	+21,125	+3,000
15/09/15	4,580 ↑	1,080	+30.00%	2,154,624	-21,105	0	+41,247	-20,142	0
15/09/14	3,600	0	0.00%	0	0	0	0	0	0
15/09/11	3,600 ▲	405	+12.68%	52,154,549	+27,324	0	-35,229	+7,905	+7,000
15/09/10	3,195 ↑	735	+29.88%	23,372,391	-47,351	0	+544,010	-496,659	0
15/09/09	2,460 ↑	565	+29.82%	30,319,226	+448,164	0	-454,508	+6,344	+100,617
15/09/08	1,895 ↑	435	+29.79%	32,927,788	+171,154	0	-171,345	+191	+114,641
15/09/07	1,460 ↑	335	+29.78%	8,593,701	+1,429	0	-3,788	+2,359	+160
15/09/04	1,125 ▼	55	-4.66%	1,927,559	-38,133	0	+37,133	+1,000	-567

뉴프라이드는 재료가 나오면서 시세 초입에서부터 계속해서 신고가를 돌파하는 종목입니다. 이때 외인이 상한가를 같이 따라 들어오면 매수하는 전략을 취할 수 있습니다. 상한가 따라잡는 것도 수급을 보고 대응을 하는 것입니다.

보통 수급이 들어오고 급등한 종목은 한 번에 하락하지 않고 조정을 보인 다음 수급 N형태로 다시 상승하는 경우가 많습니다.

[종근당]

일자	종가	대비	등락률	거래량	외국인	기관	개인	기타	외국계증권
16/01/08	154,500 ▲	6,500	+4.39%	1,605,232	-20,933	-78,933	+113,169	-13,303	-10,311
16/01/07	148,000	0	0.00%	1,174,488	+40,267	-41,973	+13,261	-11,555	+45,633
16/01/06	148,000 ↑	34,000	+29.82%	1,153,382	+41,152	-37,285	+17,967	-21,834	+33,676
16/01/05	114,000 ▲	15,300	+15.50%	389,001	+6,433	+18,043	-22,388	-2,088	+1,667
16/01/04	98,700 ▲	2,600	+2.71%	187,406	+10,927	+36,450	-52,695	+5,318	+636
15/12/30	96,100 ▲	7,100	+7.98%	326,066	+37,928	+3,874	-43,131	+1,329	+14,562
15/12/29	89,000 ▲	4,400	+5.20%	83,973	+10,135	+4,437	-15,418	+846	+8,355
15/12/28	84,600 ▼	1,200	-1.40%	39,672	-2,785	+3,345	+624	-1,184	-2,018
15/12/24	85,800 ▼	800	-0.92%	44,391	-8,671	+13,818	-5,133	-14	-5,624
15/12/23	86,600 ▲	1,800	+2.12%	51,264	-4,065	+19,104	-14,622	-417	+150

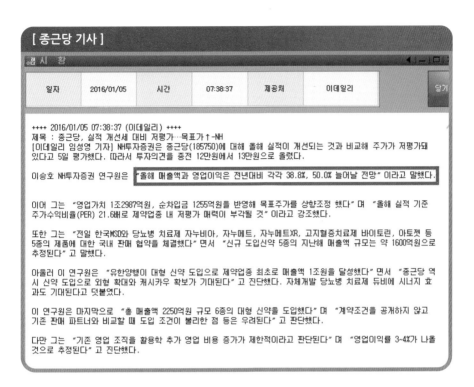

[종근당 기사]

| 일자 | 2016/01/05 | 시간 | 07:38:37 | 제공처 | 이데일리 | 닫기 |

++++ 2016/01/05 07:38:37 (이데일리) ++++
제목 : 종근당, 실적 개선세 대비 저평가…목표가↑-NH
[이데일리 임성영 기자] NH투자증권은 종근당(185750)에 대해 올해 실적이 개선되는 것과 비교해 주가가 저평가돼 있다고 5일 평가했다. 따라서 투자의견을 종전 12만원에서 13만원으로 올렸다.

이승호 NH투자증권 연구원은 "올해 매출액과 영업이익은 전년대비 각각 38.8%, 50.0% 늘어날 전망" 이라고 말했다.

이어 그는 "영업가치 1조2987억원, 순차입금 1255억원을 반영해 목표주가를 상향조정 했다" 며 "올해 실적 기준 주가수익비율(PER) 21.6배로 제약업종 내 저평가 매력이 부각될 것" 이라고 강조했다.

또한 그는 "전일 한국MSD와 당뇨병 치료제 자누비아, 자누메트, 자누메트XR, 고지혈증치료제 바이토린, 아토젯 등 5종의 제품에 대한 국내 판매 협약을 체결했다" 면서 "신규 도입신약 5종의 지난해 매출액 규모는 약 1600억원으로 추정된다" 고 말했다.

아울러 이 연구원은 "유한양행이 대형 신약 도입으로 제약업종 최초로 매출액 1조원을 달성했다" 면서 "종근당 역시 신약 도입으로 외형 확대와 캐시카우 확보가 기대된다" 고 진단했다. 자체개발 당뇨병 치료제 듀비에 시너지 효과도 기대된다고 덧붙였다.

이 연구원은 마지막으로 "총 매출액 2250억원 규모 6종의 대형 신약을 도입했다" 며 "계약조건을 공개하지 않고 기존 판매 파트너와 비교할 때 도입 조건이 불리한 점 등은 우려된다" 고 판단했다.

다만 그는 "기존 영업 조직을 활용학 추가 영업 비용 증가가 제한적이라고 판단된다" 며 "영업이익률 3-4%가 나올 것으로 추정된다" 고 진단했다.

외인 기관 지속 매수 중인 종목에 증권사 찌라시와 함께 대량 거래량이 터지면 매수 관점으로 볼 수 있습니다. 신고가 종목은 주가가 어디까지 갈지 아무도 모릅니다. 한미약품 이외 타 제약사 신약에 주목해야 합니다.

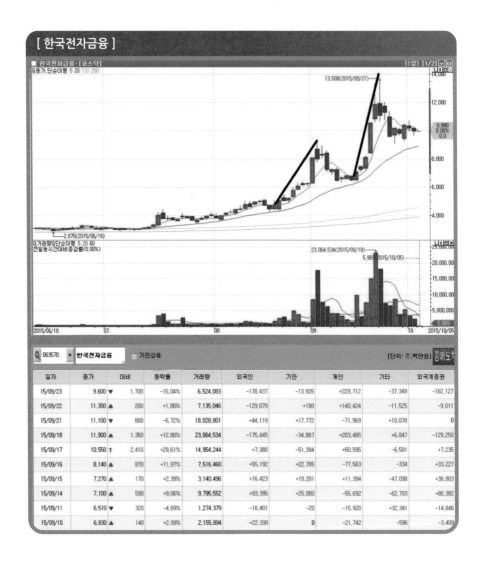

[한국전자금융]

일자	종가	대비	등락률	거래량	외국인	기관	개인	기타	외국계증권
15/09/23	9,600 ▼	1,700	-15.04%	6,524,083	-178,437	-13,926	+229,712	-37,349	-162,127
15/09/22	11,300 ▲	200	+1.80%	7,135,046	-129,079	+180	+140,424	-11,525	-9,011
15/09/21	11,100 ▼	800	-6.72%	18,028,801	+44,119	+17,772	-71,969	+10,078	0
15/09/18	11,900 ▲	1,350	+12.80%	23,064,534	-175,445	-34,867	+203,465	+6,847	-129,250
15/09/17	10,550 ↑	2,410	+29.61%	14,954,244	+7,380	-51,394	+50,595	-6,581	+7,235
15/09/16	8,140 ▲	870	+11.97%	7,516,460	+55,192	+22,705	-77,563	-334	+33,227
15/09/15	7,270 ▲	170	+2.39%	3,140,496	+16,423	+19,281	+11,394	-47,098	+36,903
15/09/14	7,100 ▲	590	+9.06%	9,795,552	+93,395	+25,000	-55,692	-62,703	+80,382
15/09/11	6,510 ▼	320	-4.69%	1,274,379	-16,401	-20	-15,920	+32,341	-14,846
15/09/10	6,830 ▲	140	+2.09%	2,155,894	+22,338	0	-21,742	-596	-3,409

삼성페이 테마주인 한국전자금융입니다. 8월 말에 돌파할 때 공략 가능하고, 이후 눌린 후 수급이 들어올 때 다시 공략이 가능합니다 전고점을 기준으로 대응하는 전략으로 접근하되, 강하게 돌파 시 지속해서 홀딩이 가능합니다.

[한국전자인증]

일자	종가	대비	등락율	거래량	외국인	기관	개인	기타	외국계층권
15/09/18	11,950 ↑	2,740	+29.75%	3,086,891	-20,950	-2,429	+33,277	-10,298	-20,064
15/09/17	9,210	0	0.00%	0	0	0	0	0	0
15/09/16	9,210 ↑	2,120	+29.90%	21,128,630	-4,625	0	+77,453	-72,828	+3,185
15/09/15	7,090 ▼	60	-0.84%	12,956,003	-186,297	0	+124,855	+61,442	-105,791
15/09/14	7,150 ↑	1,650	+30.00%	16,987,729	+82,305	-7,628	+65,482	-140,159	+15,500
15/09/11	5,500 ▼	380	-6.46%	1,777,540	+16,439	-13,759	-22,180	+19,500	+16,451
15/09/10	5,880 ▲	120	+2.08%	3,055,789	+9,525	-42,500	+35,026	-2,051	+8,770
15/09/09	5,760 ▲	140	+2.49%	4,610,620	+19,059	+9,087	-30,380	+1,434	+20,529
15/09/08	5,620 ▼	580	-9.35%	5,553,316	+54,766	-26,157	-18,521	-10,088	+51,050
15/09/07	6,200 ▼	110	-1.74%	5,084,578	-44,617	+4,000	+64,216	-23,599	-66,706

　　삼성페이 테마주인 한국전자인증입니다. 이렇게 개별 중소형주 종목들은 수급이 들어오면서 급등하는 경우가 많습니다. 외인의 지속적인 매집이 인상적입니다.

[미래산업]

일자	종가	대비	등락률	거래량	외국인	기관	개인	기타	외국계증권
현 재	564	0	0.00%	4	0	0	0	0	0
15/10/02	564 ▲	45	+8.67%	462,858,087	+97,434	+80,000	+66,288	-243,722	+128,246
15/10/01	519 ▼	29	-5.29%	158,344,875	+187,494	+3	-145,381	-42,116	+154,970
15/09/30	548 ▼	10	-1.79%	188,737,001	-127,729	0	+172,091	-44,362	0
15/09/25	558 ▼	62	-10.00%	502,413,918	-738,837	+32,428	+687,074	+19,335	-773,529
15/09/24	620 ▲	51	+8.96%	518,290,072	+4,314,718	+5,029	-4,389,096	+69,349	+1,629,575
15/09/23	569 ↑	131	+29.91%	452,091,909	+1,031,558	+286,297	-1,132,644	-185,211	+229,814
15/09/22	438 ▲	73	+20.00%	228,040,103	-103,452	+4,781	+64,619	+34,052	+87,855
15/09/21	365 ▼	4	-1.08%	13,276,845	-227,815	0	+260,815	-33,000	0
15/09/18	369 ▼	2	-0.54%	18,339,867	+167,070	0	-167,070	0	+239,661

미래산업은 프로그램을 보고 대응이 가능한 종목입니다. 9월 23일, 24일 프로그램으로 대량 수급이 들어오면서 급등을 했습니다. 25일은 프로그램이 매도 나오는 것을 보고 대응한다면 저점에 매수해서 고점 매도가 가능하게 됩니다.

[SGA]

일자	종가	대비	등락률	거래량	외국인	기관	개인	기타	외국계증권
15/09/30	1,335 ▲	10	+0.75%	20,771,600	-24,124	0	+326,297	-302,173	-23,712
15/09/25	1,325 ▼	5	-0.38%	16,467,641	-531,624	-3,000	+509,855	+24,769	-440,792
15/09/24	1,330 ▼	40	-2.92%	37,153,299	+58,918	0	-376,875	+317,957	+44,051
15/09/23	1,370 ▼	270	-16.46%	60,266,148	-45,722	+6,669	+259,010	-219,957	-38,322
15/09/22	1,640 ▼	80	-4.65%	112,099,863	-17,187	+3,000	+155,444	-141,257	+90,545
15/09/21	1,720 ↑	395	+29.81%	50,409,034	-241,652	0	+677,118	-435,466	0
15/09/18	1,325 ↑	305	+29.90%	59,171,027	-116,122	0	+4,409,264	-4,293,142	-38,742
15/09/17	1,020 ▲	5	+0.49%	2,567,174	-109,363	0	+109,363	0	-74,130
15/09/16	1,015 ▼	25	-2.40%	1,106,330	+128,424	0	-128,424	0	+99,468
15/09/15	1,040 ▲	61	+6.23%	2,974,483	-76,236	0	+75,036	+1,200	-49,177

　　SGA 같이 삼성페이 재료가 나오고 3연상을 갔지만 매매 동향상 기타 대량 매도가 나왔습니다. 이후 대주주 지분 매각 찌라시가 나왔습니다.

　　기타 법인에서 대량 매도가 나올 때는 지분 관련 이슈가 나올 확률이 높기 때문에 주의해야 합니다.

[유비케어]

일자	종가	대비	등락률	거래량	외국인	기관	개인	기타	외국계증권
15/10/02	5,770 ↑	1,325	+29.81%	25,031,949	-9,399	-20,000	+337,419	-308,020	-11,176
15/10/01	4,445 ↑	1,025	+29.97%	9,378,967	-8,160	0	+15,946	-7,786	+51,733
15/09/30	3,420 ▲	40	+1.18%	877,440	+18,795	0	-18,794	-1	+17,699
15/09/25	3,380 ▲	165	+5.13%	4,912,262	+138,483	0	-140,184	+1,701	+88,704
15/09/24	3,215 ▼	55	-1.68%	653,014	+47,114	0	-49,114	+2,000	+46,421
15/09/23	3,270 ▼	30	-0.91%	1,146,225	-80	0	-1,020	+1,100	-80
15/09/22	3,300 ▲	40	+1.23%	635,535	+29,643	+1,725	-26,268	+900	+23,643
15/09/21	3,260 ▲	40	+1.24%	548,204	+17,496	0	-18,102	+606	0
15/09/18	3,220 ▲	110	+3.54%	827,576	+76,053	0	-76,053	0	+77,056
15/09/17	3,110 ▼	15	-0.48%	358,566	+7,530	0	-6,530	-1,000	+9,794

매매할 때는 상승하는 종목이 더 안전합니다. 매수세가 들어오면서 상승을 하는 것이기 때문에 수급이 들어오면서 상승하는 종목을 공략하는 것이 매매하기에 보다 안전합니다. 유비케어와 같이 기존 수급 이탈 유무를 보며 대응을 하면 큰 수익을 얻을 수 있습니다. 주의할 점은 매각 이슈가 소멸되었을 때는 공략 제외합니다.

[우리산업홀딩스]

일자	종가	대비	등락률	거래량	외국인	기관	개인	기타	외국계증권
현재	9,260	0	0.00%	0	0	0	0	0	0
15/10/02	9,260 ▲	180	+1.98%	2,208,344	-6,623	+5,869	-4,262	+5,016	-7,666
15/10/01	9,080 ▼	150	-1.63%	4,098,107	+43,013	-1,714	-47,196	+5,897	+42,233
15/09/30	9,230 ↑	2,130	+30.00%	4,155,085	+48,696	+24,427	-60,027	-13,096	-15,733
15/09/25	7,100 ▲	1,140	+19.13%	2,971,494	-3,434	-30,000	+26,332	+7,102	-3,569
15/09/24	5,960 ▼	460	-7.17%	936,005	+51,081	+30,004	-81,685	+600	+50,746
15/09/23	6,420 ↑	1,475	+29.83%	1,557,993	-32,766	-15,211	+47,577	+400	-16,703
15/09/22	4,945 ▲	45	+0.92%	54,322	-2,401	+3	+2,398	0	-2,401
15/09/21	4,900 ▼	150	-2.97%	15,971	-851	+1,365	-514	0	0
15/09/18	5,050 ▲	20	+0.40%	72,682	-11,838	+4,087	+7,751	0	-11,728

전기차 테마주로 매수세가 쏠리면서 급등한 우리산업홀딩스입니다. 우리산업이 큰 폭으로 상승을 하면서 같이 따라가는 모습입니다.

[SG충남방적 기사]

일자	2015/10/06	시간	10:35:34	제공처	뉴스핌

++++ 2015/10/06 10:35:34 (뉴스핌) ++++
제목 : [TPP타결] 베트남 진출 의류 '수혜'..한세실업·영원

기사원문

[뉴스핌=김양섭 기자] 환태평양경제동반자 협정(TPP)이 타결된 가운데 증권가에서는 베트남에 진출한 의류업체들이 최대 수혜를 입을 것으로 전망했다. 반면 자동차 등 일본 기업들과 경합 관계에 있는 업체들은 일정부분 타격이 불가피할 것으로 관측됐다.

6일 한국거래소에 따르면 SG충남방적은 장초반부터 급등세를 기록했다. 8% 상승세로 출발, 9시 23분부터 상한가에 돌입했다. 이밖에 일산방직, 태평양물산, 한세실업 등도 동반 급등세를 나타냈다.

미국·일본·베트남 등 12개국이 참여하는 TPP 협상이 타결되면서 원산지 규정이 TPP 세부 사항으로 채택될 경우 베트남지역에 생산 설비를 보유한 방직·방적 업체 실적에 긍정적 영향을 줄 것으로 보고 있다. TPP는 참여하는 12개국 간 관세 철폐를 골자로 하는 다자간 무역 협정이다.

베트남에 공장을 운영중이거나 생산을 준비중인 곳은 대표적으로 SG충남방적, 일신방직, 한세실업, 영원무역, 화승인더 등이다.

유정현 대신증권 연구원은 "관세 철폐로 베트남 진출 국내 기업에 대한 바이어 선호도가 상승할 것"이라며 "지난해 베트남의 대미 의류 수출액은 3억8000만달러로 시장점유율은 10%, 매년 성장을 이어가고 있다"고 말했다. 유 연구원은 수혜주로 한세실업, 영원무역을 꼽았다. 한세실업의 경우 베트남 생산비중이 60%에 달해 수혜가 가장 크며 영원무역도 베트남 생산비중이 17%로 나타났다.

타격이 우려되는 자동차 관련주들의 주가는 이날 약세를 보였다. 현대차가 소폭 하락세로 출발, 장중 낙폭을 확대하고 있다. 자동차 외에도 석유화학, 전기전자 등도 부정적 영향이 예상된다는 전망이 나왔다.

마주옥 키움증권 수석연구위원은 "TPP참여 국가의 경제규모는 세계 전체의 약 40%에 이른다"며 "일본과 경합관계가 높은 산업은 가격경쟁력 약화가 불가피해 석유및 화학, 전기전자, 자동차 등 업종에 부정적 영향이 예상된다"고 평가했다.

다만 타격의 강도에 대해선 의견이 엇갈린다.

김진우 한국투자증권 연구원은 "김 연구원은 "TPP가 발효되면 일본에서 조달하는 부품에 대한 관세가 2.5%에서 0%로 철폐되기 때문에 미국 내 공장을 가진 일본 완성차 업체들의 가격 경쟁력이 개선된다"면서도 "TPP 발효에 상당한 시간이 소요되는 반면 한국 업체들은 내년부터 미국 내에서 경쟁력이 강화되는 점에 주목해야 한다"고 말했다.

이상현 IBK투자증권 연구원은 "한미 자유무역협정(FTA)를 통해 자동차 부문 관세에서 한국이 일본보다 유리한 위치를 선점하고 있었지만, 이번 TPP 협상 타결로 일본도 관세율에서 비슷한 혜택을 받게 될 것으로 예상된다"면서도 이 연구원은 그러나 "이는 관세 혜택 우위에서 동등 입장이 된 것일 뿐 불리한 입장에 처한 것은 아니다"라고 분석했다.

[SG충남방적 - 1]

일자	종가	대비	등락률	거래량	외국인	기관	개인	기타	외국계증권
현 재	3,260 ▲	440	+15.60%	10,944,975	+71,151	0	-71,151	0	0
15/10/07	2,820 ↑	650	+29.95%	4,842,946	-1,969	0	+1,969	0	-2,969
15/10/06	2,170 ↑	500	+29.94%	2,502,821	-60,653	0	+61,047	-394	-6,493
15/10/05	1,670 ▲	10	+0.60%	52,357	-5,577	+4	+5,573	0	-3,938
15/10/02	1,660 ▼	5	-0.30%	88,560	-4,508	-7	+4,515	0	-207
15/10/01	1,665 ▲	45	+2.78%	83,544	-1,982	0	+1,982	0	-983
15/09/30	1,620 ▲	15	+0.93%	52,211	-1,963	0	+1,963	0	-806
15/09/25	1,605 ▼	25	-1.53%	105,683	-3,170	-45	+3,215	0	+1,514
15/09/24	1,630 ▲	5	+0.31%	36,402	-5,240	0	+5,240	0	-549
15/09/23	1,625 ▲	40	+2.52%	59,315	-2,408	+65	+2,343	0	+1,110

　　TPP 타결이라는 돌발 호재가 나오면서 급등한 패턴입니다. 돌발 호재가 떴을 때에도 대장주로 공략을 하는 것이 좋습니다.

　　SG충남방적의 경우에도 급등하다가 고점에서 기타 대량 매도가 나오면서 대응 신호를 주었습니다. 많이 오른 종목들에서 기타 대량 매도가 나오면 조심하는 것이 좋습니다.

[SG충남방적 - 2]

Q 001380 ▼	SG충남방적	증100%	자료	권리

3,585 ↑	325 +9.97%	130,031	정

🔲 대비 매도잔량	18:00:22	🔲 매수잔량 대비 🔲

종목	SG충남방ㅈ
현재	3,585
대비 ↑	325
등락	+9.97%
상	3,585	9.97
시	0	6.74
고	3,585	25.89
저	3,300	6.74
하	2,935	9.97

H	3,585	+9.97	57,340	0
	3,545	+8.74	1,900	0
	3,540	+8.59	1,200	0
	3,505	+7.52	80	0
	3,385	+3.83	2,480	0
	3,345	+2.61	1,000	0
	3,340	+2.45	2,000	0
	3,335	+2.30	403	0
	3,330	+2.15	200	0
	3,315	+1.69	100	0
0	0	+66,703	66,703	0
가격	0	예상체결 🔲	0	수량

● 체결 ○ 거래원 ● 종합차트 ● tick ● 분봉 ● 일봉

시간	현재가	대비	체결량
18:00:22	3,585 ↑	325	36,750
17:50:26	3,540 ▲	280	17,354
17:40:03	3,500 ▲	240	10,457
17:30:29	3,405 ▲	145	27,874
17:20:09	3,370 ▲	110	1,903
17:10:24	3,370 ▲	110	2,201
17:00:05	3,375 ▲	115	2,321

시간 외에서 상한가에 들어간 모습입니다. 역시 같은 TPP 관련주라도 대장주가
강합니다.

[아남전자 기사]

| 일자 | 2015/10/05 | 시간 | 09:00:00 | 제공처 | 이투데이 |

++++ 2015/10/05 09:00:00 (이투데이) ++++
제목 : [SP 주간동향] 아남전자, 애플 에어플레이 국내 유일
[이투데이/ 설경진 기자(skj78@etoday.co.kr)]
10월 첫째주 본지 유료회원들에게 먼저 공개하는 스탁프리미엄(www.etoday.co.kr/stockpremium)에는 종목돋보기 7개, 공시돋보기 5개, M&A 1개 등 13건의 기사가 게재됐다.

스탁프리미엄(SP) 기사 중 주가에 가장 영향을 크게 미친 기사는 지난 1일 보도된 '아남전자, 애플 에어플레이 국내 유일 사용 가능 제품 생산 중' 이다. 보도 당일 주가가 가격제한폭인 29.5%까지 급등했다.

본보에 따르면 애플이 iOS9 공식 버전을 배포한 가운데 에어플레이 사용이 가능한 제품은 아남전자가 현재로서는 국내에서 유일하게 생산 중인 것으로 알려졌다.

2일 아남전자 관계자는 "와이파이 스피커 UO링키지가 국내에서 최초로 애플 인증을 받았다" 며 "시장 규모가 큰 해외시장 공략을 위해 SK텔레콤과 진행 중에 있다" 고 밝혔다.

애플은 지난달 17일(한국시각) 강화된 인공지능 성능과 멀티 태스킹, 저전력모드 등 한층 업그레이드된 새로운 버전을 배포했다.

같은날 '위기 맞은 홍석규 보광그룹 회장, '휘닉스소재' 직접경영' 역시 상한가(29.72%)로 장을 마쳤다.

홍석규 보광그룹 회장이 경영 위기를 맞은 '휘닉스소재' 를 진두지휘 한다. 보광그룹의 전자계열사가 줄이어 기업개선작업(워크아웃)에 돌입한 가운데 유일하게 남은 휘닉스소재의 소생에 직접 나서는 것이다.

금융감독원 전자공시시스템에 따르면 휘닉스소재는 최인호 대표이사가 일신상의 사유로 사임함에 따라 홍석규 회장을 신임 대표이사로 선임했다.

지난 1일 공개한 '푸른기술, 삼성과 중국 등 철도자동화 사업 진행 中' 기사는 이틀간 42.44% 상승했다.

본보에 따르면 푸른기술이 삼성과 중국 등 철도자동화 사업을 진행 중인 것으로 알려졌다. 최근 중국이 대규모 철도 관련 사업을 수주하고 있어 향후 추가적인 사업 기대감도 높아지고 있다.

푸른기술 관계자는 "삼성SDS가 철도 자동화 관련 사업을 수주하면 이 가운데 역무자동화 부문을 함께 공급하고 있다" 며 "중국 북경 S1호선, 광저우 6호선, 7호선 서안 3호선에 제품을 공급할 예정" 이라고 밝혔다.

최근 중국이 미국 LA-라스베가스 고속철 사업을 비롯해 인도네시아 자카르타와 반둥을 잇는 고속철 사업도 수주했다.

같은날 '데코앤이, 이랜드에 넘겼던 '데코' 中 사업권 되찾는다' 는 9.47% 상승했다. 데코앤이가 이랜드에 넘겼던 '데코' 브랜드의 중국 사업권 되찾기에 나섰다. 회사 측은 '데코' 를 중국 신세기동방그룹과 협력해 진행 중인 현지 패션 시장 공략의 첨병으로 내세운다는 전략이다.

데코앤이 관계자는 "주력 여성 브랜드인 '데코' 의 중국 사업권을 현재 이랜드가 갖고 있다" 며 "상표권을 다시 가져오기 위한 협의를 진행 중" 이라고 밝혔다.

[아남전자]

일자	종가	대비	등락률	거래량	외국인	기관	개인	기타	외국계증권
현 재	1,485 ▼	85	-5.41%	22,424,250	-91,220	-2,000	+57,720	+35,500	0
15/10/07	1,570 ▼	165	-9.51%	31,514,145	+14,559	+2,023	-17,583	+1,001	0
15/10/06	1,735 ▲	30	+1.76%	71,238,278	+98,908	0	-60,978	-37,930	-951
15/10/05	1,705 ↑	390	+29.66%	48,144,696	-75,049	+3,184	+36,503	+35,362	-81,986
15/10/02	1,315 ↑	300	+29.56%	14,849,097	-134,532	-57	+209,589	-75,000	-123,740
15/10/01	1,015 ▲	50	+5.18%	1,484,227	+13,750	0	-13,750	0	-11,639
15/09/30	965 ▼	27	-2.72%	710,042	+16,347	0	-16,347	0	+14,202
15/09/25	992 ▼	13	-1.29%	904,197	-44,744	-206	+48,450	-3,500	-20,379
15/09/24	1,005 ▲	32	+3.29%	2,618,413	-117,789	0	+117,789	0	-48,381
15/09/23	973 ▲	51	+5.53%	3,560,191	-143,316	-11	+143,327	0	-68,492

아남전자는 좋은 재료가 나오면서 2연상을 간 종목입니다. 개인 매수세가 쏠릴 때 전고점 돌파로 공략 가능합니다.

[푸른기술 기사]

일자	2015/10/01	시간	14:30:00	제공처	이투데이

++++ 2015/10/01 14:30:00 (이투데이) ++++
제목 : [SP] 푸른기술, 삼성과 중국 등 철도자동화 사업 진?
[이투데이/ 설경진 기자(skj78@etoday.co.kr)]
푸른기술이 삼성과 중국 등 철도자동화 사업을 진행 중인 것으로 알려졌다. 최근 중국이 대규모 철도 관련 사업을 수주하고 있어 향후 추가적인 사업 기대감도 높아지고 있다.

1일 푸른기술 관계자는 "삼성SDS가 철도 자동화 관련 사업을 수주하면 이 가운데 역무자동화 부문을 함께 공급하고 있다"며 "중국 북경 S1호선, 광저우 6호선, 7호선 서안 3호선에 제품을 공급 할 예정"이라고 밝혔다.

최근 중국이 미국 LA-라스베가스 고속철 사업을 비롯해 인도네시아 자카르타와 반둥을 잇는 고속철 사업도 수주했다.

중국내 경기 부양을 위한 철도 사업은 물론 아시아인프라투자은행(AIIB)이 연내 공식 출범하면 국제시장에서 중국 인프라산업은 날개를 달 것으로 전망되고 있다.

이런 가운데 삼성SDS는 중국의 철도 사업에서 자동화 관련 부문을 잇따라 수주하면서 역무자동화 부문을 함께 공급하고 있는 푸른기술도 추가적인 수주 기대감이 커지고 있다.

한국전자금융, 한네트 등과 함께 ATM관련주로 알려져 있는 푸른기술은 역무자동화(Automatic Fare Collection)에서 지속적인 공급에 나서고 있다.

역무자동화란 철도나 지하철 등 대중교통시스템에 있어서 승차권의 판매와 개표, 집표 업무의 자동화를 통하여 수입금을 자동으로 집계하고, 각종 단말장비(자동발권기, 승차권자동발매기, 교통카드충전기 및 자동게이트시스템 등)로부터 발생되는 회계 및 통계자료를 자동으로 관리하는 시스템이다.

이미 중국 베이징 4호선 6 7호선 10호선 다싱선 광저우 1호선, 2, 3, 5호선 등 다수에 공급했으며 북경 S1호선, 광저우 6호선, 7호선 서안 3호선에 제품을 공급할 예정이다.

이밖에도 인도 델리, 뱅갈로, 자이푸르에 관련 제품과 시스템을 공급한 바 있으며 현재는 하이데라바드에 관련 장비를 공급 중에 있다.

또 말레이시아 쿠알라룸푸르에 관련 장비를 공급한 실적이 있으며, 현재는 이를 기반으로 태국과 필리핀 등 기타 동남아시아지역에도 추가로 제품을 공급을 위한 영업을 진행 중이다.

푸른기술은 금융감독원 전자공시를 통해서도 이밖에도 미국 워싱턴에 관련 제품을 공급할 예정이며 이를 기초로 북미와 중남미 시장으로 진출하기 위해 노력하고 있다고 설명했다.

[푸른기술]

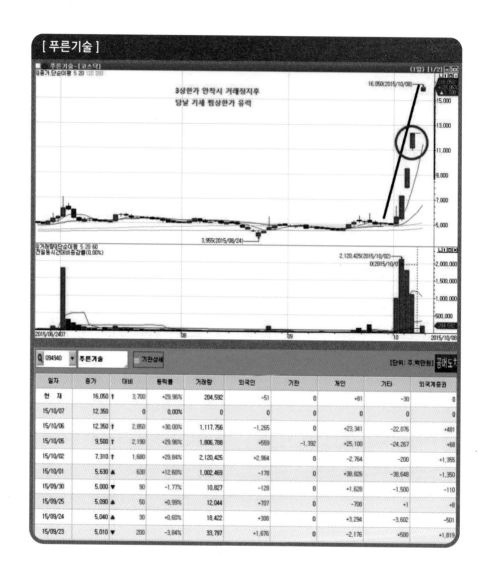

일자	종가	대비	등락률	거래량	외국인	기관	개인	기타	외국계증권
현재	16,050 ↑	3,700	+29.96%	204,592	-51	0	+81	-30	0
15/10/07	12,350	0	0.00%	0	0	0	0	0	0
15/10/06	12,350 ↑	2,850	+30.00%	1,117,756	-1,265	0	+23,341	-22,076	+481
15/10/05	9,500 ↑	2,190	+29.96%	1,806,788	+559	-1,392	+25,100	-24,267	+68
15/10/02	7,310 ↑	1,680	+29.84%	2,120,425	+2,964	0	-2,764	-200	+1,355
15/10/01	5,630 ▲	630	+12.60%	1,002,469	-178	0	+38,826	-38,648	-1,350
15/09/30	5,000 ▼	90	-1.77%	10,827	-128	0	+1,628	-1,500	-110
15/09/25	5,090 ▲	50	+0.99%	12,044	+707	0	-708	+1	+8
15/09/24	5,040 ▲	30	+0.60%	18,422	+308	0	+3,294	-3,602	-501
15/09/23	5,010 ▼	200	-3.84%	33,797	+1,676	0	-2,176	+500	+1,819

푸른기술은 삼성과 철도 자동화 재료와 함께 급등한 종목입니다. 시장 상황도 좋았기 때문에 공략 가능한 종목입니다.

하지만 재료주와 같은 종목들은 결국 제자리로 돌아오기 때문에 상승 추세일 때만 공략하고 추세가 꺾일 시에는 조심해야 합니다.

W 시　황

일자	2015/09/22	시간	09:00:00	제공처	머니투데이	닫

++++ 2015/09/22 09:00:00 (머니투데이) ++++
제목 : 피델릭스, 최대주주 中동심반도체와 첫 성과
[머니투데이 강경래 기자] [피델릭스 노어플래시 동심반도체 통해 中휴대폰 업체들에 공급 착수]

메모리반도체 전문기업 피델릭스가 최대주주인 동심반도체와 협력해 중국에서 첫 성과를 올렸다.

피델릭스는 자체 개발한 노어플래시 메모리반도체 제품을 최근 동심반도체를 통해 중국 내 다수의 휴대전화 제조사들에 공급하기 시작했다고 22일 밝혔다.

피델릭스는 휴대전화의 주 메모리 혹은 데이터 저장에 사용되는 노어플래시를 지난 2010년부터 업계에 공급하고 있다. 노어플래시는 현재 모바일D램 및 낸드 'MCP'(멀티 칩 패키지) 등과 함께 이 회사의 주력 제품군을 형성한다.

피델릭스 관계자는 "피델릭스가 개발한 64메가비트(Mb) 및 128Mb 용량의 노어플래시 제품들을 동심반도체를 통해 중국 휴대전화 업체들에 납품하는 형태"라며 "이번 노어플래시 제품들은 중국 반도체 위탁생산(파운드리)업체 SMIC를 통해 양산에 들어갔다"고 설명했다.

피델릭스는 지난 4월 기존 최대주주인 안승한 대표를 포함한 특수 관계자가 보유한 주식 290만374주(15.88%)를 동심반도체 유한공사에 매각하는 계약을 체결했다. 동심반도체는 추가로 제3자배정 유상증자에도 참여해 현재 피델릭스 지분을 520만374주(25.3%) 보유한 최대주주다.

동심반도체는 에너지와 시멘트 등 인프라 관련 사업을 운영하는 중국 동방항신자본지주그룹 유한공사 자회사다. 동방항신그룹 계열사로는 양광공사, 동오시멘트, 신민과기 등이 중국 및 홍콩 증시에 상장됐다.

피델릭스는 최대주주인 동심반도체를 통해 세계 최대 소비시장인 중국으로 판로를 확대하면서 올 3분기 이후 매출액 증가와 함께 수익성 개선을 이룬다는 목표다. 피델릭스는 지난 2분기에 매출액이 전년 동기보다 31% 줄어든 136억원에 머물면서 8억원의 손실을 낸 바 있다.

이 관계자는 "노어플래시에 이어 낸드플래시 등 다양한 메모리반도체 제품군에서 동심반도체와 판매 협력하기로 추가로 논의 중"이라며 "동심반도체가 보유한 중국 내 유통망을 통해 양사 간 지속적인 시너지효과를 낼 계획"이라고 덧붙였다.

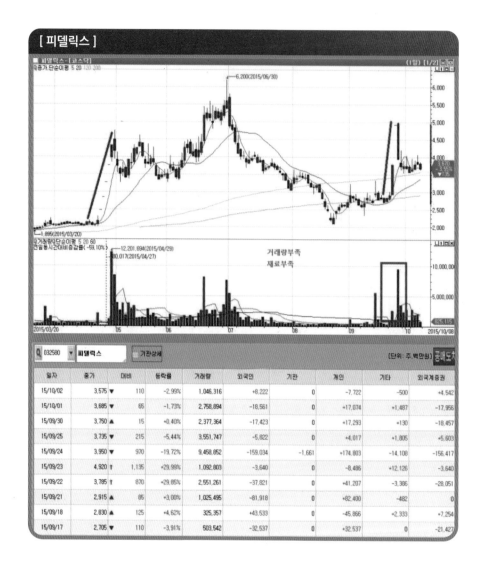

[피델릭스]

일자	종가	대비	등락률	거래량	외국인	기관	개인	기타	외국계증권
15/10/02	3,575 ▼	110	-2.99%	1,046,316	+8,222	0	-7,722	-500	+4,542
15/10/01	3,685 ▼	65	-1.73%	2,758,894	-18,561	0	+17,074	+1,487	-17,956
15/09/30	3,750 ▲	15	+0.40%	2,377,364	-17,423	0	+17,293	+130	-18,457
15/09/25	3,735 ▼	215	-5.44%	3,551,747	-5,822	0	+4,017	+1,805	+5,603
15/09/24	3,950 ▼	970	-19.72%	9,458,852	-159,034	-1,661	+174,803	-14,108	-156,417
15/09/23	4,920 ↑	1,135	+29.99%	1,092,803	-3,640	0	-8,486	+12,126	-3,640
15/09/22	3,785 ↑	870	+29.85%	2,551,261	-37,821	0	+41,207	-3,386	-28,051
15/09/21	2,915 ▲	85	+3.00%	1,025,495	-81,918	0	+82,400	-482	0
15/09/18	2,830 ▲	125	+4.62%	325,357	+43,533	0	-45,866	+2,333	+7,254
15/09/17	2,705 ▼	110	-3.91%	503,542	-32,537	0	+32,537	0	-21,427

이전에 같은 재료로 시세가 났던 종목에서 다시 시세가 나올 경우에는 접근할 때 조심해야 합니다. 항상 손절을 염두에 두고 공략하는 것이 좋습니다.

[세종텔레콤]

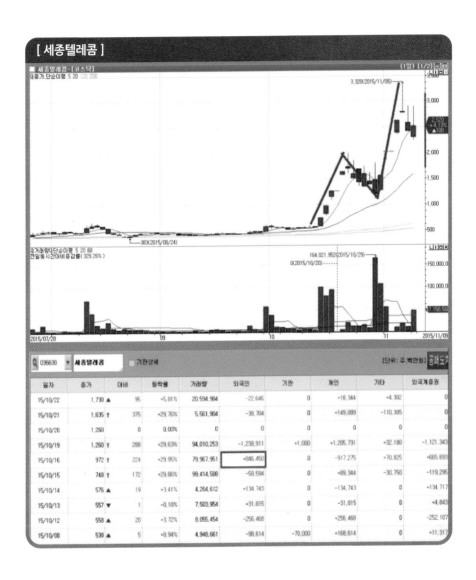

일자	종가	대비	등락률	거래량	외국인	기관	개인	기타	외국계증권
15/10/22	1,730 ▲	95	+5.81%	20,594,984	-22,646	0	+10,344	+4,302	0
15/10/21	1,635 ↑	375	+29.76%	5,561,904	-38,784	0	+149,009	-110,305	0
15/10/20	1,260	0	0.00%	0	0	0	0	0	0
15/10/19	1,260 ↑	288	+29.63%	94,010,253	-1,238,911	+1,000	+1,205,731	+32,180	-1,121,343
15/10/16	972 ↑	224	+29.95%	79,967,951	+846,450	0	-917,275	+70,825	+665,690
15/10/15	748 ↑	172	+29.86%	99,414,588	-58,594	0	+89,344	-30,750	-119,295
15/10/14	576 ▲	19	+3.41%	4,264,612	+134,743	0	-134,743	0	+134,717
15/10/13	557 ▼	1	-0.18%	7,503,954	+31,815	0	-31,815	0	+4,843
15/10/12	558 ▲	20	+3.72%	8,055,454	-256,468	0	+256,468	0	-252,107
15/10/08	538 ▲	5	+0.94%	4,948,661	-98,614	-70,000	+168,614	0	+11,917

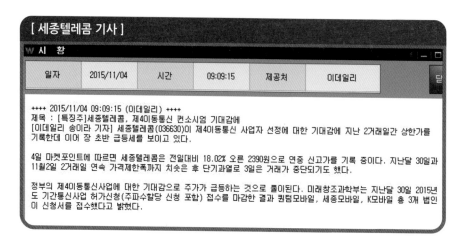

[세종텔레콤 기사]

| 일자 | 2015/11/04 | 시간 | 09:09:15 | 제공처 | 이데일리 |

++++ 2015/11/04 09:09:15 (이데일리) ++++
제목 : [특징주]세종텔레콤, 제4이동통신 컨소시엄 기대감에
[이데일리 송이라 기자] 세종텔레콤(036630)이 제4이동통신 사업자 선정에 대한 기대감에 지난 2거래일간 상한가를 기록한데 이어 장 초반 급등세를 보이고 있다.

4일 마켓포인트에 따르면 세종텔레콤은 전일대비 18.02% 오른 2390원으로 연중 신고가를 기록 중이다. 지난달 30일과 11월2일 2거래일 연속 가격제한폭까지 치솟은 후 단기과열로 3일은 거래가 중단되기도 했다.

정부의 제4이동통신사업에 대한 기대감으로 주가가 급등하는 것으로 풀이된다. 미래창조과학부는 지난달 30일 2015년도 기간통신사업 허가신청(주파수할당 신청 포함) 접수를 마감한 결과 퀀텀모바일, 세종모바일, K모바일 총 3개 법인이 신청서를 접수했다고 밝혔다.

제4이동통신 사업자 선정 모멘텀을 가진 세종텔레콤입니다. 외인 수급이 강력하게 들어올 때 공략이 가능한 종목이었습니다. 강력한 모멘텀을 가지고 있는 종목들은 돌파로 매매를 하게 되면 짧은 시간 큰 수익을 얻을 수 있습니다.

[데코앤이]

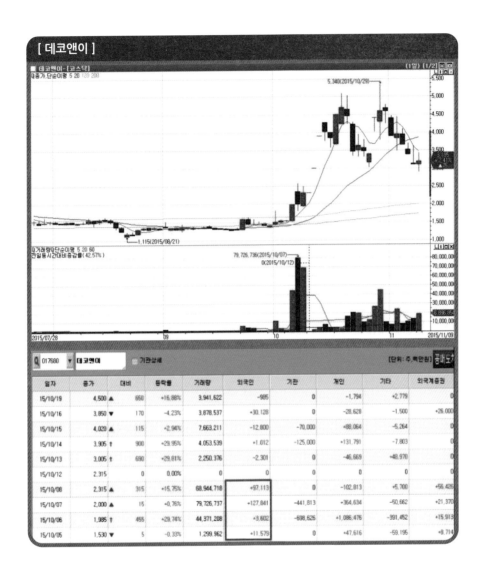

일자	종가	대비	등락률	거래량	외국인	기관	개인	기타	외국계증권
15/10/19	4,500 ▲	660	+16.88%	3,941,622	-985	0	-1,794	+2,779	0
15/10/16	3,850 ▼	170	-4.23%	3,878,537	+30,128	0	-28,628	-1,500	+26,000
15/10/15	4,020 ▲	115	+2.94%	7,663,211	-12,800	-70,000	+88,064	-5,264	0
15/10/14	3,905 ↑	900	+29.95%	4,053,539	+1,012	-125,000	+131,791	-7,803	0
15/10/13	3,005 ↑	680	+29.81%	2,250,376	-2,301	0	-46,669	+48,970	0
15/10/12	2,315	0	0.00%	0	0	0	0	0	0
15/10/08	2,315 ▲	315	+15.75%	68,944,718	+97,113	0	-102,813	+5,700	+56,426
15/10/07	2,000 ▲	15	+0.76%	79,726,737	+127,841	-441,813	+364,634	-50,662	+21,370
15/10/06	1,985 ↑	455	+29.74%	44,371,208	+3,602	-698,525	+1,086,476	-391,452	+15,913
15/10/05	1,530 ▼	5	-0.33%	1,299,962	+11,579	0	+47,616	-59,195	+8,714

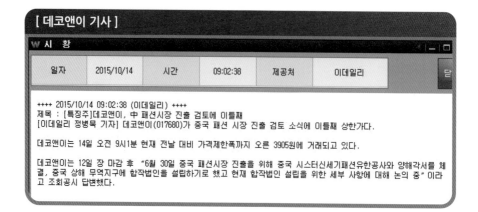

[데코앤이 기사]

w 시 황

| 일자 | 2015/10/14 | 시간 | 09:02:38 | 제공처 | 이데일리 | 닫 |

++++ 2015/10/14 09:02:38 (이데일리) ++++
제목 : [특징주]데코앤이, 中 패션시장 진출 검토에 이틀째
[이데일리 정병묵 기자] 데코앤이(017680)가 중국 패션 시장 진출 검토 소식에 이틀째 상한가다.

데코앤이는 14일 오전 9시1분 현재 전날 대비 가격제한폭까지 오른 3905원에 거래되고 있다.

데코앤이는 12일 장 마감 후 "6월 30일 중국 패션시장 진출을 위해 중국 시스터신세기패션유한공사와 양해각서를 체결, 중국 상해 무역지구에 합작법인을 설립하기로 했고 현재 합작법인 설립을 위한 세부 사항에 대해 논의 중"이라고 조회공시 답변했다.

의류 전문업체 데코앤이입니다. 중국 이슈가 나오면서 급등을 했습니다. 4분기 흑자 전환만 되면 더 좋아질 것으로 보입니다.

[한미약품]

일자	종가	대비	등락률	거래량	외국인	기관	개인	기타	외국계증권
15/10/27	493,000 ▲	1,000	+0.20%	394,275	+6,029	+329	+1,458	-7,816	+9,229
15/10/26	492,000 ▲	1,500	+0.31%	273,789	-1,079	-651	+1,841	-111	-9,043
15/10/23	490,500 ▲	57,500	+13.28%	400,627	+15,950	+5,296	-22,298	+1,052	+22,365
15/10/22	433,000 ▲	27,000	+6.65%	394,828	+32,779	-10,576	-21,273	-930	+32,073
15/10/21	406,000 ▼	6,500	-1.58%	214,696	-20,846	+14,892	-9,431	+15,385	-15,521
15/10/20	412,500 ▲	32,000	+8.41%	255,441	+2,158	+41,846	-43,038	-966	+2,852
15/10/19	380,500 ▲	3,000	+0.79%	98,210	-15,127	+2,532	+11,872	+723	-10,270
15/10/16	377,500 ▲	25,500	+7.24%	238,401	-6,900	+57,283	-54,913	+4,530	-3,667
15/10/15	352,000 ▲	6,000	+1.73%	74,149	-15,405	+9,384	+5,883	+138	-11,153
15/10/14	346,000 ▲	2,500	+0.73%	95,834	-10,230	-12,056	+12,718	+9,568	-7,573

++++ 2015/11/09 09:17:46 (한경/증권) ++++
제목 : [특징주]한미약품, 5조 규모 기술 수출에 최고가 랠?

[노정동 기자] 한미약품이 5조원 규모의 기술수출 소식에 힘입어 최고가 랠리를 달리고 있다.

9일 오전 9시13분 현재 한미약품은 전 거래일보다 5만3000원(7.45%) 오른 76만 4000원에 거래되고 있다. 지주회사인 한미사이언스도 2.25% 상승한 18만2000원을 나타내고 있다.

한미약품은 지난 5일 글로벌 제약사 사노피와 총 39억유로(약 4조8000억원)에 지속형 당뇨병치료제 후보물질 3개(퀀텀 프로젝트)에 대한 기술수출 계약을 체결했다고 밝혔다.

이 중 받기로 확정된 계약금이 4억유로(약 4951억원)이고, 단계별 기술료(마일스톤)가 35억유로(약 4조3322억원)이다. 제품 출시 이후에는 10% 이상의 판매 경상기술료(로열티)도 별도로 받는다.

정승규 KB투자증권 연구원은 "한미약품의 시장 예상치 기준 내년 순이익은 561억원이며, 전날 종가 기준 시가총액은 5조6000억원"이라며 "한미사이언스로의 수익 배분 및 세금 등을 보수적으로 고려하면 이번 계약을 통해 2016년 한미약품으로 유입될 것으로 기대되는 순이익은 2400억원"이라고 추정했다.

이에 따라 현재 108.5배에 달하는 2016년 예상실적 기준 주가수익비율(PER)은 19.2배로 낮아지게 된다는 분석이다. 유가증권시장 제약·바이오업종의 12개월 선행 예상실적 기준 PER 30.4배를 감안하면 36.9%의 한미약품의 주가는 36.9%의 할인을 받고 있다고 봤다.

기관 수급이 먼저 들어오면서 매집을 하고 5조 원 규모 기술 수출 찌라시와 함께 급등을 한 한미약품입니다. 강력한 모멘텀이 있는 재료인 만큼 엄청난 시장의 관심을 받았습니다.

[네오이녹스앤모크스]

일자	종가	대비	등락률	거래량	외국인	기관	개인	기타	외국계증권
현 재	5,050 ↑	1,160	+29.82%	36,534,035	-251,709	0	+275,807	-24,098	0
15/11/06	3,890 ▲	685	+21.37%	51,332,662	+19,116	0	-36,944	+17,828	+10,621
15/11/05	3,205 ▲	75	+2.40%	55,444,332	+84,180	0	-186,807	+102,627	+5,527
15/11/04	3,130 ↑	720	+29.88%	41,450,373	-7,087	-7,697	+120,472	-105,688	+36,525
15/11/03	2,410 ↑	555	+29.92%	9,855,143	-62,774	-6,324	-10,902	+80,000	-74,211
15/11/02	1,855 ▼	65	-3.39%	3,347,110	+6,114	0	-6,114	0	+1,430
15/10/30	1,920 ▲	160	+9.09%	10,389,692	+36,565	0	-28,565	-8,000	+38,636
15/10/29	1,760 ▼	110	-5.88%	2,898,633	+41,733	0	-47,033	+5,300	+38,586
15/10/28	1,870 ▼	35	-1.84%	2,710,871	-34,719	0	-281	+35,000	-37,589
15/10/27	1,905 ▲	5	+0.26%	5,326,371	-15,778	0	+15,778	0	-11,772

통신, 엔터테인먼트, 게임, 화장품에 이르기까지 다양한 사업에 손을 대고 있는 네오이녹스앤모크스입니다. 외인 수급과 함께 상한가를 들어가면서 11월 6일 외인 수급의 이탈이 나왔습니다. 이때 같이 매도를 하고 이후의 상승 폭은 우리 몫이 아니라고 생각을 하고 수급과 함께 안정적인 매매를 하는 것이 좋습니다.

W 시 황 ◀ - □

| 일자 | 2015/11/03 | 시간 | 13:09:41 | 제공처 | 뉴스핌 | 닫기 |

++++ 2015/11/03 13:09:41 (뉴스핌) ++++
제목 : 네오이녹스 "중국석유생활망과 5일 계약..中 유통사?

기사원문

[뉴스핌=김양섭 기자] 중국 유통사업을 추진중인 네오이녹스앤모크스(대표이사 박종회, 이하 네오이녹스)
가 오는 5일 중국석유생활망(CNPCLIFE)과 본계약을 체결할 예정이라고 3일 밝혔다.

네오이녹스측은 "양사는 상품에 대한 카테고리를 정하는중이며, 상품선정 및 선정된 상품에 대한 품질검사 등의 절차
가 마무리되는 오는 5일 본 계약(MOA)을 체결한다는 계획"이라고 설명했다.

네오이녹스는 "중국대상 유통기업 엠케이인터내셔날코프㈜(대표이사 박광혁, 이하 엠케이)과 지난 17일 체결한 전략
전업무제휴(MOU)에 대한 세부 검토를 진행 중이며, 검토가 마무리되는데로 사업 진행에 대한 정식 계약을 중국석유의
자회사인 중국석유생활망(CNPCLIFE)과 체결할 계획"이라고 밝혔다.

이번 협약에 따라 현재 네오이녹스는 중국 내 2위,세계적으로는 5위 석유 기업인 중국석유(CNPC)의 일반유통 및 MRO
를 전담하는 중국석유생활망(CNPCLIFE)과 한국상품에 대한 독점공급 관계에 대한 실무절차를 협의하고 있다고 회사측
은 전했다.

네오이녹스는 "중국석유생활망은 중국석유 임직원 대상 온라인 복지몰(www.cnpclife.com)과 사원주택 및 전국 각 공
장 내에 오프라인 복지매장과 2만 2천여 개 주유소의 편의점 매장에 '한국관'을 오픈할 예정"이라며 "중국석유생
활망에 공급할 판매 제품에 대한 선정도 함께 진행 중"이라고 설명했다.

한편, 이날 네오이녹스는 다음달 2일 임시주주총회에서 무역업,해외면세점 사업,국내외 유통업,유류도매업과 판매업
등을 사업목적에 추가할 것이라고 공시했다. 또한 사명을 네오인터내셔널로 변경하는 안건을 의결한다.

박종회 네오이녹스 대표이사는 "13억5천5백만명의 인구를 가진 중국내 유통사업의 첫 걸음인만큼 준비에 만전을 기
해 중국석유생활망과 네오이녹스앤모크스 양사 모두 좋은 성과를 거둘 수 있도록 최선을 다하겠다" 고 밝혔다.

한편, 네오이녹스는 기존 사업인 통신장비 및 게임사업과 더불어 신규 사업으로 대 중국 유통사업 추진을 통해 기업
운영의 안정성과 성장을 이끌어 낸다는 계획이다.

[마니커]

일자	종가	대비	등락률	거래량	외국인	기관	개인	기타	외국계증권
현 재	936 ▲	46	+5.17%	5,042,578	-4,980	0	+4,980	0	0
15/11/06	890 ▼	145	-14.01%	7,758,553	+1,152,510	0	-1,153,510	+1,000	-1,186
15/11/05	1,035	0	0.00%	0	0	0	0	0	0
15/11/04	1,035 ▲	76	+7.92%	87,856,318	+81,117	+908	-79,875	-2,150	-2,992
15/11/03	959 ↑	221	+29.95%	27,459,408	-9,220	-110,000	+165,550	-46,330	+6,159
15/11/02	738 ▼	19	-2.51%	33,028,936	-25,397	+20,000	+61,124	-55,727	-13,104
15/10/30	757 ▲	162	+27.23%	21,421,803	-41,588	+89,876	-48,288	0	-17,630
15/10/29	595 ▼	11	-1.82%	232,879	-23,062	0	+23,062	0	-8,816
15/10/28	606 ▼	4	-0.66%	199,450	-8,576	0	+8,576	0	-337
15/10/27	610 ▲	13	+2.18%	421,974	+1,724	+119	-1,843	0	+209

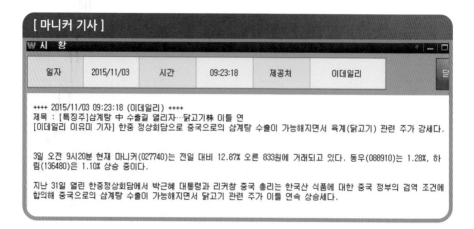

[마니커 기사]

| W 시 황 | | | | | | ◀ _ □ |

| 일자 | 2015/11/03 | 시간 | 09:23:18 | 제공처 | 이데일리 | 닫 |

++++ 2015/11/03 09:23:18 (이데일리) ++++
제목 : [특징주]삼계탕 中 수출길 열리자…닭고기株 이틀 연
[이데일리 이유미 기자] 한중 정상회담으로 중국으로의 삼계탕 수출이 가능해지면서 육계(닭고기) 관련 주가 강세다.

3일 오전 9시20분 현재 마니커(027740)는 전일 대비 12.87% 오른 833원에 거래되고 있다. 동우(088910)는 1.28%, 하림(136480)은 1.10% 상승 중이다.

지난 31일 열린 한중정상회담에서 박근혜 대통령과 리커창 중국 총리는 한국산 식품에 대한 중국 정부의 검역 조건에 합의해 중국으로의 삼계탕 수출이 가능해지면서 닭고기 관련 주가 이틀 연속 상승세다.

한중 정상 회담에서 중국 품질 검사 기구 검역 및 검사 조건 양해 각서 체결로 인한 수출 기대감으로 급등한 마니커입니다. 거래량은 속일 수가 없기 때문에 매수세가 쏠릴 때 공략이 가능합니다. 특히 마니커는 IBK 창구로 공략이 계속 들어왔는데, 이때 IBK 매수 창구를 보고 매매하면서 많은 수익을 얻을 수 있었습니다.

[솔고바이오]

일자	종가	대비	등락률	거래량	외국인	기관	개인	기타	외국계증권
현 재	1,930 ▼	95	-4.69%	13,937,321	+729,124	0	-736,122	+6,990	+044,102
15/11/06	2,025 ▼	115	-5.37%	21,564,525	-451,936	0	+430,426	+13,510	-70,150
15/11/05	2,140 ▲	15	+0.71%	24,858,161	+122,302	0	-115,128	-7,174	+3,433
15/11/04	2,125 ▲	15	+0.71%	35,413,738	-221,109	0	+197,745	+23,364	-229,911
15/11/03	2,110 ▲	195	+10.18%	83,713,197	+774,908	0	-552,493	-222,415	+389,330
15/11/02	1,915 ▲	315	+19.69%	96,686,387	+60,086	-11,042	-50,254	+1,210	+56,680
15/10/30	1,600 ▲	150	+10.34%	22,499,684	-345,752	0	+353,604	-7,852	-190,107
15/10/29	1,450 ▼	45	-3.01%	8,338,939	+91,985	0	-96,985	+5,000	+70,276
15/10/28	1,495 ▼	25	-1.64%	23,902,597	-592,867	0	+576,217	+16,650	-234,211
15/10/27	1,520 ▼	5	-0.33%	11,472,689	+373,967	0	-371,267	-2,700	+274,300

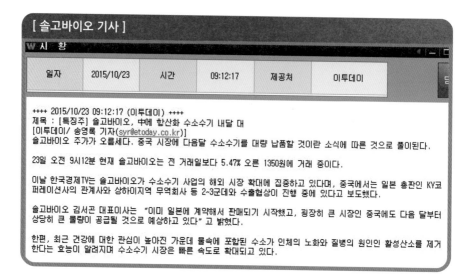

[솔고바이오 기사]

| 일자 | 2015/10/23 | 시간 | 09:12:17 | 제공처 | 이투데이 |

++++ 2015/10/23 09:12:17 (이투데이) ++++
제목 : [특징주] 솔고바이오, 中에 항산화 수소수기 내달 대
[이투데이/ 송영록 기자(syr@etoday.co.kr)]
솔고바이오 주가가 오름세다. 중국 시장에 다음달 수소수기를 대량 납품할 것이란 소식에 따른 것으로 풀이된다.

23일 오전 9시12분 현재 솔고바이오는 전 거래일보다 5.47% 오른 1350원에 거래 중이다.

이날 한국경제TV는 솔고바이오가 수소수기 사업의 해외 시장 확대에 집중하고 있다며, 중국에서는 일본 총판인 KV코
퍼레이션사의 관계사와 상하이지역 무역회사 등 2~3군데와 수출협상이 진행 중에 있다고 보도했다.

솔고바이오 김서곤 대표이사는 "이미 일본에 계약해서 판매되기 시작했고, 굉장히 큰 시장인 중국에도 다음 달부터
상당히 큰 물량이 공급될 것으로 예상하고 있다" 고 밝혔다.

한편, 최근 건강에 대한 관심이 높아진 가운데 물속에 포함된 수소가 인체의 노화와 질병의 원인인 활성산소를 제거
한다는 효능이 알려지며 수소수기 시장은 빠른 속도로 확대되고 있다.

솔고바이오는 중국 시장에 수소수기를 대량 납품할 것이라는 기사 이후 급등한 종목입니다. 이후 반대 기사가 나오면서 다시 하락한 종목입니다. 매매 동향을 보면 외인이 매일 샀다 팔았다 단타하는 것을 볼 수 있습니다. 돌파로 당일 당일 매매를 한다면 저런 찌라시와 패턴에도 자유롭게 대응할 수가 있습니다.

수급단타왕
실전 매매

수급단타왕
실전 매매

[SG세계물산 - 1]

전고돌파 신고가

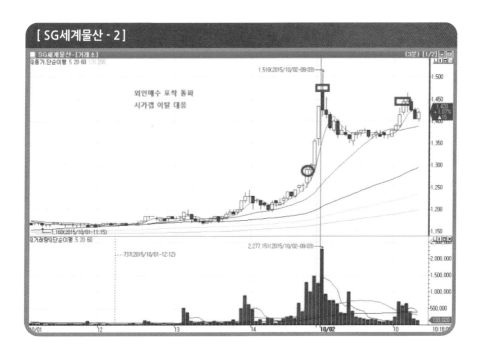

[SG세계물산 - 2]

[SG세계물산 - 3]

일자	종가	대비	등락률	거래량	외국인	기관	개인	기타	외국계증권
현 재	1,440 ▲	5	+0.35%	11,907,730	-3,000	0	0	0	0
15/10/01	1,435 ▲	290	+25.33%	17,735,864	+805,180	0	-793,004	-12,176	+796,873
15/09/30	1,145 ▲	10	+0.88%	4,438,105	+137,239	0	-112,886	-24,353	+137,139
15/09/25	1,135 ▼	75	-6.20%	9,624,229	-107,196	-340	-163,638	+271,174	-63,474
15/09/24	1,210 ▲	60	+5.22%	12,114,174	+391,320	0	+185,289	-576,609	+394,180
15/09/23	1,150 ▲	5	+0.44%	18,898,025	-235,889	-62	+120,739	+115,212	-216,062
15/09/22	1,145 ▲	135	+13.37%	31,191,426	+224,213	+2,057	-853,627	+627,357	+247,850
15/09/21	1,010 ▼	5	-0.49%	9,777,853	+159,170	0	-178,428	+19,258	0
15/09/18	1,015 ▲	76	+8.09%	14,731,766	+95,211	0	-457,936	+362,725	+123,771
15/09/17	939 ▲	16	+1.73%	3,774,005	-17,062	0	-110,641	+127,703	-39,555

TPP(환태평양 자유무역협정) 직접 수혜를 받는 베트남 생산 기지를 두고 있는 SG
세계물산입니다. 환태평양 자유무역협정에 최대 수혜를 받는 나라는 저가 노동력

을 바탕으로 제조업을 주업으로 하는 베트남입니다. 따라서 SG세계물산이 관세 철폐로 인한 세금 혜택을 받을 수 있기 때문에 무리 없이 공략할 수 있었습니다.

수급의 관점에서도 이날 오후 장 외인 매수세를 포착해 돌파로 매수했습니다. 이후 급등하고 다음 날 시가 이탈 대응 후 나머지 물량도 재반등할 때 전량 매도했습니다.

[SG세계물산 - 4]						
평가손익	+5,390,435	매매손익	+20,117,551	총손익		+25,507,986
종목명	전일대비		매도수량	현재가	구분	총손익
SG세계물산	▼	30	119,983	1,405	보통	+20,117,551
					유통융자	+5,390,435

•• 9월 17일 삼성페이주 한국전자금융/키이스트 공략

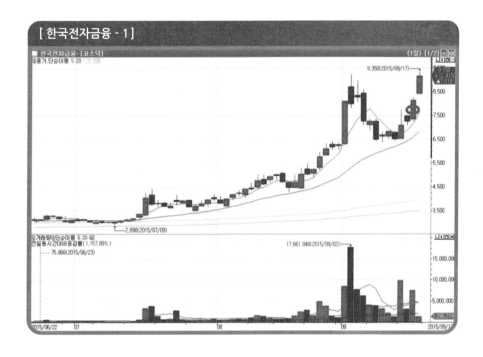

[한국전자금융 - 1]

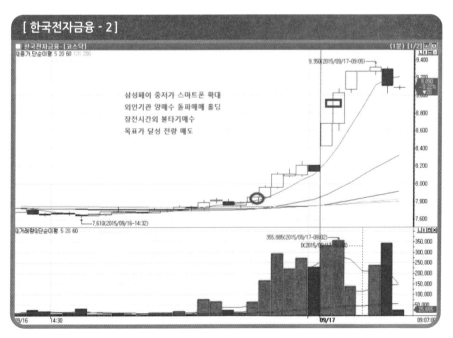

[한국전자금융 - 2]

삼성페이 중저가 스마트폰 확대
외인기관 양매수 돌파매매 홀딩
장전시간외 불타기매수
목표가 달성 전량 매도

[한국전자금융 - 3]

일자	종가	대비	등락률	거래량	외국인	기관	개인	기타	외국계증권
현 재	9,680 ▲	1,540	+18.92%	2,001,411	0	0	0	0	0
15/09/16	8,140 ▲	870	+11.97%	7,516,460	+55,192	+22,705	-77,563	-334	+33,227
15/09/15	7,270 ▲	170	+2.39%	3,140,496	+16,423	+19,281	+11,394	-47,098	+36,903
15/09/14	7,100 ▲	590	+9.06%	9,795,552	+93,395	+25,000	-55,692	-62,703	+80,382
15/09/11	6,510 ▼	320	-4.69%	1,274,379	-16,401	-20	-15,920	+32,341	-14,846
15/09/10	6,830 ▲	140	+2.09%	2,155,894	+22,338	0	-21,742	-596	-3,409
15/09/09	6,690 ▲	190	+2.92%	3,247,225	-26,233	+5,884	-3,599	+23,948	-33,372
15/09/08	6,500 ▼	760	-10.47%	3,983,717	-28,391	-37,373	+63,594	+2,170	-29,231
15/09/07	7,260	0	0.00%	4,025,914	-5,558	-6,278	+20,017	-8,181	-13,159
15/09/04	7,260 ▼	1,020	-12.32%	6,239,201	-301,601	-6,751	+326,386	-18,034	-298,447

한국전자금융은 한국신용정보 기업 집단의 소속 계열사입니다. ATM 관리 사업과 CD VAN 사업, 현금 물류 사업을 영위하며 실적이 받쳐주는 삼성페이주 회사입니다. 삼성페이 중저가 스마트폰 확대 기사가 나오면서 돌파 매매로 공략한 종목입니다. 아침부터 전고점을 돌파해 이후로도 급등 흐름을 탔습니다.

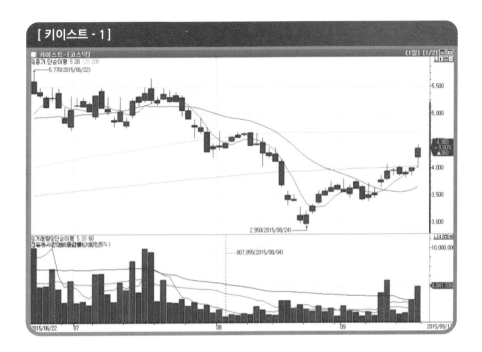

[키이스트 - 1]

키이스트는 배용준 소속사로 잘 알려져 있는 엔터테인먼트 기업입니다. 중국의 김수현 열풍에 힘입어 중국 진출에 성공했고 화장품 사업 진출에도 성공했습니다. 전에 매매 경험이 많은 회사로 돈 들어올 때 짧게 스캘핑 관점으로 수익 매도했습니다.

[키이스트 - 2]

매도금액	58,631,530		수수료+제세금		198,872	손익금액	7,861,692
매수금액			정산금액		58,432,658	손익률	15.54

종목명	금일매수		금일매도		수수료 +제세금	손익금액	수익률
	평균가	수량	평균가	수량			
한국전자금융			8,891	6,594	198,872	7,861,692	15.54

[키이스트 - 3]

평가손익		0	매매손익		22,858,457	총손익		+22,858,457

종목명	전일대비		현재가	매도수량	총손익	구분
K 한국전자금융	▲	2,060	10,200	+7,204	+2,463,576	보통
K 키이스트	▲	335	4,335	+45,812	+2,375,259	유통융자
K 한국전자금융	▲	2,060	10,200	+17,953	+18,019,622	유통융자

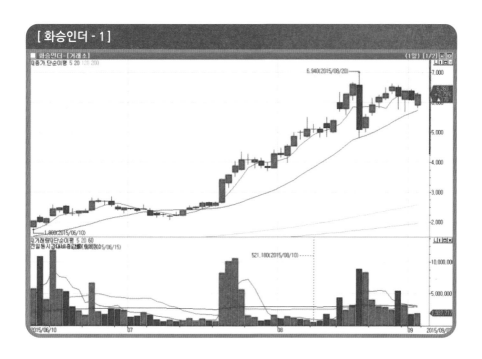

[화승인더 - 1]

[화승인더 - 2]

아디다스, 리복 등 신발 제조·공급 OEM 업체 화승인더입니다. 2015년 들어 실적이 가파르게 좋아지고 있어 기관, 외인의 집중 매집 대상이 되었습니다. 당일 수급 포착 후 전고점 대응한 뒤 돌파 시 다시 재공략했습니다. 본인의 매매 원칙에 맞는 타점에서 공략하면 지속해서 수익을 낼 수가 있습니다.

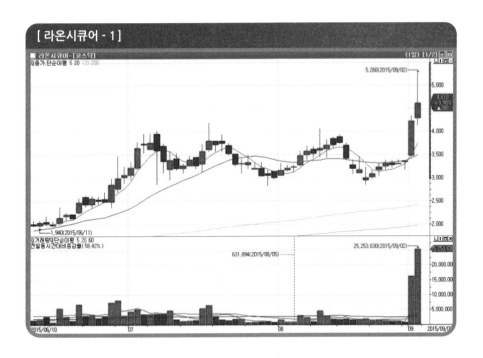

[라온시큐어 - 1]

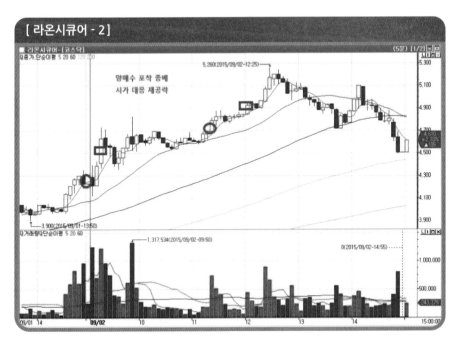

[라온시큐어 - 2]

양매수 포착 종배
시가 대응 제공략

삼성페이 금융 보안 수혜주 라온시큐어입니다. 최근 삼성전자와 개발한 보안 플랫폼 '녹스'가 중국, 프랑스 정부의 보안 인증 기구로부터 보안 인증을 받아 또 한 번 상승세를 타기도 했습니다. 수급의 관점에서 전일 외인/기관 수급을 포착해 종가 베팅한 종목입니다.

한 번 수익이 난 종목이더라도 당일 흐름이 지속적으로 강하다면 재공략 가능합니다. 수급이 나갈 때까지 '사골매매'로 끝까지 우려먹을 수 있습니다. 사골매매란 지지와 저항을 이용해서 성장주나 테마주를 반복해서 사고 팔면서 계속 수익을 쌓아가는 것을 말합니다. 어느 구간이든 수익이 날 수 있는 구간에서는 기계적으로 매매하는 것이 좋습니다.

[라온시큐어 - 3]

종목명	전일대비	현재가	매도수량	총손익
화승인더	▲ 170	6,260	+28,925	+1,274,999
화승인더	▲ 170	6,260	+87,710	+2,810,631
K 한국정보인증	▲ 2,900	14,250	+4,856	+376,152
K 한국정보인증	▲ 2,900	14,250	+26,073	+95,188
K 라온시큐어	▲ 380	4,610	+44,200	+5,182,748
K 라온시큐어	▲ 380	4,610	+26,131	+1,976,196
K 라온시큐어	▲ 380	4,610	+34,560	+2,417,342

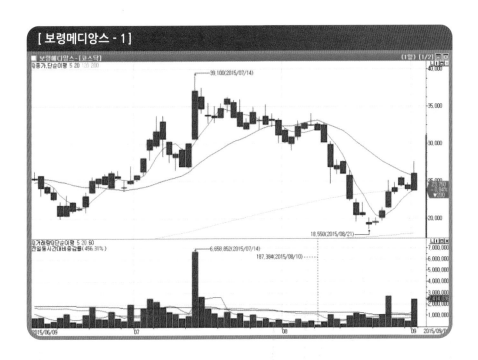

[보령메디앙스 - 1]

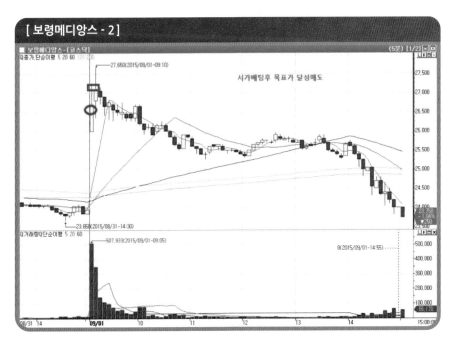

[보령메디앙스 - 2]

시가배팅후 목표가 달성매도

[보령메디앙스 - 3]

014100 ▾ 보령메디앙스 ☐가관상세 　　　　　　　　　　　[단위: 주,백만원] 풍매도차

일자	종가	대비	등락률	거래량	외국인	기관	개인	기타	외국계증권
현 재	23,750 ▼	200	-0.84%	2,414,036	-150,252	-24,512	+173,300	+1,464	-157,779
15/08/31	23,950 ▼	550	-2.24%	496,999	-37,737	-8,963	+46,700	0	0
15/08/28	24,500 ▲	900	+3.81%	700,561	-16,019	-7,117	+23,196	-60	0
15/08/27	23,600 ▲	50	+0.21%	697,683	-44,234	+16,238	+29,629	-1,633	-42,335
15/08/26	23,550 ▲	2,550	+12.14%	2,693,651	-167,033	+24,346	+76,934	+65,753	-132,287
15/08/25	21,000 ▲	1,400	+7.14%	1,066,356	-25,774	+34,248	-8,376	-98	-8,073
15/08/24	19,600 ▲	400	+2.08%	722,555	-32,815	+9,016	+24,262	-463	+14,444
15/08/21	19,200 ▼	1,300	-6.34%	760,132	+49,619	-25,881	-24,738	+1,000	+57,218
15/08/20	20,500 ▲	50	+0.24%	1,085,337	-32,869	-59,815	+92,282	+402	-21,462
15/08/19	20,450 ▼	2,150	-9.51%	1,192,518	+140,310	-256,990	+118,300	-1,620	+96,599

중국 1가구 1자녀 정책의 폐지로 인해 수혜가 예상된 유아용품주 보령메디앙스입니다. 중국 정부가 정책적으로 1가구 2자녀를 허용하면서 인구 증가에 따른 수혜를 그대로 받을 수 있으며, 아가방컴퍼니와 함께 유아 시장에서 단단한 점유율을 유지하고 있어 필자가 항상 관심권에 두는 회사입니다.

매매 관점은 당일 호재 찌라시가 나오면서 갭상승을 했습니다. 이렇게 매수세가 쏠릴 때 짧게 스캘핑으로 공략할 수 있습니다. 장 초반, 장 후반 2번 확실한 구간만 매매해도 꾸준한 수익이 가능합니다.

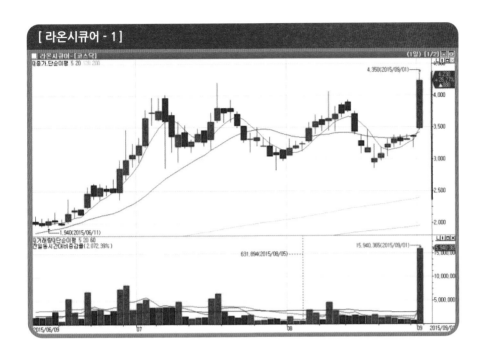

[라온시큐어 - 1]

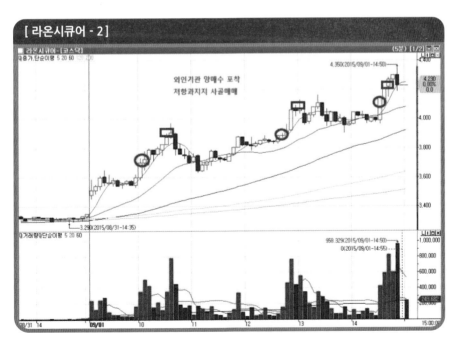

[라온시큐어 - 2]

외인기관 양매수 포착
저항과지지 사골매매

일자	종가	대비	등락율	거래량	외국인	기관	개인	기타	외국계증권
현 재	4,230 ▲	880	+26.27%	15,945,877	+135,034	+80,000	-221,697	+6,663	0
15/08/31	3,350 ▲	35	+1.06%	750,019	+18,748	+65,000	-83,748	0	0
15/08/28	3,315 ▲	35	+1.07%	938,253	-17,839	+5,000	-10,766	+23,605	0
15/08/27	3,280 ▼	35	-1.06%	928,668	+3,186	0	-2,582	-604	-1,013
15/08/26	3,315 ▲	85	+2.63%	1,181,120	-81,111	0	+83,046	-1,935	-19,867
15/08/25	3,230 ▲	145	+4.70%	1,365,261	-7,269	+2,337	+38,312	-33,380	-21,567
15/08/24	3,085 ▲	80	+2.66%	1,306,755	+55,825	-15,967	-34,858	-5,000	+18,939
15/08/21	3,005 ▼	170	-5.35%	1,894,704	-11,867	+7,000	-1,133	+6,000	-36,328
15/08/20	3,175 ▼	30	-0.94%	1,527,737	-10,628	+45,000	-43,952	+9,580	-18,492
15/08/19	3,205 ▼	225	-6.56%	1,587,628	+22,868	-9,697	-23,421	+10,250	+14,109

필자의 주타켓 삼성페이주 라온시큐어에 당일 외인/기관 양매수가 들어왔습니다. 수급이 들어올 때 돌파로 1차 매수 후 수익을 실현하고 다시 매수세가 쏠릴 때 재공략하는 패턴으로 공략했습니다.

종목명	전일대비	현재가	매도수량	총손익
K 라온시큐어	▲ 785	4,135	+184,607	+9,595,741
K 보령메디앙스	▲ 800	24,750	+4,864	+3,570,476
K 라온시큐어	▲ 785	4,135	+16,855	+1,709,953
K 보령메디앙스	▲ 800	24,750	+2,003	+1,126,296

8월 11일 에스엠 종베, 제이콘텐트리 장중 베팅

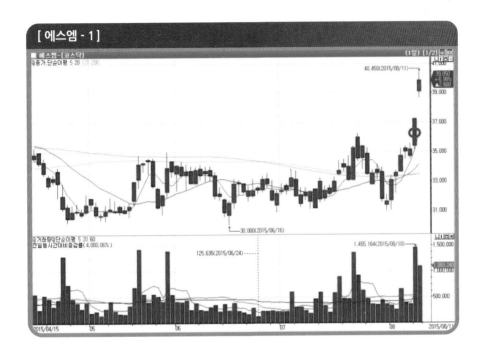

[에스엠 - 1]

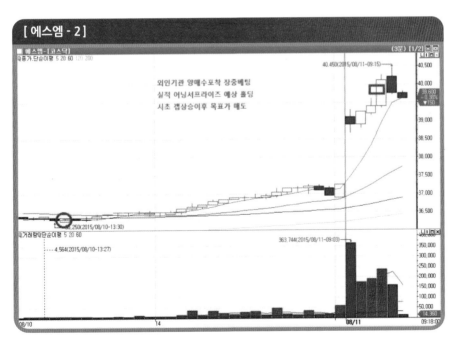

[에스엠 - 2]

외인기관 양매수포착 장중베팅
실적 어닝서프라이즈 예상 홀딩
시초 캡상승이후 목표가 매도

[에스엠 - 3]

일자	종가		대비	등락률	거래량	외국인	기관	개인	기타	외국계증권
현 재	39,650	▲	2,400	+6.44%	1,173,383	0	0	0	0	0
15/08/10	37,250	▲	2,100	+5.97%	1,455,164	+36,179	+268,639	-306,429	+1,611	+1,128
15/08/07	35,150	▲	150	+0.43%	361,383	-3,850	+55,170	-53,651	+2,331	-6,998
15/08/06	35,000	▲	250	+0.72%	383,056	+11,007	+99,119	-109,836	-290	+6,232
15/08/05	34,750	▲	1,150	+3.42%	655,737	+22,977	+172,905	-196,640	+758	+50,461
15/08/04	33,600	▲	500	+1.51%	255,867	-29,330	+31,937	-21,588	+18,981	-11,504
15/08/03	33,100	▲	1,450	+4.58%	330,800	-8,664	+40,321	-31,987	+330	+1,765
15/07/31	31,650	▼	150	-0.47%	359,315	-15,827	-79,796	+94,823	+800	+3,196
15/07/30	31,800	▼	1,750	-5.22%	432,457	+8,195	-84,896	+77,773	-1,072	+8,536
15/07/29	33,550		0	0.00%	346,005	+38,662	-24,589	-13,614	-459	+47,944

[에스엠 기사]

W 시 황

일자	2015/08/10	시간	18:15:28	제공처	머니투데이

++++ 2015/08/10 18:15:28 (머니투데이) ++++

제목 : 에스엠, 상반기 연결매출 1416억원 '사상 최대'

[머니투데이 김건우 기자] [상반기 영업이익 156억원...전년比 53.6%]

에스엠엔터테인먼트는 올해 상반기 연결기준 사상 최고 매출 실적을 달성했다고 10일 밝혔다.

에스엠은 2분기 영업이익이 117억 3300만원으로 전년동기대비 116.2% 늘었다. 매출액은 같은기간 22.5% 증가한 761억 3700만원이다.

상반기 영업이익은 156억 2300만원으로 전년대비 53.6% 늘었고, 매출액은 1415억 8100만원으로 같은기간 9.7% 증가했다.

에스엠은 올해 엔화가 전년대비 9% 이상 하락했음에도 동방신기, 슈퍼주니어, 소녀시대, 샤이니, EXO, F(x), 레드벨벳 등 아티스트 활동에 힘입어 중국 매출이 전년대비 114% 증가한 181억원을 기록했다.

또 음원 수익 및 해외 콘서트 수익, 홀로그램 콘텐츠, 게임 등 아티스트 초상권 관련 수익이 크게 늘어났다고 회사 관계자는 설명했다.

에스엠은 "중국,일본 등 해외사업의 견조한 성장세와 초상권을 활용한 뉴미디어, MD 사업의 성장에 힘입어 연결기준으로 창사이래 최대 매출실적을 기록했다"고 말했다.

한편 에스엠컬처앤콘텐츠는 방송제작 사업의 하반기 편중으로 인하여 매출은 전년 대비 감소한 264억원의 매출을 기록했다.

하반기에는 JTBC의 '디데이', KBS2의 '객주', 영화 'SMTOWN THE STAGE' 및 뮤지컬 'IN THE HEIGHTS'의 출시 및 방영과 함께 중국에서의 방송제작 본격화로 실적 증가가 예상된다.

우리나라 엔터테인먼트 산업의 선두 주자 에스엠입니다. 소속 아티스트들의 활동이 실적에 직접 영향을 미칩니다. 엑소, 소녀시대, F(X) 등 굵직한 아티스트들의 컴백과 콘서트 수입, 해외 진출 수입으로 실적이 대폭 개선되었고, 중국과 화장품 사업에도 진출해 영역을 확장하고 있습니다. 2015년 실적도 선방했고 중국 사업 확장으로 최대 실적이 기대되는 종목입니다.

당일 장중에 양매수 포착 후 장중 베팅했습니다. 실적 발표가 예상되는 시점에 실적이 좋은 종목, 대량 수급이 들어오는 경우에는 주의 깊게 지켜볼 필요가 있습니다.

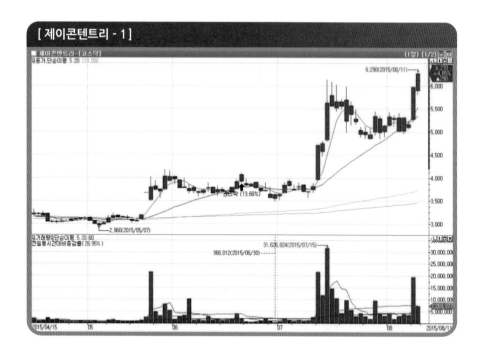

[제이콘텐트리 - 1]

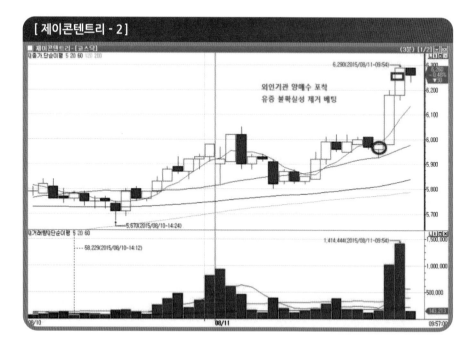

[제이콘텐트리 - 2]

외인기관 양매수 포착
유증 불확실성 제거 배팅

[제이콘텐트리 - 3]

| | | 036420 ▼ | 제이콘텐트리 | 증50% | 자료 | 권리 |

| 6,290 ▲ | 310 | +5.18% | 8,871,747 | 단 |

대비	매도잔량	10:02:55	매수잔량	대비
0	8,112	6,380	+6.69	종목	제이콘텐트ᵢ
0	8,299	6,370	+6.52	현재	6,290
0	33,671	6,360	+6.35	대비 ▲	310
0	54,516	6,350	+6.19	등락	+5.18%
0	86,789	6,340	+6.02	상 7,770	29.93
0	59,847	6,330	+5.85	시 5,900	1.34
0	16,844	6,320	+5.69	고 6,300	5.35
0	22,313	6,310	+5.52	저 5,800	3.01
0	12,481 ᴴ	6,300	+5.35	하 4,190	29.93
-1	9,701	6,290	+5.18		

	6,280	+5.02	17,890	0
	6,270	+4.85	15,504	0
	6,260	+4.68	7,230	0
	6,250	+4.52	1,763	0
	6,240	+4.35	9,577	0
	6,230	+4.18	8,904	+1,000
	6,220	+4.01	6,753	0
	6,210	+3.85	15,261	0
	6,200	+3.68	14,482	0
	6,190	+3.51	11,868	0

-1	312,573	-203,341	109,232	+1,000
가격	0	예상체결 시	0	수량

⚫ 체결 ⚪ 거래원 ⚪ 종합차트 ⚪ tick ⚪ 분봉 ⚪ 일봉

매도상위	매도수량 ▼	매수상위	매수수량 ▼
키움증권	2,514,577	키움증권	2,408,107
삼성증권	759,285	미래에셋	848,140
대우증권	621,818	삼성증권	601,229
미래에셋	602,739	모건스탠리	553,882
한국증권	589,841	유안타증권	424,892

모건 스탠리의 공격적인 매수가 들어왔습니다! 외인의 연속성을 파악하며 매수 타점을 찾았습니다.

[제이콘텐트리 - 4]

036420 제이콘텐트리 기관상세 [단위: 주,백만원] 종매도차

일자	종가	대비	등락률	거래량	외국인	기관	개인	기타	외국계증권
현 재	6,270 ▲	290	+4.85%	8,996,401	+560,839	+42,000	0	-25,000	+553,882
15/08/10	5,980 ▲	810	+15.67%	19,394,699	+223,383	+264,516	-239,591	-248,308	+123,991
15/08/07	5,170 ▼	140	-2.64%	3,523,684	-3,499	-74,539	+23,614	+54,424	+5,295
15/08/06	5,310 ▲	290	+5.78%	3,927,714	+657,442	-72,675	-595,905	+11,138	+519,701
15/08/05	5,020 ▼	280	-5.28%	2,863,187	-13,000	-202,582	+164,671	+50,911	+3,029
15/08/04	5,300 ▼	30	-0.56%	1,760,081	+4,634	-11,353	-29,119	+35,838	-846
15/08/03	5,330 ▲	190	+3.70%	3,905,630	-53,727	+71,080	-112,291	+94,938	-41,128
15/07/31	5,140 ▲	150	+3.01%	3,083,719	-219,763	+141,002	+99,529	-20,768	-19,487
15/07/30	4,990 ▼	350	-6.55%	3,846,465	-550,729	+341,003	+251,151	-41,425	-202,542
15/07/29	5,340 ▲	400	+8.10%	9,435,347	-231,076	+89,984	-29,608	+170,700	-62,630

[제이콘텐트리 - 5]

1980 거래원

시간별 일별 매물대

종목 036420 제이콘텐트리 거래원 모간스탠리증권 조회 다음

시간	거래원명	매도량	매수량	매도합	매수합	순매수량	현재가	등락폭
10:01:45	모간스탠리증권		24,043		553,882	553,882	6,230 ▲	250
09:59:43	모간스탠리증권		15,842		529,839	529,839	6,230 ▲	250
09:57:43	모간스탠리증권		31,998		513,997	513,997	6,180 ▲	200
09:55:43	모간스탠리증권		21,607		481,999	481,999	6,270 ▲	290
09:53:45	모간스탠리증권		62,123		460,392	460,392	6,270 ▲	290
09:51:44	모간스탠리증권		74,465		398,269	398,269	6,210 ▲	230
09:49:42	모간스탠리증권		14,362		323,804	323,804	6,060 ▲	80
09:47:41	모간스탠리증권		4,475		309,442	309,442	5,980	
09:45:39	모간스탠리증권		8,685		304,967	304,967	5,940 ▼	40
09:43:36	모간스탠리증권		5,135		296,282	296,282	5,970 ▼	10
09:41:29	모간스탠리증권		8,883		291,147	291,147	6,000 ▲	20
09:39:24	모간스탠리증권		8,187		282,264	282,264	6,000 ▲	20
09:37:20	모간스탠리증권		7,762		274,077	274,077	6,000 ▲	20
09:35:15	모간스탠리증권		21,949		266,295	266,295	5,990 ▲	10
09:33:08	모간스탠리증권		16,995		244,346	244,346	6,000 ▲	20

(당일자료는 매매상위 5개사 자료에 의한 추정치임)

메가박스 매각 이슈로 주목을 받았던 제이콘텐트리입니다. 당일 외인/기관 수급이 포착되고 유증 불확실성이 제거된 상태에서 오전에 매수세가 몰리면서 돌파할 때 공략했습니다. 모건 스탠리가 지속적으로 매수하는 것을 볼 수 있습니다.

[제이콘텐트리 - 6]

평가손익		0	매매손익		26,457,116	총손익		+26,457,116

종목명	전일대비		현재가	평균매도가	매도수량	총손익
K에스엠	▲	2,650	39,900	39,376	+2,459	+7,486,790
K에스엠	▲	2,650	39,900	39,224	+6,126	+18,970,326

[제이콘텐트리 - 7]

매도금액	260,289,540	수수료+제세금	819,199	손익금액	15,986,620
매수금액	109,003,500	정산금액	150,466,841	손익율	6.56

종목명	금일매수		금일매도		수수료 +제세금	손익금액	수익률
	평균가	수량	평균가	수량			
제이콘텐트	5,964	18,275	6,242	18,275	355,627	4,730,274	4.33
에스엠			39,290	3,721	463,572	11,256,346	8.37

8월 6일 파트론 장중 베팅

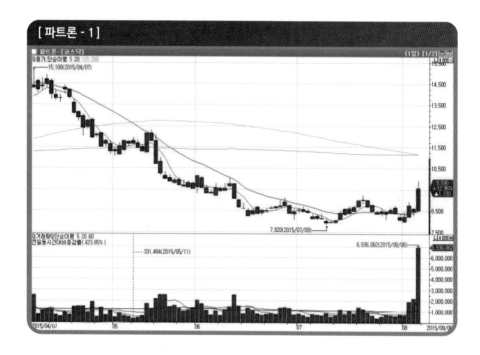

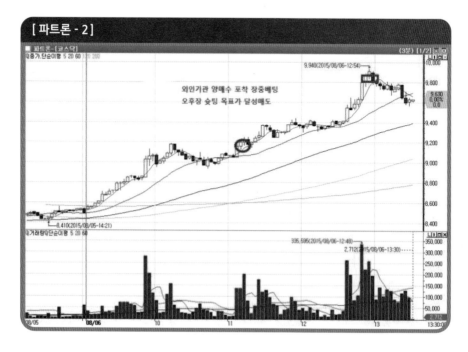

외인기관 양매수 포착 장중베팅
오후장 숏팅 목표가 달성매도

[파트론 - 3]

	091700 ▼	파트론		□기관상세				[단위 : 주,백만원]	공매도차

일자	종가	대비	등락률	거래량	외국인	기관	개인	기타	외국계증권
현 재	9,610 ▲	1,120	+13.19%	6,995,706	+143,994	+59,000	0	-2,000	+15,994
15/08/05	8,490 ▼	260	-2.97%	2,191,119	-313,347	-166,162	+512,057	-32,548	-284,213
15/08/04	8,750 ▲	530	+6.45%	1,924,054	+297,515	-168,659	-101,666	-27,190	+179,882
15/08/03	8,220 ▲	130	+1.61%	661,027	+106,668	-26,459	-88,359	+7,950	+125,462
15/07/31	8,090 ▼	280	-3.35%	718,486	+4,513	-3,889	+12,426	-13,050	+36,154
15/07/30	8,370 ▼	170	-1.99%	555,517	-28,976	+9,844	+4,184	+14,948	-70,921
15/07/29	8,540 ▲	190	+2.28%	663,975	+99,853	-14,876	-84,959	-18	+79,982
15/07/28	8,350 ▼	140	-1.65%	727,668	-35,401	-19,301	+52,635	+2,067	-100,000
15/07/27	8,490 ▲	130	+1.56%	575,056	-2,384	+52,884	-46,083	-4,417	+918
15/07/24	8,360 ▼	120	-1.42%	390,026	-22,856	+30	+22,826	0	+1,181

갤럭시 시리즈, 중저가폰과 같은 스마트폰 직접 수혜 파트론입니다. 스마트폰 카메라 모듈 고사양화 수혜주로 안테나 사업 실적 반등 기대감, 삼성페이 관련주 등 하반기 실적 개선이 기대되는 종목입니다.

매수 후 수급이 지속적으로 들어오는 것을 포착하고 홀딩 후 매수세가 쏠리면서 급등할 때 매도했습니다.

[파트론 - 4]

	7808 종목별 프로그램매매 추이							1 □ 무 ┓ ? □ □ ×

프로그램매매 종합	시간별 프로그램매매	종목별 프로그램매매	차익거래잔고추이	일별차익거래잔고	프로 편집 ◀ ▶

091700 ▼ ▶ ? 관 #파트론	○ 금액 ◉ 수량	◉ 시간 ○ 일별	◉ 전체 ○ 차익 ○ 비차익	다음 차트 투자자

시간	매도수량	매도변동량	매수수량	매수변동량	순매수	순매수변동량
13:32:05	52,647		599,767	1,543	547,120	1,543
13:32:04	52,647		598,224	7	545,577	7
13:31:55	52,647		598,217	7	545,570	7
13:31:52	52,647		598,210	32	545,563	32
13:31:50	52,647		598,178	3	545,531	3
13:31:50	52,647		598,175	116	545,528	116
13:31:47	52,647		598,059	346	545,412	346
13:31:39	52,647	1,347	597,713		545,066	-1,347
13:31:34	51,300		597,713	817	546,413	817
13:31:32	51,300	1,975	596,896	596	545,596	-1,379
13:31:29	49,325		596,300	2	546,975	2
13:31:25	49,325		596,298	1,001	546,973	1,001
13:31:24	49,325	7	595,297	806	545,972	799
13:31:11	49,318		594,491	765	545,173	765

[파트론 - 5]

체결량	주가차트	종목뉴스	일별주가	종목상세	거래원	종목투자자

비중%	변동량	매도량(주)	매도거래원	매수거래원	매수량(주)	변동량	비중%
30.25		2,215,794	키 움 증 권	키 움 증 권	2,251,256		30.73
8.62		631,186	미래에셋증권	미래에셋증권	689,359		9.41
8.22		602,073	NH투자증권	NH투자증권	496,309		6.78
6.91		506,143	한국투자증권	삼 성 증 권	421,272		5.75
6.04		442,442	유안타증권	대 우 증 권	359,601		4.91
				외국창구 추정합	15,994		0.22

이탈원	시간별	일별

이탈시간	매도량(주)	상위이탈원	상위이탈원	매수량(주)	이탈시간
13:15	389,282	삼 성 증 권	한국투자증권	353,330	13:28
10:07	83,947	대 우 증 권	유안타증권	316,260	13:06
09:25	13,310	하나대투증권	신한금융투자	188,163	11:45
09:22	11,048	대 신 증 권	유진투자증권	23,543	09:29
09:18	10,247	이베스트증권	모간스탠리증권	15,994	09:25
09:12	6,711	LIG 투자증권	토러스투자증권	15,929	09:22
			하나대투증권	3,057	09:05

[파트론 - 6]

관심종목	섹터종목	종목검색	지표종목	업종별종목	외국인/기관	투자자

| 코스피 | 코스닥 | 선물 | 콜옵션 | 풋옵션 | 30초 ▼ |

시 간	외국인	개인	기관계	금융투자	보험	투신	은행
순매수	-7,555	3,453	3,691	3,150	-14	324	83
매 도	91,868	30,382	15,386	14,700	123	526	32
매 수	84,313	33,835	19,077	17,850	109	850	115
점유율	63.04	22.98	12.33	11.65	0.08	0.49	0.05
13:32:30	-7,555	3,453	3,691	3,150	-14	324	83
13:32:00	-7,521	3,439	3,671	3,129	-13	324	83
13:31:30	-7,510	3,439	3,660	3,117	-12	324	83
13:31:00	-7,511	3,439	3,661	3,118	-12	324	83
13:30:30	-7,443	3,408	3,623	3,080	-12	324	83
13:30:00	-7,457	3,418	3,622	3,074	-12	329	83
13:29:30	-7,475	3,414	3,640	3,091	-11	329	83

리스크 관리차 선물 지수를 보면서 매매하는 것이 도움이 많이 됩니다.

[파트론 - 7]

종목명		전일대비	현재가	평균매도가	매도수량	총손익
K파트론	▲	1,190	9,680	9,748	+21,980	+12,011,128
K파트론	▲	1,190	9,680	9,732	+9,539	+5,062,513

[파트론 - 8]

매도금액	248,714,490	수수료+제세금		808,720	손익금액	5,575,434
매수금액	124,807,560	정산금액		123,098,210	손익률	2.30

종목명	금일매수		금일매도		수수료+제세금	손익금액	수익률
	평균가	수량	평균가	수량			
셀트리온			82,900	1,405	396,625	-1,445,165	-1.22
파트론	9,191	13,578	9,739	13,578	412,095	7,020,599	5.62

•• 7월 23일 화승인더 사골매매

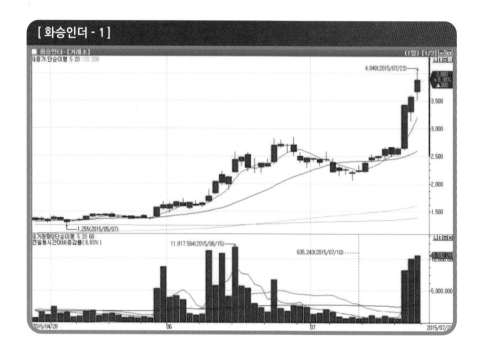

[화승인더 - 1]

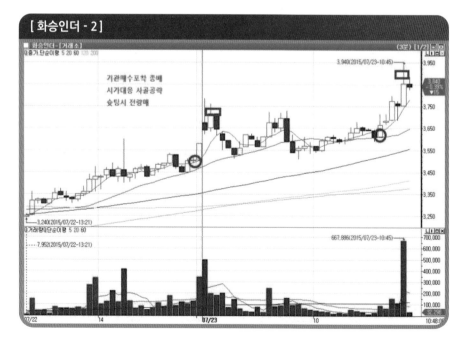

[화승인더 - 2]

기관매수포착 종배
시가대응 사골공략
슛팅시 전량매

화승인더는 역시 실적이 대폭 개선되니 정배열, 신고가로 갔습니다. 당일 기관 매수를 포착하고 종베 후 시가에 수익 실현 후 수급 이탈 없고 매수세가 들어오는 것을 보고 재공략했습니다.

[화승인더 - 3]

006060 ▼ 화승인더   □ 기관상세   [단위: 주, 백만원] 공매도차

일자	종가	대비	등락율	거래량	외국인	기관	개인	기타	외국계증권
현 재	3,615 ▲	35	+0.98%	2,762,106	+10,000	+5,000	0	0	0
15/07/22	3,580 ▲	150	+4.37%	10,050,388	-89,893	+609,180	-557,770	+38,483	-12,092
15/07/21	3,430 ↑	790	+29.92%	8,284,752	-29,880	+69,045	+17,088	-56,253	-17,741
15/07/20	2,640 ▲	95	+3.73%	643,304	+11,422	+165,211	-189,652	+13,019	+1,005
15/07/17	2,545 ▼	90	-3.42%	705,689	+1,771	-10,856	-18,410	+27,495	+614
15/07/16	2,635 ▲	135	+5.40%	1,099,267	-65,466	-2,539	+78,005	-10,000	-62,759
15/07/15	2,500 ▲	25	+1.01%	638,387	+10,445	+4,089	-30,854	+16,320	-538
15/07/14	2,475 ▲	95	+3.99%	1,132,722	-115,276	-10,344	+88,768	+36,852	-60,174
15/07/13	2,380 ▲	150	+6.73%	785,418	+24,095	+1,485	-26,709	+1,189	+17,323
15/07/10	2,230 ▲	15	+0.68%	635,243	-74,318	-15,538	+82,988	+6,868	-46,793

[화승인더 - 4]

평가손익		0	매매손익	31,436,898	총손익	+31,436,898
종목명		전일대비	현재가	평균매도가	매도수량	총손익
화승인더	▲	235	3,815	3,756	+52,977	+6,642,914
화승인더	▲	235	3,815	3,639	+60,628	+9,268,863
화승인더	▲	235	3,815	3,835	+70,278	+15,525,121

[화승인더 - 5]

미체결	잔고	당일손익	예수금	체결확인			
매도금액	173,285,395	수수료+제세금		573,225	손익금액		12,250,363
매수금액	40,178,015	정산금액		132,534,155	손익률		7.63

종목명	금일매수		금일매도		수수료 +제세금	손익금액	수익률
	평균가	수량	평균가	수량			
화승인더	3,650	11,006	3,769	45,973	573,225	12,250,363	7.63

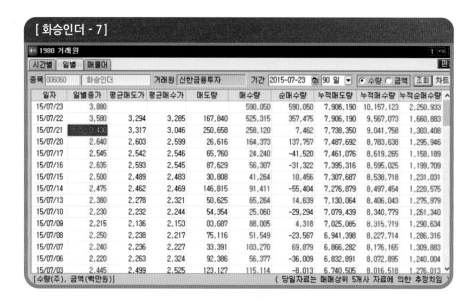

[화승인더 - 6]

일자	종가	대비	등락률	거래량	외국인	기관	개인	기타	외국계증권
현 재	3,880 ▲	300	+8.38%	10,592,291	-91,186	+458,162	-348,189	-18,787	0
15/07/22	3,580 ▲	150	+4.37%	10,050,388	-89,893	+609,180	-557,770	+38,483	-12,092
15/07/21	3,430 ↑	790	+29.92%	8,284,752	-29,880	+69,045	+17,088	-56,253	-17,741
15/07/20	2,640 ▲	95	+3.73%	643,304	+11,422	+165,211	-189,652	+13,019	+1,005
15/07/17	2,545 ▼	90	-3.42%	705,689	+1,771	-10,856	-18,410	+27,495	+614
15/07/16	2,635 ▲	135	+5.40%	1,099,267	-65,466	-2,539	+78,005	-10,000	-62,759
15/07/15	2,500 ▲	25	+1.01%	638,387	+10,445	+4,089	-30,854	+16,320	-538
15/07/14	2,475 ▲	95	+3.99%	1,132,722	-115,276	-10,344	+88,768	+36,852	-60,174
15/07/13	2,380 ▲	150	+6.73%	785,418	+24,035	+1,485	-26,709	+1,189	+17,323
15/07/10	2,230 ▲	15	+0.68%	635,243	-74,318	-15,538	+82,988	+6,868	-46,793

[화승인더 - 7]

1980 거래원

시간별 | 일별 | 매물대

종목 006060 화승인더 | 거래원 신한금융투자 | 기간 2015-07-23 90 일 | ⊙ 수량 ○ 금액 | 조회 | 차트

일자	일별종가	평균매도가	평균매수가	매도량	매수량	순매수량	누적매도량	누적매수량	누적순매수량
15/07/23	3,880				590,050	590,050	7,906,190	10,157,123	2,250,933
15/07/22	3,580	3,294	3,285	167,840	525,315	357,475	7,906,190	9,567,073	1,660,883
15/07/21	3,430	3,317	3,046	250,658	258,120	7,462	7,738,350	9,041,758	1,303,408
15/07/20	2,640	2,603	2,599	26,616	164,373	137,757	7,487,692	8,783,638	1,295,946
15/07/17	2,545	2,542	2,546	65,760	24,240	-41,520	7,461,076	8,619,265	1,158,189
15/07/16	2,635	2,593	2,545	87,629	56,307	-31,322	7,395,316	8,595,025	1,199,709
15/07/15	2,500	2,489	2,483	30,808	41,264	10,456	7,307,687	8,538,718	1,231,031
15/07/14	2,475	2,462	2,469	146,815	91,411	-55,404	7,276,879	8,497,454	1,220,575
15/07/13	2,380	2,278	2,321	50,625	65,264	14,639	7,130,064	8,406,043	1,275,979
15/07/10	2,230	2,232	2,244	54,354	25,060	-29,294	7,079,439	8,340,779	1,261,340
15/07/09	2,215	2,136	2,153	83,687	88,005	4,318	7,025,085	8,315,719	1,290,634
15/07/08	2,250	2,238	2,217	75,116	51,549	-23,567	6,941,398	8,227,714	1,286,316
15/07/07	2,240	2,236	2,227	33,391	103,270	69,879	6,866,282	8,176,165	1,309,883
15/07/06	2,220	2,263	2,324	92,386	56,377	-36,009	6,832,891	8,072,895	1,240,004
15/07/03	2,445	2,499	2,525	123,127	115,114	-8,013	6,740,505	8,016,518	1,276,013

[수량(주), 금액(백만원)] (당일자료는 매매상위 5개사 자료에 의한 추정치임)

매수량을 보고 신한투자 창구가 주포 창구임을 알 수 있습니다.

[화승인더 - 8]

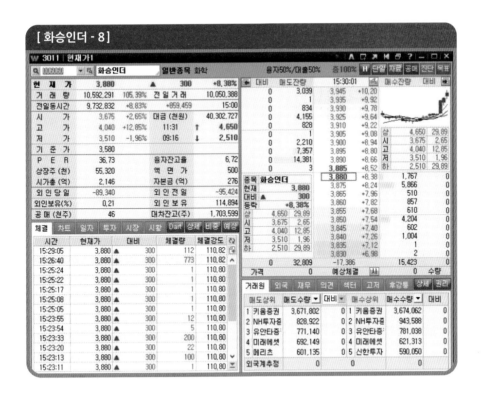

중소형주가 수급이 들어올 때 탄력성이 좋습니다.

| 체결량 | 주가차트 | 종목뉴스 | 일별주가 | 종목상세 | 거래원 | 종목투자자 |

006060 ▼ ▶ ? 관 화승인더 ☐ 실시간 조회 다음 챠트

시간	현재가		등락폭	등락률	변동거래량	매수비중	매도호가	∧
09:58:41	3,550	▼	30	0.84%	9	42.19%	3,55[	
09:58:41	3,550	▼	30	0.84%	10	42.19%	3,55[	
09:58:40	3,550	▼	30	0.84%	1,000	42.19%	3,55[	
09:58:40	3,550	▼	30	0.84%	30	42.17%	3,55[	
09:58:40	3,550	▼	30	0.84%	10	42.17%	3,55[	
09:58:40	3,550	▼	30	0.84%	2	42.17%	3,55[	
09:58:38	3,550	▼	30	0.84%	10	42.17%	3,55[	
09:58:36	3,550	▼	30	0.84%	21	42.16%	3,55[	
09:58:36	3,550	▼	30	0.84%	200	42.16%	3,55[	
09:58:36	3,550	▼	30	0.84%	1,449	42.16%	3,55[	
09:58:35	3,550	▼	30	0.84%	42	42.13%	3,55[	
09:58:35	3,550	▼	30	0.84%	86	42.12%	3,55[	
09:58:35	3,550	▼	30	0.84%	192	42.12%	3,55[	
09:58:35	3,550	▼	30	0.84%	338	42.12%	3,55[	
09:58:35	3,550	▼	30	0.84%	16	42.11%	3,55[	
09:58:35	3,550	▼	30	0.84%	413	42.11%	3,55[	
09:58:35	3,550	▼	30	0.84%	388	42.10%	3,55[	
09:58:35	3,550	▼	30	0.84%	192	42.09%	3,55[	
09:58:35	3,550	▼	30	0.84%	297	42.09%	3,55[	
09:58:35	3,550	▼	30	0.84%	4	42.08%	3,55[	
09:58:35	3,550	▼	30	0.84%	46	42.08%	3,55[	
09:58:35	3,550	▼	30	0.84%	41	42.08%	3,55[	
09:58:35	3,550	▼	30	0.84%	30	42.08%	3,55[	
09:58:34	3,550	▼	30	0.84%	500	42.08%	3,55[	
09:58:34	3,550	▼	30	0.84%	10	42.06%	3,55[	
09:58:32	3,550	▼	30	0.84%	10	42.06%	3,55[	
09:58:31	3,550	▼	30	0.84%	10	42.06%	3,55[	
09:58:30	3,545	▼	35	0.98%	295	42.06%	3,55[	∨

[화승인더 - 10]

| 체결량 | 주가차트 | 종목뉴스 | 일별주가 | 종목상세 | 거래원 | 종목투자자 |

006060 ▼ ▶ ? 관 | 화승인더 | ☐ 실시간 | 조회 | 다음 | 챠트 |

시간	현재가	등락폭	등락률	변동거래량	매수비중	매도호가	^
10:11:12	3,595 ▲	15	0.42%	5	43.14%	3,595	
10:11:10	3,585 ▲	5	0.14%	120	43.14%	3,600	
10:11:10	3,595 ▲	15	0.42%	3,580	43.15%	3,600	
10:11:10	3,600 ▲	20	0.56%	21	43.21%	3,600	
10:11:07	3,600 ▲	20	0.56%	1	43.21%	3,600	
10:11:05	3,595 ▲	15	0.42%	1	43.21%	3,600	
10:11:01	3,600 ▲	20	0.56%	200	43.21%	3,600	
10:10:58	3,600 ▲	20	0.56%	100	43.20%	3,600	
10:10:58	3,600 ▲	20	0.56%	1	43.20%	3,600	
10:10:57	3,595 ▲	15	0.42%	689	43.20%	3,600	
10:10:50	3,595 ▲	15	0.42%	27	43.21%	3,600	
10:10:49	3,595 ▲	15	0.42%	5,284	43.21%	3,600	
10:10:40	3,595 ▲	15	0.42%	24	43.09%	3,595	
10:10:40	3,595 ▲	15	0.42%	150	43.09%	3,595	
10:10:40	3,595 ▲	15	0.42%	86	43.09%	3,595	
10:10:40	3,595 ▲	15	0.42%	42	43.09%	3,595	
10:10:40	3,595 ▲	15	0.42%	337	43.09%	3,595	
10:10:40	3,595 ▲	15	0.42%	192	43.08%	3,595	
10:10:40	3,595 ▲	15	0.42%	15	43.07%	3,595	
10:10:40	3,595 ▲	15	0.42%	413	43.07%	3,595	
10:10:40	3,595 ▲	15	0.42%	387	43.07%	3,595	
10:10:40	3,595 ▲	15	0.42%	192	43.06%	3,595	
10:10:40	3,595 ▲	15	0.42%	297	43.05%	3,595	
10:10:40	3,595 ▲	15	0.42%	41	43.05%	3,595	
10:10:40	3,595 ▲	15	0.42%	4	43.04%	3,595	
10:10:40	3,595 ▲	15	0.42%	46	43.04%	3,595	
10:10:40	3,595 ▲	15	0.42%	29	43.04%	3,595	∨
10:10:38	3,580			112	43.04%	3,595	

[화승인더 - 11]

체결량 | 주가차트 | 종목뉴스 | 일별주가 | 종목상세 | 거래원 | 종목투자자

006060 ▼ ▶ ? 팬 화승인더   □ 실시간   조회 | 다음 | 챠트

시간	현재가	등락폭		등락률	변동거래량	매수비중	매도호가
10:20:23	3,665	▲	85	2.37%	1	44.02%	3,665
10:20:23	3,665	▲	85	2.37%	1	44.02%	3,665
10:20:22	3,665	▲	85	2.37%	1	44.02%	3,665
10:20:22	3,660	▲	80	2.23%	210	44.02%	3,665
10:20:22	3,665	▲	85	2.37%	1	44.02%	3,665
10:20:21	3,665	▲	85	2.37%	1	44.02%	3,665
10:20:21	3,660	▲	80	2.23%	1,121	44.02%	3,665
10:20:21	3,660	▲	80	2.23%	342	44.00%	3,660
10:20:21	3,660	▲	80	2.23%	1	43.99%	3,660
10:20:21	3,660	▲	80	2.23%	923	43.99%	3,660
10:20:21	3,660	▲	80	2.23%	1,000	43.97%	3,660
10:20:20	3,660	▲	80	2.23%	1	43.95%	3,660
10:20:20	3,660	▲	80	2.23%	1	43.95%	3,660
10:20:20	3,660	▲	80	2.23%	42	43.95%	3,660
10:20:20	3,660	▲	80	2.23%	86	43.95%	3,660
10:20:20	3,660	▲	80	2.23%	192	43.95%	3,660
10:20:20	3,660	▲	80	2.23%	337	43.94%	3,660
10:20:20	3,660	▲	80	2.23%	15	43.94%	3,660
10:20:20	3,660	▲	80	2.23%	413	43.94%	3,660
10:20:20	3,660	▲	80	2.23%	387	43.93%	3,660
10:20:20	3,660	▲	80	2.23%	192	43.92%	3,660
10:20:20	3,660	▲	80	2.23%	1	43.92%	3,660
10:20:20	3,660	▲	80	2.23%	297	43.92%	3,660
10:20:20	3,660	▲	80	2.23%	41	43.91%	3,660
10:20:20	3,660	▲	80	2.23%	29	43.91%	3,660
10:20:20	3,660	▲	80	2.23%	46	43.91%	3,660
10:20:20	3,660	▲	80	2.23%	4	43.91%	3,660
10:20:19	3,660	▲	80	2.23%	1	43.91%	3,660

[화승인더 - 12]

| 체결량 | 주가차트 | 종목뉴스 | 일별주가 | 종목상세 | 거래원 | 종목투자자 |

| 006060 | ▼ ▶ ? 관 | 화승인더 | ☐ 실시간 | 조회 | 다음 | 챠트 |

시간	현재가		등락폭	등락률	변동거래량	매수비중	매도호가	∧
10:42:22	3,820	▲	240	6.70%	3	48.57%	3,820	
10:42:22	3,820	▲	240	6.70%	680	48.57%	3,820	
10:42:22	3,815	▲	235	6.56%	655	48.56%	3,800	
10:42:22	3,810	▲	230	6.42%	1,502	48.55%	3,800	
10:42:22	3,805	▲	225	6.28%	152	48.52%	3,800	
10:42:22	3,800	▲	220	6.15%	511	48.52%	3,800	
10:42:22	3,800	▲	220	6.15%	1,628	48.51%	3,800	
10:42:22	3,800	▲	220	6.15%	3,500	48.49%	3,800	
10:42:22	3,800	▲	220	6.15%	438	48.43%	3,800	
10:42:21	3,800	▲	220	6.15%	10	48.43%	3,800	
10:42:21	3,800	▲	220	6.15%	45,935	48.43%	3,800	
10:42:21	3,795	▲	215	6.01%	19,331	47.70%	3,775	
10:42:21	3,790	▲	210	5.87%	7,547	47.38%	3,775	
10:42:21	3,785	▲	205	5.73%	1,305	47.26%	3,775	
10:42:21	3,780	▲	200	5.59%	2,106	47.24%	3,775	
10:42:21	3,775	▲	195	5.45%	1,663	47.20%	3,775	
10:42:21	3,770	▲	190	5.31%	100	47.17%	3,775	
10:42:20	3,775	▲	195	5.45%	200	47.18%	3,775	
10:42:20	3,775	▲	195	5.45%	50	47.17%	3,775	
10:42:20	3,775	▲	195	5.45%	332	47.17%	3,775	
10:42:19	3,775	▲	195	5.45%	289	47.17%	3,775	
10:42:19	3,775	▲	195	5.45%	1	47.16%	3,775	
10:42:19	3,775	▲	195	5.45%	516	47.16%	3,775	
10:42:19	3,770	▲	190	5.31%	958	47.15%	3,770	
10:42:18	3,770	▲	190	5.31%	567	47.14%	3,770	
10:42:18	3,770	▲	190	5.31%	31	47.13%	3,770	
10:42:18	3,770	▲	190	5.31%	7,000	47.13%	3,770	
10:42:18	3,765	▲	185	5.17%	491	47.01%	3,770	∨

체결창에 파바박 매수가 지속적으로 들어오면서 이후 시장가로 매수세가 쏠리는 모습입니다. 프로그램 역시 대량 매수하는 모습을 볼 수 있습니다.

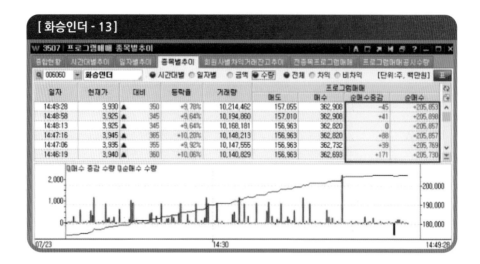

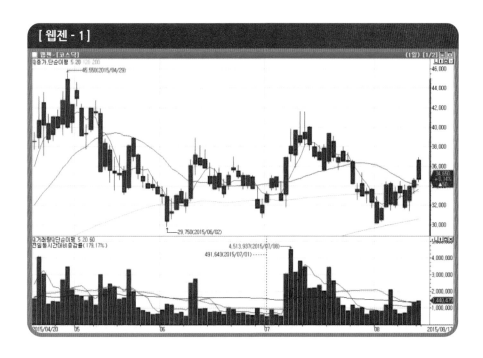

[웹젠 - 1]

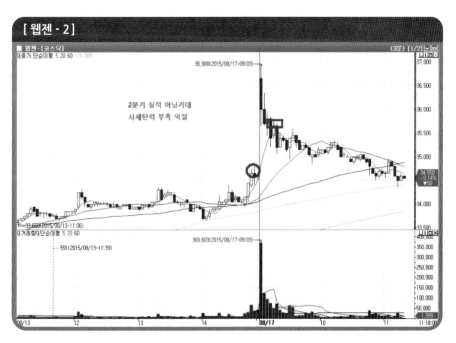

[웹젠 - 2]

2분기 실적 어닝기대
시세탄력 부족 익절

[웹젠 - 3]

일자	종가	대비	등락률	거래량	외국인	기관	개인	기타	외국계증권
현 재	34,600	0	0.00%	1,443,085	-9,000	0	0	0	0
15/08/13	34,600 ▲	600	+1.76%	1,334,000	-131,365	-12,664	+143,240	+789	-97,722
15/08/12	34,000 ▲	2,200	+6.92%	1,102,802	-26,260	+32,010	+608	-6,358	-24,173
15/08/11	31,800 ▼	1,500	-4.50%	714,989	-54,833	-50,736	+105,568	+1	-54,651
15/08/10	33,300 ▼	100	-0.30%	666,928	-26,909	-59,000	+84,451	+1,458	-31,261
15/08/07	33,400 ▲	1,300	+4.05%	909,959	+29,051	+32,636	-63,958	+2,271	+25,533
15/08/06	32,100 ▼	2,000	-5.87%	2,104,152	-45,594	-25,395	+58,746	+12,243	-31,223
15/08/05	34,100 ▲	2,400	+7.57%	1,188,347	-23,758	+69,399	-52,848	+7,207	-25,211
15/08/04	31,700 ▲	1,500	+4.97%	787,645	+63,122	-32,542	-30,774	+194	+55,926
15/08/03	30,200 ▼	2,100	-6.50%	834,177	+76,438	-31,553	-48,307	+3,422	+65,623

우리나라 대표 게임주 웹젠입니다. 〈전민기적〉과 〈뮤 오리진〉의 약진과 모바일 게임 사업에서도 성공적으로 안착해 2015년 최대 실적 기대감이 있고, 해외 신작 공급 계약 체결 및 수출 확대 기대감이 있는 종목입니다. 2분기 실적 어닝 서프라 이즈 기대감에 종가 베팅한 종목으로 다음 날 수익 실현을 했습니다.

[화승인더 - 1]

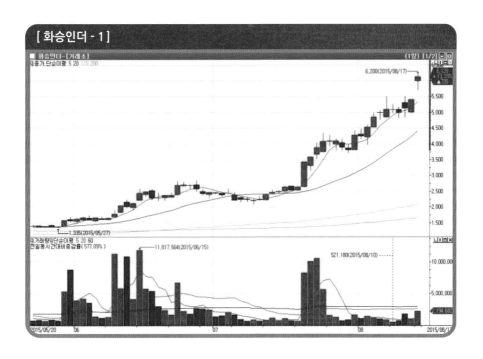

[화승인더 - 2]

기관매수포착 종베
2분기 실적 기대
시가갭후 전량매도

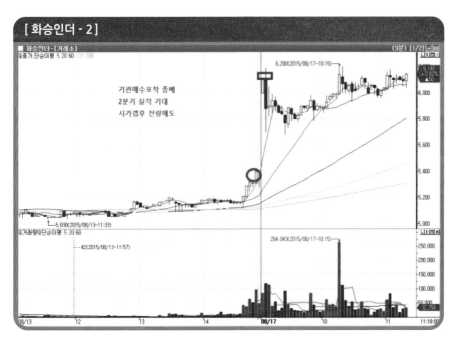

[화승인더 - 3]

일자	종가	대비	등락률	거래량	외국인	기관	개인	기타	외국계증권
현 재	6,110 ▲	710	+13.15%	2,207,473	-41,001	+28,000	0	0	0
15/08/13	5,400 ▲	260	+5.06%	976,962	+31,361	+231,025	-267,361	+4,955	+45,117
15/08/12	5,140 ▲	140	+2.80%	1,814,672	+250,025	-39,195	-188,669	-22,161	+99,281
15/08/11	5,000 ▼	100	-1.96%	742,442	+12,206	+69,822	-82,018	-10	-6
15/08/10	5,100	0	0.00%	521,180	+2,482	+28,991	-26,428	-5,045	+2,482
15/08/07	5,100 ▲	110	+2.20%	862,742	-1,057	+162,372	-165,764	+4,449	-7
15/08/06	4,990 ▲	130	+2.67%	1,038,848	-100,957	+152,580	+5,943	-57,566	-43
15/08/05	4,860 ▲	330	+7.28%	1,149,872	-19,751	+128,343	-108,266	-326	-23
15/08/04	4,530 ▲	280	+6.59%	1,414,249	+25	+242,295	-246,019	+3,699	-205
15/08/03	4,250 ▼	25	-0.58%	1,092,575	-15,317	+104,196	-62,290	-26,589	-9,564

필자의 효자 종목 화승인더입니다. 꾸준히 실적이 좋고 2분기 실적 기대감이 있던 종목이었습니다. 기관 매수 포착하고 전일 종베 후 갭상승에 수익 실현을 했습니다. 수천 번의 실전 매매를 지속하다 보면 각 종목의 특성을 파악할 수 있습니다.

[일진홀딩스 - 1]

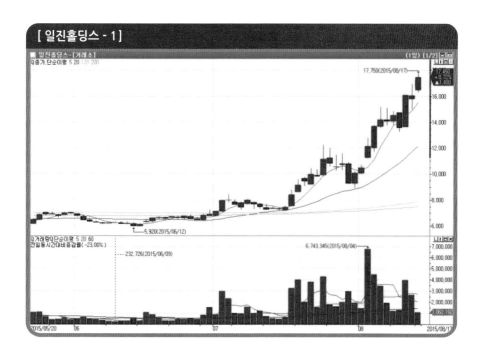

[일진홀딩스 - 2]

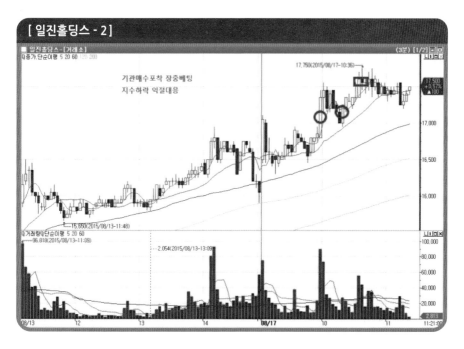

기관매수포착 장중베팅
지수하락 익절대응

자회사 성장 기대감이 있고 초음파 진단기 고성장이 기대되는 일진홀딩스입니다. 기존 자회사들의 실적 개선뿐 아니라 알피니언 메디칼시스템의 성장성까지 부각되어 시장의 관심을 받고 있습니다. 장중 기관 매수 포착 후 공략했으나 지수 하락이 포착되어 익절 대응했습니다.

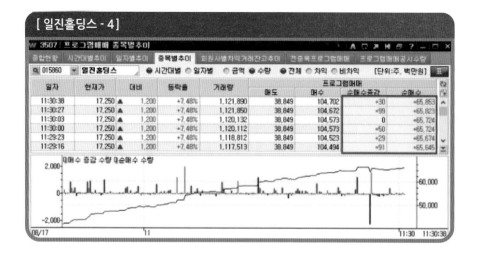

기관 수급이 지속적으로 들어올 때에는 계속해서 공략이 가능합니다.

[일진홀딩스 - 5]

일자	일별종가	평균매도가	평균매수가	매도량	매수량	순매수량	누적매도량	누적매수량	누적순매수량
15/08/17	17,250				129,646	129,646	4,935,807	5,740,358	804,551
15/08/13	16,050	15,753	15,919	145,899	211,918	66,019	4,935,807	5,610,712	674,905
15/08/12	16,100	14,895	14,777	198,753	440,029	241,276	4,789,908	5,398,794	608,886
15/08/11	13,600	13,974	14,007	114,236	45,350	-68,886	4,591,155	4,958,765	367,610
15/08/10	14,550	14,403	14,463	62,121	51,672	-10,449	4,476,919	4,913,415	436,496
15/08/07	14,100	14,342	14,416	86,105	141,011	54,906	4,414,798	4,861,743	446,945
15/08/06	14,200	14,563	14,502	220,457	244,037	23,580	4,328,693	4,720,732	392,039
15/08/05	13,700	12,978	12,743	225,073	230,537	5,464	4,108,236	4,476,695	368,459
15/08/04	12,150	11,980	12,090	249,974	319,067	69,093	3,883,163	4,246,158	362,995

　창구 분석을 통해 주포 창구가 신한투자증권인것을 알 수가 있습니다. 이를 통해서 신한창구에서 매수가 들어오면 같이 매수하는 전략을 취할 수 있습니다.

[일진홀딩스 - 6]

평가손익		-41,640	매매손익	14,778,050	총손익	+14,736,410

종목명	전일대비		현재가	매도수량	총손익	구분
일진홀딩스	▲	1,250	17,300	+6,340	+2,719,336	보통
K 웹젠	▼	100	34,500	+2,839	+2,483,444	보통
일진홀딩스	▲	1,250	17,300	+18,980	+2,770,242	유통융자
K 웹젠	▼	100	34,500	+6,963	+6,778,391	유통융자

[일진홀딩스 - 7]

매도금액	215,601,650	수수료+제세금	679,959	손익금액	7,396,772
매수금액	75,552,650	정산금액	139,369,041	손익율	3.56

종목명	금일매수		금일매도		수수료+제세금	손익금액	수익률
	평균가	수량	평균가	수량			
화승인더			6,104	4,871	90,970	3,439,466	13.12
일진홀딩스	17,108	4,416	17,337	4,416	238,810	772,955	1.02
웹젠			35,500	3,079	350,179	3,184,351	3.01

[일진홀딩스 - 8]

W 4723 미 A ? □ X

| 015860 ▼ | 일진홀딩스 | 체결 ▼ | 상세 |

체결량 0 주 이상 ▼ 조회

시간	현재가	대비	체결량
11:10:46	17,450 ▲	1,400	8
11:10:42	17,450 ▲	1,400	10
11:10:39	17,500 ▲	1,450	68
11:10:31	17,500 ▲	1,450	25
11:10:31	17,500 ▲	1,450	50
11:10:31	17,500 ▲	1,450	109
11:10:31	17,500 ▲	1,450	187
11:10:31	17,500 ▲	1,450	7
11:10:31	17,500 ▲	1,450	261
11:10:31	17,500 ▲	1,450	220
11:10:31	17,500 ▲	1,450	113
11:10:31	17,500 ▲	1,450	166
11:10:31	17,500 ▲	1,450	22
11:10:31	17,500 ▲	1,450	26
11:10:31	17,500 ▲	1,450	6
11:10:31	17,500 ▲	1,450	15
11:10:25	17,500 ▲	1,450	1
11:10:24	17,450 ▲	1,400	32
11:10:22	17,450 ▲	1,400	22
11:10:22	17,450 ▲	1,400	11
11:10:22	17,450 ▲	1,400	11

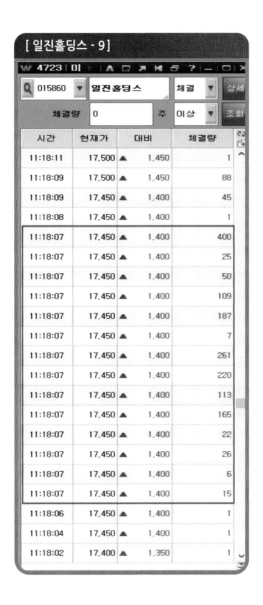

[일진홀딩스 - 9]

시간	현재가	대비	체결량
11:18:11	17,500 ▲	1,450	1
11:18:09	17,500 ▲	1,450	88
11:18:09	17,450 ▲	1,400	45
11:18:08	17,450 ▲	1,400	1
11:18:07	17,450 ▲	1,400	400
11:18:07	17,450 ▲	1,400	25
11:18:07	17,450 ▲	1,400	50
11:18:07	17,450 ▲	1,400	109
11:18:07	17,450 ▲	1,400	187
11:18:07	17,450 ▲	1,400	7
11:18:07	17,450 ▲	1,400	261
11:18:07	17,450 ▲	1,400	220
11:18:07	17,450 ▲	1,400	113
11:18:07	17,450 ▲	1,400	165
11:18:07	17,450 ▲	1,400	22
11:18:07	17,450 ▲	1,400	26
11:18:07	17,450 ▲	1,400	6
11:18:07	17,450 ▲	1,400	15
11:18:06	17,450 ▲	1,400	1
11:18:04	17,450 ▲	1,400	1
11:18:02	17,400 ▲	1,350	1

이렇게 한 호가를 뚫을 수 있는 파바박 수급이 포착이 되면 같이 매수하면서 공략 가능합니다. 수급의 강도가 강할수록 좋습니다.

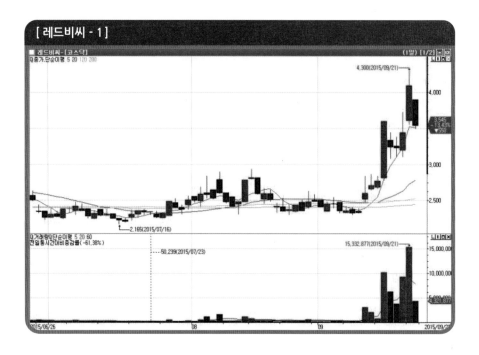

[레드비씨 - 1]

[레드비씨 - 2]

SGA 상 자회사 종베
시가 갭하락 손절

레드비씨(현 SGA솔루션즈)는 정부 정책의 수혜로 응용 보안 사업부 실적이 개선 됐습니다. 모회사 SGA와 함께 진행한 교육 SI 부문의 수주가 급증한 것이 호실적 에 영향을 줬고, 보완 분야 고객사 신규 서버 구축에 따른 수주 증가도 실적 개선에 기여하고 있습니다.

　　당일 SGA 상한가 가는 것을 보고 짝짓기 매매로 자회사 종가 베팅을 했습니다. 다음 날 갭하락하면서 손절 대응했습니다. 2등주는 이와 같은 결과가 나올 수 있기 때문에 항상 조심해야 합니다.

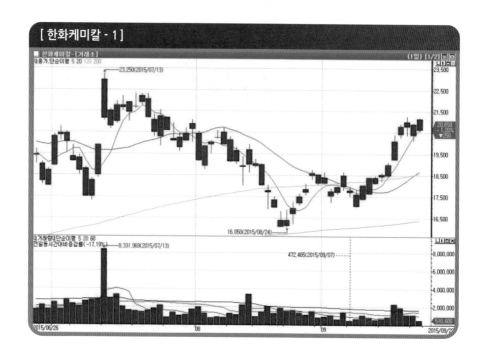

[한화케미칼 - 1]

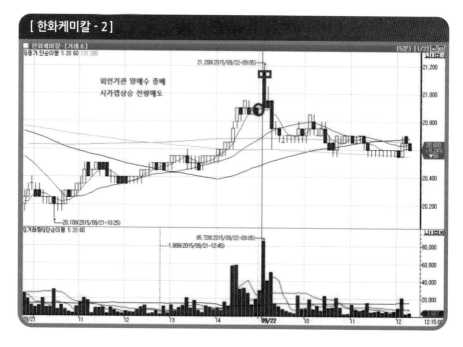

[한화케미칼 - 2]

외인기관 양매수 종베
시가갭상승 전량매도

한화케미칼은 태양광 부문의 계절성 성수기에 미국 넥스트에라향 공급 개시로 인한 모듈 출하 물량 증가, 폴리실리콘 가격 하락에 따른 원재료비 감소 등으로 실적이 지속적으로 개선되고 있습니다.

당일 장 후반 외인/기관 양매수 수급이 포착되어 종베했습니다. 다음 날 오전에 유가가 급등하면서 고가가 형성되고 바로 하락했습니다.

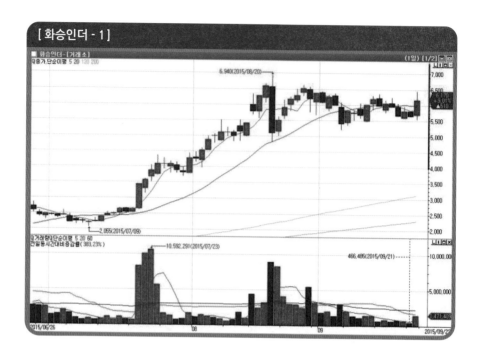

[화승인더 - 1]

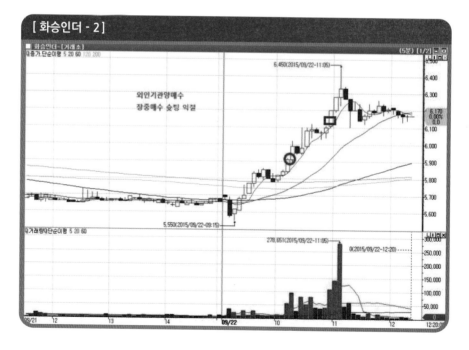

[화승인더 - 2]

외인기관양매수
장중매수 슛팅 익절

화승인더는 정말 필자의 효자 종목입니다. 외인/기관 양매수가 포착되어 장중에 공략한 종목입니다.

10시 이후 양매수 확인후 공략하고 이후 매수세가 쏠리면서 슈팅이 나올 때 매도했습니다.

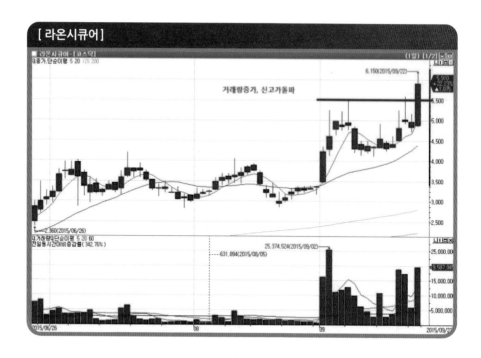

[라온시큐어]

거래량증가, 신고가돌파

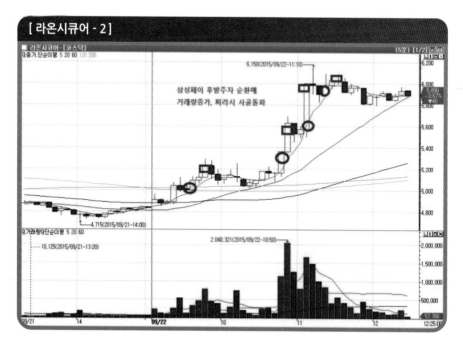

[라온시큐어 - 2]

삼성페이 후발주자 순환매
거래량증가, 찌라시 시골돌파

라온시큐어를 삼성페이 후발 주자로 순환매로 보고 공략했습니다. 거래량이 증가함에 따라 찌라시가 나오면서 상승했습니다. 이렇게 계속해서 강한 수급이 들어오고 시장의 관심을 받는 종목은 지속적으로 공략이 가능합니다.

[라온시큐어 - 3]

평가손익		0	매매손익	+13,557,699	총손익	+13,557,699
종목명	전일대비		매도수량	현재가	구분	총손익
K 라온시큐어	▲	695	32,301	5,530	보통	+4,937,708
K 레드비씨	▼	525	23,046	3,570	보통	-5,467,505
화승인더	▲	540	21,899	6,200	유통융자	+3,671,403
한화케미칼	▼	250	10,211	20,650	유통융자	+1,804,457
K 라온시큐어	▲	695	71,289	5,530	유통융자	+9,426,605
K 파트론	▲	480	10,000	9,190	유통융자	-814,969

W 시 황

일자	2015/09/22	시간	10:05:00	제공처	이투데이

++++ 2015/09/22 10:05:00 (이투데이) ++++
제목 : [SP] 라온시큐어, 삼성페이로 바이오인증 시장 확대?
[이투데이/ 송영록 기자(syr@etoday.co.kr)]
[종목 돋보기] 라온시큐어가 바이오인증 간편결제 사업을 연내 상용화할 전망이다. 삼성페이의 흥행으로 관련 시장이 확대되고 있는 가운데, 이 회사 향후 성장성에도 도움을 줄 수 있을 것으로 기대된다.

22일 라온시큐어 관계자는 "연내 금융기관과 카드사 및 쇼핑몰 등에 바이오인증 솔루션을 상용화한다는 목표로 진행하고 있다"고 밝혔다.

삼성페이 사용자가 늘면서 기존 인증서, ID, 패스워드 방식의 인증 결제방식 외에 바이오인증을 토대로 한 간편결제 도입 수요가 더 커지는 등 시장 환경도 좋아졌다는 게 회사 측 분석이다.

관련업계에 따르면 삼성전자가 지난달 20일 삼성페이 서비스를 선보인 이후 한 달 동안 삼성페이 등록 신용·체크카드 수는 50만장을 넘어선 것으로 집계됐다. 하루 평균 1만6000장 정도가 새로 등록한 셈이다. 하루 평균 결제금액은 8억원 정도다.

라온시큐어가 상용화를 준비 중인 간편인증·결제 솔루션 '터치엔원패스'는 FIDO 인증을 획득했다. FIDO는 기존 비밀번호 방식과 달리 생체 인증을 활용해 글로벌 표준으로 개발한다. 핀테크 확산과 함께 인터넷뱅킹에서 공인인증서 의무 사용이 폐지되며 떠오른 차세대 인증 방법이다.

터치엔원패스는 인터넷 뱅킹과 카드, 간편결제, 게임, 포털 본인인증 등 다양한 서비스에 적용된다. 스마트폰·스마트카·도어락에서부터 스마트홈·사물인터넷 기기 등 본인확인과 인증이 필요한 하드웨어 전반에도 쓰인다. 인증 정보 저장이나 데이터 네트워크 전송이 필요 없는 방식을 사용한다.

회사 관계자는 "지난해부터 ETRI 웹 인증 표준 호환성 시험도구 개발 사업을 수행하며 FIDO 대체인증 핵심 기술을 확보했다"며 "올해 초 국내 카드사에 비콘과 FIDO 인증 기술을 결합한 간편결제 시범 서비스를 구축했다"고 설명했다.

증권사도 라온시큐어에 대한 기대감을 나타내고 있다. NH투자증권은 삼성페이의 등장으로 모바일 간편 결제 시장의 판도가 달라질 것이라며 1차 수혜주로 라온시큐어와 코나아이, 유비벨록스, 한국정보인증 등의 보안 관련 기업군을 꼽았다.

한슬기 NH투자증권 연구원은 "스마트폰을 통한 오프라인 결제 시장의 성장이 가속화하고 간편 결제에 대한 인식 전환으로 시장이 빠른 속도로 성장할 것으로 기대된다"며 "수혜 관련주에 주목할 필요가 있다"고 강조했다.

한편, 라온시큐어는 지난해 삼성전자와 녹스 전용 모바일 단말관리 솔루션 공급과 영업·마케팅 협력 계약도 체결한 바 있다. 녹스는 삼성페이의 모바일 모반 플랫폼이다.

[이니텍 - 1]

| | 053350 ▼ | 이니텍 | 증50% | 자료 | 권리 |

| 12,750 ▲ | 750 | +6.25% | 331,652 | 정 |

대비	매도잔량		18:00:20		매수잔량	대비

0	23,800	13,200	+10.00	종목	이니텍
0	6,000	13,150	+9.58	현재	12,750
0	398	13,100	+9.17	대비 ▲	750
0	871	13,050	+8.75	등락	+6.25%
0	1,202	13,000	+8.33	상	13,200	10.00
0	1,086	12,950	+7.92	시	0
0	897	12,900	+7.50	고	12,750
0	671	12,850	+7.08	저	12,250
0	9,683	12,800	+6.67	하	10,800	10.00
0	154 H	12,750	+6.25		

		12,700	+5.83	825	0
		12,650	+5.42	4,061	0
		12,600	+5.00	2,874	0
		12,550	+4.58	4,201	0
		12,500	+4.17	1,388	0
		12,450	+3.75	1,633	0
		12,400	+3.33	301	0
		12,350	+2.92	848	0
		12,300	+2.50	1,862	0
	L	12,250	+2.08	4,615	0

| 0 | 44,762 | -22,154 | | 22,608 | 0 |
| 0 | | 시간외잔량 | 예 | 0 | |

● 체결 ○ 거래원 ○ 종합차트 ○ tick ○ 분봉 ○ 일봉

시간	현재가		대비	체결량
16:40:06	12,500	▲	500	18,509
16:30:11	12,450	▲	450	25,772
16:20:27	12,450	▲	450	22,052
16:10:30	12,400	▲	400	28,808
16:00:16	12,350	▲	350	25,884
15:50:16	12,350	▲	350	34,510
15:40:26	12,250	▲	250	27,336

삼성페이 보안주 이니텍을 장 마감 후 시간 외 단일가에 매수했습니다.

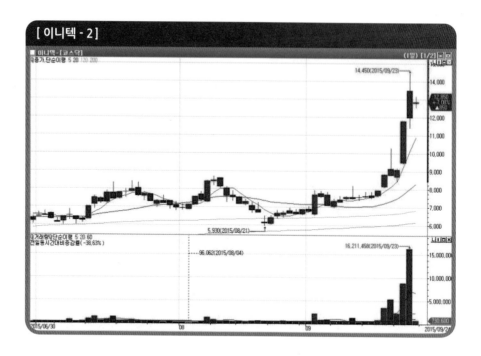

[이니텍 - 2]

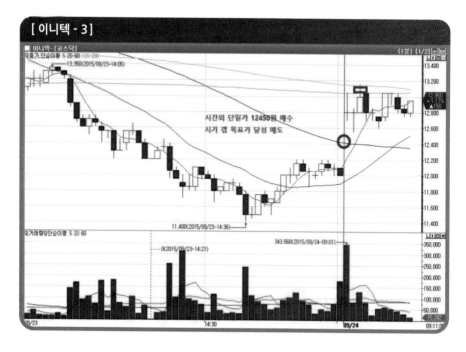

[이니텍 - 3]

시간외 단일가 12450원 매수
시가 갭 목표가 달성 매도

[이니텍 - 4]

일자	종가	대비	등락률	거래량	외국인	기관	개인	기타	외국계증권
현 재	13,250 ▲	1,250	+10.42%	1,056,338	0	0	0	0	0
15/09/23	12,000 ▲	200	+1.69%	16,211,458	+149,512	-47,003	-102,128	-381	+156,741
15/09/22	11,800 ↑	2,700	+29.67%	8,833,588	-13,632	-5,400	+59,581	-40,549	+3,431
15/09/21	9,100 ▲	300	+3.41%	2,238,997	+40,752	-78,009	+39,857	-2,600	0
15/09/18	8,800 ▼	30	-0.34%	5,343,097	+19,903	-294,676	+263,877	+10,896	+18,621
15/09/17	8,830 ▲	890	+11.21%	3,524,709	+48,000	+27,802	-104,272	+28,470	+49,045
15/09/16	7,940 ▲	370	+4.89%	830,454	+40,486	+38,268	-77,653	-1,101	+28,361
15/09/15	7,570 ▼	30	-0.39%	436,001	-8,478	+9,562	+14,258	-15,342	-4,382
15/09/14	7,600 ▲	30	+0.40%	500,637	-8,118	-6,500	-824	+15,442	-6,126
15/09/11	7,570 ▲	70	+0.93%	325,066	+36,004	+6,500	-40,438	-2,066	+31,994

핀테크 및 삼성페이 관련주 이니텍입니다. 삼성페이로 결제되는 단말기 생산/판매업체 (주)스마트로를 자회사로 보유하고 있으며, 향후 모바일 보안 사업 부문의 성장을 기대해볼 수 잇습니다.

장 마감 후 외인 대량 매수세가 포착되었습니다. 시간 외 단일가로 매수해서 시가 갭상승 이후 수익 실현을 했습니다.

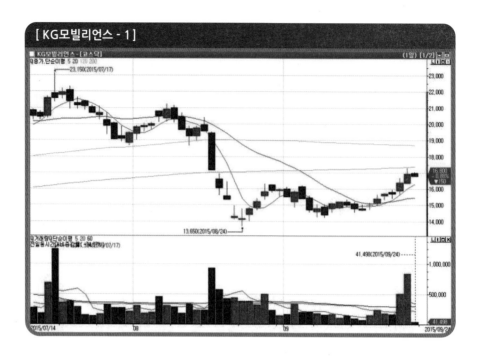

[KG모빌리언스 - 1]

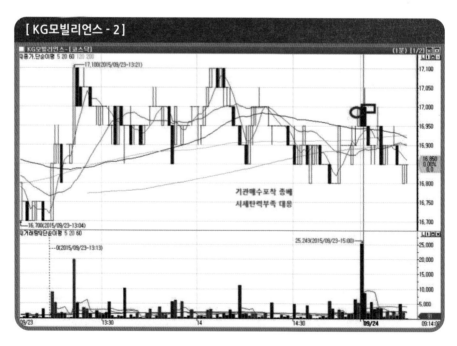

[KG모빌리언스 - 2]

기관매수포착 종배
시세탄력부족 대응

[KG모빌리언스 - 3]

일자	종가		대비	등락률	거래량	외국인	기관	개인	기타	외국계증권
현 재	16,800	▼	150	-0.89%	42,647	-1,648	0	0	0	-1,648
15/09/23	16,950	▲	550	+3.35%	838,558	-38,122	+119,009	-72,589	-8,298	-37,531
15/09/22	16,400	▲	700	+4.46%	505,307	+6,262	-6,088	-4,742	+4,568	+84
15/09/21	15,700		0	0.00%	165,368	-8,727	+5,723	+3,901	-897	0
15/09/18	15,700	▲	300	+1.95%	178,751	+2,660	+3,530	-6,190	0	+1,097
15/09/17	15,400	▲	400	+2.67%	239,039	-13,053	-1,219	+14,272	0	-11,895
15/09/16	15,000	▲	300	+2.04%	152,607	-16,621	-431	+17,052	0	-16,333
15/09/15	14,700	▼	100	-0.68%	72,416	-6,258	0	+6,258	0	-4,544
15/09/14	14,800	▼	200	-1.33%	102,986	-4,851	-8,343	+13,194	0	-3,507
15/09/11	15,000	▼	200	-1.32%	141,209	-12,653	-4,321	+17,774	-800	-10,012

046440　KG모빌리언스　기관상세　[단위: 주,백만원] 공매도차

유·무선 전화결제 서비스 국내 시장 점유율 1위를 달리고 있는 KG모빌리언스입니다. 다날과 함께 국내 시장 점유율 90% 이상 과점하고 있습니다.

전일 기관 수급이 12만 주 가량 매수가 들어왔지만, 다음 날 갭이 안 뜨고 무너지는 모습을 보여서 익절했습니다. 탄력성이 떨어지는 종목은 공략하지 않는 것이 좋습니다.

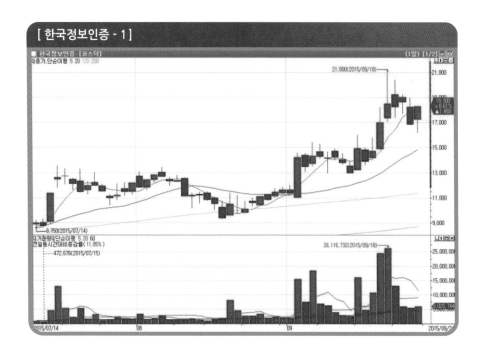

[한국정보인증 - 1]

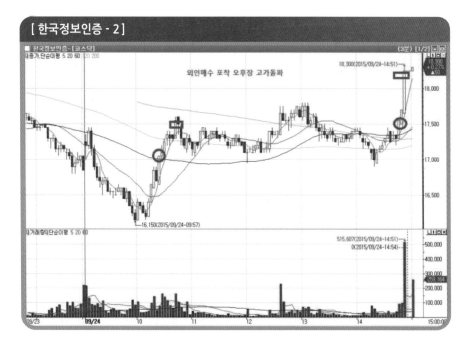

[한국정보인증 - 2]

외인매수 포착 오후장 고가돌파

[한국정보인증 - 3]

053300 ▼ 한국정보연증   □ 기관상세   (단위 : 주,백만원)

일자	종가	대비	등락률	거래량	외국인	기관	개인	기타	외국계증권
현 재	18,300 ▲	1,450	+8.61%	6,020,744	+59,780	+16,268	-65,815	-10,233	-44,332
15/09/23	16,850 ▼	1,800	-9.65%	5,513,014	-224,681	-1,633	+237,387	-11,073	-5,633
15/09/22	18,650 ▲	400	+2.19%	5,897,887	-123,282	-43,778	+154,806	+12,254	-53,594
15/09/21	18,250 ▼	250	-1.35%	13,096,230	-41,552	-64,216	+854,025	-748,257	0
15/09/18	18,500 ▲	1,500	+8.82%	26,116,733	+187,735	-58,741	-106,802	-22,192	+52,361
15/09/17	17,000 ▲	2,250	+15.25%	24,364,127	+176,430	-46,491	-138,614	+8,675	-4,964
15/09/16	14,750 ▲	850	+6.12%	10,793,895	-36,623	-21,565	+62,627	-4,439	-57,892
15/09/15	13,900 ▼	1,050	-7.02%	4,667,772	-186,439	+19,100	+169,870	-2,531	-61,857
15/09/14	14,950 ▲	1,950	+15.03%	16,102,608	+307,312	-23,119	-282,454	-1,739	+189,908
15/09/11	13,000 ▼	800	-5.80%	2,597,122	+104,140	-14,938	-90,856	+1,654	+65,255

핀테크 및 삼성페이 관련 수혜주 한국정보인증입니다. 삼성페이 인증 업무를 맡고 있는 한국정보인증은 최근 한국은행에서 전자 결제 등을 통한 동전을 최대한 없애기로 해서 향후 소액 결제망 인증 사업의 성장성이 부각되고 있습니다.

이 종목은 수급이 들어오면 탄력성이 좋은 종목입니다. 오전 오후 수급이 들어올 때 같이 공략했습니다.

[한국정보인증 - 4]

	평가손익		매매손익		총손익	
	+12,792,989		+11,695,907		+24,488,896	

종목명		전일대비	매도수량	현재가	구분	총손익
K 한국정보인증	▲	1,450	22,554	18,300	유통융자	+11,511,432
K 이니텍	▲	200	14,643	12,200	보통	+8,886,373
K 한국정보인증	▲	1,450	0	18,300	보통	+2,371,103
K 라온시큐어	▲	30	76,930	5,730	유통융자	+1,473,473
K 라온시큐어	▲	30	5,370	5,730	보통	+278,664
미래산업	▲	51	132,789	620	보통	+69,349
K KG모빌리언스	▼	650	1,723	16,300	유통융자	-101,498

유안타 증권
실전 투자대회
매매 일지

유안타 증권
실전 투자대회
매매 일지

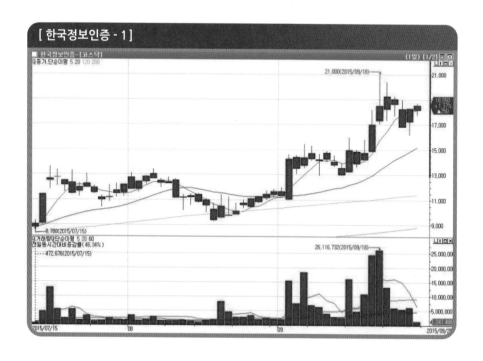

[한국정보인증 - 1]

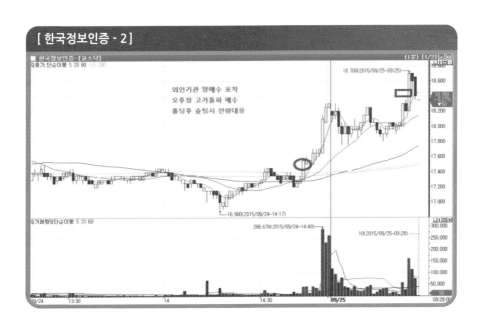

[한국정보인증 - 2]

외인기관 양매수 포착
오후장 고가돌파 매수
홀딩후 숏팅시 전량대응

[한국정보인증 - 3]

Q 053300 ▼ 한국정보인증 □ 기관상세 　　　　　　　　　[단위: 주,백만원]

일자	종가	대비	등락률	거래량	외국인	기관	개인	기타	외국계증권
현 재	18,200 ▼	100	-0.55%	1,386,319	-25,000	0	0	0	0
15/09/24	18,300 ▲	1,450	+8.61%	6,173,141	+59,778	+16,268	-65,813	-10,233	-30,095
15/09/23	16,850 ▼	1,800	-9.65%	5,513,014	-224,681	-1,633	+237,387	-11,073	-5,633
15/09/22	18,650 ▲	400	+2.19%	5,897,887	-123,282	-43,778	+154,806	+12,254	-53,594
15/09/21	18,250 ▼	250	-1.35%	13,096,230	-41,552	-64,216	+854,025	-748,257	0
15/09/18	18,500 ▲	1,500	+8.82%	26,116,733	+187,795	-58,741	-106,802	-22,192	+52,361
15/09/17	17,000 ▲	2,250	+15.25%	24,364,127	+176,430	-46,491	-138,614	+8,675	-4,964
15/09/16	14,750 ▲	850	+6.12%	10,793,895	-36,623	-21,565	+62,627	-4,439	-57,892
15/09/15	13,900 ▼	1,050	-7.02%	4,667,772	-186,439	+19,100	+169,870	-2,531	-61,857
15/09/14	14,950 ▲	1,950	+15.00%	16,102,608	+307,312	-23,119	-282,454	-1,739	+189,908

　　삼성페이 관련주 사골매매 종목 한국정보인증입니다. 외인/기관의 양매수 수급을 포착하고 오후 장 고가 돌파로 매수했습니다. 이후 다음 날 수급 이탈이 보여 전량 수익 실현 했습니다. 수급 종목은 한 번에 무너지지 않기 때문에 원칙적인 대응이 중요합니다.

•• **9월 25일**

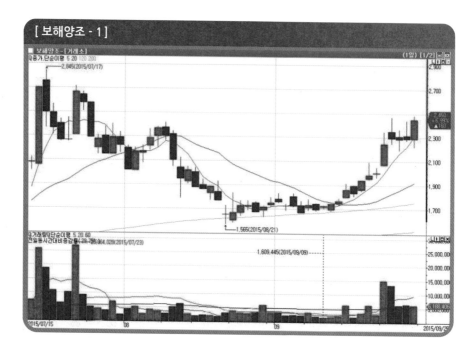

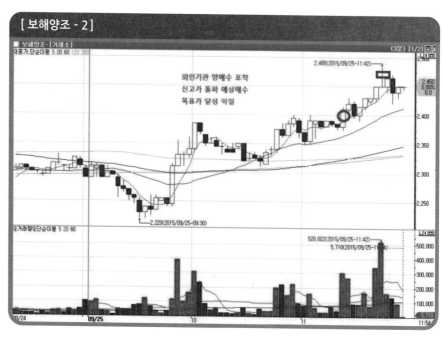

일자	종가	대비	등락률	거래량	외국인	기관	개인	기타	외국계증권
현 재	2,450 ▲	160	+6.99%	6,199,800	+123,269	+136,000	0	0	+106,269
15/09/24	2,290 ▲	5	+0.22%	6,512,717	-34,525	-209,086	+225,561	+18,050	+33,176
15/09/23	2,285 ▼	10	-0.44%	6,119,014	-41,719	+120,876	-16,956	-62,201	+3,080
15/09/22	2,295 ▲	50	+2.23%	13,405,784	+100,700	+38,766	-184,712	+45,246	-1,868
15/09/21	2,245 ▲	240	+11.97%	14,866,647	-57,708	+217,120	-142,850	-16,562	0
15/09/18	2,005 ▲	20	+1.01%	2,808,318	+8,951	+54,470	-63,121	-300	-19,272
15/09/17	1,985 ▲	45	+2.32%	6,091,011	-3,764	-62,102	+126,009	-60,143	+8,271
15/09/16	1,940 ▲	105	+5.72%	3,333,223	-7,000	+422,754	-354,674	-61,080	-4,232
15/09/15	1,835 ▼	30	-1.61%	1,864,880	+68,101	+123	-137,840	+69,616	+94,182
15/09/14	1,865 ▲	100	+5.67%	6,209,160	-137,007	0	+140,431	-3,424	-105,806

2014년 실적도 나쁘지 않고 저도주와 과일주의 인기로 앞으로의 실적도 기대가 되는 종목입니다. 실제로 '부라더소다'는 최근 주류업계 트렌드인 '저도주'와 음료업계의 '탄산'이 결합된 것으로, 시장에서 젊은 층에게 좋은 반응을 얻고 있습니다.

외인/기관 수급이 포착되어 신고가 돌파를 예상하고 공략했습니다.

[보해양조 - 4]

평가손익		0	매매손익	+17,888,321	총손익		+17,888,321

종목명		전일대비	매도수량	현재가	구분	총손익
K 한국정보인증	▲	50	2,280	18,350	보통	+2,370,687
보해양조	▲	155	102,407	2,445	유통융자	+5,373,882
K 한국정보인증	▲	50	11,538	18,350	유통융자	+10,143,752

삼성페이 미국 진출 이슈와 삼성전자와 개발한 보안 플랫폼 녹스가 중국, 프랑스로부터 보안 인증을 받아 앞으로 실적이 기대되는 종목으로 종가 베팅 공략했습니다. 지수 급락 시작의 영향으로 갭하락 시작하기는 했지만 유연하게 대응하면 수익으로 대응할 수가 있습니다.

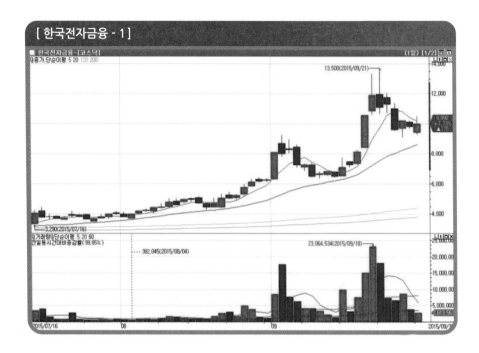

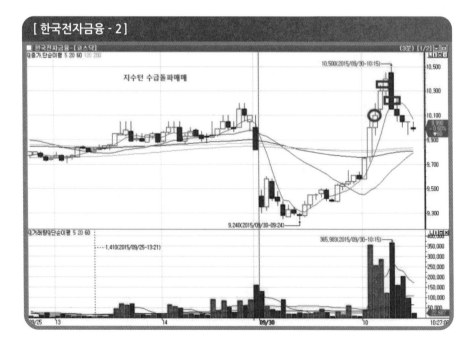

삼성페이 미국 진출 이슈로 공략한 한국전자금융입니다. 지수가 상승 턴하는 모습을 확인하고 돌파로 공략한 종목입니다. 수급 매매를 할 때는 지수도 유심히 지켜보고 대응해야 합니다.

[한국전자금융 - 3]					
종목명	전일대비	매도수량	현재가	구분	총손익
K 라온시큐어	▲ 10	44,514	5,900	유통융자	+8,460,231
K 라온시큐어	▲ 10	20,698	5,900	보통	+4,583,839
K 한국전자금융	▲ 180	23,897	10,000	유통융자	+2,054,814

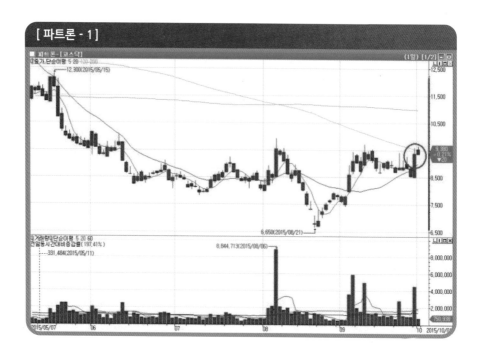

[파트론 - 1]

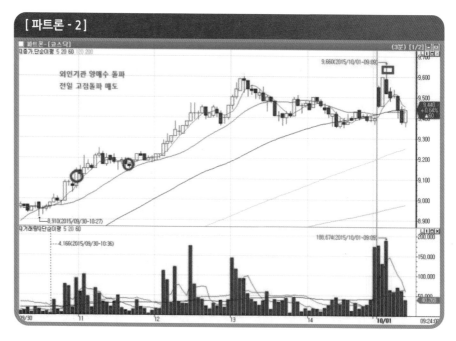

[파트론 - 2]

외인기관 양매수 돌파
전일 고점돌파 매도

[파트론 - 3]

일자	종가	대비	등락률	거래량	외국인	기관	개인	기타	외국계증권
현 재	9,440 ▲	40	+0.43%	815,013	0	0	0	0	0
15/09/30	9,400 ▲	850	+9.94%	4,551,177	+639,318	+102,021	-741,439	+100	+426,312
15/09/25	8,550 ▼	300	-3.39%	977,952	-72,540	-202,375	+254,915	+20,000	-83,676
15/09/24	8,850 ▼	40	-0.45%	976,077	-166,826	-11,387	+180,313	-2,100	-103,910
15/09/23	8,890 ▲	20	+0.23%	1,065,736	+160,165	-113,762	-47,258	+855	+32,793
15/09/22	8,870 ▲	160	+1.84%	2,828,583	+9,299	-251,407	+242,036	+72	-76,998
15/09/21	8,710 ▼	250	-2.79%	697,483	-45,999	-46,821	+95,408	-2,588	0
15/09/18	8,960 ▲	100	+1.13%	1,056,096	-24,227	+23,392	+895	0	-30,793
15/09/17	8,860 ▼	190	-2.10%	954,371	-172,949	+104,022	+68,928	-1	-124,871
15/09/16	9,050 ▲	360	+4.14%	1,130,037	+122,921	+11,097	-133,868	-150	+3,478

[단위: 주,백만원] 공매도大

갤럭시 시리즈와 중저가폰 수혜, 플랫폼 전략 수혜주로 모멘텀이 있는 파트론입니다. 갤럭시 S7 부품 공급 효과가 올해 1분기 극대화되면서 앞으로도 전면 카메라 공급 수량이 큰 폭으로 늘어날 것으로 예상되어 지속적으로 관심에 두고 있습니다.

전일 외인/기관 수급의 강력한 매수세를 포착해 공략 홀딩 후 오전 장 시가 상승에 목표가 전량 매도했습니다.

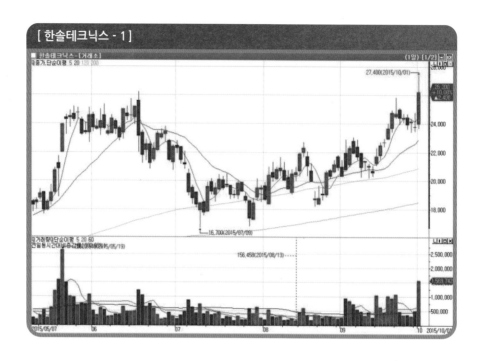

[한솔테크닉스 - 1]

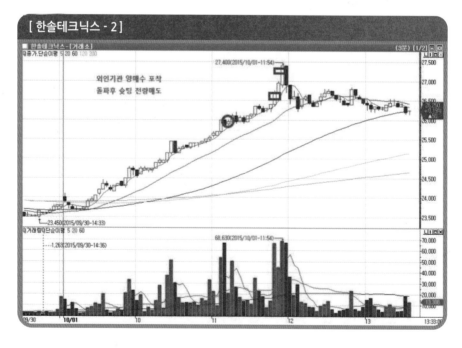

[한솔테크닉스 - 2]

외인기관 양매수 포착
돌파후 숏팅 전량매도

한솔베트남 휴대폰 사업 부분의 급성장과 삼성정자 삼성페이 기능 확대 적용에 따른 실적 확대가 기대되는 한솔테크닉스입니다. 외인/기관 수급이 지속적으로 들어오면서 상승한 종목입니다. 수급의 연속성이 보일 시에는 상승폭이 크더라도 공략이 가능합니다.

[한솔테크닉스 - 3]

평가손익		0	매매손익	+22,686,261	총손익		+22,686,261

종목명		전일대비	매도수량	현재가	구분	총손익
한솔테크닉스	▲	2,400	7,617	26,200	보통	+4,538,025
한솔테크닉스	▲	2,400	7,139	26,200	유통융자	+962,049
K 한국전자금융	▼	400	7,000	10,000	보통	-233,306
K 한국전자금융	▼	400	16,231	10,000	유통융자	-90,912
K 파트론	▲	100	35,052	9,500	유통융자	+15,196,750
K 보성파워텍	▲	105	33,385	4,445	유통융자	+576,947
K 보성파워텍	▲	105	25,547	4,445	보통	+1,736,708

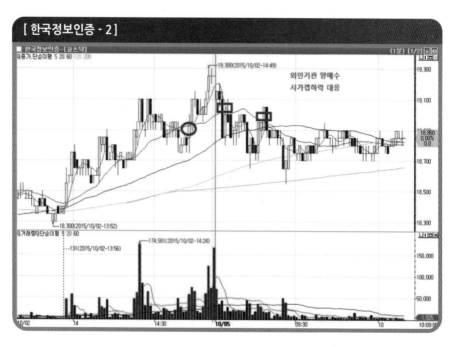

전일 외인/기관 양매수 수급이 보여 공략했지만 시가 갭하락 움직임을 보고 손절 대응했습니다. 이렇게 매수 후에 시나리오대로 흘러가지 않는 경우에는 과감하게 손절을 해야 합니다. 손절도 하나의 전략입니다.

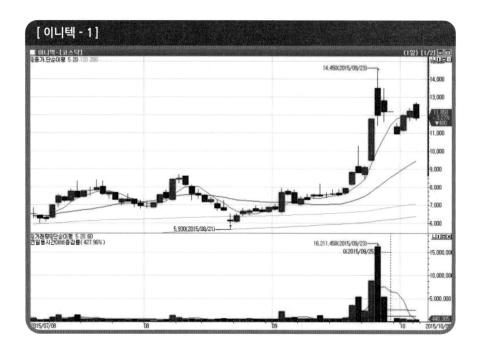

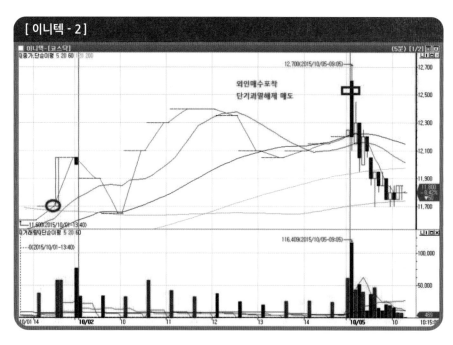

역시 필자의 삼성페이 보안 수혜 사골 종목 이니텍입니다. 외인 매수를 포착하고 오후 장에 공략했습니다. 단기 과열 해지 기대감에 홀딩하고 시가 갭상승 후 이탈 시 수익을 실현했습니다.

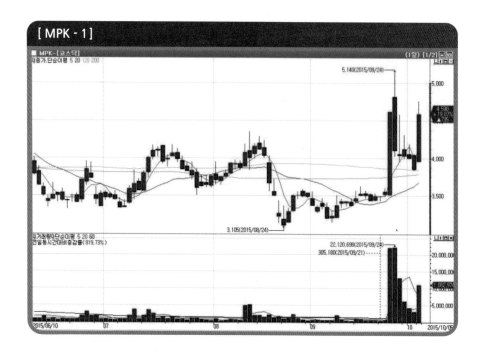

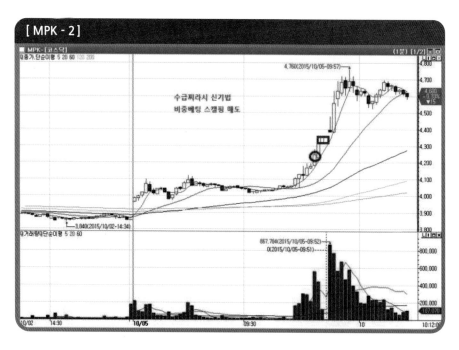

MPK 그룹 미스터피자는 지난해부터 중국 출점에 가속도가 붙으며 외형과 매출 성장했습니다. 중국 내 출점이 지속 증가하고 실적도 좋아진 것입니다. 또한, 중국 면세점 화장품 사업 기대감 찌라시와 함께 급등했습니다. 매수세가 쏠릴 때 수급 찌라시 기법으로 비중 베팅해서 스캘핑 매도를 했습니다.

[MPK - 3]

평가손익		0	매매손익		+15,699,159	총손익		+15,699,159

종목명		전일대비	매도수량	현재가	구분	총손익	
K 이니텍	▼	400	13,330	11,850	유통융자	+9,875,011	
K MPK	▲	795	74,893	4,650	유통융자	+4,905,640	
K 한국정보인증	▼	400	10,562	18,850	유통융자	+1,389,425	
K 한국정보인증	▼	400	3,052	18,850	보통	-189,346	
K 라온시큐어	▼	20	22,421	5,840	유통융자	-281,571	

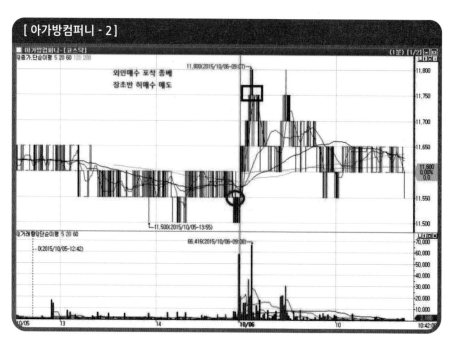

중국 1가구 1자녀 정책 폐지, 저출산 수혜주 아가방컴퍼니입니다. 전일 외인 매수가 포착이 되어 종가 베팅 공략했습니다. 당일 오전에 슈팅이 나오면서 허매수 물량이 나올 때 전량 수익 실현을 했습니다.

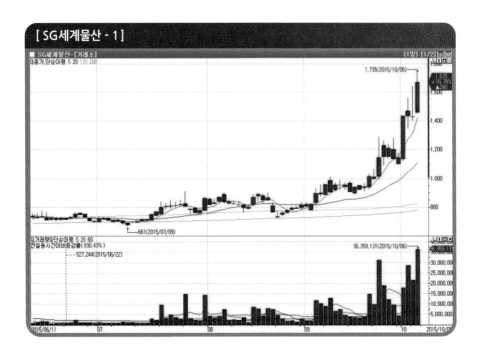

[SG세계물산 - 1]

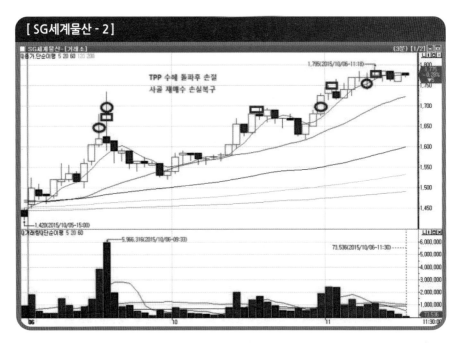

[SG세계물산 - 2]

TPP 수혜 돌파후 손절
사골 재매수 손실복구

TPP 타결 수혜주로 돌파 매매로 공략했으나 실패 후에 사골매매로 다시 공략하여 손실을 복구했습니다. 매매에 100%란 없기 때문에 항상 대응을 염두에 두어야 합니다.

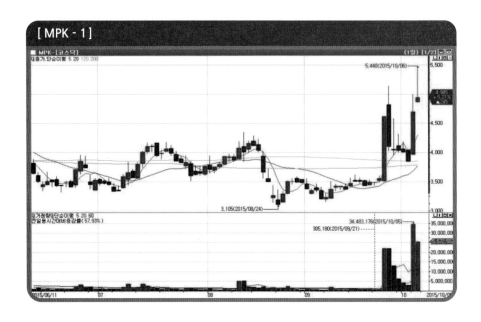

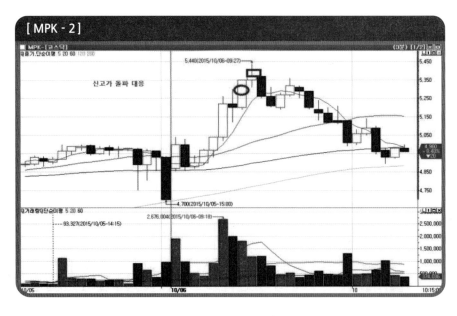

　　필자의 지속 사골매매 종목 중 하나인 MPK입니다. 신고가 기대감에 돌파로 공략 후 짧게 수익 실현을 했습니다.

[유진기업- 1]

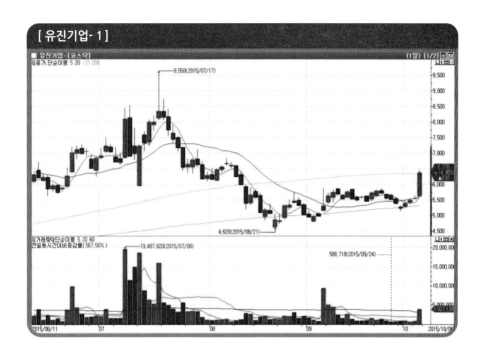

[유진기업 - 2]

외인기관 양매수 돌파
목표가 달성매도

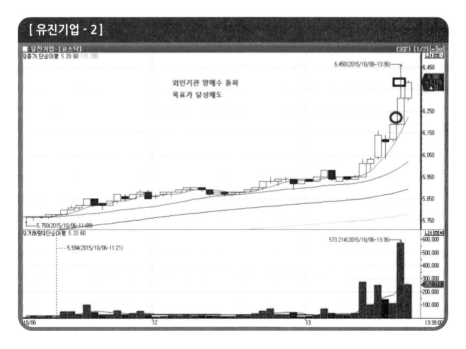

유진기업은 부천, 송도 등 주요 거점 도시 공장에서 레미콘을 공급하는 건자재 업체입니다. 수도권 주택 착공 물량이 늘어나면서 유진기업의 레미콘 출하량이 늘어 실적 개선이 예상되기에 지속 관찰하는 종목입니다. 2015년 실적이 나쁘지 않았고 수도권 중심 분양 시장이 활성화되고 있는 상황입니다. 외인/기관 양매수 수급이 포착되어 돌파로 공략했습니다.

[유진기업 - 3]

평가손익		0	매매손익		+16,652,521	총손익	+16,652,521

종목명	전일대비		매도수량	현재가	구분	총손익
K MPK	▼	150	89,474	4,550	유통융자	+1,319,228
K MPK	▼	150	26,256	4,550	보통	+2,891,731
SG세계물산	▲	330	426,742	1,760	유통융자	-1,007,920
SG세계물산	▲	330	119,573	1,760	보통	+1,128,185
K아가방컴퍼니	▼	50	39,415	11,500	유통융자	+5,105,679
K아가방컴퍼니	▼	50	16,202	11,500	보통	+1,793,859
K유진기업	▲	820	43,000	6,360	유통융자	+5,421,759

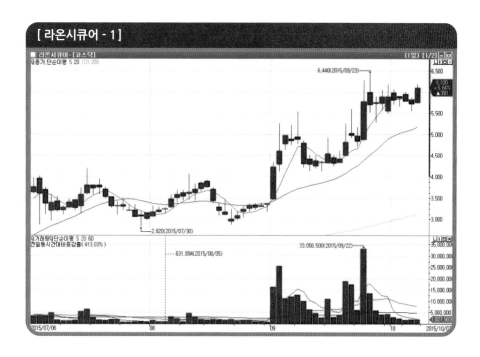

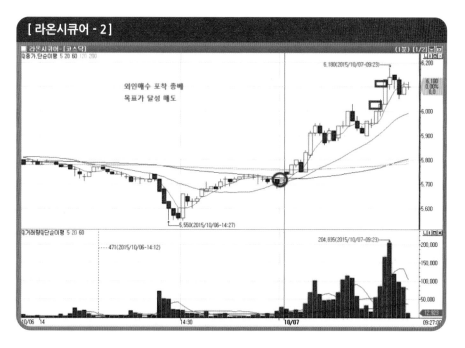

외인 매수 포착해 종가 베팅 공략했습니다. 외인 매도세가 없었기 때문에 지속적
으로 홀딩 후 수익 실현을 했습니다.

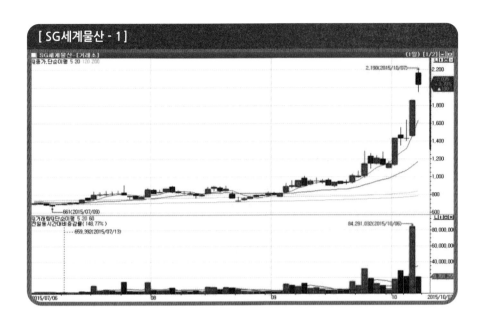

[SG세계물산 - 1]

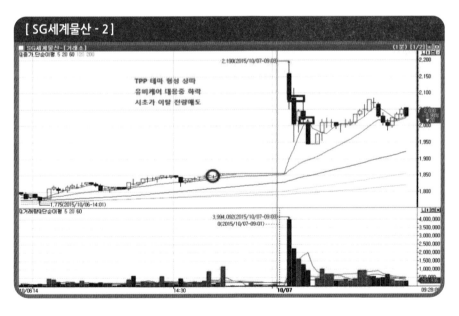

[SG세계물산 - 2]

TPP 테마 형성 상따
유비케어 대응중 하락
시초가 이탈 전량매도

SG세계물산은 TPP 테마 관련 종목으로 상한가 따라잡기(상따)로 공략했습니다.

다음 날 다른 종목 대응 중 시가갭 이탈해 수익을 실현했습니다

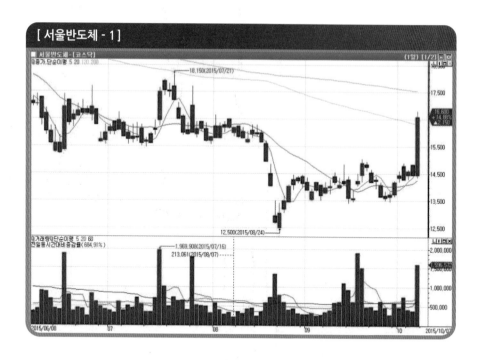

[서울반도체 - 1]

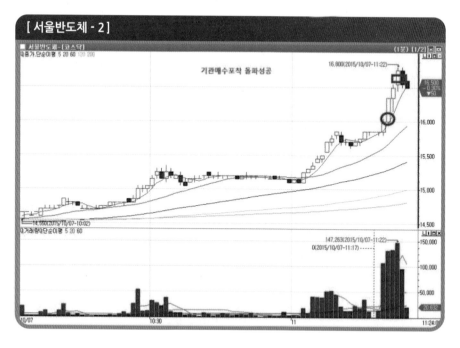

[서울반도체 - 2]

서울반도체는 부진한 LED 업종 속에서 차별화된 조명, 차량용 LED 등 같은 하이파워 제품의 양호한 실적을 내고 있기에 지속 추적하는 종목입니다. 기관 매수 포착 후 돌파 매매로 공략했습니다. 대량의 거래량이 터지면서 수급이 들어올 때 공략하게 되면 짧은 시간에 큰 수익을 얻을 수 있습니다.

[서울반도체 - 3]

평가손익		0	매매손익	+34,952,992	총손익	+34,952,992

종목명	전일대비	매도수량	현재가	구분	총손익
K 유비케어	▼ 100	36,455	4,800	보통	+3,595,326
SG세계물산	▲ 50	124,720	1,905	유통융자	+15,639,680
K 라온시큐어	▲ 110	38,770	5,830	유통융자	+10,183,961
K 서울반도체	▲ 2,100	14,000	16,550	유통융자	+5,534,025

∵ 10월 8일

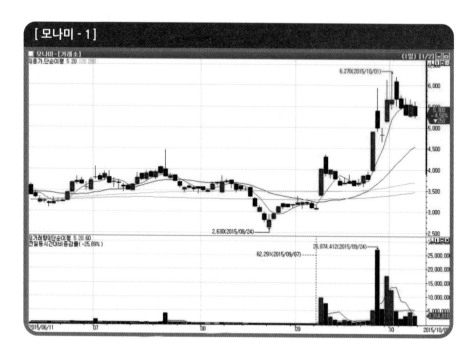

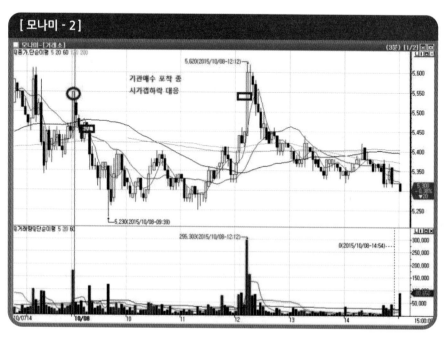

모나미는 사무 필기구류 '모나미'와 팬시 문구류 '에버그린' 브랜드를 운영하고 있는 업계 선도 기업으로, 기관의 지속적인 러브콜이 이어진 종목입니다.

기관 매수가 포착되어 종가 베팅 했지만 하락 시 일단 대응 후에 슈팅 나올시 전량 손절했습니다. 종목 패턴을 알고 있다면 최저점에서 손절할 필요가 없습니다.

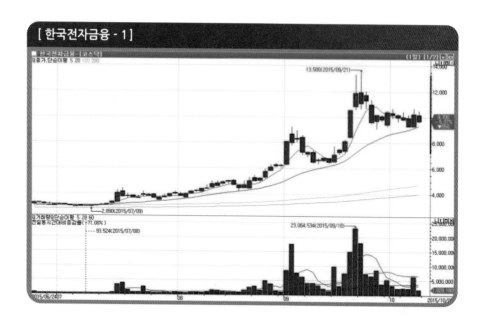

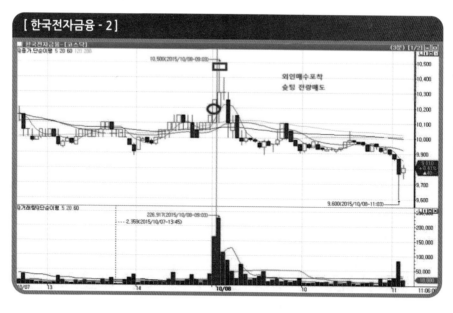

삼성페이 관심주 한국전자금융입니다. 외인 매수가 포착되어 종가 베팅 공략 후 오전 장 슈팅 시 전량 매도했습니다.

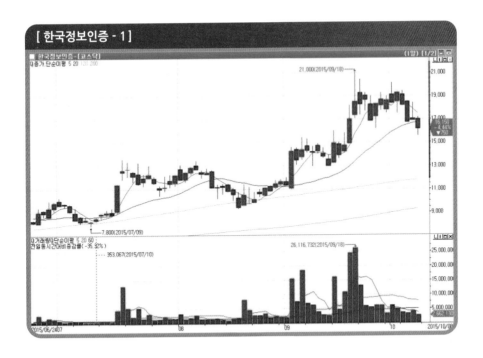

[한국정보인증 - 1]

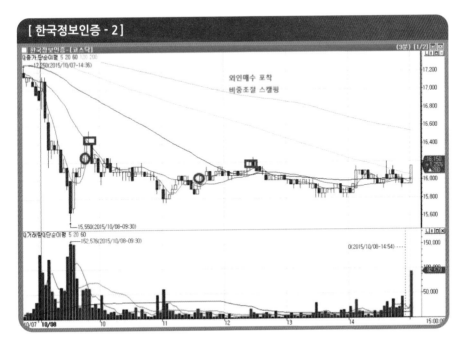

[한국정보인증 - 2]

외인매수 포착
비중조절 스캘핑

지속적인 사골매매 종목 삼성페이 수혜주 한국정보인증입니다. 외인 매수가 포착되어 스캘핑으로 공략했습니다. 손절했던 모나미를 다른 주도주를 발견해 수익 전환 했습니다. 이처럼 손절 대응하더라도 당일 수급이 들어오는 다른 종목에서 충분히 복구할 수가 있습니다.

종목명	전일대비	매도수량	현재가	구분	총손익
모나미	▼ 250	33,605	5,300	보통	-3,786,998
모나미	▼ 250	35,784	5,300	유통융자	-1,521,651
K아가방컴퍼니	▼ 50	10,000	11,650	유통융자	-592,036
K한국정보인증	▼ 750		16,150	보통	-507,638
K라온시큐어	▲ 70	13,567	5,680	유통융자	+26,038
K한국정보인증	▼ 750	23,450	16,150	유통융자	+2,570,366
K한국전자금융	▼ 550	30,000	9,700	유통융자	+9,633,472

[한국정보인증 - 3]

10월 12일

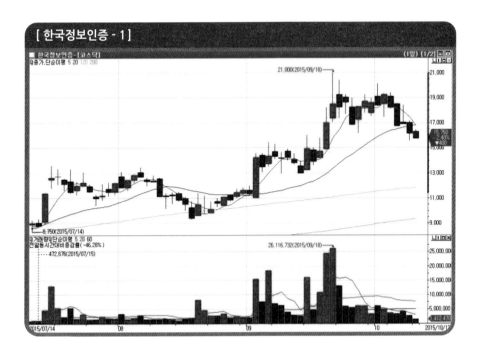

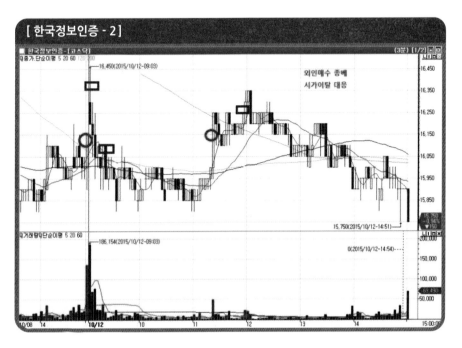

집요하게 사골매매 관점으로 접근한 한국정보인증입니다. 외인 수급이 포착되어 전일 종가 베팅으로 공략했고 당일 시가 갭상승 이후 이탈할 때 수익을 실현했습니다. 전일 종베 종목이 갭상승 후 시가를 이탈할 시에는 대응하는 것이 좋습니다.

[서울반도체 - 1]

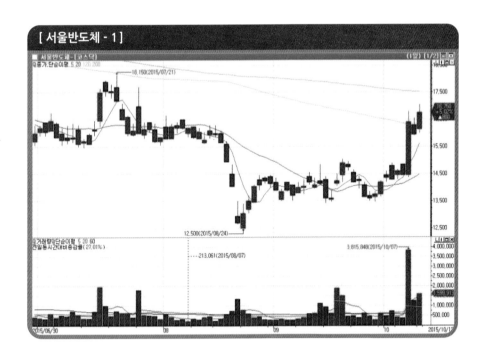

[서울반도체 - 2]

수급 1음봉 관점
양매수 돌파공략
라운드피겨 매도

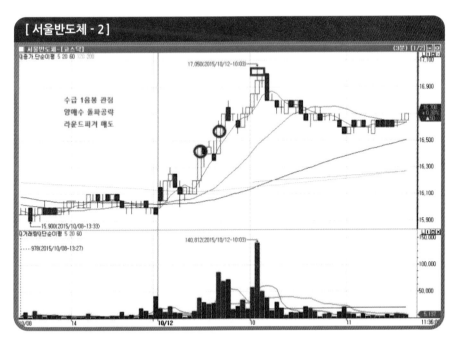

지속적인 사골매매 종목 LED주 서울반도체입니다. 급등 후 수급 1음봉 관점으로 공략했습니다. 외인/기관의 수급을 포착하고 돌파로 공략 후 17,000원 라운드 피겨에 전량 수익을 실현했습니다.

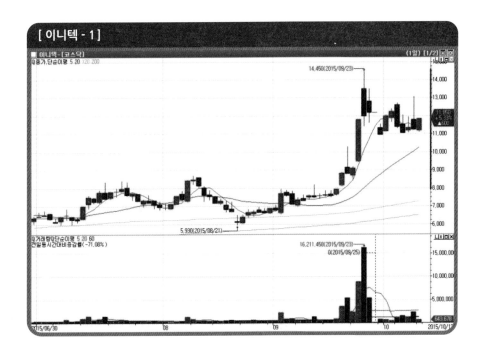

[이니텍 - 1]

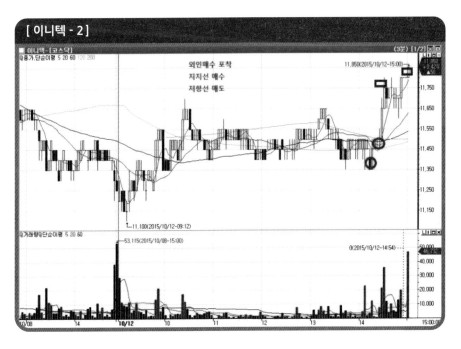

[이니텍 - 2]

외인매수 포착
지지선 매수
저항선 매도

이니텍은 사용자에 대한 인증과 중요한 데이터의 암호화하는 기술을 보유하고 있습니다. 따라서 최근 해킹 등 보안 사고의 빈번한 발생으로 보안의 중요성이 부각되는 상황이고, 인터넷 은행 등 보안이 이슈화되고 있어 향후 실적이 양호한 성장세가 예상되기에 지속 관찰하는 종목입니다. 외인 매수세를 포착하고 지지선을 이용해 공략했습니다. 이후 슈팅 시 분할로 수익을 실현했습니다.

[이니텍 - 3]						
평가손익		매매손익			총손익	+31,259,724
종목명	전일대비	매도수량	현재가		구분	총손익
K 한국정보인증	▼ 400	16,751	15,750		유통융자	+1,149,357
K 한국정보인증	▼ 400	21,979	15,750		유통융자	-4,779,935
K 한국정보인증	▼ 400	16,737	15,750		보통	-617,352
K 이니텍	▲ 600	17,417	11,850		유통융자	+7,926,744
					보통	-130,236
K 서울반도체	▲ 800	6,781	16,750		보통	+1,655,326
K 서울반도체	▲ 800	16,326	16,750		유통융자	+6,529,322
					보통	+3,252,792
					유통융자	+16,818,117

•• 10월 13일

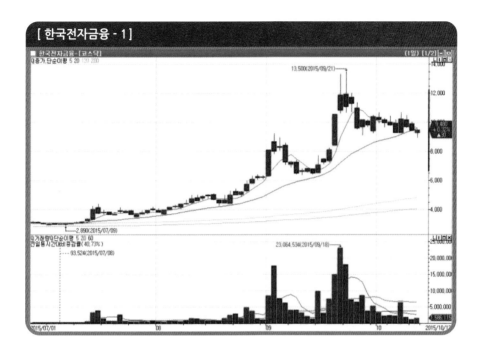

[한국전자금융 - 1]

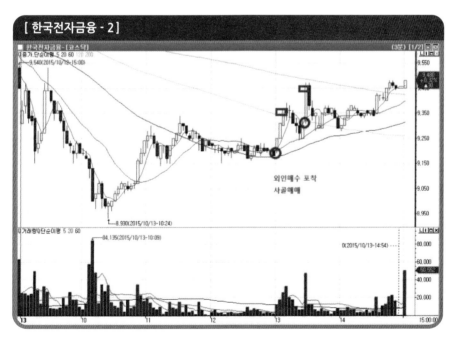

[한국전자금융 - 2]

외인매수 포착
사골매매

지속적인 삼성페이 사골매매 종목 중 하나인 한국전자금융입니다. 외인 매수세 포착과 동시에 짧게 사골 공략했습니다. 매수세가 들어오는 것에 확신이 있다면 매매 원칙에 맞게 공략이 가능합니다.

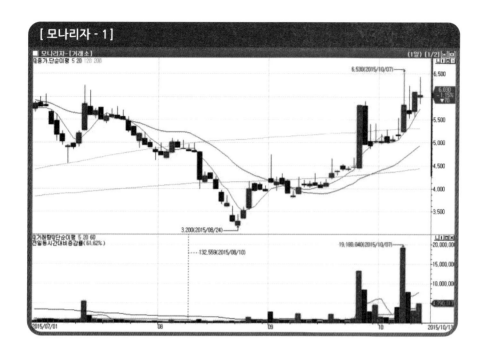

[모나리자 - 1]

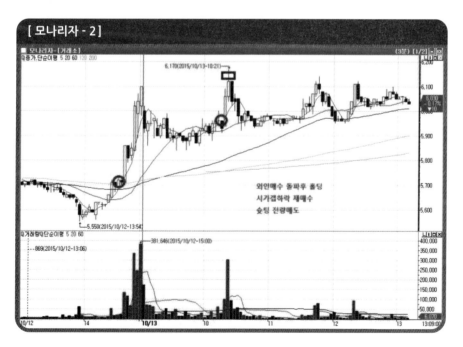

[모나리자 - 2]

외인매수 돌파후 홀딩
시가갭하락 재매수
슛팅 전량매도

모나리자는 중국이 '한 자녀 정책'을 완전 폐지하고 모든 가정에 대해 자녀 두 명 출산을 허용하는 정책을 시행하자 유아용 기저귀 성장성이 부각받고 있습니다. 외인 매수세를 포착해 돌파 후 홀딩한 종목입니다. 이후 시가갭 하락 후에 흐름을 보고 추가 매수 후 슈팅 나올 때 전량 수익을 실현했습니다.

[모나리자 - 3]						
평가손익		매매손익		총손익		+29,519,580
종목명	전일대비	매도수량	현재가	구분		총손익
K 한국정보인증	▲ 450	15,661	16,200	유통융자		-716,735
K 한국전자금융	▲ 30	22,000	9,480	유통융자		+3,553,547
K 한국전자금융	▲ 30	16,411	9,480	보통		+1,447,054
K 이니텍	▼ 900	10,000	10,950	유통융자		-359,620
K 유비케어	▲ 670	16,435	5,440	보통		+1,530,052
K 웹젠	▲ 2,100	5,463	33,600	보통		+1,499,781
모나리자	▼ 70	46,187	6,030	유통융자		+6,442,897
모나리자	▼ 70	22,611	6,030	보통		+296,290
모나리자	▼ 70	46,448	6,030	유통융자		+16,780,151

[한국전자금융 - 1]

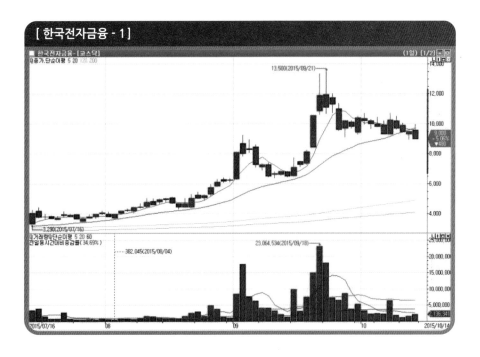

[한국전자금융 - 2]

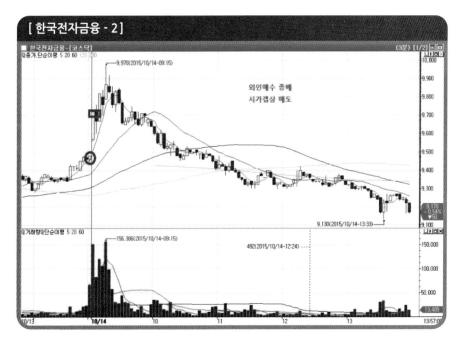

외인매수 종배

시가캡상 매도

역시 삼성페이 수혜주 한국전자금융입니다. 외인 매수 포착 후 종가 베팅 공략하고 시가갭 상승 후에 전량 수익을 실현했습니다. 이처럼 본인이 잘 아는 종목의 패턴을 이용해서 매매하는 것이 좋습니다.

그때그때 시장의 관심을 받는 종목을 공략합니다.

[유안타 증권 실전 투자대회 중계창]

W 1116 · 대회중계

대회중계

| 전체현황 | 대회순위 | 종목입체분석 | **실시간매매내역** |

| 전체현황 | 대회순위 | 종목입체분석 | **실시간매매내역** |

◉ 3천 리그　○ 5백리그　○ 1백리그　○ 10만리그　○ 1만리그

본 누적수익률 : **10월 20일** 기준

본 매매중계 : **10월 21일**, 10분 지연데이터

순위	필명	누적수익률(%)	누적수익금(원)
2	말로해라	▲424.68%	129,550,795
3	바이오앤헬스파트너스	▲305.14%	230,195,169
4	행복한나날	▲282.04%	84,685,717
5	mrsukkan	▲197.87%	83,649,780
6	노재하	▲130.85%	166,197,185
7	ldh4444	▲117.82%	82,303,387
8	수미부	▲113.11%	168,386,790
9	올해2관왕	▲105.51%	202,724,307
10	산전수전	▲99.07%	36,862,575

매매중계

당일 매매내역이 없습니다.

2위 말로해라 (누적수익률 ▲424.68%)

당일 매매내역이 없습니다.

3위 바이오앤헬스파트너스 (누적수익률 ▲305.14%)

당일 매매내역이 없습니다.

4위 행복한나날 (누적수익률 ▲282.04%)

당일 매매내역이 없습니다.

5위 mrsukkan (누적수익률 ▲197.87%)

당일 매매내역이 없습니다.

속도 ◉1배 ○2배 ○3배 ○4배

MEMO

MEMO

MEMO

MEMO

MEMO

MEMO

MEMO

MEMO

MEMO

MEMO

MEMO

MEMO

MEMO

MEMO

MEMO

MEMO

MEMO

MEMO

수급단타왕 수급매매 절대비기

초판15쇄 발행 2024년 10월 25일
초판1쇄 발행 2016년 2월 22일

지은이 고명환
발행인 손은진
개발 책임 김문주
개발 김민정 정은경
마케팅 엄재욱 조경은
제작 이성재 장병미
디자인 디자인캠프
발행처 메가스터디(주)
출판등록 제2015-000159호
주소 서울시 서초구 효령로 304 국제전자센터 24층
전화 1661-5431 팩스 02-6984-6999
홈페이지 http://www.megastudybooks.com
원고투고 메가스터디북스 홈페이지 〈투고 문의〉에 등록

ⓒ 고명환, 2016
ISBN 978-89-6280-558-1 03320

메가스터디BOOKS

'메가스터디북스'는 메가스터디㈜의 학습 전문 출판 브랜드입니다.
초중고 참고서는 물론, 어린이/청소년 교양서, 성인 학습서까지 다양한 도서를 출간하고 있습니다.